侯晓丽　著

马尔库塞社会
批判思想研究

HERBERT MARCUSE

中国社会科学出版社

图书在版编目（CIP）数据

马尔库塞社会批判思想研究 / 侯晓丽著 . —北京：中国社会科学出版社，
2022.12

ISBN 978 - 7 - 5227 - 1145 - 4

Ⅰ. ①马… Ⅱ. ①侯… Ⅲ. ①马尔库塞（Marcuse, Herbert 1898 - 1979）—
社会批判理论—研究 Ⅳ. ①B712.59②C91

中国版本图书馆 CIP 数据核字（2022）第 243300 号

出 版 人　赵剑英
责任编辑　刘亚楠
责任校对　张爱华
责任印制　张雪娇

出　　　版　中国社会科学出版社
社　　　址　北京鼓楼西大街甲 158 号
邮　　　编　100720
网　　　址　http://www.csspw.cn
发 行 部　010 - 84083685
门 市 部　010 - 84029450
经　　　销　新华书店及其他书店

印刷装订　北京市十月印刷有限公司
版　　　次　2022 年 12 月第 1 版
印　　　次　2022 年 12 月第 1 次印刷

开　　　本　710×1000　1/16
印　　　张　19.5
插　　　页　2
字　　　数　316 千字
定　　　价　118.00 元

目　　录

第一章　导论

第一节　研究背景

16 世纪的欧洲大地上曾演绎过一段荡气回肠的"英雄史"，经历了两个世纪的血雨腥风，"古罗马幽灵"精心呵护的"摇篮"里终于抚育出健硕的政治果实——资本主义政治制度。那时欧洲历史天空呈现出由"逻辑和历史统一"而乍现的对称美。在以英国古典政治经济学为根基的资本主义意识形态话语建构的"梦"中，"生而自由、平等"的人们居住在"新大西岛"，摆脱了大自然的"洪荒之灾"，远离了上帝"无处不在"的"召唤"和"利维坦"的恐吓，在机器的轰鸣所昭示的高科技的强势有力的"保护"下，享受着现世的幸福和灵魂永生的安宁。当康德以其深邃的哲学洞察望向莱茵河彼岸"浓烟滚滚"的现代文明时，他敏锐地发现这个"世俗天堂"中有明显的"二律背反"，明确指出：人的竞争性和虚荣心以及统治他人和支配他人的欲望并不能保证一个繁荣而进步的现代生活。19 世纪 20 年代，当"密涅瓦猫头鹰"黑格尔再次带着强烈的德国问题意识望向"莱茵河彼岸"的现代文明时，他发现了引致"二律背反"的局限性和困境的现实根源，在《法哲学原理》中，黑格尔将批判的犀利目光转向实证主义的"知性"科学和作为古典自由主义意识形态话语总根基的英国古典政治经济学，揭露了由其展开的意识形态话语体系、知识体系、世界观和认识论必将引致一种无法根除的"悖论性贫困"之恶，即财富积累与贫困蔓延将如影相随形，经济危机、政治危机、认同危机、环境危机、生存危机在资本正常运转时会随时降临，寄生性的"贱民"将摧毁自由和理性的根基。黑格尔最伟大的理论贡献在于他指出"悖论性贫困"将与现代文明共存：一方面是无与伦比的创造力和巨大的社会财富；另一方面是史无前例的破坏力和贫困的蔓延以及贱民的大量滋生，最终"极端的自我异化和极度的贫富分化，将导致整个社会的撕裂和毁灭"。黑格尔对现代文明的批判对马克思产生了重大的影响。随着现代文明的进一步展开，到马克思生活的时代，资本的本性及其与现代形而上学的内在勾连和共谋关系以及资本逻辑与现代文明之间的裂痕已经逐渐显露，马克思基于黑格尔的思想，发现"悖论性贫困"之恶的根源是现代文明在资本逻辑的展开，进一步说，就是资本逻辑以及与其共谋的现代形而上学才是导致"悖论性贫困"之恶的根本原因。马克思在《共产党宣言》和《在〈人民报〉创刊纪念会上的演说》中，基于历史唯物主义，批判了黑格尔的历史唯心主义，对"悖论性贫困"产生的现实原因进行了更为经典的描述，明确了现代文明在资本逻辑展开的历史前提和历史界限，回答了"资本向何处去"？"人类向何处去"？的历史之问。资本主义制度不是自然的，更不是永恒的；它是历史的，因而是必然要走向灭亡的。资本的末日不是人类的末日，扬弃资本主义制度，人类将迈入美好的共产主义。马尔库塞社会批判思想的独特历史贡献就在于，接续马克思对资本和现代是形而上学的内在共谋关系的揭示，马尔库塞认为在"二战"后形成的现代工业社会（或者发达工业社会、富裕的消费资本主义、国家资本主义社会）的内在勾连已到达极致，其共谋性的产物是当时盛行的"工具理性"。他认为"工具理性已经对生活世界产生了主导性和有害的影响"，此时，人与自然的世界已经被组织成事物和工具。一个由政府、公司、大众、经济和技术组成的压迫和操纵性"整合机制"已经对人和自然实现了全面的操纵和有效控制。合理化和异化与日俱增，与其相伴随的是效率优先原则和批判性的社会无能。当然，与马克思一样，马尔库塞对资本主义制度的深刻批判并不代表他是悲观的；实际上刚好相反，马尔库塞在黑暗的深渊发现了希望的曙光："马克思为建设社会主义社会所设想的生产力水平，在技术最先进的资本主义国家早已达到，而正是这一成就（'消费社会'）维持了资本主义的生产关系，确保了大众的支持，并使社会主义的理论基础受到质疑。"① 因此，马尔库塞社会批判思想的最终目标

---

① Herbert Marcuse, *Counterrevolution and Revolt*, Boston：Beacon Press, 1972, p. 3.

就是要为实现希望充当批判的武器和武器的批判。

从培根、卢梭到亚当·斯密和雨果，古典自由主义的意识形态家们将希望的"乌托邦"从非时空或超时空的"天堂伊甸园"移到了时间和空间割裂的"孤岛"或"荒野"上，致力用"技术征服自然必将会带来更大财富"的资本主义"咒语"来安抚人们去忍耐、坦然接受当下的贫困、异化。资本的逻辑隐藏在"人类"的"人道主义"面纱下，并进而在现代形而上学的"包装""保护"和"辩护"下，将其攻击性、侵略性的DNA植入"自然"的存在维度，在所谓的"自然主义"和"人道主义"话语的遮蔽和支撑下，现实的人和自然的存在被自然科学中的"资源综合体"和"抽象人性+廉价劳动力"所取代。或许对于资本主义意识形态家们来说，"身在庐山中"，他们也并不知道为什么在资本良性运转的时候总是会有不间断的灾难和不幸，基于对自由市场的盲目乐观，他们希望这种灾难和不幸能够随着财富的积累而逐步消除。不过，在深邃的德国哲学家们看来，财富与贫困的共存将可能是现代文明无法根除的"顽疾"。

从某种程度上看，德国思想特有的诗意和深邃似乎赋予了其哲学家们独特的敏感性和洞察力，无论是康德、谢林还是黑格尔、马克思都是如此。19世纪30年代，黑格尔在《法哲学原理》中一针见血地指明："市场社会"及其荒野和孤岛性的意识形态叙事是引发"悖论性贫困"问题和意识形态虚假性的总根基，"市场社会"的伦理维度是一种假象，也是一种假设。黑格尔将市场社会进一步还原为"市民社会"，描述了隐藏在市民社会"自由和平等"面具背后的"非理性"状态——人与自然必将堕入"流动性""偶然性""任意性"的宿命。随着人和自然被割裂、被唯心主义和实证主义"座架"，自然沦为了纯粹的"资源综合体"，成为被剥夺、掠夺的免费的或者廉价的财富拓展的"无意义"的"空间"；人则被抛入了流动性、偶然性和任意性、孤立性的"西西弗斯"厄运中，以"劳动力"的身份获得社会性和现实性的暂时根基。孤立的个人，作为特殊性本身，一方面沉迷于四面八方偶然的随意性和主观的反复无常，摧毁自己及自我建构的信念；另一方面不断依赖外部的偶然性和任意性，同时又受制于外在的普遍性，满足虚假的需要，陷入虚假无限。市民社会在资本逻辑的催逼下，将利润当作新的上帝。庞大的物质财富提供的不过是奢侈和苦难、匮乏的绝望，造成物质和精神共同的道德腐败。黑格尔在《法哲学原理》中明确地告诉我们：现代市民社会纵容并促成和利用了欲望本身的无限外在，造成了奢侈的无限蔓延，这些无限或无限形式的特殊性不归于自己，这些形式无法自我闭合，而是扩展到"虚假的无限"，造成极端的自我异化和绝对的贫富分化。因此，市民社会是家庭"解体"的产物，代表着道德共识的缺失。这里必须强调的是，黑格尔预见性地强调了"悖论性贫困"不仅仅发生在生产和分配领域，也不仅仅会出现在物质领域，而是会拓展到消费领域和精神文化领域。消费者的"需求"由利润动机无休止地产生，已然是彻底的异化，并将在这种异化消费中彻底丧失对生命和生存的体验。[①]

毋庸讳言，一个世纪后的现实似乎不幸被黑格尔言中，恰如他的思想后继者马尔库塞所见：在发达工业社会，导致"悖论性贫困"的已经不是当初的"异化"或"物化"，而是"单向度化""碎片化"。此时，单向度的意识形态从内部控制了人的身体和感官、控制了人的欲望和感性、控制了人对需求的理解和获得、控制了人们形成自我认同和社会认同的通道，人与人之间的关系只能依靠工具理性维系，于是，道德共识的缺失将不可避免，极权主义必然兴起。当初，黑格尔曾寄希望于异质性的"伦理国家"的良性干预来恢复伦理共同体，使堕入"偶然性"和"流动性"的孤立个体之间能够达成一定的伦理共识，打通财富积累与自由拓展之间的隔阂。那时候，为了说明为何伦理国家是"悖论性贫困"顽疾的唯一解药，黑格尔在《法哲学原理》还全面论证了市民社会本身无论采用何种手段（福利手段，包括富人的私人救济、国家的以工代赈、工会等）都不可能自救，反而会导致资本之恶的猖獗，中毒更深。[②]马克思经由黑格尔，借力于黑格尔、费尔巴哈，批判并超越了实证主义、唯心主义、感性主义，揭露了现代形而上学与资本逻辑的共谋，强调了对资本原则高度的批判必须是在对资本和现代形而上学同时展开才有可能，因而，只有在历史唯物主义的视域中才能彻底理解并超越资本之恶的"悖论性贫困"。而马

---

① Peter G. Stillman, "Scarcity, Sufficiency, and Abundance: Hegel and Marx on Material Needs and Satisfactions", *International Political Science Review*, Vol. 4, No. 3, 1983, p. 295.

② Anderson J. H., "Hegel's Implicit View on How to Solve the Problem of Poverty: The Responsible Consumer and the Return of the Ethical to Civil Society", *SUNY*, 2001, pp. 185 – 205.

尔库塞正是基于对《1844 年经济学哲学手稿》的独特解读，继承和拓展了马克思，提出了自己的社会批判思想。

马克思认为，黑格尔之后的很多年，无论是他的警示还是他对各种"福利拯救方案"局限性的揭示似乎都没有在现实中得到应有的重视。反而是他的"不肖弟子们"——激进的青年黑格尔派和老年黑格尔派——依据各自的喜好，片面地抓住其思想碎片，一面迎合萎靡不振的德国社会，一面制造着"毒药"投给那些挣扎在赤贫边缘的苦难的工人阶级和劳苦大众。现实中切肤之痛的深刻苦难在宣称自己是"真正的社会主义者"的青年黑格尔派看来，都只能归于"巴黎的秘密"①的不同版本。在"神圣家族"看来，那些被"资本"抛弃的都是"非理性的存在"，他们如同"无处投胎的幽灵"，蜷缩在大繁华都市黑暗的角落里，等待着"上帝之子'鲍威尔'的宽恕和拯救"。马克思对"悖论性贫困"的批判正是在这种历史语境中出现的，马克思将自己看作黑格尔——这位伟大的思想家——的学生，他要做的是要把黑格尔的思想从当时的各种片面解读中"拯救出来"，接续、批判、超越、突破其历史唯心主义的局限性，深入历史的本质维度，撕开资本逻辑与现代文明的啮合点，为苦难的劳苦大众提供一条希望之路。对于黑格尔，自由和理性不仅是一种意识形态，更是一种人性。当将理性和自由不加区分地归于人性时，黑格尔极有可能陷入与他所激烈批判的英国古典政治经济学家们同样的困境，后者将等价交换的原则也归于人性。这样，资本的逻辑就隐身在"人性"和现代文明的"人类"

---

① 《巴黎的秘密》是 19 世纪法国小说家欧仁·苏的作品，展示了贵族、下层贫民、罪犯三类人物生活中的"秘密"，一定程度上反映了 19 世纪三四十年代通过政治革命进入资本主义社会的巴黎的社会状况，揭露了下层人民的生活、命运和痛苦。欧仁·苏写作《巴黎的秘密》的时候，正是法国七月王朝时期。当时的社会挣扎在"悖论性贫困"的深渊，无法自拔，极度的贫富两极分化、极端的自我异化、社会内部撕裂、阶级矛盾激化等问题随处可见。欧仁·苏试图通过文学作品呈现普通大众的苦难生活，用独特的形式反思他们的命运。1844 年 6 月在青年黑格尔派所主办的《文学总汇报》第 7 期上，塞利加·维什努发表了《欧仁·苏的〈巴黎的秘密〉》一文，对法国作家欧仁·苏的长篇小说《巴黎的秘密》进行了评论，认为这部小说是对文明社会中"一切秘密"的揭露，把小说中的各种事件变成了"思辨的秘密"。马克思在《神圣家族》中用大量的篇幅甄别这一原委，深刻地揭示出"以观念、精神来把握和解释世界"的"思辨哲学"是理解不了"巴黎的秘密"的。在用历史唯物主义透视了"以纯观念、精神理解和解释世界"的思维方式的虚妄和荒谬后，马克思从"现实、历史和实践视角观照和把握世界"，提出了无产阶级的历史使命。相关论述亦可参见刘秀萍《思辨哲学与"巴黎的秘密"——〈神圣家族〉解读》，《山东社会科学》2018 年第 4 期。

概念中。这就不奇怪，为什么在对理性和自由主义持有高度信念的黑格尔看来，现代性的有害一面终究会被纳入历史，并朝着个性和自由文化的进步轨道前进，财富的伤口尽管常常会以种族屠杀、奴役，毁灭的形式表现出来，但又会随着现代进步的需要被逐步豁免。由于黑格尔幻想在不超越哲学的前提下实现哲学，因此，他依旧是启蒙的忠实信徒。在黑格尔的哲学视域中，与自由和理性相反的贫困、贫困中的"贱民"都是一种被动的、懦弱的"非理性"因而"不自由"的"非存在"，除非他们能够获得"通往自由的唯一资格——自由劳动"进入"自由界"，否则就无法获得救赎。马克思发现，黑格尔将资本的逻辑与自由和理性的逻辑混合在一起，或者更进一步说，资本的逻辑其实潜藏在"自由逻辑"中，并真正主导着现实，所以，灾难的根源、真正的非理性存在其实是资本，而不是处于其对立面的贫困和贫困者。基于片面的理论前提，黑格尔摆脱"悖论性贫困"的灵丹妙药——抽象的"伦理国家"——是绝对不可能存在的。在此，马克思对黑格尔的历史唯心主义——将资本逻辑植入人性——的批判就不仅具有理论意义，而是具有重大的现实意义。进一步说，如果要论证说明资本的末日不是人类的末日而是自然和人类世界的未来，那么，就必须要在历史唯物主义的阵地同历史唯心主义全面开战。马克思在历史唯物主义的基础上彻底颠覆并揭露了资本之恶，并论证了"悖论性贫困"与资本本性的必然关联，揭示了扬弃灾难的可行之法。由此可见，马克思所讨论的"贫困者"——工人阶级——并不是那些依附且寄生于资本的"非理性"存在，也不是无法融入资本经济版图的"局外人"，当然更不是黑格尔所鄙夷的"贱民"，这一点可以从《路易波拿巴的雾月十八日》中马克思对"流氓无产阶级与无产阶级的本质性区别"的相关论述中看出。在历史唯物主义视域中出场的"贫困"，与黑格尔和亚当·斯密历史唯心主义场域中出场的"贫困"在伦理维度上具有本质性的区别，马克思的"贫困"是一种有力量的、占据伦理地位的存在，是揭穿"理性"荒谬的证据，因而具有强大的力量，在自我革命的过程中，推翻资本，进而实现人与自然的全面解放，财富的积累将会与幸福和自由的现实生活相关联。综上，马克思在对历史重新的书写和定位中，历史唯物主义与历史唯心主义正式开战，战争意义绝不仅是认识论、方法论层面上的，更不是两种不同的哲学本体论之间的战争，而是对世界、对人类、对自然的存在意义的争夺。

从现实视角看，黑格尔在《法哲学原理》中所提供的其实是一个渐进式的、温和的、不超越资本主义的改良性救赎方案。因为在他生活的时代，资本的罪恶并没有全部展开，资本的逻辑与理性的逻辑、自由的逻辑之间的裂痕并没有明确显露，资本和现代形而上学两大支柱之间的内在勾连和共谋性关系也不是十分明显，而且黑格尔对当时德国的官僚阶层也保持着高度的信任。可是，到马克思生活的时代，威廉四世的虚伪和落后的德国社会现实已经证明黑格尔寄予高度厚望的伦理国家非但没有产生的可能性，反而落后的德国比较于市民社会发达的英国和政治发达的法国更容易直接地显露出悖论性贫困的罪孽。基于对资本本性的洞察及其与现代形而上学的内在勾连，马克思明确拒绝任何形式的和解和改良，致力依托于无产阶级的社会革命和自我革命来彻底解决资本的"悖论性贫困"之恶。

不过，黑格尔的洞见与马克思的革命，对于今天依旧深陷于在资本逻辑和依赖于市场经济的我们，理解现实和改变现实都具有极为重要的理论价值。道格拉斯·麦格雷戈在《马克思与黑格尔的共产主义》中曾指出，"在当代，我们必须要同时重视马克思和黑格尔在不同层面对贫困的理解"，"马克思理论中缺少黑格尔理论的某些要素，特别是对国家、公司和公共机构社会作用的辩证理解，因为马克思拒绝接受和解形式"。黑格尔对现代文明的现实性与动态性分析以及他对早期福利制度为何在解决"悖论性贫困"方面会是"饮鸩止渴"的精彩分析，"使他成为当下一种有价值的关于理解资本主义复杂性变化的理论指南"。[①] 当经历了两次世界大战的浩劫后，作为黑格尔和马克思的继承者和捍卫者的——马尔库塞——在更为复杂的现实中探索救赎之路时，黑格尔的思想和马克思的共产主义同时成为开启希望之路的思想和革命指南。马尔库塞看到的世界是黑格尔曾预料到的，也是马克思所试图取消的，是资本之恶达到极致，是资本逻辑崩溃的极点，也是社会主义革命开启的最佳时机。马尔库塞论证了革命的可能性、可行性和必要性，描绘了一个审美的新世界："那里到处都是嬉

---

① D. MacGregor, "The Communist Ideal in Hegel and Marx", *Communist Ideal in Hegel & Marx* (HIA Book Collection), 1984, p. 1.

戏、到处是欢乐的爱欲世界，在那里，人类、自然和音乐都将无拘无束、自由自在。"① 这个梦想激励过那个时代的人们，也势必会激励着深陷生态危机中的我们在物质资料极度丰富的今天，探索现代文明的另一条可能的出路。

与马克思类似，马尔库塞一生也是饱经沧桑。他曾是一个犹太富家子弟，年轻时也是一个文艺青年，喜欢小说和文学艺术。在短暂的参军生涯之后，他开始对德国革命感到失望，转而研究哲学，并随后拜师当时红极一时的海德格尔门下，成为其助手。1933 年随着纳粹主义在德国兴起，他被迫离开德国，在阿多诺和霍克海默的邀请下，加入了法兰克福研究所。一年后，他移居美国，1940 年成为美国公民，先后就职于美国战略情报局和国务院。1951 年马尔库塞恢复了自己的学术生涯，先后执教于美国哥伦比亚大学、哈佛大学和布兰迪斯大学、加利福尼亚大学圣迭戈分校。《纽约时报》曾给了他两个称号："末日使者" 和 "仍然健在的最具有影响力的哲学家"。马尔库塞生活的时代资本主义显然发生了重大的变化：两次世界大战的血雨腥风、工人革命屡次的失败后的斗志消沉、法西斯主义的崛起、苏联集权主义和教条主义对马克思主义的背离、科学技术和技术理性沦为资本 "绿色" 转型实现的统治合理性的新来源、资本改变了以剥削和掠夺物理世界的 "自然资源" 和 "劳动力资源" 转向内部的全面控制和 "新能源" 代替方案。20 世纪 60 年代之后，资本主义制度改头换面，将自己 "洗绿" 后，以 "生态资本主义" 的伪装粉墨登场，并开启新的殖民主义掠夺。新自由主义作为一种新的极权主义控制形式和意识形态话语向野蛮复归，貌似理性的购买居然成了拯救地球的唯一通道，平庸之恶泛滥并伪装为一种美德，非理性、否定维度等凡是与资本逻辑不兼容的东西在被商品化、市场化后彻底丧失了疏离和反抗的能力，荒谬成了人类的新特权……直面资本主义，马尔库塞始终坚守和捍卫马克思开创的革命道路，形成独特的社会批判思想体系。

其实，马克思之后，面对资本主义的变化，以卢卡奇为代表的西方马克思主义和以萨特、胡塞尔、海德格尔等为代表的存在主义哲学家们就曾

---

① 《马尔库塞文集（六卷本）》（第 2 卷），人民出版社 2019 年版，第 288 页。

认真反思那个时代的苦难，著名的法兰克福学派①一直致力于综合黑格尔的总体性思想和马克思对资本之恶的洞见，以清醒的理性自觉不断向世人揭示"悖论性贫困"的新病症。因此，马尔库塞思想形成显然得益于这些理论，但马尔库塞的独特性在于，作为一个坚定的马克思主义者，对历史唯物主义的坚守和对马克思主义的捍卫使他远远高于这些抽象的理论批判，他对资本主义制度的批判一直保持着与马克思同样的原则性高度——始终将对资本的批判和对现代形而上学的批判紧密地结合起来，因此，他从未像他的法兰克福同事们一样，由于仅仅执迷于批判现代形而上学或者片面批判资本本性而陷入末日和绝望的悲观境地，马尔库塞始终都保持着对未来和希望探索的激情和力量。马尔库塞的社会批判思想的独特性最先集中地体现在 1941 年的《理性和革命：黑格尔和社会理论的兴起》中，马尔库塞直面黑格尔主义危机，将否定辩证法和总体性思想拯救出来，改造为一种"积极的指向希望和解放的新方法"②。随后在《爱欲与文明》（1955）中，马尔库塞批判地继承了弗洛伊德的精神分析理论，提出"新感性"的新世界观和意识形态革命。像马克思在《1844 年经济学哲学手稿》中对"感性"解放的倚重一样，马尔库塞相信，扬弃了现代形而上学

①　西方马克思主义传统中，影响最大，持续时间最长的就是德国的法兰克福学派，1930 年霍克海默成为该研究所的主任，在他的领导下，因为跨科学的研究方法及其致力于形成一种当代社会的批判理论的研究计划，该研究所声名鹊起。霍克海默聚集了阿多诺、艾里希·弗洛姆、利奥·洛文塔尔、弗兰茨·纽曼、马尔库塞、弗雷德里希·波洛克等在内的一群卓越的理论家，在长达半个多世纪的时期，该学派始终扩张它的影响，无论是在战前的德国和还是战后的西德都占据着西方马克思主义的舞台中心，并将影响扩大到了美国、法国、意大利和英国等国。更为重要的是它培养了三代理论家，对资本主义不同阶段的发展和变化都进行了细致的分析，指出了当代最基本和紧迫的问题，他们的著作和思想言论被当作当时革命的理论武器。第二次世界大战后，法兰克福学派在法西斯逼迫前往美国，这段时间是它独特的社会批判理论得以形成和发展的重要时期，致力于分析和批判法西斯主义、反思苏联的马克思主义，并在战后探索发达资本主义国家的新情况和新问题、补充马克思主义。马尔库塞的思想正是这样形成的，他不仅是马克思思想的基础者，也是其革命道路的捍卫者。1933 年，马尔库塞加入了社会研究所，并 1934 年至 20 世纪40 年代，成为该学派最活跃的参与者之一。与仅仅在理论上支持学生运动的阿多诺和沦为资产阶级的辩护士的霍克海默不同，马尔库塞一生都在理论和实际行动中同情并支持革命者，包括激进学生运动（参见徐崇温《西方马克思主义》，天津人民出版社 1982 年版，第 310—311 页）。凯尔纳曾说："透过马尔库塞的历史处境、理论兴趣和事业、人生的起伏，我们看到他与法兰克福社会研究所密切地联系在一起。"［参见《马尔库塞文集（六卷本）》（第 2 卷），第 1—2 页］

②　19 世纪 30 年代，面对极度贫富分化和极端自我异化的现代性危机，黑格尔曾在《法哲学原理》中提出了"伦理国家"的救赎方案，然而现实中随之出现的并不是黑格尔的"伦理国家"，而是法西斯主义。黑格尔对伦理国家的倚重让他陷入了法西斯主义的陷阱，被看作"开放社会的敌人"。自负的理性最终造成更大的价值缺失和精神危机。

和资本逻辑合力钳制，形成的"新感性"具有一种独特的"生命力量"，可以将人们从"死亡本能"的痴迷中逃离出来，不再沉溺于征服、权力和占有，变得充满爱欲、温文尔雅。这份对人与自然全面解放的憧憬一直贯穿于其随后的著作中，作为一种信仰、一种信念、一种初心、一种使命。在《单向度的人》（1964）中，马尔库塞揭示了发达工业社会的极权主义本质和更深的"悖论性贫困"灾难。在他看来，发达工业社会"贫困是利润和权利的前提条件，肯定文化在其人格的观念中，重建和赞颂着个体的社会性孤独与贫困，享受与劳动脱节，手段与目的脱节，努力与报酬脱节，永远束缚在整体中一个鼓励的断片上，人也就把自己变成一个断片了"①。这样的世界，人根本无法发展他生存的本能。更为可怕的是，技术拜物教有一种特别的"保鲜功能"，其快速的更新将实际上保证这种极权主义不被注视，并保证其被哲学揭穿后不会有颠覆和革命的风险；这种保证的可靠性来自"虚假的需求及其不断制造"的能力，如马尔库塞所描绘的："永无休止的同行之间的追逐；老谋深算的互相拆台；从心计中获自由；在破坏里和为了破坏的目的而劳作……发达工业社会已经变成一个对毁灭的危险永远需要严阵以待的社会，因为它的商品出卖伴随的已经是愚钝、苦役的永恒化，以及沮丧的增长。"② 由上可见，《单向度的人》准确地把握了资本批判的现实维度，对发达工业社会的批判始终坚持在对资本和现代形而上学共谋的基础上展开。根据马尔库塞，资本的逻辑不仅植入了关于人的自然的身体和作为人的无机身体的自然界，也植入了"人类"的逻辑，植入了"人的本质"和"人的精神器官"，并将其转化为资本继续繁殖的内动力。所以，对资本的革命不仅仅是自然革命，因而不仅是经济革命；不仅仅是身体革命，因而不仅是生产革命；不仅仅是制度革命，因而不仅是政治经济学革命；不仅仅是理性革命，因而不仅是哲学革命……总归是一种整体性的、彻底的革命。在这个意义上看，《单向度的人》是马尔库塞的"共产党宣言"，是他的思想从批判的武器向武器的批判转向的关节点。在随后轰轰烈烈的学生运动、生态运动、环境运动中，马尔库塞将自己的

---

① ［美］赫伯特·马尔库塞：《审美之维》，李小兵译，广西师范大学出版社2001年版，第32页。

② ［美］赫伯特·马尔库塞：《审美之维》，李小兵译，广西师范大学出版社2001年版，第95—96页。

思想付诸实践，探索出一条可行之路。或许，如他自己所说，他不是学生运动的革命导师，而是革命实践的学生，他在实践中学习、捍卫和保卫马克思的革命道路。在 1967 年发表的《从富裕社会中解放》中，马尔库塞接续黑格尔和马克思，对发达工业社会的"悖论性贫困"做出了进一步的描述："这个社会中，底层人口的物质和文化需求得到了前所未有的满足，但同时又符合机构和权力的要求和利益。这是一个在加速浪费，有计划地过时和破坏的条件下发展的社会，而人口的底层继续生活在贫穷和痛苦中。虽然底层人口的物质和文化需求得到了前所未有的满足，但同是也满足了机器设备的要求和利益以及社会控制设备的权力需求。这是一个在加速浪费，有计划地过时和破坏共同支撑的社会……我认为这些因素在内部是相互关联的，它们构成了晚期资本主义的综合征：生产力的发展和破坏共存，对需求和压迫的满足共存，奴役和自由的满足共存，也就是说，人对机器的屈从，理性与非理性的不可分割的统一。"①

"后工业社会""发达工业社会""极权主义社会"是马尔库塞对黑格尔市民社会、马克思资本主义社会继承和发展后形成的新概念。其实，就是我们常说的国家垄断资本主义、金融资本主义、消费主义社会，在其延伸意义上，也包括随后流行的生态资本主义。其新意在于它不再严格区分资本主义或者社会主义的政治上层建筑的现实意义，而是其特指一种基于借力于技术，依赖于技术理性，运用技术逻辑和技术话语来自我续命的现代社会的新形态。在马尔库塞看来，这种新的社会形态在本质上是金融资本主义代替了传统的产业资本主义，驱逐产业资本向全球扩张。因为资本主义已然发生了变化，所以，马尔库塞试图补充和拓展马克思的历史唯物主义批判。到 20 世纪 70 年代晚期，"生态资本主义"或"绿色资本主义"开始粉墨登场，这也标志着资本主义经济积累方式的又一次深度的变革，资本主义意识形态话语发生了深刻的变革，转为"绿色话语"，人们在消费主义和生态话语共谋的"现代形而上学神话"中，以"购买"的方式来实现自我认同和社会认同，最为荒谬的是人们开始以"购买"的方式来"拯救地球"。马尔库塞要说明的是，这依旧是一个新的极权主义社会，自由以貌似得以全面实现的方式被全面吞噬，成为"单向度的世界"，在其

---

① David Cooper ed., "Liberation from the Affluent Society", *The Dialectics of Liberation*, Harmondsworth Baltimore：Penguin，1968，pp. 175 – 192.

中，"自然"和"人"将不仅是作为外部资源和廉价劳动载体被全面地结合到资本的逻辑中，而且连同精神器官都被单向度化。与人类的命运相同，自然已经不再是产业资本主义时代所理解的"一个生产关涉的领域"，而是一个"金融领域""信用领域"，成为"自然银行"。生态资本主义意识形态基于自然的金融化和信用化重新定义了"自然"，于是，连同那些不具有"使用价值"的自然资源甚至是对自然的污染都在消费的版图上出场。抽象的"交换价值"彻底代替了"使用价值"，人们痴迷于拯救"荒野""湿地""野生动物""北极熊""地球"，却从来没想过要拯救"人类"。马尔库塞很早就指出这种荒谬的拯救其实不过是资本改变了积累方式后对自己的意识形态话语的"调整"，因而是支撑资本剥削全世界的现代形而上学话语的变种。因此，如何才能找到新的希望而不是在末日的想象中自欺欺人，或为资本的自我续命买账，或在"人类世"的恐吓中顺从资本的新自由主义逻辑，正是马尔库塞要完成的历史使命。在 1969 年的《论解放》中，马尔库塞貌似已然将摆脱单向度极权主义控制的希望寄托在激进的学生和黑人身上，将他们看作"孕育着非压抑性的新感性的种子"①，在当时，像当年的苏格拉底一样，马尔库塞也曾被看作"有毒的""蛊惑青年人"的"全民公敌"，这其实也是一种误解。本书致力于说明的是：马尔库塞眼中真正可以填补革命主体地位的绝不是黑人，更不是学生知识分子。他对黑格尔哲学精华的承袭和马克思无产阶级革命的透彻理解与捍卫足以保证他不至于沦陷于"破坏性的怒涛"中。

20 世纪 70 年代开始，马尔库塞将社会批判的视角延伸到生态环境领域，发表了一系列论著。1970 年，马尔库塞在普林斯顿大学和社会研究新学院（New School for Social Research）讲授了关于生态的问题，标题为"自然与革命"（Nature and Revolution），于 1972 年公开出版。同年，他在巴黎的一次生态会议上发表了一些简短的讲话，几个月后发表在《解放》杂志上，标题为"生态与革命"（Ecology and Revolution）②。1979 年马尔库塞在加州（California）给一群学生做的演讲题为"生态学和现代社会批判"（Ecology and the Critique of Modern Society）③，1992 年在《资本主义，

---

① 《马尔库塞文集（六卷本）》（第 2 卷），人民出版社 2019 年版，第 291 页。

② Herbert Marcuse, "Ecology and Revolution: A Symposium", *Liberation*, 1972, pp. 10 – 12.

③ Herbert Marcuse, "Ecology and the Critique of Modern Society", *Capitalism*, *Nature*, *Socialism*, September 1992, pp. 29 – 38.

自然，社会主义》（*Capitalism*，*Nature*，*Socialism*）杂志公开发表。马尔库塞转向生态和自然革命，并不是因为对革命的失望，而是其社会批判理论的进一步延展。"生态主义"资本主义下如何突围？"悖论性贫困"之恶的新样态与当下全球生态危机是什么关系？这是马尔库塞社会批判思想要致力于面对的问题。在生态危机困扰的当下，对马尔库塞社会批判思想的研究，对其审美的生态社会主义理想的阐释，对于建设美丽中国、发展生态文明具有的重要的理论启示。

　　从世界文明的高空看 21 世纪的今天，马尔库塞的希望和失望变得更为清晰，他是否关注过中国已然不得而知，但这个从未受他关注的国家早在 20 世纪 80 年代（这个时期是马尔库塞思想研究的最低谷）就开始基于特定的历史境遇，展开对其思想的研究。尽管基于当时特殊的历史语境，中国的思想家们将马尔库塞的思想包括他的自然革命理论"想象性的缝合"，杂糅其学生威廉·莱斯和本·阿格尔的话语体系中，因而没有全面而真实地展现其思想脉络，但对马尔库塞思想的偏爱却依旧包含着对其思想整体关注和阐发的契机。

第二节　国内外研究现状评析

一　国外研究现状

　　20 世纪 60 年代是马尔库塞社会批判思想的鼎盛时期，当时的他曾被看作新马克思主义[①]的重要代表，不仅提供了关于左派运动的理论指导，

---

　　① 新马克思主义形成于 20 世纪 20 年代初，苏联十月革命和第一次世界大战结束后。在《新马克思主义人物传记辞典》中，主编罗伯特·戈尔曼将新马克思主义划分为唯心主义的马克思主义、经验主义的马克思主义、体验主义的马克思主义以及批判理论和新左派。社会批判理论是法兰克福学派的主要思想代名词，该理论本质上是一种反权威主义，认为马克思主义必须有解放的作用，重点是行动而不是批判，要根据实际需要来扩充和发展马克思主义，马尔库塞正是这种思想的代表。新马克思主义在概念上比西方马克思主义更为广泛，是非正统马克思主义的总称，在主要内容、特征和基本理论观点上大体相通，都致力于对抗苏联马克思主义，较为崇尚文化和意识革命，不注重投身现实斗争，有浪漫主义的气息，渴望一种无压迫的自由社会。但是与西方马克思主义不同的是新马克思主义，后者以非正统地研究马克思主义为分野的唯一标准，而不是局限于具体的观点和立场。例如西方马克思主义的一个重要特征是从黑格尔哲学来解释马克思主义，而新马克思主义则除此之外有新康德主义和实证主义等理论基点，因此包括了西方马克思主义所不收纳的奥地利马克思主义、结构主义马克思主义等流派。新马克思主义无地域性的限制，不区分东方马克思主义和西方马克思主义，是一种世界性思潮（李尚忠：《第三条道路——马尔库塞和哈贝马斯的社会批判理论研究》，学苑出版社 1994 年版，第 8 页）。

更是直接参与到运动当中。国外对马尔库塞思想的研究经历了个三阶段。
第一阶段为 20 世纪 60 年代的狂热期，有四个基本特征：①"突然成名"；
②被定格在浓重的政治背景中；③学界和社会集中关注其成名作，尤其移
居美国后用英文发表的《爱欲与文明》和《单向度的人》，对其早期作品
和晚期作品没有足够的重视；④"昙花一现"的"狂热"。**第二阶段为 20
世纪七八十年代的相对沉寂期**，有五个基本特征：①思想重心是自然概念
的革新、自然革命和生态思想、生态与解放理论、审美的生态生存范式建
构等，这是对十年前轰轰烈烈的环境运动的反思和回应，遗憾的是这在当
时并没有引起理论界的重点关注和研究①，直到 90 年代才开始复兴；②新
左派运动崩溃后，对马尔库塞社会批判思想研究理论意义和现实启示的研
究和阐发基本停滞，学界将关注焦点集中在后现代主义的批判理论，特别
是哈贝马斯的交往理论等；③学界对马尔库塞社会批判思想的批判性论著
较多，但大多依旧集中关注于其成名作，并将其置于政治语境中解读，对
其早期作品和晚期作品都没有足够的重视，也缺乏将其作品看作一个完整
的思想体系的相关研究；④因对其早期的哲学和政治美学等思想和晚期的
生态作品都没有足够重视和研究，导致学界对其思想的跨学科性、持续
性、彻底性、稳定性、复杂性产生影响深远的片面理解、误解和曲解；
⑤马尔库塞思想研究专家道格拉斯·凯尔纳②在 1984 年的《马尔库塞与马
克思主义的危机》为马尔库塞思想研究带来了新的转机。**第三阶段为 20
世纪 90 年代的急速复兴到 2000 年的全盛期**，有八个基本特征：①一系列

---

① 马尔库塞的学生莱斯在 20 世纪 70 年代就曾阐发马尔库塞的生态思想，但在当时并没有产
生影响，一直到本·阿格尔 1979 年的《西方马克思主义概论》出版并逐渐产生广泛影响的 80 年
代之后，莱斯和马尔库塞的生态思想才受到关注和研究。关于马尔库塞、威廉·莱斯、本·阿格
尔生态学马克思主义思想的研究，参见 Xueming Chen, *The Ecological Crisis and the Logic of Capital*
(2017); Ben Agger, *The Ecological Dilemma has Shattered People's Faith in Capitalism*; William Leiss, *A
Marxist Approach to Green Theory*; Herbert Marcuse, *The Marxist Path to Ecological Revolution*。

② 道格拉斯·凯尔纳（Douglas Kellner），1943 年生，美国加州大学洛杉矶分校（UCLA）教
授，在自己创办的网站上公然亮出了自己"第三代批判理论家"的身份，他的《批判理论、马
思主义与现代性》（1989）一书在学界与马丁·杰伊（Martin Jay）的《辩证的想像：法兰克福学
派和社会研究所的历史》齐名。除此之外，凯尔纳还是研究马尔库塞的专家，早在 1984 年就出版
了影响美国学界的专著《马尔库塞与马克思主义的危机》，凯尔纳在马尔库塞思想研究方面最大的
理论贡献是他与诸多思想家合作编撰的六卷本。

著名思想家加入了马尔库塞思想研究；②资本主义"生态转型"后金融资本主义和生态资本主义引发了更深的整体性危机，导致学界对资本主义积累方式的更深不满和对当时占据主导地位的各种批判思潮的失望，从而转向了研究融合激进主义、乐观主义于一体的马尔库塞社会批判战略；③马尔库塞的学生有的成为大学教授，捍卫并拓展其思想的研究，如本·阿格尔、威廉·莱斯、费恩博格等；④马尔库塞的早期作品和未发表的作品得以逐渐公开问世；⑤蒂莫西·卢克①重新勾勒了马尔库塞的 21 世纪形象，全面阐述马尔库塞的"安抚自然"的策略（Pacity Nature），激发了学术界对马尔库塞生态思想的理论意义和现实启示的研究②；⑥马尔库塞研究逐渐摆脱了政治背景的阴霾，学术界开始关注其早期作品、晚期生态作品，并勾勒出其思想的全貌；⑦2000 年之后，基于整体性的理论研究和强烈的现实关切，生态解放理论成为马尔库塞思想研究的新亮点，学术界集中关注马尔库塞独特的生态范式与机械世界观范式的对抗；⑧对马尔库塞生态与革命思想的研究全面拓展到了教育批判、技术批判、政治美学、诠释学、生命政治等诸多领域，展现出马尔库塞思想跨学科性的独特魅力，尤其是马尔库塞的教育思想在生态解放视域中也得到全面阐发，集中关注于其教育如何为实现审美的生态未来培养新主体，培育新感性、传播新科学，构建审美的生存范式。

（一）狂热期（20 世纪 60 年代）

20 世纪 60 年代是马尔库塞的全盛时期，他最著名的作品（他移居美国后用英文写作的《爱欲与文明》《单向度的人》）不仅在学术界，而且在更广泛的公众中都具有很高的影响力，被认为是"为 60 年代的

---

① 蒂莫西·卢克（Timothy W. Luke，1951— ）弗吉尼亚理工学院人文与人文科学学院政治学特聘教授，政府与国际事务项目主席，公共与国际事务学院政府与国际事务项目主席。研究和教学专业领域包括：环境政治和文化、比较政治、国际政治经济学和现代社会等，是 20 世纪 90 年代法兰克福学派，特别是马尔库塞生态革命思想研究的重要思想家之一，主要集中阐释马尔库塞的"安抚自然"（Pacity Nature）策略，拓展马尔库塞生态与革命思想的当下意义，因而在当下的马尔库塞研究中具有重要的地位。

② Stevenson Nick 曾引用卢克的观点来揭示研究马尔库塞生态思想在洞察资本主义意识形态话语新变种"人类世"中的重要作用，详见 Stevenson Nick，"Critical theory in the Anthropocene：Marcuse，Marxism and ecology"，*European Journal of Social Theory*，Vol. 24，No. 2，2021。

新左派①和其他运动提供了宣言"。马尔库塞不像大多数学者，尤其是他的法兰克福学派同事们那样止步于"解释世界"，固守在思想的象牙塔里绝望而抽象地直观世界，而是跨越学术和活动家之间的固有界限，积极地接受并加入了"新左派"和青年学生运动中。因此，20世纪60年代对于马尔库塞的研究狂热显然已经从学术思想研究现象上升到了政治改革的层面，从批判的武器延伸到武器的批判。马丁·杰伊（Martin Jay）曾经这样描述当时的现象："任何有关新左派的文章，如果不提马尔库塞的名字，都会被认为是不完整的；任何关于'反传统'的讨论，都不会不提到马尔库塞对于解放所做的论述。"② 然而，在当时几近狂热的政治氛围中，学者们抽象而孤立地将马尔库塞从一个人、一个学者、一个德国思想家的现实中抽离出来，肆意发挥，最终导致了影响深远的误解甚至曲解。马罗耶·维希奇（Maroje Višić）在曾感慨道："马尔库塞是在美国生活期间，以英语写作的《爱欲与文明》和《单向度的人》等后期作品而成名的。在这'突然'成名之前，马尔库塞基本上是学术界一个不为人知的人物。因此，他战前在德国创作和出版的作品大多不为人知，而且由于语言障碍，对更广泛的公众来说也不可行。直到他成名之后，他的全集才被翻译成英语，因此他的批评者和同情者可以看到。不幸的是，对马尔库塞的几乎所有批评家来说，早期作品的这种翻译的延迟将是致命的，因为七八十年代开始延续至今的负面批评主要集中在马尔库塞的后期作品上，完全忽略了他的早期作品（或者只是略微提到了它们）。"③ 帕特里克·托马斯·奥布莱恩

---

① "二战"后，欧美一些国家几乎同时经历了一系列政治和社会运动，其中以"新左派"运动最为突出。"新左派"于1957年最先发轫于英国。美国的"新左派"正式出现于60年代，除了受欧洲左派思潮的影响外，更多地还是美国战后的社会、经济和政治现实的产物，美国的社会现状和欧洲的各种思潮，如社会主义、弗洛伊德学说、新马克思主义、存在主义等，促使知识分子开始从新的角度观察和分析美国，如美国"新左派"运动的"发起人"、哲学导师诺曼·梅勒和社会学家C.赖特·米尔斯从揭示社会现实的角度，激发起"新左派"的造反精神，马尔库塞从哲学的高度为"新左派"提供了思想武器，成为"新左派"最敬慕的哲学家。1968年的反越战大示威很快被警察平息，随之，"新左派"运动也开始走下坡路，到了70年代已失去以往的势头，"新左派"阵营内部的四分五裂更加剧了这一运动的解体，有的成了"嬉皮士"；有的转入地下，另立旗号；有的埋头经商，不问政治；有的则成为70年代末和80年代的"新右派"（亦即"新保守派"）。（详见温洋《美国六十年代的"新左派"运动》，《美国研究》1988年第3期）。

② Martin Jay, "The Meta Politics of Utopianism", *Dissident*, Vol. 4, 1970, p. 342.

③ Višić Maroje, "Renaissance of Herbert Marcuse: A study on present interest in Marcuse's interdisciplinary critical theory", *Interdisciplinary Description of Complex Systems*, Vol. 17, No. 3-B, 2019, pp. 668 – 669.

（Patrick Thomas O'Brien）曾这样写道："赫伯特·马尔库塞，一个相对毫无名气的德国出生的批判哲学家（a relatively obscure German-born critical philosopher）为何会成为媒体名人？他为什么成为这十年最具争议和最受关注的知识分子？"① 由此可见，学术界已经开始注意到马尔库塞60年代的"突然成名"及其将为后世带来的不可磨灭的不良印记："不仅对马尔库塞最进步思想的重新发现造成不公，而且对那些继续在马尔库塞批判理论下工作的学者造成不公。"②

在风云巨变、希望和绝望共存的1960年代，"突然成名"的马尔库塞被他的继承者、信徒、批判者们置于激进政治高压的"聚光灯"下，冠以"先知""新左派之父"或"新左派之祖"（Grandfather）③、"学生造反派大师"（guru）④、"新三位一体诠释者"（interpreter）⑤ 等名号，处在声名狼藉的地位⑥，这些绝非出自其本意的"殊荣"不仅掩盖了其思想的连续性、跨学科性、复杂性所包含的对资本逻辑的深刻洞见和历史远见，而且为后续对其思想的不公正批判埋下重大的隐患。当然，马尔库塞之所以排斥、不情愿地被宣布为新左派之父和领袖，拒绝与任何类型的父亲形象联系在一起，并不是学界常认为的是因为其思想的局限性、保守性或妥协性，而是因为这些"殊荣"已经违背了他的思想和革命意旨。正如给维希奇所分析的："马尔库塞对'父亲'这种角色的反感可以从他对弗洛伊德理论的研究中找到蛛丝马迹"，"马尔库塞清楚地揭示了父亲形象无论是在家庭关系中（父子冲突）还是在'原始群体'中（儿子们对作为主宰者

---

①　Patrick Thomas O'Brien, *Herbert Marcuse: Liberation, Domination, and the Great Refusal*, Lehigh University, 2013.

②　Višić Maroje, "Renaissance of Herbert Marcuse: A study on present interest in Marcuse's interdisciplinary critical theory", *Interdisciplinary Description of Complex Systems*, Vol. 17, No. 3 - B, 2019, p. 666.

③　Tom Bourne, "Herbert Marcuse: Grandfather of the New Left", *Change: The Magazine of Higher Learning*, 11: 6 (Sept 1979), pp. 36 - 64.

④　Der Spiegel, *Interview with Herbert Marcuse Revolution out of Disgust*, pp. 36 - 47, July 1968, https://ro.uow.edu.au/alr/vol1/iss22/6.

⑤　"The three Ms of a new trinity: Marx, Marcuse and Mao"; "We see Marx as prophet, Marcuse as his interpreter, and Mao as the sword".

⑥　马尔库塞不情愿地处于"新左派之父"的声名狼藉的地位。参见 Patrick Thomas O'Brien, *Herbert Marcuse: Liberation, Domination, and the Great Refusal*, Lehigh University, 2013。

的父亲的反抗，父亲垄断了快乐，最终导致弑父）都模仿了现实原则，是一种强加限制的结构，其主要功能是负责各种压抑机制的内化，这种角色显然阻断了真正的人类解放"。① 另外，在接受山姆·肯恩采访时②，马尔库塞说道："你们知道，我一直拒绝在运动中扮演父亲或祖父的角色。我不是这场运动的精神导师。此外，我对这些既活跃又可靠的学生们有着足够的信心，我认为他们可以依靠自己来行动，他们不需要我。"③ 马尔库塞对于媒体将他塑造成学生运动的"代言人"非常不满："我一直都在深刻地关注'愤怒学生'的运动，但我并不是他们的代言人。媒体和宣传给了我这个头衔并把我变成了一件畅销品。我特别反对将我的名字与切·格瓦拉、德布雷、鲁迪·杜切克等人的照片放在一起，因为这些人确实是在冒险，并且一直都在冒着生命危险去为一个更人性化的社会而战斗，而我只是通过我的话语和思想加入了这场战斗。这是完全不同的。"④

从历史语境中看，尽管马尔库塞经常否认他是新左派思想的某种智力领袖，批评他们的策略，明确指出 20 世纪 60 年代的运动不需要一个领袖，但他的论点确实与当时的政治环境和文化产生了共鸣。⑤ 或者进一步说，马尔库塞社会批判思想在 60 年代独有的魅力使他不得不出现在政治漩涡的中心，恰如哈罗德·马尔库塞（Harold Marcuse）所说："似乎无论这些激进分子和所谓的新左派出现在哪里，马尔库塞都是在其背景的某个地方。我们相信他必须把他的一些想法直接传达给学生，而这正是马尔库塞的危险所在。"⑥ 凯尔纳也曾从现实的角度分析了马尔库塞为何会深陷于政治漩涡中："（马尔库塞）对先进工业社会毫不妥协的批判，表达了一代

---

① Višić Maroje, "Renaissance of Herbert Marcuse: A study on present interest in Marcuse's interdisciplinary critical theory", *Interdisciplinary Description of Complex Systems*, Vol. 17, No. 3 – B, 2019, p. 677.

② 由山姆·肯恩（Sam Keen）和约翰·瑞泽尔（John Raser）采写的《对话马尔库塞：革命性的爱欲、恐怖策略、青年人、精神疗法、环境、技术与威廉·赖希》（*A Conversation with Herbert Marcuse: Revolutionary Eroticism, the Tactics of Terror, the Yong, Psychotherapy, the Environment, Techonlogy Reich*），最初刊登在《今日心理学》上（*Psychology Today*, 1971, pp. 35 – 40, 60 – 66）。

③ 《马尔库塞文集（六卷本）》（第 2 卷），人民出版社 2019 年版，第 288 页。

④ 《马尔库塞文集（六卷本）》（第 2 卷），人民出版社 2019 年版，第 288 页。

⑤ Herbert Marcuse, *An Essay on Liberation*, Boston: Beacon Press, 1969.

⑥ Harold Marcuse, *Herbert's Hippopotamus: A Story about Revolution in Paradise*, June, 2005, http://www.marcuse.org/herbert/soundvideo/herbhippo.htm.

年轻人对消费社会财富与贫困并存的愤怒和反感，马尔库塞的分析和批判深入他们不满的根源，为新左派的疏离感和幻灭感提供了理智上的辩护，也为他们的拒绝提供了一种体面的'名正言顺'。"[①] 正是因为马尔库塞积极地探索了当时困扰社会、掩盖真相的真正原因，向许多人解释并证明了疏离感和无助感为何会造成一种强烈的"不快意识""不满"和"焦虑"，并为逃离毫无人情味的非理性的技术官僚社会提供了一种通往审美的生态范式的可行之路，才导致当时新左派认为"他们在马尔库塞那里发现了对资本主义的尖锐批评和对一种民主的不妥协的捍卫"[②]。

总而言之，"突然的成名"和不可挣脱的政治底色让 60 年代的学者们将马尔库塞定格在激进的背景中，除了两部成名作，人们对这位独特思想家早期的美学、文学、哲学作品和晚期的生态解放理论都没有应有的重视和研究。另外，当时深陷政治漩涡中的马尔库塞常常会收到各种粗暴无礼的人身攻击的恐吓信[③]。正所谓"成也萧何，败也萧何"，马尔库塞在当时的命运极类似于当下很多由媒体打造的"网红"，随着 60 年代的结束和新左派运动的崩溃，思想和现实的聚光灯骤然离开马尔库塞，其影响也如"昙花一现"，迅速退出历史的舞台。到 20 世纪 70 年代后期马尔库塞在很大程度上被遗忘了，他的作品在世界范围内开始逐渐消失，到 1979 年去世时，"他的思想就算没有被遗忘，也基本上被搁置了。理论界在对哈贝马斯、福柯、利奥塔、鲍德里亚、德里达和海德格尔的连续迷恋中，从一股狂热到另一股狂热。到 80 年代，最终定格在哈贝马斯的思想上"[④]。最后，留给马尔库塞的，除了遗忘，也就剩下对他作品的喋喋不休的争论、有偏见性的批判、简单化的误解和曲解。

（二）沉寂期（20 世纪七八十年代）

20 世纪 70 年代，基于对"生态资本主义"本质的洞悉和对施密特开

---

① Douglas Kellner, *Herbert Marcuse and the Crisis of Marxism*, Berkeley and Los Angeles：University of California Press, 1984, p. 2.

② Douglas Kellner, *Herbert Marcuse and the Crisis of Marxism*, Berkeley and Los Angeles, University of California Press, 1984, p. 3.

③ 《马尔库塞文集（六卷本）》（第 6 卷），人民出版社 2020 年版，第 251—252 页。

④ Timothy W. Luke, "Marcuse and Ecology", *Marcuse：From the New Left to the Next Left*, Lawrence University Press of Kansas, 1994, p. 191.

启的马克思主义自然观的批判和超越，马尔库塞从理论和现实层面介入资本主义和社会主义的"自然意义之争"，在历史唯物主义"人与自然"双重解放视角，将社会批判思想拓展到生态与环境运动领域，阐发了独特的马克思主义自然革命和生态解放理论，并基于生态视角的解读将其思想整体性地关联起来。恰如卢克所说："马尔库塞出版的全部作品……主要以生态问题为背景，提出了一个揭露先进工业社会如何以及为何在深刻的反生态条件下运行的全面批判视角。"① 从马尔库塞著作顺序来看，早期的马尔库塞对生态问题的关注主要集中于"革命对于生态"的重要性思考，后期在特殊的时代背景中延伸到阐述"生态对于革命"的重要性，并将二者结合起来展开论述。第一本专门致力于研究生态与解放、自然与革命的著作是《反革命与反叛》②，在书中，马尔库塞声称："当今时代的革命任务是十分明确的：对自然的彻底改造成为社会彻底改造的一个组成部分……因为在既定的社会中，自然本身被更有效地控制，反过来又成为控制人类的工具和手段，成为社会权力的延伸。"③

　　马尔库塞生态解放理论不仅关注环境和生态问题，而且作为其社会批判思想的延伸拓展到科学技术的批判，科学技术批判并没有停留在其"两面性"的肤浅层面，而是将其与资本主义制度的反生态本质关联起来。在马尔库塞看来，资本主义制度下展开的科学技术体系已经成为一种"反环境的统治体系"，"科学凭借其自己的方法和概念，已经映射并推动了一个世界，在其中，自然的支配与人的支配始终联系在一起，这一联系对整个世界来说往往是致命的"。④ 进一步说，在马尔库塞看来，技术是当代资本主义建立自身的主要力量之一，正是这种与资本的联盟赋予了技术超越个人思想和社会的力量⑤，凯尔纳将这种联盟称为"技术资本主义"，这种联盟"遵循资本主义逻辑，试图垄断新技术，以实现企业

---

① Timothy W. Luke, "Marcuse and Ecology." *Marcuse: From the New Left to the Next Left*, Lawrence University Press of Kansas, 1994, p. 191.

② Herbert Marcuse, *Counterrevolution and Revolt*, Boston: Beacon Press, 1972, pp. 59 – 78.

③ Herbert Marcuse, *Counterrevolution and Revolt*, Boston: Beacon Press, 1972, pp. 59 – 60.

④ ［美］马尔库塞：《单向度的人》，刘继译，上海译文出版社1989年版，第166页。

⑤ Jeffry V. Ocay, "Technology, Technological Domination, and the Great Refusal: Marcuse's Critique of the Advanced Industrial Society", *Kritike*, Vol. 4, No. 1, June 2010, pp. 54 – 78.

统治和盈利"①。马尔库塞将马克思主义对技术的批判拓展到了两个新的维度，进一步诠释技术对现代人类的控制或者说是统治：一个是人类学因素，这个维度是马尔库塞对弗洛伊德思想继承和批判，也是其思想的最大特色；另一个是社会经济因素，1970 年代马尔库塞基于高度的生态敏感指出：资本主义并不惧怕任何形式的"生态问题"或者"资源极限"，反而可以借助于生态问题或者"资源短缺"改变自身的积累模式，自我续命。从这个角度看，马尔库塞比同时代的环境社会学家和激进左派对"生态资本主义"及其意识形态话语变种有更高的警惕。在《现代技术的一些社会意义》和《单向度的人》中，马尔库塞强调先进工业社会中，技术理性已经成为一种新的社会控制形式，它要求存在完全服从于盛行的社会秩序，并使个体沦为对生活中的技术过程做出反应的生物机器："世界已经合理化到这样的程度，这种理性已经成为这样一种社会力量，个人只能毫无保留地调整自己。"② 当然，必须明确的是，马尔库塞并不是一个技术悲观主义者，或者是像卢梭那样提倡"文明返祖""回到前技术时代"，他科技批判思想的独特性在于他并不认为只要有技术，就必然会有支配。造成人类被奴役和生存斗争不断加剧的不是技术，而是人类对待技术的方式以及他们组织社会劳动的方式。在《论解放》一书中，马尔库塞将技术批判延伸到其与"生态资本主义"的意识形态和经济积累模式的内在关联的批判，针对资本主义生态转型所建构的"生态资本主义""信用资本主义""金融资本主义"，马尔库塞提出了人与自然双重解放的"大拒绝"革命战略。③ 马尔库塞的"大拒绝"与马克思在《共产党宣言》中所提出的"冷静的目光"④ 具有同样的理论内涵，"大拒绝"的本质就是一种"冷

① Douglas Kellner, *Critical Theory*, *Marxism and Modernity Baltimore*, The Johns Hopkins University Press, 1989, p. 182.

② Herbert Marcuse, "Some Social Implications of Modern Technology", *Technology*, *War and Fascism*, *Collected Papers of Herbert Marcuse*, Vol. 1, ed., Douglas Kellner, London and New York: Routledge, 1998.

③ Herbert Marcuse, *Liberation*, *Domination*, *and the Great Refusal*, Patrick Thomas O'Brien; Lehigh University, 2013.

④ 马克思在《共产党宣言》中写道："一切固定的僵化的关系以及与之相适应的素被尊崇的观念和见解都被消除了，一切新形成的关系等不到固定下来就陈旧了。一切等级的和固定的东西都烟消云散了，一切神圣的东西都被亵渎了。人们终于不得不用冷静的眼光来看他们的生活地位、他们的相互关系。"《马克思恩格斯文集》（第 2 卷），人民出版社 2009 年版，第 34—35 页。

静"，一种新的"世界观"姿态，一种新的重新看待自己、看待自己与他人、与外部世界关系的态度，因而其所代表的和要完成的不仅是意识形态革命、社会革命，也是自然和人类的自我革命；不仅是争取解放的政治斗争，更是一场为实现社会主义的、非压迫的、自由的社会而进行的全面斗争，是对资本主义制度及其意识形态和话语体系的整体性"否定"和"拒绝"。在马尔库塞这里，"大拒绝"作为一种全新的世界观，首先要"冷静"地拒斥以"购买来拯救地球"的消费主义意识形态，从物化的感官中解放，形成"新感性"。接续马克思在《1844年经济学哲学手稿》中对感性革命的思想诠释，马尔库塞对"感性"一词的理解并不仅仅指作为感知器官的内部或外部器官，而是指作为一个整体的人，马尔库塞相信解放的感官所孕育的"新感性"的"新主体"会有一种"新人性"，他们"本能地排斥资本主义的工具主义理性，同时保留和发展资本主义的经济发展成就"①，开出一个崭新的审美的生态生存范式。

进一步说，基于对科学知识体系和技术理性与资本逻辑内在勾连所造成的单向度化的深刻批判，马尔库塞将他所处的时代称为"发达工业社会"，而不是"资本主义社会"或者"社会主义社会"，将马克思的"异化"、卢卡奇的"物化"提升到"单向度化"，进而阐释了以人统治自然为基础的合理化的技术等级和知识体系与以人统治他人为基础的学科等级如何深度勾结在一起，构成一个"极权主义"的单向度社会。在《单向度的人》中，马尔库塞这样写道："当代工业社会趋向于极权主义，极权主义的统治形式不仅包括恐怖主义、集权专政的政治形式，还包括一种生态和社会心理形式，这种形式与一种通过既得利益者的需求操纵而运作的非恐怖主义经济技术协调相联系。"② 从这个角度看，马尔库塞之所以如此看重教育革命就在于：教育是培育新感性的新主体，是贯彻新科学、新技术，实现新道路的重要领域。因此，马尔库塞的教育批判理论也是其生态解放战略的重要实践组成部分。与他的法兰克福同事以及很多环境社会学者和左派思想家、生态社会主义者们对技术的反感和绝望不同，马尔库塞

---

① Herbert Marcuse, *Counterrevolution and Revolt*, Boston：Beacon Press, 1972, p. 64.

② Herbert Marcuse, *One-Dimensional Man：Studies in the Ideology of Advanced Industrial Society*, Boston：Beacon Press, 1964, p. 3.

看到了改变科学进展方向的可能性：在一种新的生态解放理论中，依托于新教育体系，理性和爱欲将合力培育"新感性"，建构新的科学知识体系，将推动文化发展趋近于本质上不同的关于自然、人类概念，形成新的人与自然关系和全新的审美范式世界观。最终，技术解放的时刻也将使生存的平静和幸福成为可能。与卢梭的"返祖式自然想象"或海德格尔略带恐怖色调的"诗意地栖居"不同，区别于生态资本主义的"掠夺自然"，马尔库塞提出了"安抚自然"① 策略，以对自然的掌握为前提，为生态社会主义道路提供了现实的可能性。

在那个灾难与繁荣共存的年代，马尔库塞对马克思历史科学、历史唯物主义的捍卫与坚守、继承和拓展使他具有一种独特的生态敏感性，他很早就预料到了当时轰轰烈烈的环境运动的局限性和大多数环境运动必然堕入的困境，在他看来，这些激进理论家们"尽管可能表达了激进变革的愿望，但当时多样化和分裂的运动基本上仍停留在一种无效的战略模式中：满足并停留自组织不墨守成规的抗议活动，而不是彻底从底层重新构建社会"②。这种深刻的洞察与马克思在《共产党宣言》中对各种形形色色的社会主义为何局限在"解释世界"桎梏中的描绘是何等的相似，"对资本主义意识形态任何不彻底的批判最终都会被资本主义意识形态话语所兼容和吞噬"。

马尔库塞对自然本质上的马克思主义解读，尤其是其对人的主体性的弗洛伊德式理解，始终围绕着环境问题，贯穿于其思想的始终，最终将生态运动的解放议程与作为一种有组织的政治力量的爱欲的表达联系起来。因此，如果对马尔库塞的著作有一个逻辑性整体把握，就会发现：他在1970 年代转向生态解放理论并不是学界所普遍认为的"对革命的失望和妥协或退而求其次的战略转移"，而是其社会批判思想与现实交融的必然结果，而其生态解放理论是其实现人与自然全面解放的最终归宿。然而，由于受1960 年代的影响，马尔库塞的思想完全遮蔽在政治"光晕"中，最终造成其生态思想几乎没有引起当时学界应有的重视和阐述。

---

① Timothy W. Luke，"Marcuse and Ecology"，*Marcuse：From the New Left to the Next Left*，Lawrence University Press of Kansas，1994，p. 202.

② Timothy W. Luke，"Marcuse and Ecology"，*Marcuse：From the New Left to the Next Left*，Lawrence University Press of Kansas，1994，p. 195.

1970 年代马尔库塞思想研究在社会批判思想研究层面则表现为学术界一改 1960 的狂热追捧而转向了以批判为主，最著名的批评家是麦金泰尔①、斯库尔曼②、维瓦斯③和科拉克夫斯基④等。他们中的大多数思想家们都声称自己"熟悉马尔库塞的全部作品"⑤，如麦金泰尔宣称自己"紧追着马尔库塞本人的足迹，忠实地（faithfully）地描述马尔库塞"，通过"对比马尔库塞与其理论先驱黑格尔、弗洛伊德以及马克思的哲学思想理论"后，麦金泰尔断言："马尔库塞的理论几乎是不可信的。"⑥ 与麦金泰尔相似，斯库曼在《想象的证据：赫伯特·马尔库塞的批判理论》中试图通过对比马尔库塞 1933 年前后不同时期著作，宣称要"将（马尔库塞）从误解中解救出来"⑦，结果由于前者的思想局限性，不仅没有兑现解救的承诺，反而适得其反。比较而言，维瓦斯和科拉克夫斯基对马尔库塞思想的阐释始终抱有的一种深刻的"敌意"，如维瓦斯曾直言不讳地称马尔库塞为"一只啃噬文明的白蚁"⑧，而科拉克夫斯基却轻蔑地说："马尔库塞的思想是一种奇怪的混合物，是对技术、精确的科学和民主价值观的封建轻蔑。"⑨ 这四位思想家的批判对马尔库塞思想肖像的塑造对于当时乃至当下都有非常大的影响。

虽然在 1970 年代，马尔库塞的学生威廉·莱斯和其思想继承者本·

---

① 麦金泰尔（Alasdair Macintyre），著名哲学家。曾任马萨诸塞州布兰迪斯大学思想史教授、波斯顿大学文学院院长、韦尔斯利大学哲学教授、韦特比德大学哲学教授、美国哲学协会东部分会主席。著有《马克思主义和基督教》《论无意识》《伦理学简史》《对时代自我形象的批判》《德性之后》等。主要兴趣在道德哲学、政治哲学、哲学史和神学等领域。1970 年他写了关马尔库塞的著作，试图从历时性角度对马尔库塞与黑格尔、青年黑格尔派、马克思的哲学思想进行比较，着重分析马尔库塞的理论渊源和特征。

② Schoolman, M. , *The Imaginary Witness*：*The Critical Theory of Herbert Marcuse*, New York University Press, 1984, p. 3.

③ Vivas, E. , *Contra Marcuse*, New Rochelle：Arlington House, 1971.

④ Kołakowski, L. , *Main Currents of Marxism*：*Its Origin*，*Growth*，*and Dissolution*, Vol. 3, Oxford：Clarendon Press, 1978, pp. 416 – 417.

⑤ Vivas 和 Schoolman 都声称熟悉马尔库塞的早期作品，以及理解他后期作品的重要性。

⑥ MacIntyre A. , *Marcuse*, Great Britain：Fontana/Collins, 1970, p. 7.

⑦ Schoolman M. , *The Imaginary Witness*：*The Critical Theory of Herbert Marcuse*, New York University Press, 1984, p. xi.

⑧ Vivas, E. , *Contra Marcuse*, New Rochelle：Arlington House, 1971, p. 51.

⑨ Kołakowski, L. , *Main Currents of Marxism*：*Its Origin*，*Growth*，*and Dissolution*, Vol. 3, Oxford：Clarendon Press, 1978, pp. 416 – 417.

阿格尔①一直关注于对其生态思想的研究和阐发,发表了一系列论著,比较有代表性的著作是莱斯的《统治自然》②和本·阿格尔的《西方马克思主义概论》③。但这些思想直到 20 世纪八九十年代才逐渐产生了一定的社会影响。与国外研究现状刚好相反,马尔库塞、莱斯和阿格尔的思想在 1980 年代的中国生态学马克思主义领域得到了高度的认可和广泛的研究。

到了 20 世纪 80 年代,马尔库塞思想终于迎来了一线转机,表现在凯尔纳的脱颖而出,一直到现在,凯尔纳都是马尔库塞思想研究一个关键性的人物④,他于 1984 年出版的《马尔库塞与马克思主义的危机》⑤,开创了系统地、脱离政治背景、客观地论述地马尔库塞著作的先河。该书涵盖了马尔库塞几乎所有的作品和散文,很好地介绍了马尔库塞的社会批判理论,细致地展示了马尔库塞如何捍卫并坚守马克思主义事业的终生承诺。

总体来讲,20 世纪七八十年代马尔库塞思想研究属于低潮时期,学术界仅着重关注于对其成名作的批判性解读,对其早期思想和晚期的生态思想都没有足够的重视,导致对其思想连续性、彻底性的忽视,再加上 1960 年代形成的固有偏见,留给了后续马尔库塞思想研究的大多是一些偏见和对其思想复杂性、跨学科性⑥的曲解与误解。

---

① 本·阿格尔是生态马克思主义的主要倡导者之一,主要代表作是 1978 年的《西方马克思主义导论》,其正式提出了生态马克思主义的概念,对 1970 年代为生态学马克思主义的传播起到重要作用。阿格尔介绍了不为人知的莱斯和其两本重要著作,认为他是“生态左派中最清晰、最系统的人之一”(Ben Agger, *Western Marxism an introduction*, California Goodyear publishing company, Inc., 1979, p. 308),就这样生态马克思主义与莱斯及其两部著作一起广为人知。阿格尔正视当代全球生态危机,将生态马克思主义从一个高层院落里专家们提出的理论与现实紧密联系,使生态马克思主义真正区别于西方绿色运动,与社会主义革命相融合。到 20 世纪八九十年代,生态马克思主义成为引领社会变革的学派,阿格尔在其中发挥了不可磨灭的作用。

② William Leiss, *The Domination of Nature*, NY: Braziller, 1972.

③ Ben Agger, *Western Marxism an introduction*, California Goodyear publishing company, Inc., 1979.

④ 道格拉斯·凯尔纳(Douglas Kellner)的《马尔库塞与马克思主义的危机》是一本全面及深入地讨论马尔库塞思想发展的专著,观点精确,大部分有赖于资料研究和马尔库塞本人的口述资料,是研究马尔库塞政治哲学思想的不可缺少的著作之一。

⑤ Kellner D., *Herbert Marcuse and the Crisis of Marxism*, Los Angeles: University of California Press, 1984.

⑥ Angela Y. Davis, "Marcuse's Legacies", *Herbert Marcuse: A Critical Reader*, 1st Edition, 2004, p p1-12.

（三）急速复兴期（20 世纪 90 年代到 2000 年）

20 世纪 90 年代马尔库塞思想研究进入急速复兴的新阶段。首先，从论著角度看：1. 本阶段的急速复兴主要得益于 1990 年代凯尔纳对马尔库塞未发表的论文、日记、谈话录等的整理和编撰，最具代表性的成果是他的《马尔库塞文集》（六卷本）①，六卷本包含以前未出版和未知马尔库塞作品的出版物，标志着马尔库塞重新引入当代话语的尝试。1998 年凯尔纳描述了自己这份杰出工作的总体意图："尽管在过去的十年里，本杰明、阿多诺和哈贝马斯的作品有大量的新译本，但马尔库塞的作品几乎没有未经翻译或收集的资料……马尔库塞的忽视可能会通过大量材料的出版而改变，这些材料中有很多是未出版的和未知的。在这些卷集合的文章提供了新鲜的马尔库塞的作品，并进一步推进了马尔库塞的批判哲学的研究。"② 2. 2000 年以来，得益于法兰克福的马尔库塞档案馆（Marcuse Archive in Frankfurt），马尔库塞很多不为人知的作品得到了广泛的研究。3. 从 1988 年开始，费恩博格（Andrew Feenberg）、哈贝马斯、查德·沃林（Richard Wolin）、莫蒂西·卢克等著名学者加入马尔库塞思想研究，带来马尔库塞思想的整体复兴。4. 马尔库塞战前在德国创作和出版的早期作品得到了特别的重视和研究。马尔库塞主要依托于《爱欲与文明》和《单向度的人》一举成名，而其早期作品大多不为人知。尽管学术界对马尔库塞丧失兴趣后主要将关注点集中在哈贝马斯身上，但是从某种程度上说，对马尔库塞早期作品的重视也得益于哈贝马斯的强调，从某种程度上可以说："自从哈贝马斯第一次警告学界不要忽视马尔库塞职业生涯中的这一时期以来，许多马尔库塞的早期作品不断问世。"③ 的确，早期是马尔库塞一生中最重要的时期，是其个人和学术生活的起源，所以，对马尔库塞早期思想的研究对于呈现其思想

---

① Vol. I：Technology, War and Fascism, Vol. II：Towards a Critical Theory of Society, Vol. III：The New Left and the 1960s, Vol. IV：Art and Liberation, Vol. V：Philosophy, Psychoanalysis and Emancipation and Vol. VI：Marxism, Revolution and Utopia.

② Kellner D., "The Unknown Marcuse：New Archival Discoveries", Kellner D., *Technology, War and Fascism：Collected Papers of Herbert Marcuse*, Vol. 1, London & New York：Routledge, 1998, pp. xiv – xv.

③ "事实上，我认为，如果不参考早期的马尔库塞，就不可能正确理解今天的马尔库塞。谁要是没能在马尔库塞发展出马克思主义历史建构的弗洛伊德驱力理论的概念中发现存在和时间范畴的持续性，谁就会面临严重的误解风险。——尤尔根·哈贝马斯，1968。"

整体有十分重要的意义。5. 马尔库塞晚期生态思想得到重点关注，并基于现实的关切成为新的学术亮点，学术界从马尔库塞思想整体视角关注并阐发其生态思想。本阶段最重要的代表性著作是卢克的《马尔库塞》（1994），其第四章的"马尔库里与生态学"（Marcuse and Ecology）不仅全面、系统、整体地呈现了马尔库塞生态思想的理论价值和现实关切，也对随后的马尔库塞研究奠定了坚实的基础，如 Stevenson Nick 在《人类世的批判理论：马尔库塞、马克思主义与生态学》[①] 中就曾进一步借助马尔库塞的洞察揭露"人类世"话语与资本的内在勾连，及其所构建的"生态沙漠和社会地狱"[②]。卢克曾警告我们"恐慌不仅不会为人类带来清醒的自觉和有效的改革实践"[③]，反而围绕人类世的恐慌正日益赋予一个代表技术科学寻求代表"人类"管理"自然"的等级项目的合法性。伴随着无可救药的悲观主义，这个项目将侵蚀先前批判理论的一切努力和尝试，即通过更激进的环境批判为人类提出解放的新的想象力和可能性。[④] 6. 从已出版的书籍来看，本阶段来自世界其他地区的学者对重新介绍马尔库塞的遗产也有很高的研究兴趣。如意大利思想家雷娜塔·巴斯切利（Renata Bascelli），在 2018 年出版了《马尔库塞思想根源中的"具体哲学"》，认为："马尔库塞的思想，从它的起源出发，凭借其清晰的视野，仍然可以为当代世界提供一定的借鉴……也许可以试图基于其直面当今困扰人类的全面危机。"在德国，蒂姆·穆勒（Tim B. Müeller）在 2010 年出版了《斗士与学者：马尔库塞与冷战时期的思想体系》，探讨了马尔库塞在"冷战"期间与美国情报机构的接触等问题。[⑤] 整体来看，马尔库塞思想复兴始于英语国家，关于马尔库塞的书主要在美国出版，当然，美国学界对马尔库塞

① Stevenson Nick，"Critical theory in the Anthropocene：Marcuse，Marxism and ecology"，*European Journal of Social Theory*，Vol. 24，No. 2，2021，p. 24.

② Danowski，D. and De Castro，E. V.，*The Ends of the World*，Cambridge：Polity Press，2017，p. 17.

③ Luke，T.，*Capitalism，Democracy and Ecology：Departing from Marx*，Urbana and Chicago：University of Illinois Press，1999.

④ Stevenson Nick，"Critical theory in the Anthropocene：Marcuse，Marxism and ecology"，*European Journal of Social Theory*，Vol. 24，No. 2，2021，p. 1.

⑤ 关于非英语西方国家对马尔库塞思想的研究，详见 Visic M.，"Renaissance of Herbert Marcuse：A Study on Present Interest in Marcuse's Interdisciplinary Critical Theory"，*Interdisciplinary Description of Complex Systems-scientific Journal*，No. 17，2019，p. 668。

思想研究一直保持高度关注，即使是在 1970 年代其作品的影响力在世界范围内逐渐消失时，美国学界依旧高度重视阐发其思想的理论和现实意义。美国的国际赫伯特·马尔库塞协会（*International Herbert Marcuse Society*）每两年组织一次会议，试图根据时代发展的需求和新的社会问题重新审视、拓展马尔库塞的社会批判思想。7. 另外，关于马尔库塞的书籍、文章和评论已经有了专门的研究网站①，由哈罗德·马尔库塞博士（马尔库塞的孙子）管理，提供了从 20 世纪 40 年代至今关于马尔库塞的书籍、文章和评论的详细和最新信息。

（四）新高潮期（2000 年至今）

经过 90 年代的急速复兴，到 2000 年迎来了马尔库塞思想全面复兴和新的高潮期，其思想通过各种书籍和文章再次受到学界的普遍关注。这种兴趣的突然觉醒与其说是一种理论复兴，不如说是源自学术界对现实危机的深刻关切和历史回应。本阶段最重要的论著是马尔库塞生态解放理论研究专家查尔斯·莱茨（Charles Reitz）②的《马尔库塞与 21 世纪的挑战》，书中他这样描述："近年来见证了真正的马尔库塞思想研究复兴。"《新政治科学》（*New Political Science*）有专刊研究马尔库塞思想，如 2016 年的《21世纪的马尔库塞：激进政治、批判理论、革命实践》（*Marcuse in the Twenty-First Century：Radical Politics，Critical Theory，Revolutionary Practice*）。《激进哲学评论》（*Radical Philosophy Review*）2016 年和 2017 年专门讨论了马尔库塞思想的当代价值，这个数据是 2013 年的两倍，2017 年出版了两本评论马尔库塞政治观点的合集，一本是《大拒绝：赫伯特·马尔库塞和当代社会运动》，另一本是《单向度的人：50 年后斗争仍在继续》。③ 2019 年，Višić

---

① 即 http：//www. marcuse. org/herbert/booksabout. htm。

② Charles Reitz 不仅是新阶段马尔库塞德语作品翻译成英语的最有成就的译者，也是 21 世纪马尔库塞思想当代意义的重要诠释者之一。受马尔库塞"大拒绝"思想的启示和马尔库塞"革命性生态解放"的启发，Charles Reitz 致力于为全球金融资本主义提供一种革命性的选择。在继承和拓展马尔库塞和马克思生态思想的基础上，他提出了绿色联邦，概述了我们如何能够而且必须通过一种面向集体人类团结的实践来挑战结构性压迫。

③ Garland，C.，"Negating That Which Negates Us：Marcuse，Critical Theory，and the New Politics of Refusal"，Lamas，A，Wolfson，T. and Funke，P.，eds.，*The Great Refusal：Herbert Marcuse and Contemporary Social Movements*，Philadelphia：Temple University Press，2017，pp. 55 – 65.

Maroje① 更为全面地介绍了马尔库塞思想在 21 世纪的复兴之路，强调了其早期思想研究的理论重要性和现实必要性，回应并推进了马尔库塞思想研究的全盛时期的再度来临；罗伯特·基尔希和莎拉·苏拉克探索了马尔库塞思想在 21 世纪的整体性影响力。② 除了论著和专刊，世界各地也举办各种会议来深度探索马尔库塞的思想，如 2019 年马尔库塞研究专家库索詹尼斯的《政治实证主义和政治存在主义：重温马尔库塞》，重新审视了赫伯特·马尔库塞的思想遗产③。

　　2000 年后，马尔库塞思想研究拓展到美学、诠释学、生态学、教育学等领域，其中最大的亮点是其生态解放理论及其与教育批判的关联性解读，关注点集中于其理论与当下现实的紧密关联，莱茨也是重要的研究专家之一。具体来看，汤普森从 21 世纪现代文明发展的角度反思马尔库塞的作品，他钦佩地写道："马尔库塞在《单向度的人》中提出的许多观点……已经成为当下人们日常生活的世俗特征。事实上，读到马尔库塞的许多观察结果，你不可能不感到其先见之明，在一代人之后，这些特征成为现代文明的核心。"④ 迈尔斯的《马尔库塞的解放美学》详细阐述了马尔库塞的美学理论及其与解放的关系。⑤ 在 2005 年的全球正义运动中，凯尔纳再次提醒马尔库塞对于理解当代斗争的战略和社会政治视野的持续重要性："我认为，在当前全球经济危机、恐怖主义和美国军国主义的复苏，以及全球反企业资本主义和战争运动日益增多的情况下，马尔库塞的政治和激进主义批判理论与当代的挑战高度相关。马尔库塞在发展统治和抵抗的全球视角方面特别有用，他从根本上批评了现有的统治体系，稳定了抵抗运动，并对当前的社会组织和生活方式提出了激进的替代方案。" 马塞洛·维艾塔也曾

---

① Visic M. , "Renaissance of Herbert Marcuse: A Study on Present Interest in Marcuse's Interdisciplinary Critical Theory", *Interdisciplinary Description of Complex Systems-scientific Journal*, No. 17, 2019, pp. 659 – 683.

② Robert Kirsch, Sarah Surak, *Marcuse in the Twenty-First Century: Radical Politics, Critical Theory, and Revolutionary Praxis*, Routledge, 2019.

③ Alex Koutsogiannis, "Political Positivism and Political Existentialism, Revisiting Herbert Marcuse", *Berlin Journal of Critical Theory*, Vol. 3, No. 3, 2019, pp. 53 – 88.

④ Thompson A. K. , "The Work of Violence in the Age of Repressive Desublimation", Lamas A. , Wolfson T. and Funke P. , eds. , *The Great Refusal: Herbert Marcuse and Contemporary Social Movements*, Philadelphia: Temple University Press, 2017, pp. 159 – 176.

⑤ Miles, M. , *Herbert Marcuse: An Aesthetics of Liberation*, New York: Pluto Press, 2012.

明确指出："在实践中……可以观察到（马尔库塞提出的）'大拒绝'和'后技术理性'的痕迹。民主的所有'过剩'阶层……通过在最边缘重新组织他们的生活和经济，实行'大拒绝'。"① 汤普森认为伴随当代社会运动而来的各种暴力，可以用马尔库塞关于"压制性去升华"来解释和解释②。克里斯蒂安·加兰（C. Garland）认为马尔库塞的思想被证明对当代激进实践和（重大）拒绝政治的更新具有至关重要的意义。③

总体而言，在本阶段生态思想成为 21 世纪马尔库塞思想研究的亮点，马尔库塞对生态问题的关注基于揭示其与资本逻辑内在勾连，他很早就发现："生态斗争越来越多地与支配资本主义制度的法则发生冲突，包括资本积累增加的法则，创造足够剩余价值的法则，利润的法则，异化劳动和剥削的必然延续的法则。生态逻辑从根本上否定资本逻辑，地球不能在资本主义的框架下得到拯救，第三世界也不能按照资本主义的模式发展。"④ 特别是从 90 年代开始，当思想界发现 60 年代轰轰烈烈的生态运动和 70 年代可持续发展的政治实践已经被"绿色（生态）资本主义"的观点所吸收和协调时，马尔库塞激进而彻底的生态思想研究就显示出其独特的理论意义和现实价值。

马尔库塞很早就意识到先进工业社会的系统性危险，并以一种革命的方式为生态行动主义开路："环境问题和生态问题……不是对现有社会的净化，而是对其进行替代，恢复和享受自然、宁静与和平。"莱茨在着手阐发马尔库塞生态革命理论时，曾感慨道："自 20 世纪 70 年代马尔库塞开始崭露头角以来，世界对即将发生的多种形式的环境灾难的意识越来越强，也越来越有理由感到不安。这包括飓风、洪水、干旱和野火等极端天

---

① Vieta M. , "Inklings of the Great Refusal: Echoes of Marcuse's Post-technological Rationality Today", Lamas A. , Wolfson T. and Funke P. , eds. , *The Great Refusal: Herbert Marcuse and Contemporary Social Movements*, Philadelphia: Temple University Press, 2017, pp. 258 – 283.

② Thompson A. K. , "The Work of Violence in the Age of Repressive Desublimation", Lamas A. , Wolfson T. and Funke P. , eds. , *The Great Refusal: Herbert Marcuse and Contemporary Social Movements*, Philadelphia: Temple University Press, 2017, pp. 159 – 176.

③ Garland C. , "Negating That Which Negates Us: Marcuse, Critical Theory, and the New Politics of Refusal", Lamas A. , Wolfson T. and Funke P. , eds. , *The Great Refusal: Herbert Marcuse and Contemporary Social Movements*, Philadelphia: Temple University Press, 2017, pp. 55 – 65.

④ Herbert Marcuse, *Counterrevolution and Revolt*, Boston: Beacon Press, 1972, p. 175.

气事件，主要是由于燃烧化石燃料导致的全球变暖，以及资源浪费、管理不善的塑料垃圾流入海洋、土壤污染、水和空气质量退化、臭氧枯竭、海洋酸化，栖息地和生物多样性的丧失。每一个都深深地卷入了一个世界范围的经济不平等和冲突的体系中。"① 2021 年 10 月 7—10 日在亚利桑那州立大学（ASU）召开的两年一次的国际马尔库塞学会会议主题正是基于他的技术批判理论探索人类文明的可能未来，10 月 9 日的会议专题关注生态与革命和 21 世纪的保护责任，收录了一系列专业的学术文章，专门研究马尔库塞生态解放理论的当代意义。②

马尔库塞自然革命与生态解放思想的意义主要表现在：面对①后现代主义、哈贝马斯的交往理论等无色、无效的批判，②主流环境保护主义及其话语与可预见的生态崩溃的制度力量的兼容与相容，③以释放市场保护环境的占主导地位新自由主义环境主义导致的环境恶化加剧和加速以及市场机制的持续失灵，④技术乐观主义的蛊惑，⑤通过购物来拯救地球"绿色产品"的消费主义暴露出的新自由主义环境主义面对和解决当代生态困境的无能等理论和现实问题，马尔库塞的自然—生态解放理论成为西方思想界探寻有效和有意义地面对日益恶化的环境和生态灾难和地球加速退化、突破自由主义环境话语的理论武器和实践指南。另外，马尔库塞生态批判理论与其教育批判理论的关联性解读，使他的教育批判思想成为其生态解放理论的实践道路探索，体现了其思想在 21 世纪独特的价值和魅力。

总体而言，在新阶段，对马尔库塞思想展开跨学科综合研究是当下学界的新动向。马尔库塞的观点和思想在很大程度上受到席勒、黑格尔、马克思、弗洛伊德、海德格尔和卢卡奇（早期）的影响，但是，他始终都是一个坚定的马克思主义者。为了理解马尔库塞的立场和思想的整体脉络，跨学科的全面研究是必要的。否则，像麦金泰尔武断地将马尔库塞归类为"前马克思主义"思想家或假设马尔库塞属于年轻的黑格尔主义者等都是

---

① Charles Reitz, *Ecology and Revolution：Herbert Marcuse and the Challenge of a New World System Today*, New York：Routledge, 2018, p. 19.

② 如 Thais Gobo, "Authentic Ecology and Liberation：The Refusal of the Domination of Nature Against the Apparatus"；Dan Fischer, "Let Nature Play：Total Liberation From Compulsory Work；Sergio Bedoya Cortés Ecological crisis, capitalism and critique" 等。关于国际马尔库塞学会会议参考https：//sites. google. com/site/marcusesociety/past-conferences。

不公平的。国外研究领域近年来正在展开一场对马尔库塞批判理论兴趣的复兴，在这些专家学者看来，正如我们生活的世界是一个多元融合的世界，我们对世界的认识也应该是综合多学科角度的视域，而不能从单一的视角片面出发，若能理解马尔库塞批判理论的跨学科特征，就会发现马尔库塞完整地论述了我们所生活的世界。因此，马尔库塞批判理论的复兴是一个全新的综合研究视域的开拓。

根据最新的研究结论，马尔库塞的哲学从理论上和时间上更接近马克思哲学，因为二者都是基于对世界历史本质维度的认识来提出实践的革命策略。① 马尔库塞对人的理解是黑格尔的理性哲学、马克思的政治经济学批判和海德格尔存在主义哲学以及席勒的政治美学、弗洛伊德心理学的跨学科综合，是从资本的产生到资本的发展的一种全方面的综合性的研究，其中海德格尔对技术发展对人的本质异化的加深理论给马尔库塞提出了一个全新的理论视角，进而补充黑格尔的理性肯定性和马克思的无产阶级否定性对资本批判都未给予重视的一个资本重要力源——科技对人的异化的影响。

随着信息资本主义社会的崛起，生态资本主义意识形态话语霸权的全面渗透、社会矛盾的全面激化，马尔库塞思想的这种突然的再次唤醒是新的马克思主义学者们基于马尔库塞对改组后的资本主义的整体批判，更是对资本主义反生态本性的全面揭露和彻底的拒绝。

二 国内研究现状

国内关于马尔库塞思想的研究始于 1978 年，兴盛于 1980 年代，在特定历史时代主题下关注于其对现代性和资本主义的诗意批判。1978 年《哲学译丛》开始节译其著作。1980 年当时著名的三大译文丛书：《文化与世界丛书》《美学译文丛书》《走向未来丛书》集中关注马尔库塞的诗意批

---

① 在《左派海德格尔主义还是现象学马克思主义？重新考虑赫伯特·马尔库塞的技术批判理论》一书中，约翰·阿布罗密特回顾批判理论的传统，考察了马尔库塞和他的前导师海德格尔之间的微妙关系，认为马尔库塞批判性地借鉴了海德格尔的现象学只是为了对他钟爱的马克思主义的理论进行补充。本书也持相同的观点。（Abromeit, John, "Left Heideggerianism or Phenomeno-logical Marxism? Reconsidering Herbert Marcuse's Critical Theory of Technology", *Constellations*, Vol. 17, No. 1, 2010, pp. 87 – 106.）

判和现实关切的融合，相关的研究成果有：燕宏远（1978，1979）、H. 韦伯尔、张伯霖（1979）、王守昌（1980）、徐崇温（1980，1982）、徐家杰（1981）、赵越胜（1983）、刘小枫（1986）、薛民（1986，1988）、陈学明（1987、1989、1990）、李小兵（1989）等，学者们从"社会批判""美学理论""现代文明困境"等方面研究阐发其社会启蒙与人的解放理论，隐现着着学术与现实双重语境的动力与压力。①

总体而言，国内已有研究都比较集中于法兰克福学派的研究系谱，从马尔库塞晚期成名作如《爱欲与文明》《单向度的人》着手展开分析。在中国特定的历史背景下想象性地痴迷于"中国语境中的马尔库塞"，主要关注其社会批判理论，较少关注其理论如何与革命实践关联，从而理所当然地认为马尔库塞社会批判的主题仅仅是单向度的人和单向度的社会，批判的对象是单向度社会的技术理性、消费异化、大众文化、实证主义以及额外压抑等几个孤立的方面。另外，误认为马尔库塞寄希望的革命的主体是那些极其类似马克思所谓的流氓无产阶级或者黑格尔所谓的贱民的被社会边缘化的人，进而自然而然地将马尔库塞的"大拒绝"看作一种不计后果的背离马克思主义的激进主义，将他的爱欲革命论、自然革命论和艺术革命当作一种无奈之举。对马尔库塞思想的整体性、系统性、全面了解亟待新的视域和全面而翔实的材料支撑。

值得庆幸的是，2019 年人民出版社出版的《马尔库塞文集》（六卷本）是国内马尔库塞思想研究的最新进展，也是马尔库塞思想研究的新起点，分别是：第一卷《技术、战争与法西斯主义》，搜集了马尔库塞早期思想的材料；第二卷《走向社会批判理论》；第三卷《新左派与20 世纪60 年代》收录了《暴力问题和激进反对派》《从富裕社会中解放出来》《民主有没有未来或者说现在》《马尔库塞对新左派路线的定义》等文章；第四卷《艺术与解放》；第五卷《哲学精神分析与解放》，呈现的是旨在实现人类解放与社会变革的、对哲学、精神分析和批判社会理论的独特综合；第六卷《马克思主义、革命与乌托邦》。这些宝贵的资源将会为国内马尔库塞社会批判思想研究带来新的希望。

---

① 孙士聪：《三个"西马"理论家的中国面孔——本雅明、阿多诺、马尔库塞在 1980 年代》，《汉语言文学研究》2014 年第 4 期。

马尔库塞的社会批判思想是一个完整的思想体系，只有突破国内研究的视域局限，将马尔库塞的社会批判思想置于其形成的历史语境中，结合早期的思想著作和后期的革命论著全面阐述，才能真正澄清并阐述马尔库塞如何利用马克思的批判的武器和武器的批判实现"人与自然"双重解放的历史使命。

第三节　研究思路与框架

本书试图结合国内外特别是国外最新研究成果，突破国内当下对马尔库塞思想的局部性解读，从跨学科的视角，基于语境中的马尔库塞出发，延循其思想形成脉络展开全面论述，总体研究思路如下图 1 - 1 所示。

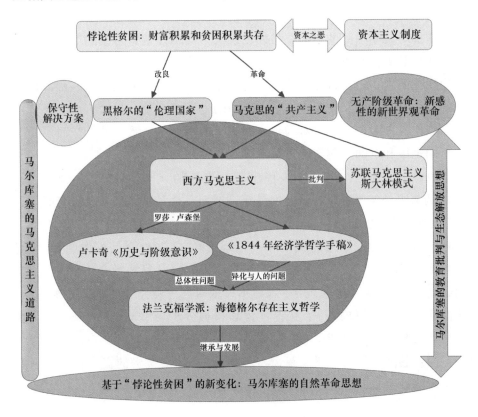

图 1 - 1　研究路线图

本书的研究框架分为五个部分：

导论部分，主要论述了选题背景、选题的理论意义和现实关切。

第二部分为第二章、第三章。第二章主要论述马尔库塞社会批判思想萌芽的历史语境及其思想形成的理论走向。意在于将马尔库塞的马克思主义社会批判思想置于其形成的历史语境中，沿循马克思主义在两次世界大战所带来的深重苦难中艰难前行，还原马尔库塞如何一步走向马克思，坚定地捍卫、积极拓展和更新马克思主义，融合那个时代的思想精华补充马克思主义，认清资本的新变化，回答困扰那个时代的两大问题：人的解放和自然的解放。《单向度的人》的发表标志着马尔库塞社会批判理论思想的形成，标志着马尔库塞社会批判理论的形成，是他的"共产党宣言"，为那个时代轰轰烈烈的社会运动提供了理论武器，也是其思想从理论走向革命实践的转折点。

第三章主要论述马尔库塞社会批判思想的理论走向。阐明"悖论性贫困"如何一步一步从"疏离""异化""物化"演化为人和世界的全面匮乏的"单向度化""碎片化""景观化"，以及马尔库塞如何在批判、继承和发展前人思想的基础上找到理解和摆脱匮乏的希望之路。首先，基于《单向度的人》呈现了"悖论性贫困"的当代表征：全面单向度化、全面匮乏的世界。其次，分析了资本之恶的本性，及其如何造成了全面的单向度化和全面匮乏；最后，分析马尔库塞如何继承和发展马克思、黑格尔、卢卡奇、海德格尔、萨特等人对与如何控制"悖论性贫困"的资本之恶的理论，进而发展出自己的社会批判思想。

第三部分为第四章，最大的特色是全面阐释马尔库塞社会批判思想的如何延伸到自然—生态领域，并进而拓展到教育实践领域，真正从"解释世界"迈向"改造世界"的维度。集中论述了马尔库塞的审美解放如何将人和自然从单向度的匮乏世界中解放出来，基于自然革命来完成自我革命和社会革命，在"新感性""新科学"的共同引领下实现文明的自我救赎，找到一条希望之路。本部分分别对革命主体、革命道路、革命方式等问题展开论述，突出了马尔库塞社会批判思想如何从批判的武器向武器的批判的转变，完成马克思主义哲学从认识世界向改造世界的历史使命。

第四部分为第五章，论述了马尔库塞社会批判思想的当代价值。诠释马尔库塞社会批判思想所包含的对资本主义反生态本质的批判，对当下

"悖论性贫困"之恶的新变种的揭示，将如何控制资本、驾驭资本，如何让科学技术为人类的幸福服务等思想应用于当下中国生态文明建设、人类文明新道路的探索中，对社会主义意识形态话语建构具有重要启示。

第四节　创新之处

一　研究方法的创新

本书将采用跨学科综合研究方法，对马尔库塞社会批判思想展开综合研究。跨学科研究方法是马尔库塞社会批判思想所采用的方法，也是法兰克福学派社会批判理论的独特研究方法和共同的理论归属[①]，马尔库塞显然正是践行这种全面视域批判的典型代表。不过这也导致很多不熟悉马尔库塞作品跨学科方法的评论家，误以为其思想是多个不相关思想的累积。实际上，马尔库塞批判思想具有开放的辩证结构，本书采用跨学科研究方法意在于还原并展开马尔库塞思想体系的全貌，突出其思想的独特魅力。

二　研究视角的创新

首先，本书基于"悖论性贫困"这个现代性问题入手对马尔库塞社会批判思想展开论述。由于这个问题是自现代文明伊始，思想家们都必须面对的问题，因此也就有利于将马尔库塞的思想置于其历史语境中，论述其如何批判地继承和发展黑格尔的理性哲学、马克思的"人类与自然"双重

---

① Merchant C. , "The Theoretical Structure of Ecological Revolutions", *Environmental Review*, Vol. 11, No. 4, 1987, pp. 265 – 274. 自 17 世纪的科学革命以来，西方主要是通过机械科学的眼镜来观察自然，理解世界，著名的表述就是"人是机器"。在这种意识形态中，物质是死的和惰性的，除非受到外力的作用，否则保持静止或匀速直线运动。变化来自外部，就像机器的运转一样。世界是一个时钟，由人类时钟制造者调节，自然是被动的和可操纵的。马尔库塞的社会批判思想基于对马克思《1844 年经济学哲学手稿》中"感性"思想的继承和拓展，试图用生态学的方法跨越实证主义科学认知系统，继承了马克思的"同一门科学"思想，用跨学科的研究方法来研究历史，主张自然是一个历史的行动者，从世界观层面彻底批判和颠覆机械世界观。法兰克福学派最著名的就是其跨学科的"社会批判理论"，这种批判的宗旨就是把批判从经济领域转向政治和文化领域，从而揭示全面的异化和无处不在的压抑和控制。因此，社会批判理论不仅包括哲学、还包括文学、经济学、社会学、心理学、政治学等多个学科体系，开创了人文和社会科学的跨学科方法，从各种学科中得出论点和经验数据，具有彻底而全面的批判视域。批判的理论不仅是理解现实的理论武器，也架起了从现实到达理想的桥梁。

解放理论、席勒的政治美学、西方马克思主义者如卢卡奇的"第二自然"理论、海德格尔的存在主义、弗洛伊德的精神分析学说等来对"悖论性贫困"问题展开更为全面且与时俱进的分析和解决，进而形成自己独特的思想体系。

其次，本书通过集中对比马尔库塞的"单向度、景观化的世界"图景和马克思的"全面异化世界图景"，说明资本主义如何"自我持存""自我续命"，"悖论性贫困"之恶如何演变至今，以何种形式呈现。

再次，通过对比阐明黑格尔的"贱民"、马克思的"工人阶级""无产阶级""流氓无产阶级"、马尔库塞的单向度的人和"局外人"等之间的本质性差别，说明马尔库塞所寄希望的新的革命主体并不是部分学者所误认为的"流氓无产阶级""贱民""暴民""学生知识分子""知识分子""局外人"等，而是一个拥有"新感性"，使用"新技术"，接受"新教育"的"新人类"联盟。

复次，本书将结合国外最新研究成果，通过论述马尔库塞对马克思"人的解放和自然的解放"的双重解放思想的继承和拓展，来论述其自然革命和生态解放理论及其当代价值。

最后，说明马尔库塞是一个坚定的马克思主义者，其思想对今天仍有重要的理论意义和实践指导价值。

第二章　马尔库塞社会批判
思想的理论走向

　　马尔库塞的社会批判思想形成与两次世界大战之间，发展并完善于"二战"后。围绕"悖论性贫困"呈现的不同历史语境，基于"悖论性贫困"之恶引发的自然和社会问题，通过对资本本性的分析和对战争的反思，对法西斯主义的批判、对苏联模式的批判和对革命主体和革命道路问题的探索，马尔库塞在理论和实践上完成了马克思哲学理解世界和改造世界的双重使命，形成独特的马克思主义双重解放的思想体系。本章将以两次世界大战为时间轴，以西方世界对马克思主义的继承和发展为线索，基于马尔库塞生活的历史语境，将马尔库塞的生平、思想形成置于其产生的历史背景和思想背景中，分为两个阶段展开论述：第一阶段主要论述两次世界大战之前马尔库塞思想的萌芽及其主要内容；第二阶段论述"二战"爆发后，马尔库塞在美国时期的社会批判思想，主要关注其如何围绕单向度化问题对发达工业社会"悖论性贫困"问题进行全面的揭示。

第一节　马尔库塞社会批判思想的萌芽期

　　经历了文艺复兴、宗教改革、新大陆的发现、工业革命和科技革命，一个人类文明史上从政治、经济、社会文化层面都发生了前所未有的变化，与之相伴的是一个新时代和新社会的诞生——现代文明。自由、理性、博爱是其之所以是"新文明"的主要标志性话语。亚当·斯密等国民经济学家们（古典政治经济学家们）将其称作"市场社会"，并为其提供了理论辩护。现代文明自其开启就具有了理论和现实的双重魅力：不仅有区别于蒙昧主义的"自由""平等"话语，而且还伴随着前所未有的生产力——一个世俗的天堂似乎即将降临于世。然而，令人不解的是这个世俗天堂随时都会呈现出地狱的面孔，从托马斯·莫尔到狄更斯，文学家们一直都在用不同的方式"理解""描述"和"呈现"这种"怪病"，直到黑格尔直接瞄准其致病的一个特殊诱因，从批判"英国古典政治经济学"的意识形态叙事结构开始"望闻问切"，最终为这个怪病定性，命名为"悖论性贫困"。黑格尔指出，国民经济学家们所论述的"市场社会"其实就是一个放任市场"自由"运转的经济积累模式，完全丧失了伦理的维度，或者说完全没有伦理维度的呵护和支撑，亚当·斯密的《道德情操论》在现实中是根本无效的，一旦放任市场自由运转，其后果绝不是"随着时间的推移，或者随着市场的完善，社会问题会逐步消除"，而是整个社会的撕裂、崩溃和瓦解，进一步说，就是"悖论性贫困"病症的愈演愈烈，病症集中表现为"极端的贫富分化和极致的自我异化"。当然，黑格尔并没有认为资本主义这种无法自我救赎的"病"是"绝症"，他最后给出了一个"秘方"——异质性的"伦理国家"救赎方案。马克思基本认同黑格尔对莱茵河彼岸的现代文明的医学诊断，但不认同黑格尔给出的"秘方"的药效。在马克思看来，即使"药方"真的奏效，也将会遭到资本逻辑的侵蚀，最终背离医生"悬壶济世"的美好初衷。实际上，当黑格尔和他的伦理国家深陷法西斯主义的泥沼时，也就印证了马克思的判断。在马克思看来，黑格尔的伟大之处在于其瞄准了现代文明两大支柱之一"现代形而上学"的理论层面，其局限性在于其仅仅将现代文明的"病症"归因于它。不同于黑格尔，马克思发现导致"悖论性贫困"的根本原因的确是"现代形而上学"提供的"异化框架"，但更为根本的是，现代文明还有另一个支柱——资本。根据马克思，作为现代文明的两大支柱，资本和现代形而上学之间存在着内在勾连和共谋关系，"所以马克思对现代性的批判从一开始就是、并且始终是一种双重批判。这一批判深入到资本的本质和现代形而上学的基本建制中。唯独这种双重批判，方有可能达到一个决定性的原则高度，而唯独在这样的原则高度上，马克思学说的当代意义——我们这个时代之向着未来的筹划——方有可能彰昭于世"①。如果说现代形而上学已经在黑格尔哲学中得到其最后的完成，那么，除非资本与形而上学的

---

① 吴晓明：《论马克思对现代性的双重批判》，《学术月刊》2006 年第 2 期。

双重"魔法"能够同时被彻底解除，否则的话，其中的任何一种魔法都不可能被真正解除。恰如马克思在《1844 年经济学哲学手稿》中所阐述的：除非对现代世界的双重批判在本质上被提升到一个新的原则高度，否则，无论是对资本的批判还是对现代形而上学的批判都不可能有真正进一步的开展。复旦大学吴晓明教授曾对资本和现代形而上学的关系进行了极为精彩的描述，在他看来，"资本和现代形而上学是彼此支撑、彼此拱卫的"。正像前者构成后者的世俗基础和强大动力一样，后者乃成为前者的观念领域，成为它的理论纲领、它的"唯灵论的荣誉问题"，以及它获得慰藉和辩护的总根据。一句话，在现代性由以开展出来的世界中，资本和现代形而上学有着最关本质的内在联系，或者毋宁说，有着最关本质的"共谋"关系。海德格尔曾将资本和现代形而上学称作支撑现代性的"两重独特现实"："经济发展与这种发展所需要的架构"，并对马克思主义"懂得"这双重现实因而具有独特的理论优越性，给予了高度的赞扬和肯定。恰如马克思和海德格尔所理解和诠释的那样，"现代性的原理不仅依赖于资本的扩张本性，而且依赖于这种扩张本性借以实现自身的谋取方式，即现代形而上学依其基本建制而开展出来的、对存在者的控制方案和统治形式。正是这种双重的经纬，方始成为一种现实性的力量：就像这种力量一方面来自资本之无止境的推动一样，它也来自现代形而上学之无止境的谋划。而这两者之共同的抽象化和形式化的本质，使之能够成为夷平一切差别、剪灭各种内容和质的力量，并从而成为一种世界性的、普遍进取和扩张的力量"①。基于对现代性本质的深刻洞悉，马克思拒绝任何形式的改良和和解，他给出的药方是共产主义运动和无产阶级革命，这是一种根除之法，而不是缓和病症，进而导致病症加重的麻醉剂。在黑格尔、马克思和恩格斯逝世之后的很多年，继承他们思想的学者们在变化了的历史语境中继续分析、揭露资本之恶，探索解放的可能之路。到 19 世纪末，西方主要资本主义国家都出现了明显的经济高涨，国内自由竞争资本主义已经发展为垄断资本主义，有效地加速了帝国主义的殖民掠夺和扩张。在科技革命技术的催动下，资本积累速度明显加快，利润率持续增高，各大国之间的军事竞争逐步升级，一场重新瓜分殖民地的战争一触即发。

---

　　①　吴晓明：《论马克思对现代性的双重批判》，《学术月刊》2006 年第 2 期。

　　1898 年 7 月 19 日，赫伯特·马尔库塞出生于德国柏林的一个中产阶级商人家庭，其父亲卡尔·马尔库塞（Karl Marcuse）是一个成功的犹太商人，其母亲格特鲁德·克雷斯劳斯基（Gertrud Kreslawsky）是德国富裕的工厂主的女儿，在 20 世纪的头二十年，马尔库塞过着典型的中上层的犹太人生活。① 年轻的马尔库塞真诚地热爱着德国的文学。1914 年 7 月，帝国主义的扩张和重新瓜分世界的企图，终于导致酝酿已久的第一次世界大战全面爆发，1916 年，马尔库塞就被德国军队征召入伍。1917 年，年仅 18 岁、刚刚开始接受政治教育和信仰教育的马尔库塞加入了德意志独立社会民主党，该党是当时最重要的社会主义政党，依靠德国庞大的工人阶级，到 1914 年，由主张强有力的中央机构主导的马克思主义领导革命，但也有非常明显的少数人支持更自由主义的马克思主义，罗莎·卢森堡也许是这群人中最著名的一个。在革命过程中，马尔库塞发现自己太年轻，没有经验，不能成为一名专业的革命者，所以在 1918 年，他转而沉浸在卡尔·马克思的著作中，试图更好地理解资本主义和帝国主义之间的共生关系。② 1919 年，随着卢森堡③被暗杀，马尔库塞对德意志独立社会民主党心灰意冷，决议退出该党，从此再也没有参加过任何政党。1919 年，马尔库塞进入柏林的洪堡大学修了四个学期的课程。1920 年，他转到弗莱堡专攻德国文学，并修读哲学、政治和经济学课程，这一时期的研究最终以题为"德国艺术家小说"的博士学位论文为结，该论文于 1922 年被接受④，是马尔库塞毕生追求政治美学的第一项工作，奠定了其后期思想的基本基调。论文被接受后，马尔库塞回到柏林⑤。马尔库塞是犹太人，但他的家人并不是虔诚的犹太教徒，在接受道格拉斯·凯尔纳的采访时，他

---

　　① 《马尔库塞文集（六卷本）》（第 2 卷），人民出版社 2019 年版，第 2 页。

　　② Schlottmann, Chris, *Liberation and the Great Refusal*: *Marcuse's Concept of Nature*, Thesis (B. A.), 2002, Bi-College（Haverford and Bryn Mawr Colleges）, Dept of German and German Studies, p. 8.

　　③ 罗莎·卢森堡的思想经由卢卡奇对马尔库塞社会批判思想的形成有深刻地影响。

　　④ Kellner, *Douglas Herbert Marcuse and the Crisis of Marxism*, London and Berkeley: Macmillan and University of California Press, 1984, p. 18.

　　⑤ Schlottmann, Chris, *Liberation and the Great Refusal*: *Marcuse's Concept of Nature*, Thesis (B. A.), 2002, Bi-College（Haverford and Bryn Mawr Colleges）, Dept of German and German Studies, pp. 5 – 6.

声称"自己的成长经历是典型的德国中产阶级家庭，他的犹太血统从未让他与德国社会产生任何疏离感"。从 1914 年 7 月到 1918 年 11 月，持续四年多的第一次世界大战所造成的政治、经济、文化方面的灾难性后果，加剧了资本主义社会内部的矛盾，当时灾难深重的工人阶级和劳动人民尝试在社会主义革命中寻找道路。尽管马尔库塞在战争期间从未真正面对过战斗，但也未能幸免于战后许多人的幻灭感，目睹了科技制作的大炮的威力和杀伤力，这场夺去了大约 900 万人生命、致使 2100 万人受伤的战争，让马尔库塞感到深刻的困扰和绝望，因为参战的国家曾声称自己是文明和启蒙的顶峰。

1917 年苏联的十月革命的胜利给予了人们前所未有的希望，1918—1923 年，西欧的各个大小规模的革命却都失败了。在这个希望与绝望交集的时期，出现了一批新的思想家，他们一面批判斯大林模式，一面反思资本主义革命失败的原因，主张重新发现马克思，强调马克思主义的黑格尔根源，强调人的主观性在革命开展过程中的核心作用。这种思想在当时被称为"西方马克思主义"创始人①的卢卡奇 1923 年发表的著名的《历史和阶级意识》中首次得到系统的呈现。当时，卢卡奇确立和表述了人本主义马克思主义的导向和基本构想，他所开创的物化理论和对马克思异化理论的黑格尔主义式解释都深刻影响了后来思想家的思维范式和批判主题，标志着马克思主义发展的鼎盛时期到来。当时西方马克思主义从异化理论和实践哲学出发，把革命理解为以扬弃异化、实现人的自由和全面发展为核心的人道主义的、批判性的和创造性的"总体革命"的设想。可以说，在卢卡奇《历史与阶级意识》开创性的研究范式下，20 世纪的哲学思潮中，"异化问题"以及与其相关联的"人"和"自然"的存在的问题成为批判资本主义的前提，黑格尔和马克思的思想因此成了学者们研究的总体出发点。这个阶段涌现了一大批杰出的西方马克思主义者，如柯尔施、布哈林、葛兰西、本杰明；法兰克福学派早期成员列斐伏尔、霍克海默、阿多诺等；另外，受卢卡奇影响的还有存在主义哲学家海德格尔、萨特等。马

---

① 正式给卢卡奇、柯尔施等人所代表的那种"左"的思潮安放"西方马克思主义"的名称的，是法国的现象学—存在主义者梅洛－庞蒂 1955 年发表的《辩证法的historian险》一书。在这本书中，他一面强调"西方马克思主义"同列宁主义的对立，一面又把"西方马克思主义"的传统一直追溯到卢卡奇的《历史和阶级意识》一书。从此，人们就把这股左的思潮称作"西方马克思主义"。

尔库塞与卢卡奇是同途殊归的，他们的思想都与马克思著名的《1844年经济学哲学手稿》有着重要的关系，但客观上卢卡奇却成为马尔库塞的思想先驱。[①]

从现实角度看，第一次世界大战的结束实际上是资本主义即将出现一种新型邪恶的前兆，比如令人窒息的专制主义、极权主义和野心勃勃的法西斯主义。科学技术及其所内涵的工具理性显然不区分资本主义或社会主义的意识形态并进而成为一种新的意识形态，"无私地"地服务于资本的邪恶，这就是为什么马尔库塞不再使用社会主义或资本主义来定义社会本质，而使用"发达工业社会"的根本原因。实际上，科学技术成为一种意识形态的端倪最终显露在培根自然主义与科学技术联姻的"新大西岛"的"所罗门之宫"的管理模式中。只是那个时候，科学技术是带着希望和未来同蒙昧主义开战的"英雄"。或许培根也明白：没有道德的进步，技术的力量势必沦为邪恶的工具，这种隐忧始终笼罩在"新大西岛"的字里行间。随着现代性的现实展开，启蒙的乌托邦信仰受到两大互相对立的意识形态的挑战，人们开始怀疑自由民主是否仅仅是彼岸世界的空头支票，而不是历史前进的必然方向。专制主义是"二战"后的一个新概念，马尔库塞和西方马克思主义对专制主义政治制度的批判一方面是为了揭露其对理性承诺的背离；另一方面是为了寻找自由和理性的新出路。可是，他们悲哀地发现在新式的专制主义制度中，如同《飞越疯人院》中所描绘的，人们都自愿待在精神病院，他们习惯了这种恐怖，都害怕自由，害怕外面的世界，习惯了枷锁对他们的束缚。马克思和马尔库塞对意识形态的批判，即对现代形而上学神话的批判之所以贯穿于其思想始终，就在于他们很明白，现代形而上学的批判并不是一个理论问题，而是一个实践问题。

1924年年初，列宁逝世了，到1927年，斯大林在苏联共产党内所取得的胜利，决定了其后几十年内社会主义和马克思主义在苏联的命运。[②]在斯大林的统治达到顶点时，"马克思主义在俄国差不多已经沦为一种纪

---

① 李尚忠：《第三条道路——马尔库塞和哈贝马斯的社会批判理论研究》，学苑出版社1994年版，第50页。

② 托洛茨基于1929年被驱逐流放，1940年遭到暗杀；梁赞诺夫于1931年被剥夺了职位，1939年死于劳改营；布哈林于1929年受到压制，1938年被枪毙；普列奥勃拉任斯基到1930年已被搞垮，1938年死于狱中。

念品"①，在世界上历史唯物主义发展方面最先进的这个国家，曾经以其理论家的为数众多和充满活力而超越整个欧洲，在十年之内却已沦为半开化的一潭死水，令人生畏的只是其势力巨大的检查制度和生硬无比的宣传而已。从 1920 年到 1927 年的这段时间内，博士论文通过后的马尔库塞回到柏林，他的父亲为他提供了一间公寓，并提供出版和古玩书籍业务的股份，马尔库塞主要从事目录研究和书目研究，并于 1925 年出版了席勒书目。席勒的政治美学中所包含的人本主义倾向和用审美视角来解决人性解放问题的理论都深刻地影响了马尔库塞后来的政治美学思想，贯穿于他思想的始终。1927 年，德国柏林，马尔库塞开始与一位朋友一起阅读海德格尔新近出版的《生存与时间》，时间与生命所带来的兴奋导致马尔库塞开始转向研究当时红极一时的海德格尔存在主义。② 1928 年回到弗赖堡后，马尔库塞开始担任海德格尔的助手，撰写第二篇论文《黑格尔的本体论和历史性理论》③。海德格尔的异化和匮乏理论以及对人的生存的关注和对科学技术理性的批判都深刻地影响着他，尽管这篇论文从未得到海德格尔的认可（据马尔库塞的说法，后者也许没有读过），它还是于 1932 年出版了。

　　1929 年到 1933 年，爆发了资本主义历史上最大的经济危机，伴随着工厂倒闭、银行和股市证券公司的破产，大规模失业潮迅速席卷了整个欧洲大陆，阶级斗争日益加剧，战争一触即发。在第三国际对德国共产党采取了自杀性的救赎方针以后，纳粹主义于 1933 年在德国攫取了权力。从 1928 年至 1932 年间，马尔库塞曾带着希望和激情试图发展所谓的海德格尔或现象学的马克思主义，当时，最为紧迫的时代问题是：马克思预言的无产阶级革命并没有也不可能发生，欧洲已经经历了数次革命失败的尝试，这种情况直接引致马克思主义政治危机。更为严重的是，马克思主义

---

　　① ［英］佩里·安德森：《西方马克思主义探讨》，高铦等译，人民出版社 1981 年版，第 29 页。

　　② 马尔库塞于 1928 年至 1932 年在弗莱堡大学的海德格尔学习，在这些年中，他撰写了许多挑衅性的哲学论文，尝试了海德格尔马克思主义的可能性。马尔库塞一度认为海德格尔的思想可以使马克思主义复兴，从而提供了经验主义的具体维度，这在德国唯心主义传统中是十分缺乏的。最终，有两个事件阻止了马尔库塞完成该计划：第一件事情是 1932 年出版了马克思的《1844 年经济学哲学手稿》，第二件事情是海德格尔在一年后投靠了纳粹主义。

　　③ Herbert Marcuse, *Hegel's Ontology and the Theory of Historicity*, translated by Seyla Benhabib, MIT Press, Cambridge, Massachusetts, London, England, 1987.

的政治危机与其认识论危机纠缠在一起①，第二国际组织产生了一种实证主义形式，它消除了马克思主义的辩证法。此时的马尔库塞感觉到一种前所未有的危机感，为了拯救激进的、具有社会变革性的主观性和否定性思维，他决心补充并重新阐发马克思主义哲学，转向海德格尔寻求可能的解决方案。当时的马尔库塞显然对在马克思主义和海德格尔关于历史性描述的相似之处十分着迷，但他很快就发现："海德格尔的具体性在很大程度上是虚假的具体性，这种哲学既抽象又脱离现实，甚至避开现实。"其哲学中对"死亡的必然性的认识加剧了现实世界的世俗参与和承诺"，扼杀了"乌托邦"的活力，潜藏着浓厚的对"死亡本能"而不是"爱欲本能"的亲和力，流露出一种恐怖主义的气息。②对于马尔库塞来说，海德格尔的纳粹主义远非偶然的被迫选择③，而是其理论的必然归宿。

自1932年后，由于海德格尔对法西斯国家社会主义的兴趣日益浓厚④，马尔库塞离开了受胡塞尔和海德格尔控制的守旧的弗莱堡大学哲学

---

①　认识论危机是马克思主义科学还原主义的结果，其本质不过是马克思主义理论的一种非哲学的、机械的形式，它教导了资本主义不可避免的自动崩溃，散发着机会主义和非革命性的气息，这种可怕的思想导致"工人阶级意识的主观因素被淡化了"。

②　关于海德格尔和马尔库塞思想之间的关系，详见 John E. Toews，"Heidegger's Children：Hannah Arendt, Karl Loewith, Hans Jonas, and Herbert Marcuse Richard Wolin"，*Central European History*，Vol. 36，No. 2，2003，p. 302；Richard Wolin，*Heidegger's Children：Hannah Arendt, Karl Loewith, Hans Jonas, and Herbert Marcuse*，Princeton：Princeton University Press，2001.

③　马尔库塞曾在1947年8月28致海德格尔的信中提到海德格尔为自己的辩解，马尔库塞这样写道："您（海德格尔）说您完全脱离了1934年的纳粹政权，在您的讲座中对之做极其严厉的批评，并且您还受到了盖世太保的监视……"［《马尔库塞文集（六卷本）》（第1卷），人民出版社2019年版，第318页］在1948年1月20日，海德格尔给马尔库塞回信曾再次辩解："1934年我认识到了我的政治错误，为了向国家和党表示抗议，我辞去了校长一职。"

④　1933年4月海德格尔离开了他在黑森林中的小木屋，就任弗莱堡大学的校长，在校长的职位上待了一年，5月他加入了纳粹党，并以大学校长的身份来到海德堡，就纳粹的大学教育规划向学生们作了长篇演讲。有足够的证据证明海德格尔其实"至少从1931年年末起就公开表示对纳粹的支持，校长职位也是他积极争取来的，获得任命之后，他即不遗余力地投入了对大学的'改革'并在德国各地举办宣传性的讲座，讲座结束之际总不忘高呼'希特勒万岁'！"另外，他还与自己的导师胡塞尔和所有犹太同事都断绝了关系。阿伦特曾这样评价海德格尔："他以对真理的激情抓住了假象。"雅思贝尔斯曾在《马丁·海德格尔札记》中曾指责了海德格尔对哲学的背叛："如果我们之间曾共有堪称哲学冲动的东西，那么，请对你自己的天赋负责！用它为理性、人类价值和可能性的实在服务，切勿为虎作伥！"（［美］马克·里拉：《当知识分子遇到政治》，邓晓菁、王笑红译，新星出版社2010年版，第32页。）关于海德格尔与纳粹的关系的争议，参见 Richard Wolin ed.，*The Heidegger Controversy：A Critical Reader*，New York：Columbia Unibersity Press，1991.

系，逐渐抛弃了现象学存在主义与马克思主义综合起来的计划①，到1933
年马尔库塞与其分道扬镳。随即，马尔库塞将战后的工业秩序诊断为"单
向度的"社会，断定当时的世界是一个不真实的世界，弥漫着盲目的社会
一致性。当时，为了理解、揭示、解释现实，并进而扬弃、超越现实，马
尔库塞继承并拓展了弗洛伊德的"超我与强迫和控制的内在化的精神控制
机制"，提出了独特的"压抑的去升华"理论，描述了一个大规模爱欲与
感性回归的过程。海德格尔对马尔库塞的影响是持续的。马尔库塞经由海
德格尔，发现在现代文明虚伪的理性自觉中始终回荡着海德格尔的幽灵，
或者说海德格尔的思想并没有超越那个时代，也不是对那个时代的反思，
而是对那个时代最为透彻的呈现和直观描述。当时的社会的确如海德格尔
哲学所描述的那样，是一种完美的虚无主义状态，人们在商品中虚假地认
识自己，被疏远的主体最终被吞噬，成为疏远的、只有一个维度的存在，
平庸之恶成为一种通用的美德，与之相伴的是一种略带"洁癖"的暴虐和
恐怖气息。

　　其实，马尔库塞尽管师从海德格尔，但他从来都不是一个令人信服的
海德格尔主义者，更不是海德格尔式的存在主义哲学家，他对海德格尔思
想的兴趣总是被他对马克思主义的持久承诺所影响。1932年公开问世的
《1844年经济学哲学手稿》让这种决裂具有非比寻常的意义，马尔库塞终
于找到了自己一直以来寻求的理解现实的钥匙，不是海德格尔式的，而是
马克思范式的。当时1932年《手稿》的问世让马尔库塞欣喜若狂，当年
马尔库塞发表了著名的评论性文章《历史唯物主义的基础》②，该文被认为
是"是西方学者第一批研究《手稿》的重要论文之一"③，开启了马尔库
塞在资本和现代形而上学的双重向度——继续批判资本主义探索人类和自
然双重解放理论的哲学航向。在《历史唯物主义的基础》的开篇，马尔库
塞这样写道："……《手稿》的发表必将成为马克思主义研究史上的一个划
时代的事件。这些手稿使关于历史唯物主义的由来、本来含义以及整个

---

　　①　《马尔库塞文集（六卷本）》（第1卷），人民出版社2019年版，第5页。

　　②　Herbert Marcuse，"The Foundations of Historical Materialism"，*Studies in Critical Philosophy*，
Boston：Beacon Press，1973.

　　③　复旦大学哲学系现代西方哲学研究室：《西方学者论〈1844年经济学哲学手稿〉》，复旦
大学出版社1983年版，第1页。

'科学社会主义'理论的讨论置于新的基础之上。"[1] 这个基础就是："关于政治经济学的哲学批判以及政治经济学作为一种革命理论的哲学基础。"[2] 马尔库塞继承并拓展了马克思对人的感性力量的肯定和对人的感性活动——劳动——的历史唯物主义诠释，提出了自己的"新感性"理论，批判了"私有财产"对"自然"和"人"的异化，提出了自己审美的生态生存范式。在《历史唯物主义的基础》[3] 中，马尔库塞考察并重新诠释了马克思在《手稿》中关于"人的类本质"的定义，认为《手稿》证实了马克思主义中包含着的对人和自然的普遍性关注，他将"感性"与"劳动"提升到本体论高度，阐明了马克思如何超越人道主义哲学和自然主义实证主义而突出共产主义的双重解放理论。《手稿》解决了三个基本问题：世界将何以存在？在什么条件下可以实现人与自然的双重解放？超越人道主义和自然主义的鸿沟意味着什么？马尔库塞基于对《手稿》的重新解读完成了两件事：将有关历史唯物主义的起源和原始含义以及整个"科学社会主义"理论的讨论置于一个新的基础上，使其以更富有成果地重新诠释马克思与黑格尔之间实际联系的问题成为可能，为拓展社会批判，使其成为人类学和生态解放所需的理论工具。根据马尔库塞，"人类学"不再是对过去的文化研究，而是对马克思所说的历史科学的考察，因此是超越了实证主义、人道主义和自然主义的新科学的研究对象和目标，即超越了现代形而上学的认识论和话语体系，站在了对现代文明批判的原则高度。马尔库塞在《手稿》中看到了马克思对共产主义革命的社会条件的独特分析——自然的革命和激进的主观性，这里的自然不仅是古典政治经济学意义上的自然，而是作为资本的对立面的"自然"，包含人的"自然"和其生活的"自然"存在物，即马克思说的"人的无机身体"。激进的主观性是指一种自我意识的发展，这种自我意识使当前的社会和经济状况显示为"难以忍受"，与其保持一种疏离感，因而是否定性的维度所在，也是革命

---

① 复旦大学哲学系现代西方哲学研究室：《西方学者论〈1844 年经济学哲学手稿〉》，复旦大学出版社 1983 年版，第 93 页。

② 复旦大学哲学系现代西方哲学研究室：《西方学者论〈1844 年经济学哲学手稿〉》，复旦大学出版社 1983 年版，第 93 页。

③ Herbert Marcuse, "The Foundations of Historical Materialism", *Studies in Critical Philosophy*, Boston: Beacon Press, 1973.

的希望来源。马克思的理性和黑格尔的警示共同为马尔库塞提供了哲学人类学和审美范式的生态解放理论，马尔库塞的解放的不是一个被动的过程，而是一种自我革命和社会革命的融合道路。根据马尔库塞，人类是通过自我形成的过程发展的，在这个过程中，外部世界根据人类的需要进行改造，所以人和自然的解放是同一个过程。在这里，马尔库塞将马克思的"劳动"和"感性"提升到本体论地位，使其呈现出"人类主体的活动"维度，从而使自然革命和人的本质革命呈现自我革命和社会革命的完美统一。

第二节　希望之路——走向社会批判

随着纳粹上台以及反犹太主义的传播，身为犹太人的马尔库塞清楚地知道他"在纳粹政权下永远不可能有资格获得教授职位"，之后，他开始向位于法兰克福的社会科学研究所（法兰克福学派）询问就业情况，1933年马尔库塞加入法兰克福学派。从1934年开始，马尔库塞在哥伦比亚大学的研究所分支机构工作，发表了一系列文章分析使法西斯主义在德国取得胜利的文化力量和倾向，试图"识别出那些将自由的过去与它在极权主义的统治下的废止联系起来的趋势"。马尔库塞与法兰克福学派的成员坚守马克思主义的观点，认为法西斯主义是资本主义社会的产物，而不是"偶然的突变"，是其经济体系、制度、意识形态和文化的必然结果，"极权主义的暴力与极权主义的原因都来自现存社会的结构"①。根据凯尔纳，马尔库塞在1934年发表的《极权主义国家观下的反对自由主义的斗争》是法兰克福学派第一次批判法西斯主义，阐明了几个最具典型性的、可以代表他们分析独特之处的立场，包括："极权主义国家及其意识形态是对新时期的垄断资本主义做出的回应，为资本主义提供了防御其市场体系所产生的危机的措施，提供了防止市场体系遭到反对力量（即工人阶级政党）抵制的措施。"② 马尔库塞专门强调了自由主义与法西斯主义之间的连

---

① Herbert Marcuse, *Herbert Marcuse. Towards a Critical Theory of Society*, London & New York: Routledge, 2001, p. 7.

② 《马尔库塞文集（六卷本）》（第2卷），人民出版社2019年版，第9页。

续性，同时也对权威主义、个人如何以及为何会屈服于极权统治作了经验上和理论上的研究。①

　　1939 年 9 月，第二次世界大战爆发，纳粹开始吞没整个欧洲，随着"二战"的浪潮及时地在伏尔加河扭转，苏联的国际力量和国际威望大大加强，成为除了最南部的巴尔干半岛以外的东欧命运的主人，形成一个结成一体的"社会主义阵营"，包罗了欧洲大陆的一半，另一半则因得到美国和英国军队的营救而属于资本主义阵营。后来的二十年所呈现的经济和政治特点，正好与两次大战之间的社会预期相反。于是，在新的历史语境中，革命的理论必须要与时俱。当时，摆在马尔库塞面前的是两重危机：首先是马克思主义危机，必须将马克思从苏联僵化的模式中拯救出来；其次是黑格尔主义危机，必须将黑格尔的国家哲学从法西斯国家主义中解脱出来。完成双重救赎的同时，要批判地继承黑格尔和马克思对"悖论性贫困"问题的洞察，在新的历史语境中探索超越资本与现代形而上学共谋造成的"悖论性贫困"之恶，寻找现代文明的可能的新出路。

　　随着时局的不断变化，这个阶段西方马克思主义的研究方向也开始发生变化②，在 1930 年代，由于当德国法西斯主义在资本主义危机中兴起时，德国工人阶级却未能起而制止它，于是，如何从政治、经济、法律、社会文化，特别是从心理学层面上分析造成这种困局的原因成了许多"西方马克思主义"者共同的研究课题。在第二次世界大战以后，对于资本主义的变化发展尤其是对于发达资本主义社会本质的分析在"西方马克思主义"中具有越来越重要的地位和意义。当时，在西方一些人的心目中，"西方马克思主义"等同于"发达资本主义社会的马克思主义"，特别是"存在主义马克思主义"传统及其主要代表人物，如高兹等人，根据给他们对发达资本主义社会阶级结构的变化的分析，提出了"新工人阶级论"和相应的劳工战略。从哲学观点上看，在第二次世界大战以前，"西方马

---

　　① Herbert Marcuse, "A Study on Authority", *Studies in Critical Philosophy*, Boston：Beacon Press, 1973, pp. 49 – 156.

　　② 西方马克思主义是与苏联马克思主义相对立的马克思主义思想，主张从黑格尔哲学出发来解释马克思主义的理论，代表人物如卢卡奇创立了"黑格尔主义的马克思主义"，法兰克福学派则继承了这种传统，从而与奥地利马克思主义和结构主义马克思主义等西欧其他形式的马克思主义和社会主义国家的马克思主义区别开来。

克思主义"的基调是单一的，基本上都是按照当时盛行的黑格尔主义和存在主义的精神去解释和发挥马克思主义，填补"预设的理论空白"。在第二次世界大战以后，在"西方马克思主义"中又产生出另一股相反的倾向，这就是按照新实证主义、结构主义的精神去解释和发挥马克思主义。总体来看，"西方马克思主义"的吸引力主要在于它适应现代西方社会的特点，根据其对马克思主义的理解，针对苏联模式的弊端、缺陷的揭露和对法西斯主义本质的批判，提出作为替代的办法。

1934 年 7 月 4 日，在希勒特登上权力顶峰之后，马尔库塞离开法兰克福，移民美国，并很快就拿到了入籍文件，于 1940 年成为美国公民。与此同时，哥伦比亚大学把法兰克福学派邀到学校，为确保他们能够创建一个"国际社会研究所"以继续他们的课题，还专门为他们安排了一栋楼。20 世纪 30 年代，学派成员一直以德语在《社会研究杂志》（*Zeitschrift für Sozialforschung*）发表文章，到 1941 年的最后几卷，论文几乎都成了英文版的。在 20 世纪 30—40 年代这段时期，法兰克福学派成员们密切关注法西斯主义的缘起、结构和影响，形成了很多重要的洞见，并且对于新形式的极权主义的一般特征及其在资本主义与共产主义国家中的表现的不同面相，也形成了很多重要的见解。马尔库塞是第一批抵达纽约帮助筹建研究所的成员，也是最早关注发达工业社会中心的技术政治支配形式的批判理论家之一，他对马克思的捍卫和坚守以及对海德格尔思想的批判性继承使他成了这个时代专注于技术、法西斯主义和发达工业社会变迁——这类主体在其战后的著作中得到了讨论——的重要理论家。[1] 此时，西方马克思主义对两次世界大战的反思、法兰克福学派独特的跨学科研究方法和社会批判理论成为马尔库塞社会批判思想成型的时代语境和思想特征。根据赫尔穆特·杜比尔（Helmut Dubiel），20 世纪 30 年代早期，法兰克福社会研究所（法兰克福学派）一直使用"唯物主义"和"唯物主义的"或"社会经济理论"来描述他们的马克思主义纲领，直到 1936—1937 年，他们才开始使用"批判理论"。1937 年社会研究所为了描述他们独特的黑格尔式的马克思主义，以激进的社会变迁为导向的哲学和社会科学的综合以及合作性的跨学科研究纲领、计划和方向，开

---

[1] 《马尔库塞文集（六卷本）》（第 1 卷），人民出版社 2019 年版，第 2—4 页。

始采用"社会批判理论"一词。霍克海默在 1937 年的《传统理论与批判理论》（*Critical and Traditional Theory*）① 中首次使用了"社会批判理论"这一术语，在同一年与马尔库塞合作发表的《哲学与批判理论》（*Philosophy and Critical Theory*）再次明确地阐述了社会批判理论的理论特征、研究纲领与哲学预设，同时对他们的事业与其他社会理论和哲学做出区分。从 20 世纪 30 年代的文章看，马尔库塞批判的主要目的是批判地分析资本主义的进步元素和保守元素，保留资产阶级传统中的解放性元素，批判那些服务于压抑和支配的倾向，从分析资产阶级哲学与文化中的意识形态性、压抑性走向描述它们的解放性。马尔库塞当时曾这样写道："理性的状态，虽然建立在现实贫困之中，但尚未提出消除这种贫困的图景。勾画这一图景的理论并非为已经存在的现实服务，它只是道出其中的秘密。"② 这充分体现了法兰克福学派"内在批判"的方法，即从历史建构的理想、原则和制度，比如启蒙、自由、民主和人权的角度出发来批判现行的社会状况或理论。

马尔库塞是研究所最高产的成员之一，作为一个哲学家，他比霍克海默更具有原创性，也更精细，对黑格尔和马克思有着更扎实、更详细的认识。因此，马尔库塞的社会批判呈现出一个完整的思想体系，而不是片段性的抽象理论。马尔库塞的社会批判思想坚持唯物主义的马克思主义基本立场，是一种关心人类需求和幸福的社会实践，而不是迂腐的坚守"物质是世界的基本的本体实在的"哲学思辨。早期的马尔库塞关注美学、文学、艺术的政治维度，德国思想独有的诗意气质渗透在他思想的每个部分，试图阐发一种基于审美的文明救赎理论。加入法兰克福学派后，他将审美批判理论拓展到社会批判的维度，将文化形式和它们所处的具体的历史情境联系起来，贯彻社会批判的理论纲领，拒绝一切形式的经济还原论，并一直都在试着描述将一个相互作用的系统的部分的经济、社会政治制度、文化、日常生活以及个人意识等联系起来的一系列复杂的中介，以社会存在来解释整个的人类实存及其世界，探寻激进的变革主体、革命可

---

① Max Horkheimer, *Critical and Traditional Theory*, Critical Theory, New York：Continuum, 1972, p p188 - 252.

② 李尚忠：《第三条道路——马尔库塞和哈贝马斯的社会批判理论研究》，学苑出版社 1994 年版，第 67 页。

能性和革命道路。① 马尔库塞进一步发展了以霍克海默为代表的法兰克福学派的社会批判理论，指明其对马克思政治经济学批判的基础和发展，更加明确地将批判理论与马克思主义紧密关联，使其具有完整的理论系统，而且还将其仅仅固定在对极权主义的揭示和超越层面，具有现实的维度，表达了实践的意图，从而可以胜任解决 20 世纪的时代困惑，尤其是极权主义的本质和解放的可能性。

马尔库塞的社会批判思想具备以下十二个基本特征：第一，社会批判要"与唯物主义联系在一起"，因为"唯物主义是一种关心人类需要和幸福的社会实践，而不是一种宣称物质是基本的本体实在论的哲学命题"。第二，社会批判应致力于关心人类的幸福和未来，"与其奠基者马克思的信念一致"②，坚信只有通过改善物质生活条件才能获得幸福。第三，社会批判应"以社会存在来解释整个的人类实存及其世界"③。第四，社会批判需要对与它联系的实践做出反思和批判："……对其自身及其构成其基础的社会力量做出批判。理论中的哲学要素时为了对抗新'经济主义'因为后者将经济斗争孤立起来，将经济和政治领域分立了开来。"④ 第五，社会批判在马克思主义的框架下，坚守马克思批判理论的原则性高度，对作为现代性的两大支柱：资本和现代形而上学同时展开批判，而不是孤立地批判某一个层面，积极"呼吁政治决断，以社会和人类的目标为旨归"。第六，社会批判应该"为了人类的解放组织管理社会财富"⑤。第七，社会批判既是批判的武器，也是武器的批判，因其思想的"彻底性"而具备了切中社会现实并对其进行改造的能力。第八，社会批判要摆脱一切幻想，保持其对真理的信仰，因为"批判理论保留了哲学思想真正的品质，即固执己见"⑥。第九，批判理论的所有概念都既是描述性的，也是规范性的、多维的，否认事实与价值之间或描述性陈述与规范性陈述之间的截然对立。第十，社会批判不仅描述资本主义社会的异化、剥削、占有剩余价值以及

① 《马尔库塞文集（六卷本）》（第 2 卷），人民出版社 2019 年版，第 14 页。
② Herbert Marcuse, *Negations*, Boston：Beacon Press, 1968, p. 135.
③ Herbert Marcuse, *Negations*, Boston：Beacon Press, 1968, pp. 134 – 135.
④ Herbert Marcuse, *Negations*, Boston：Beacon Press, 1968, pp. 156 – 157.
⑤ Herbert Marcuse, *Negations*, Boston：Beacon Press, 1968, p. 157.
⑥ Herbert Marcuse, *Negations*, Boston：Beacon Press, 1968, p. 143.

资本积累，还要通过尖锐的批判概念批判社会，给出一个摆脱资本主义压迫的社会形象。第十一，社会批判的目标是一个新的社会，以社会实践和社会变迁为旨归。第十二，社会批判应强调"想象力"在社会批判中的重要性，因为"如果没有想象力，一切哲学知识都将受到现在或过去的控制，并与未来隔绝。想象力是哲学与真正的人类史之间唯一的纽带"①。综上所述，在马尔库塞看来，社会批判应该既要保持哲学批判和解放的维度，又要推动使自身得以实现的社会实践，坚持理论和实践的统一是马尔库塞社会批判思想的指导思想②，作为一种全新的、科学的理论和世界观，新的世界观将预示着人类和自然在审美的维度上的双重解放。正如凯尔纳所说："马尔库塞不是一个传统的哲学家或社会理论家，而是一个真正跨学科的、辩证的思想家，对他来说，哲学范畴通常以政治经济学和社会理论为中介，与此同时，哲学为社会生活的各个方面提供了批判性的视角。因此，为了社会批判理论，马尔库塞替哲学范畴，甚至是形而上学做了辩护，而在发展后一种具有实践意图的哲学社会理论时，马尔库塞把社会理论对哲学的扬弃呈现出来。这一计划牵涉到重新建构和重新思考马克思主义，以填补它的空白，并使之适应当代现实的需要。"③

　　1941 年，马尔库塞对马克思和黑格尔的研究达到了顶点，《理性与革命：黑格尔与社会理论的兴起》（以下简称《理性与革命》）④ 的重大理论意义体现在五个方面：首先，将马克思主义辩证法作为社会理论的一种形式介绍给了英语世界的读者。第一次以一部书的长度来系统地讨论辩证思维，试图表明"黑格尔的唯心主义为什么可以作为解释高度动态和快速变化的资本主义社会轮廓的、强有力的社会批判思想的出发点"⑤。马尔库塞继承和拓展了马克思和恩格斯的黑格尔辩证法解读方向，提供了一种不同于实证主义的社会理论体系。《理性与革命》试图说明黑格尔哲学体系中的理性概念世界只有通过马克思唯物主义的社会批判理论的彻底改造，才

---

① Herbert Marcuse, Negations, Boston：Beacon Press, 1968, p. 155.
② 《马尔库塞文集（六卷本）》（第 2 卷），人民出版社 2019 年版，第 20 页。
③ 《马尔库塞文集（六卷本）》（第 2 卷），人民出版社 2019 年版，第 24 页。
④ Herbert Marcuse, *Reason and Revolution：Hegel and the Rise of Social Theory*, New Jersey and London：Humanities Books, 1999.
⑤ 《马尔库塞文集（六卷本）》（第 5 卷），人民出版社 2020 年版，第 47—48 页。

能使哲学与不断变化的历史领域重新联系起来。其次，它揭示了黑格尔最具批判性、革命性和解放性的思想在马克思批判哲学发展中的作用。再次，它将黑格尔从其保守的社会和政治哲学的指控中解救出来，因为黑格尔曾被指控为"使压迫性的普鲁士国家合法化"。复次，在《理性与革命》中，马尔库塞表达了自己重大的哲学教育计划——向美国读者介绍一种不同的社会分析方式，这种全新的分析方式是一种重大的思维教养，也是思维创新和思维革命。马尔库塞试图告诉美国大众"不能为了获得关于真理的假说而盲目地迷恋方法和经验观察到的事实"，这具有重要的历史意义。我们知道，当时的美国思想界，实证主义和数理逻辑是理解和诠释资本主义社会现实的支配性框架和解读范式，《理性与革命》"确实是一次对美国社会理论和哲学大胆而重要的介入"，"挑战了实证主义对美国日益剧增的影响力，而这其中折射出的教育姿态表明马尔库塞的思想发生了转变，因为这时他首次把人类理性向技术理性的转变当成了西方文明的指导精神"①。马尔库塞在《理性与革命》1960 年版的新序言中对此作了明确说明，新序言"辩证法札记"（"A Note on Dialectic"）一开始就宣称，"这本书试图拯救一种思维形式或一种精神能力，这种思维形式或能力正处于被消灭的危险之中"②。最后，体现了前两个成就的综合的理论贡献。马尔库塞批评理论形式最重要的成就和核心要素：黑格尔—马克思主义辩证法概念的形成，进一步说就是否定思维，走出单向度操控的内在动因。《理性与革命》是他思想的关键环节，是其长期从事关于科学技术在发达工业社会作用的研究的开始。正是在对实证主义和唯心主义进行深入研究的过程中，马尔库塞首次完整地在对现代性批判的原则高度抓住了资本和现代形而上学共谋的产物——技术文明，阐述了技术理性如何实现对社会的全面操控，以及马克思的历史唯物主义辩证法在突破技术理性操控的重要作用。同时，《理性与革命》和1941 年发表的《现代技术的一些社会含义》③ 深切地关注批判思想的衰退，关注缺乏辩证的基础如何阻碍否定性

---

① 《马尔库塞文集（六卷本）》（第 5 卷），人民出版社 2020 年版，第 49 页。

② Herbert Marcuse, Douglas Kellner, "From Ontology to Technology", *Philosophy, Psychoanalysis and Emancipation*, London and New York：Routledge Press, 1960.

③ Herbert Marcuse, "Some Social Implications of Modern Technology", *Technology, War and Fascism*, London and New York：Routledge Press, 1941.

思维的现实危害性，关注在单向度的社会有文化中寻找培养辩证思维的可能空间。在某种程度上，《理性与革命》并不是试图拯救黑格尔，而是试图拯救辩证思维或否定思维、拯救多维性，辩证或否定思维的目的是揭露并通过革命行动克服构成先进工业社会的矛盾。隐藏的问题之所以出现在这里，是因为社会不仅产生了矛盾和随之而来的统治形式，而且还产生了隐藏这些矛盾的社会和心理机制。

马尔库塞认为一个社会有深刻矛盾最明显的例子就是：在这里，国家财富的增长和贫困的积累同时存在，那些拥有、控制和影响生产资料的少数人变得更富有，而工人变得更穷。随着贫富差距的不断扩大，富人肆无忌惮地更富有会让他们的财富以某种方式向下流，从而让所有人都受益的想法已经被证明是错误的。那种认为资本主义不受约束的竞争最终会对每个人都有好处的"信念"掩盖了一个目标：允许大公司收购竞争对手，从而消除社会的竞争。在这种情况下，工人并不是通过他的劳动成为一个自由和理性的主体，而是一个被经济系统使用的对象、一个人类创造的系统，工人无法实现他或她的潜力，他对一切无能为力。在马尔库塞看来，辩证思维的任务就是把这种情况带入意识，让他们意识到这种处境和情况，就可以通过革命实践来解决。由此，凯尔纳写道："《理性与革命》中提出的核心概念正是书名中的'理性'和'革命'。理性通过将社会实践中有待实现的潜能、规范和理想概念化来区分存在和本质。如果社会条件阻碍了他们的实现，理性就要求革命。"[1] 由此可见，马尔库塞的本质概念不是先验的，而是历史的。也就是说，人的本质离不开历史语境。在历史事件的背景下，在物质存在的背景下，人类可能成为的样子已经存在了。"理性"与"革命"的主题在后来的《单向度的人》（1964）中依旧是至关重要的。当然，《理性与革命》在当时也遭到了左派与右派的猛烈抨击，比如悉尼·胡克（Sidney Hook）、卢西奥·科莱蒂（Lucio Colletti）等。不过，凯文·安德森（Kevin Anderson）曾对这些批评作了透彻的考察，并重新对《理性与革命》作了评估，认为它是黑格尔主义的马克思主义辩证思想发展过程中的重要文献。[2]

---

① Kellner, Douglas, *Marcuse and the Crisis of Marxism*, London：Macmillan, 1984, p. 131.

② Kevin Anderson. "On Hegel and the Rise of Social Theory：A Critical Appreciation of Herbert Marcuse's Reason and Revolution Fifty Years Later", *Sociological Theory*, Vol. 11, No. 3, 1993, pp. 243 – 267.

　　1942 年，马尔库塞移居华盛顿，首先在战争情报办公室工作，然后在战略服务办公室工作。后来，马尔库塞在布兰代斯大学、在加州大学圣地亚哥分校任教。主要的代表作除了《理性与革命》，还有《现代技术的一些社会含义》，都较为集中地关注技术理性对人类理性的侵蚀。在这一时期，霍克海默已经开始着手返回德国重建法兰克福社会研究所，1948 年，霍克海默返回法兰克福，被选为所长，并被任命为法兰克福大学校长，声名远播的法兰克福学派在德国得以重建。马尔库塞仍旧留在美国，但与研究所保持着密切联系。20 世纪 50 年代，为了能够考察"二战"后迅速发展的资本主义和社会主义社会中全新的人类支配维度，他对自己的批判理论作了重新调整。这种调整表现在马尔库塞开始对弗洛伊德的精神分析展开批判性解读，并在遭遇弗洛伊德后，更新了自己的社会批判理论，发展出其独特的社会批判思想体系。当时的马尔库塞已经开始致力于从生命政治的角度对人的主体性如何在晚期资本主义新的社会管控中得以塑造进行了精彩的批判，为此，他提出了一些精彩的概念来论述自己独特的生命政治理论，探讨个体的事物驱动力以何种方式被拖入发达工业社会的生产机构的概念模型。在他看来，技术社会中的使命正经历着根本性的变革，而该变革也正在影响着社会中个体的本体论基础。如果说，人的批判理性的潜能在 20 世纪 40 年代受到了发达工业社会的发展而形成了技术理性的侵蚀，那么可以说，"二战"后，生命本能也成了它侵蚀的目标。因此，马尔库塞开始积极拓展其始于 20 世纪 30 年代和四十年代初对技术理性所做出的初步研究，对自己的社会批判理论进行了重大调整，1951 年 10 月 18 日，马尔库塞在写给霍克海默的信中提到了这次重大调整："您曾问起我关于弗洛伊德一书的计划。当我冒险进入一个风险更大的领域时，无论私下讲，还是客观讲，我都已经决定把我一开始想到的一切都写下来，然后再重写。所以，除了我在法兰克福向您提到的那些想法外，我没有任何计划。"马尔库塞这里提到的研究计划就是《爱欲与文明》，此后，马尔库塞一直向霍克海默汇报自己的研究进展，并将不同阶段的手稿寄给霍克海默。① 《爱

---

　　① 霍克海默在 1954 年 9 月 1 日致阿多诺的信中提到了马尔库塞的《爱欲与文明》，霍克海默认为这本书"非常好"，"书中亮点极多，我们应该毫无保留地接受它"，因此，他建议阿多诺把这本书纳入研究所资助的系列丛书。此后不久，马尔库塞在致霍克海默的信中写道："如果这本书的德文版能够成为研究所的文本，那简直太好了，它属于研究所及其所长。"［书信来自法兰克福霍克海默档案馆，转引自《马尔库塞文集（六卷本）》（第 2 卷），第 25 页］

欲与文明》尽管曾遭到阿多诺的"诋毁"① 而最终没有被纳入研究所的系列丛书，但许多评论家和读者都认为《爱欲与文明》是马尔库塞最好的一部著作，也是其批判理论最重要的发展成果之一。② 书中对马克思和弗洛伊德作了大胆的综合，并勾勒了一个非压抑性的审美社会范式，充满爱欲的非异化劳动、游戏、自由开放的文化生产。马尔库塞的解放观成为 1960 年代反传统文化中的著作价值先声，也使马尔库塞成为 1960 年代重要的知识分子和政治人物。

其实，早在 1920 年到 1930 年间，马尔库塞就开始阅读弗洛伊德，试图理解新式极权主义如何实现内部控制，或者说是研究资本与现代形而上学如何实现深度的勾连，从外部控制自然界和人的身体、控制物理时空中的资源和生产资料转向控制人的精神器官，实现劳动力的内部"自动化"③，基于控制"超我"，让其为自己的内部控制提供监督和再生产服务。1950 年，马尔库塞的相关研究成果开始问世——《爱欲与文明》④。马尔库塞在书中解释了这种内部控制和精神器官控制的现实运行机理：当时的社会组织为了维护资本主义制度，为了自我续命，通过维护社会非必要劳动，过度限制了人们的爱欲，带来了"剩余压抑"，这是一种非必要的压抑。因此，他呼吁人们主动终结压抑，创造一个新的人与自然双重解放的审美新社会。当时，马尔库塞对现存社会及其价值的激烈批判，对非压抑性文明的呼吁，对新弗洛伊德主义的批判，引发了他与弗洛姆之间的激烈争论。弗洛姆认为马尔库塞对现存的价值和社会持有"虚无主义"倾向，是一种"不负责任的快乐主义"；马尔库塞则在《爱欲与文明》中批

---

① 阿多诺曾认为"马尔库塞不应该用英文来写作，而应该用德语，因为英语'太直接了'，这是英语本身的问题，德语可能是更好的终结，因此，如果马尔库塞愿意将概述翻译成德文的话，这本书可能会得到改进……"［书信来自法兰克福马尔库塞档案馆。关于阿多诺与马尔库塞之间的关系，详见《马尔库塞文集（六卷本）》（第 2 卷），第 26 页］

② 凯尔纳在为 1998 年劳特利奇版本的《爱欲与文明》撰写的"序言"中对《爱欲与文明》给出了正面的评价。详见 Douglas Kellner, *The Preface to Eros and Civilization*, London and New York: Routledge, 1998, pp. xi–xix.

③ 在西方马克思主义中，把马克思和弗洛伊德结合起来是一个极为重要的趋势。早在二三十年代就有赖希等人做过尝试，但到了后期弗洛姆才真正展开这种研究，用以对法西斯主义的分析和对人的解放的探索以及对苏联社会主义的批判。马尔库塞显然继承和发展了这种趋势。

④ 凯尔勒在 1988 年曾将马尔库塞在 1942—1950 年的其他著作整理出版，书名为《技术、战争与法西斯主义》，该著作中译本收录在人民出版社 2019 年出版的《马尔库塞文集（六卷本）》。

判了弗洛姆过于"顺从"和"唯心主义"，并在《爱欲与文明》出版后与其展开论战，回应指控。① 1956 年，马尔库塞前往法兰克福参加社会研究所主办的弗洛伊德 100 周年诞辰大会，发表了"从精神分析的角度来看进步"② 的演讲。当时，马尔库塞如此清晰的乌托邦替代方案给第一次见到他的哈贝马斯留下深刻的印象。马尔库塞不仅激进地批判支配的力量，同时也寻求反对的力量和解放的力量，寻求理论和实践的统一，使社会批判理论能够变成社会变迁的工具。

1958 年，马尔库塞开始继续分析其他形式的发达工业社会，发表了《苏联的马克思主义：一种批判的分析》③，形成了自己独特的研究视角。从 1950 年代末到整个 1960 年代，马尔库塞一直试图接续早期的社会批判思想，集中于关注技术理性为标志的现代形而上学与资本逻辑的内在合谋，通过一系列的研究来阐发自己的社会批判思想。相关的研究论著除了《单向度的人》，还有《从本体论到技术论》"④、《技术社会中的社会变迁问题》⑤、《压抑的宽容》⑥、《1968 后记》⑦、《否定：批判理论论文集》⑧、《论解放》⑨ 等。整体上看，如果说《爱欲与文明》主要论述的是他的解放观，那么《单向度的人》则更为完整地描述了支配的力量，探索解放的现实可能道路。

另外，不得不提的是，20 世纪 60 年代在西方发达资本主义的许多国家都爆发了学潮和工潮，学生们感到发达资本主义国家的学校已经沦为为资本主义制度训练它所需要的技术劳工的场所，自己成为服从学校的物化

---

① Erich Fromm, *The Human Implications of Instinctivistic "Radicalism"*: *A Reply to Herbert Marcuse*, New York: Dissent, 1955, pp. 342 – 349.

② Herbert Marcuse, *Progress and Fredud's Theory of the Instinct*, Five Lectures, Bsoton: Beacon Press, 1970, pp. 28 – 43.

③ Herbert Marcuse, *Soviet Marxism*: *A Critical Analysis*, New York: Vintage Books, 1958.

④ Herbert Marcuse, Douglas Kellner, "From Ontology to Technology", *Philosophy*, *Psychoanalysis and Emancipation*, London and New York: Routledge Press, 1960.

⑤ Douglas Kellner, Herbert Marcuse, "The Problem of Social Change in the Technological Society", *Towards a Critical Theory of Society*, London and New York: Routledge Press, 2001, pp. 35 – 57.

⑥ "Repressive Tolerance", with R. P. Wolff and Barrington Moore, Robert Paul Wolff, *A Critique of Pure Tolerance*, Boston: Beacon Press, 1997.

⑦ "Postscript 1968", Robert Paul Wolff, *A critique of pure tolerance*, Beacon Press, 1969.

⑧ Herbert Marcuse, *Negations*: *Essays in Critical Theory*, Allen Lane: Penguin Press, 1968.

⑨ Herbert Marcuse, *An Essay on Liberation*, Boston: Beacon Press, 1969.

关系的劳动商品，再生产劳动力的过程和生产商品的过程一样，具有同一的非人化的属性，曾经那些以学生为本的大学精神消失了。当时工人之所以支持学生运动是因为他们觉得学生和他们拥有一样的命运，都是资本主义制度异化劳动的牺牲品。五月风暴所暴露和反映的正是发达资本主义国家的极权主义本质，也正是半个多世纪以来西方马克思主义者们一直致力于阐释的时代问题。当时，萨特和马尔库塞既是理论提供者，也是实践引导者①，不同于萨特的抽象，马尔库塞的"大拒绝"致力于积极引导学生运动展开现实革命运动。在 20 世纪 60 年代末和 70 年代初，马尔库塞"鼓励知识分子公开反对种族主义、反对越南战争、争取学生权利"②，突出强调了知识分子在对抗性运动中的作用，专门写了一系列论著，包括 1969 年的《写给德国学生运动的书信》③ 等。20 世纪 60 年代，马尔库塞成为世界上最著名的哲学家和社会理论家之一，他被尊为学生运动领导人和"新左派宗师"，他的思想对 20 世纪 60 年代的左翼学生运动产生了深远的影响，尤其是在 1968 年巴黎和西柏林以及纽约市的哥伦比亚大学的学生叛乱之后。为了能够将马克思主义的理论转向实践，他写了大量的论著，不知疲倦地批判"发达工业社会"、美帝国主义、种族主义、性别歧视、环境破坏以及他认为在强度和范围上不断加大的各种压迫和支配形式。青年激进分子以及大量学术界同行和左派追随者的热烈响应鼓舞了马尔库塞，他投身于女权运动、环保运动、同性恋运动以及这个时代的各种对抗性社会运动中，他的作品、演讲和政治介入成为时代历史的一部分，也使他走上了一条不平凡的人生道路，成为反战、反主流文化的思想导师和道路捍卫者。

可见，1960 年代是马尔库塞思想的巅峰时期④，《单向度的人》是该

---

① 马尔库塞生于 1898 年，逝世于 1979 年；法国思想家萨特生于 1905 年，逝世于 1980 年。后来法国哲学家列维称 20 世纪是"萨特的世纪"，他写了很厚的一本书来谈论这个问题。那么在英语界和德语界，我们也可以说 20 世纪是"马尔库塞的世纪"。因为这个世纪法国有萨特，德国、美国有马尔库塞，尤其是在 60 年代的革命中，萨特与马尔库塞遥相呼应，支持造反学生，形成了一片奇异的思想风景。

② 《马尔库塞文集（六卷本）》（第 3 卷），人民出版社 2019 年版，第 9 页。

③ Leslie, Esther, "Introduction to Adorno-Marcuse Correspondence on the German Student Movement", *New Left Review*, No. 233, January/February 1999, p. 118.

④ 凯尔勒曾于 1999 年将马尔库塞 1960 年代末到 1970 年代初的未公开出版的手稿整理出版。

阶段他的社会批判思想最为完整的体现，由于其中包含着"彻底的理论"，借用马克思的话说，这种彻底的理论可以洞悉"人本身"，因而可以通过"掌握人"从而转化为实践的力量，因此是批判的武器向武器的批判的转化枢纽。之后的论述基本都是探索"谁是新的革命主体？""如何革命？""走什么样的道路？"在实践道路上澄清革命的必要性、必然性、可行性、可行之法和行法之人。1968年之后，马尔库塞的生活与激进政治紧密联系在一切，在全世界范围内名声大噪。然而"成也萧何败也萧何"，随着60年代革命的失败，马尔库塞开始淡出人们的视野。纵观马尔库塞的社会批判思想体系，并不是工人阶级消亡，或者马克思主义革命缺乏新的主体，而是工人阶级的命运成为世界的普遍命运，所以，激进主体将会形成一个新的统一战线联盟，采用新的革命行动。根据马尔库塞，革命意识的形成还是要突破古典主义主义意识形态话语框架的束缚，彻底摆脱新自由主义或者发达工业社会、消费主义时代的意识形态，对现代形而上学话语体系和话语变种有高度的敏感性和透彻的理性认识，紧密追踪资本积累形式的变化，在新科学、新感性、新教育的合力下完成新的革命主体的自我革命和社会革命。马尔库塞的社会批判思想无疑是十分先进的，与法兰克福学派尤其是当时的主要代表人物施密特有截然不同的本质区别。在战争的恐惧氛围中挣扎呐喊的法兰克福学派在对希特勒法西斯主义和苏联集权主义以及美国极权主义的批判和控诉中包含着深刻的悲观和绝望，他们过度地凝视着罪恶和苦难的深渊，沉溺于现代形而上学无处可逃的话语之网，在培根的自然主义和卢梭的自然主义深渊中理解并解释着为什么启蒙会堕落为极权主义帮凶，却不幸"被深渊回以凝视"，正如尼采所说的，"凝视深渊过久，深渊亦回以凝视"。这种悲观导致他们看到60年代的学生运动时，大部分成员沦为资本主义的辩护士，如霍克海默和阿多诺①，唯有马尔库塞敢于支持这场运动。②

　　1970年马尔库塞退休，一批新的马克思主义理论家开始崭露头角，如哈贝马斯、霍耐特、罗尔斯等。他们将社会批判理论也从批判"资产阶级

---

　　① 1969年2月14日，阿多诺写信给人在美国的马尔库塞，邀请他赴法兰克福大学社会研究所，并在信中抱怨学生运动是"未经思考的暴力""可怕"。4月5日，马尔库塞从加州大学圣地亚哥分校回信指责阿多诺站在警察那里压制了学生运动。

　　② ［美］马尔库塞等：《工业社会与新左派》，任立译，商务印书馆1982年版，第V页。

公共领域"转向了"政治伦理"维度。在本阶段，马尔库塞依旧坚持自己的马克思主义道路，反思并将社会批判思想研究拓展到生态和环境运动领域，成果颇丰。

关于马尔库塞在1970年代将社会批判的视角延伸到生态和环境领域的理论与现实基础以及实践意义，还需要从60年代与学生运动相伴随的另一场运动：环境运动说起。第二次世界大战之后的资本主义及其主导的全球化陷入经济、政治、文化和信仰的整体性危机，60年代，环境主义运动与女权主义运动、印第安人运动、黑人平权运动等各种激进主义交叠起伏，生存危机、信仰危机与自然资源枯竭和环境污染的"自然极限"在《寂静的春天》（1962）中得到了集中表达并进一步被升华为社会性的环境保护运动，试图影响社会现实变革。与此同时，资本主义已然基于"生态危机"在新技术革命的助力下，调整针对人和自然的积累策略，从外部掠夺向内部控制转型，自我续命。到70年代，在日益恶化的经济表现、基于新科技革命转型后的资本主义对环境运动话语和实践的吸纳和兼容、施密特影响下的马克思主义在环境话语中的"空场"等交织的希望和绝望之间，马尔库塞敏锐地发现了生态对于革命和革命对于生态的重要性，在生态与革命、自然与解放的视角下，接续其社会批判理论展开独特的生态解放理论和实践的探索。马尔库塞生态解放思想接续马克思对资本本性的深刻洞察透视其基于"生态或环境危机"重组的本相，接续早期的社会批判理论，综合时代精神之精华，以其稳定性、持续性、彻底性、开放性捍卫和发展了马克思主义在生态和环境危机上的话语权力，突破了存在主义的空洞反思和法兰克福学派的自我限制，发展了独特的生态思想体系，成为直面全球性生态危机、探寻现代文明整体出路的思想宝库。

20世纪70年代，基于对"生态资本主义"本质的洞悉和对施密特开启的马克思主义自然观的批判和超越，马尔库塞从理论和现实层面介入资本主义和社会主义的"自然意义之争"，在历史唯物主义"人与自然"双重解放视角，将社会批判思想拓展到生态与环境运动领域，阐发了独特的马克思主义生态革命和生态解放理论。如马尔库塞思想研究专家卢克所说："马尔库塞出版的全部作品……主要以生态问题为背景，提出了一个揭露先进工业社会如何以及为何在深刻的反生态条件下运行的全面批判视角。"① 从马尔库塞著作顺序来看，早期的马尔库塞对生态问题的关注主要集中于"革命对于生态"的重要性，70 年在特殊的时代背景中延伸到阐述"生态对于革命"的重要性，并将二者结合起来展开论述。

从论著顺序来看，第一本专门致力于研究生态与解放、自然与革命的著作是 *Counterrevolution and Revolt*②，在书中，马尔库塞声称："当今时代的革命任务是十分明确的：对自然的彻底改造成为社会彻底改造的一个组成部分……因为在既定的社会中，自然本身被更有效地控制，反过来又成为控制人类的工具和手段，成为社会权力的延伸。"③ 1970 年，马尔库塞在普林斯顿大学和社会研究新学院（New School for Social Research）讲授了关于生态的问题，题为"自然与革命"（"Nature and Revolution"），1972 年公开出版。同年，他在巴黎的一次生态会议上发表了一些简短的讲话，几个月后发表在《解放》杂志上，标题为"生态与革命"（"Ecology and Revolution"）④。1979 年马尔库塞在加州（California）给一群学生做的演讲题为"生态学和现代社会批判"（"Ecology and the Critique of Modern Society"）⑤，1992 年在 *Capitalism*，*Nature*，*Socialism* 杂志公开发表。

马尔库塞生态解放理论不仅关注环境和生态问题，而且作为其社会批判思想的延伸，拓展到科学技术的批判，在马尔库塞这里，科学技术已经成为一种"反环境的统治体系"，"科学凭借其自己的方法和概念，已经映射并推动了一个世界，在其中，自然的支配与人的支配始终联系在一起，这一联系对整个世界来说往往是致命的"。马尔库塞认为，技术是当代资本主义建立自身的主要力量之一，正是这种与资本的联盟赋予了技术以超越个人思想和社会的力量⑥，凯尔纳将这种联盟称为"技术

---

① Timothy W. Luke，"Marcuse and Ecology"，*Marcuse*：*From the New Left to the Next Left*，Lawrence University Press of Kansas，1994，p. 191.

② Herbert Marcuse，*Counterrevolution and Revolt*，Boston：Beacon Press，1972，pp. 59 - 78.

③ Herbert Marcuse，*Counterrevolution and Revolt*，Boston：Beacon Press，1972，pp. 59 - 60.

④ Herbert Marcuse，"Ecology and Revolution：A symposium"，*Liberation*，Vol. 17，No. 6，1972，p pl0 - 12.

⑤ Herbert Marcuse，"Ecology and the Critique of Modern Society"，*Capitalism*，*Nature*，*Socialism*，Vol. 3，No. 3，September 1992，pp. 29 - 38.

⑥ Jeffry V. Ocay，"Technology，Technological Domination，and the Great Refusal：Marcuse's Critique of the Advanced Industrial Society"，*Kritike*，Vol. 4，No. 1，June 2010，pp. 54 - 78.

资本主义",这种联盟"遵循资本主义逻辑,试图垄断新技术,以实现企业统治和盈利"①。站在对现代社会批判的原则高度,马尔库塞将对资本逻辑的批判和对现代形而上学的批判紧密结合起来,从而将马克思主义对技术的批判拓展到了两个新的维度,进一步诠释技术对现代人类的控制或者说是统治:一个是人类学因素,这个维度是马尔库塞对弗洛伊德思想继承和批判而来;另一个是社会经济因素,资本主义基于生态问题改变了自身的积累模式。对马克思主义的坚守让马尔库塞比同时代的环境社会学家和激进左派对生态资本主义有更高的警惕。

在那个灾难与繁荣共存的年代,马尔库塞对马克思历史科学、历史唯物主义的捍卫、继承和拓展使他具有一种独特的敏感,他很早就预料到了当时轰轰烈烈的环境运动的局限性和大多数环境运动必然堕入的困境,在他看来,当时那些激进的理论家们"尽管可能表达了激进变革的愿望,但当时多样化和分裂的运动基本上仍停留在一种无效的战略模式中:满足并停留自组织不墨守成规的抗议活动,而不是彻底从底层重新构建社会"②。这种深刻的洞察与马克思在《共产党宣言》中对各种形形色色的社会主义为何局限在"解释世界"桎梏中的描绘是何等的相似——无论是对资本批判还是对现代形而上学意识形态话语的批判,如果没有对二者之间的内在勾连有透彻的理性认识和坚决的关联性批判,任何不彻底的批判最终的结果必然是堕入绝望的末日境地,并最终与黑暗和解。马尔库塞对自然本质上的马克思主义解读,尤其是其对人的主体性的弗洛伊德式理解,始终围绕着环境问题,贯穿于其思想的始终,最终将生态运动的解放议程与作为一种有组织的政治力量的爱欲的表达联系起来,因此,如果对马尔库塞的著作有一个逻辑性整体把握,就会发现:他在 1970 年代转向生态解放理论并不是学界所普遍认为的是"对革命的失望和妥协或退而求其次的战略转移",而是思想与现实交融的必然结果,而其生态解放理论是其实现人与自然全面解放的最终归宿。

1979 年 7 月 29 日,马尔库塞在赴西德访问和讲学途中,逝世于施塔

---

① Douglas Kellner, *Critical Theory*, *Marxism and Modernity*, Baltimore: The Johns Hopkins University Press, 1989, p. 182.

② Timothy W. Luke, "Marcuse and Ecology", *Marcuse*: *From the New Left to the Next Left*, Lawrence University Press of Kansas, 1994, p. 195.

贝恩克。在他生命最后的九年里，无论是关于革命的理论还是革命的实践，马尔库塞都认真地进行了深度总结。可以说，"马尔库塞的谢世代表着整整一代人的谢世，而在这一代人那里，神圣与世俗仍然有可能结合在一起"①。

第三节 马尔库塞社会批判思想的理论脉络

纵观马尔库塞的马克思主义社会批判理论形成之路，其思想理论直接或间接地受到黑格尔、马克思、罗莎·卢森堡、席勒、马克斯·韦伯、卢卡奇、海德格尔、法兰克福学派等的影响，但他始终忠于马克思主义，善于运用那个时代最为精华的思想来补充和与时俱进地发展马克思主义对现代性的批判视域，填充革命主体空白，回应时代之问，探索摆脱"悖论性贫困"的道路，积极引导革命实践。马尔库塞的社会批判思想涉及社会生活的全方位，因为资本异化的进程已渗透到了生活的方方面面。马尔库塞的马克思主义社会批判理论有两个核心主题：资本的"异化"如何一步步演变为"单向度化"？人的存在何以可能？为了全面解答这两个时代问题，他不仅研究黑格尔的著作，重新解读马克思的《1844 年经济学哲学手稿》，还研究过德国古典文学、艺术以及席勒的政治美学、海德格尔的存在主义、弗洛伊德精神分析学说等。本节将对马尔库塞思想体系形成过程中的思想转变进行简单阐述，如下图 2－1 所示。

一 20 世纪 20 年代：文艺与美学的救赎之路

（一）政治美学中的解放之路

马尔库塞对政治美学尤其是对与其相关的德国和世界文学经典的热爱是从青年时代开始的，从 1922 年的《德国艺术家小说》（*Der deutsche Künstlerroman*）博士论文开始到 1978 年，即去世前一年的《美学维度：对马克思主义美学的批判》②，在美学中寻找人性解放和自然解放的可能性探

---

① 《马尔库塞文集（六卷本）》（第 3 卷），人民出版社 2019 年版，第 300 页。

② Herbert Marcuse，*The Aesthetic Dimension*：*Toward a Critique of Marxist Aesthetics*，Boston：Beacon Press，1979.

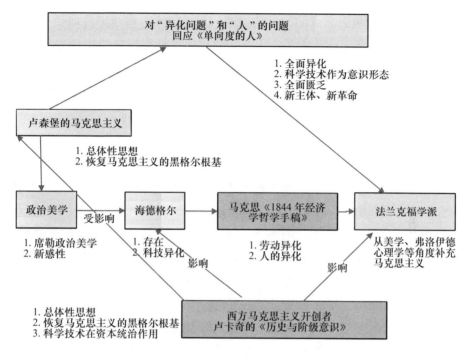

图 2−1 马尔库塞社会批判思想形成脉络

索贯穿于他政治美学思想的始终，在这两部作品之间是几本较小的美学作品①。可以说，马尔库塞的大多数论著即使是不直接涉及美学，仍然包含着一种美学的维度，隐含着探索着一种对自然和人的全面解放的审美存在范式的可能性。1925 年出版的席勒书目对马尔库塞影响很深，席勒的政治美学具有人本主义的倾向，倡导人性的解放和自由。为了揭露现实的黑暗，席勒以审美的视角来解决人性的解放问题，批判了资本主义制度种种罪恶，力图找到一条中庸的改良道路，那就是通过艺术和审美教育来改变人心、改变人性，进而改变社会。② 1925 年，返回德国柏林的马尔库塞出版了他的首部作品《席勒资料目录集》。尽管根据马尔库塞自己的说法，

———————

① 马尔库塞认为艺术应该是对现实的超越，是人性对自由和美本身的热爱的表达。因此，他拒绝或"暂停"艺术作为资产阶级文化的一部分，因为这样会破坏艺术的本质。

② 张玉能：《席勒的审美人类学思想》，广西师范大学出版社 2005 年版，第 5 页。

这段经历"只不过是一份工作","席勒的思想对他的思想发展都是微不足道的"①,但是,审美教育的这种功能在后来马尔库塞的升华理论和对美学的重视中可见一斑:马尔库塞主张美学为单向度社会中的否定性提供最后的避难所,坚信艺术在世界上的地位不是直接改变世界,而是影响人们对世界的感知,从而引导他们改变世界。艺术标志着"所有革命的最终目标'个人的自由和幸福'"。②另外,席勒美学思想所提出的"游戏冲动对感性冲动的解放""时间对审美的阻碍""自然作为审美的形式"等显然为马尔库塞形成后来的政治美学思想提供了理论滋养,以至于很多研究者认为马尔库塞的思想理论始于席勒的美学。席勒曾用一系列对抗性的概念描述了现代文明在资本维度展开"给现代人造成的创伤",在他看来,在现存文明中,"压抑性文化"的本质"不是使感性理性化,使理性感性化,而是使感性屈从于理性,从而使感性如果想重新表明自己的权利,只能以破坏性的残酷的形式来表现,而理性的控制使感性变得毫无枯竭和繁杂"③。"游戏冲动"是席勒独具特色的哲学概念,"冲动"的目的不是借助外物来进行的消遣和满足,而是生命本是的某种需求,它不再局限于人的欲望和外在对于人的强制,是完全没有忧虑的人的生存的本真表现。当人的身心真正摆脱了内心与外部的压力,不再受任何规律和需要的制约之后,人才是真正自由的。在人的真正的文明生活之中,人类的生活将是消遣而不是苦役,人将在生活中演绎自己的精彩人生,而不是为了需求而生存。显然与席勒不同,马尔库塞和马克思一样,对抽象自由是否能够实现毫无兴趣,他们强调的自由是"活生生的""从事感性活动"的人的"现实自由"。马尔库塞指出,人们所经验到的自然、客观世界不是统治人的东西,也不是被人统治的东西,而是一个"沉思"的对象,自然一旦摆脱了暴力的统治和滥用,受到游戏冲动的规定,就会摆脱其自身的残忍性,

---

① 1978 年 3 月 26 日,在旧金山的一次访谈中,马尔库塞曾对凯尔纳表达了他对这本席勒资料目录集的评价,说"那只不过是一份工作",后来,他曾表示在撰写《爱欲与文明》之前,席勒对他不太重要,但在凯尔纳看来,马尔库塞早年的文学研究对他产生了深远的影响,并在他后期的作品中再次起到了举足轻重的作用。

② Herbert Marcuse, *The Aesthetic Dimension*: *Toward a Critique of Marxist Aesthetics*, Boston: Beacon Press, 1979.

③ [美] 赫伯特·马尔库塞:《爱欲与文明》,上海译文出版社 2005 年版,第 143 页。

并自由地表现丰富的无目的的形式，这些形式表现了其"内在生命"。这样，在主观世界方面也会发生相应的变化——人的"新感性"也就超出了欲望和忧虑，成了人的潜能的自由表现。从马尔库塞的《爱欲与文明》来看，他显然肯定了席勒思想内在的包含着对于既有现实社会的破坏，试图恢复感性的权利，从"新感性"而不是从理性的解放中寻找自由，他相信游戏冲动所带来的"原始欲望"随着历史的变迁终究会成为有利于一个和谐的美的秩序建立的感性力量，真正实现人的自由。

综上可见，席勒对于美的秩序重建的重要性剖析对马尔库塞的政治哲学思想有深刻影响，他对于新感性内涵的解放力量的重视和强调以及从政治审美的角度探讨人与自然的自由和解放都与席勒的政治美学思想有不可分割的联系。因此，马尔库塞的美学实际上是一种政治，或者说是一种政治哲学，当然，这并不是说美学表达了政治，而是说美学本身就是政治。正如他表达的另一种思想：不是说技术是被利用成为进行统治的工具，而是说技术本身就已经是一种统治。马尔库塞在晚期的《审美维度：对马克思主义美学的批判》中全面论述了一种辩证的政治美学，其中艺术作为社会良知，美学为单向度社会中的全面异化提供了最后的避难所。对于马尔库塞来说，"审美的天地是一个新的生活世界，依靠它，自由的需要和潜能，找寻着自身的解放。审美也是一种秩序，艺术与革命的连接点在审美之维上，艺术的命运与革命的命运联系在一起，成为这个世界的希望的一部分"①。凯尔纳在《赫伯特·马尔库塞的论文集》第 4 卷《艺术与解放》② 中曾这样说："对马尔库塞来说，文化和艺术在塑造统治力量，以及产生解放的可能性方面扮演着重要的角色。因此，在其著作的关键点上，艺术、审美维度，以及文化与政治之间的关系除了其作品的焦点。"③

艺术在马尔库塞作品中的作用经常被忽视、误解或低估，而那些关注它或者是强调它的文献则经常夸大、消极地诠释或曲解其意义。他的批评家指责他信仰艺术和美学，导致逃避政治和社会。但大多数思想家还是比较认同艺术在马尔库塞解放事业中的重要地位的，例如巴里·卡茨（Barry

---

① ［美］马尔库塞：《审美之维》，李小兵译，广西师范大学出版社 2001 年版，第 176 页。

② Kellner D. , *Collected Papers of Herbert Marcuse*, *Art and Liberation*, Volume 4, London & New York：Routledge，2006，p. 224.

③ 《马尔库塞文集（六卷本）》（第 4 卷），人民出版社 2020 年版，第 1—2 页。

Katz）在马尔库塞去世后出版的综合性研究著作《马尔库塞的解放艺术》中指出："美学在其思想发展过程中的首要地位将成为这一解释的中心。"[①] 在卡茨看来，马尔库塞的政治美学试图探索一种独特的批判立场"一种能够取消存在的总体性而不被后者取消的外在的、批判的立场"[②]，并将他的美学解释成一种先验的本体论。Timothy Lukes 在《逃亡内在》一书中也赞同卡茨的观点，肯定了"美学在马尔库塞作品中的中心地位"[③]。贝特霍尔德·朗格拜因在《小说与反抗》中指出马尔库塞的美学理论"是其整个思想真正的基础与关键点"[④]。总之，马尔库塞的审美和艺术从来都不是一种逃避，他的艺术和审美一直是关于艺术在政治解放中的意义和作用，是他探索解放和激进社会变革工程的核心部分。准确地说，自从马尔库塞在阅读了马克思主义之后，他的文学和艺术研究就具有决定性的政治倾向，因此，再次转向艺术和文学的马尔库塞是带着新的使命的，这个使命就是受到马克思主义的启发，探寻新的革命主体性，填补马克思主义的空白，发展马克思主义，寻找一种批判意识的空间。毕竟革命和社会变革需要思想和行动的空间，才能使反抗现状成为可能。

（二）20世纪20年代：文学与艺术的解放功能

马尔库塞与他挚爱的马克思一样，年轻时都是典型的文艺青年，喜欢浪漫的文学、诗歌和美学。马克思年轻时曾对小说和诗歌有着浓厚的兴趣。根据马尔库塞的传记性描述："从小就如饥似渴地于都德国和世界文学经典，并对艺术中的现代主义，以及浩瀚如海的文学和诗歌产生了浓厚的兴趣。"[⑤] 1922年马尔库塞完成了对德国文学的系统研究，在导师文学教授菲利普·维特科普（Philip Witkop）[⑥] 指导下完成了博士论文《德国艺术家小说》，获得了学位。这篇论文的研究方法、结构和主体都深受黑格

---

① Barry Katz, *Herbert Marcuse*, *Art of Liberation*, London and New York：Verso，1982，p. 12.

② Barry Katz, *Herbert Marcuse*, *Art of Liberation*, London and New York：Verso，1982，p. 124.

③ Timothy J. Luke, *The Flight into Inwardness*, London and Toronto：Susquehanna University Press，1985.

④ 《马尔库塞文集（六卷本）》（第4卷），人民出版社2020年版，第2—3页。

⑤ 《马尔库塞文集（六卷本）》（第2卷），人民出版社2019年版，第6页。

⑥ 马尔库塞的导师维特科普教授曾发表过大量的关于德国诗歌的论文，并为新浪漫主义和斯特凡·乔治圈子（Stefan George circle）的美学现代主义所吸引，马尔库塞对维特科普的引用贯穿全文。

尔美学和由狄尔泰发展起来的解释学理论的影响。① 这部并不知名的作品被很多学者认为是马尔库塞后来许多观点和立场不为人知的来源②。马尔库塞遵循那个时代主流的文化科学的研究方法，将德国文学放在德国历史的大背景下，有一种明显的黑格尔式的结构和节奏，与黑格尔的《精神现象学》中的辩证法具有相似性，尽管他的毕业论文中没有文本证据证明他研究过这部著作，不过《德国艺术家小说》中的主题和范畴以及它明显的黑格尔式的方法论让人常常联想到卢卡奇的《小说理论》（*The Theory of the Novel*，1971）及其早期作品《心灵与形式》（*Soul and Form*，1974）③。在马尔库塞的戏剧性的字里行间，艺术家代表了一种激进的主体性，是资产阶级社会的异质性存在，艺术家小说构成"德国人民为了新社会而进行的斗争"。马尔库塞在这部作品中区分了史诗和小说。史诗涉及一个民族和文化的起源和发展，而小说并不关注一个民族的生活形式和他们的发展，而是关注渴望和奋斗的意识。马尔库塞对"艺术"和"艺术家"概念的重新界定预示着他后期的作品，如《爱欲与文明》《审美之维》，在这些著作中他发展了一种独特的艺术解放论，作为对审美乌托邦的期待与启示，这种期盼和启示作为力量反对压迫，对单向度的世界展开"大拒绝"④。简而言之，艺术家经历了理想与现实之间的差距，至少在理论上，这种容纳人类理想生存形式的能力，同时生活在远不如理想的条件下，在艺术家身上产生了一种疏离感，这种疏离感成为社会变革的催化剂。这种艺术的功能一直伴随着马尔库塞，并将随着他与精神分析和哲学的接触而进一步发展。作为辩证思想家，马尔库塞看到了事物的正反两面，虽然艺术体现了革命的潜力，但它也是在一个压抑的社会中产生、解释和传播的。在一个压迫性的社会中，解放力量和统治力量不会相互孤立地发展；相反，它们在辩证关系中发展，其中一个为另一个创造条件。这在马尔库

---

① 马尔库塞的论文是黑格尔在德国复兴的一部分，黑格尔哲学被用于批判和替代当时德国盛行的新康德主义和其他学院哲学上。

② 《马尔库塞文集（六卷本）》（第 4 卷），人民出版社 2020 年版，第 7 页。

③ "文化科学"（Geisteswissenschaften）方法是由威廉·狄尔泰、格奥尔格·齐美尔和早期卢卡奇发展起来的。卢卡奇对马尔库塞和那一代其他激进知识分子的影响很大。

④ 关于《德国艺术家小说》与马尔库塞后期作品之间的内容关联性，有"单向度""大拒绝""新感性"等。

塞几乎所有的作品中都可以看到：艺术体现了解放的潜力和激进主体性的形成，它也能够被统治体系所占据，并用于进一步或维持统治。马尔库塞1937年发表的文章《文化的肯定特征》的主题就是：文化是艺术的领域，它与特定社会的整体结构紧密相连，文化所产生的价值和理想呼唤着对压抑的社会现实的超越。在文化层面上，思考和反思的自由是可能的，这使我们有可能构建对社会秩序构成挑战的价值观和理想。在他的最后一本书《审美维度》① 中，马尔库塞继续尝试拯救艺术的根本变革本质，开启文学、艺术的解放功能。正如凯尔纳所说："马尔库塞在其漫长而卓越的职业生涯中以一种独特的方式将社会批判理论、激进美学、精神分析，以及一种解放与革命的哲学结合在一起。"②

总体来看，这个阶段的马尔库塞依旧脱离真正的社会现实本身，还没有恰当地运用马克思的历史唯物主义与意识形态批判，也没有现成自己独特的社会批判理论模式，因此，并没有超出德国文化学派的边界，有明显的理论局限性。

（三）"卢森堡—卢卡奇"的马克思主义道路对马尔库塞社会批判理论的影响

马尔库塞社会批判思想显然受到黑格尔和马克思的双重影响，但这种影响不能简单归结为黑格尔—马克思主义，而且这种双重影响严格来说也并不是从1932年公开问世的《1844年经济学哲学手稿》开始的，而是从来卢森堡开始的。卢森堡—黑格尔印记的马克思主义总体性方法直接和通过卢卡奇间接地影响了马尔库塞的马克思主义社会批判方法。

我们先从最早影响马尔库塞的罗莎·卢森堡③开始分析。卢森堡的马克思主义对马尔库塞的影响最明显地体现在当卢森堡被暗杀后，马尔库塞便毅然退出了德国社会民主党，他心灰意冷，从此再也没有参加过任何政

---

① Herbert Marcuse, *The Aesthetic Dimension: Toward a Critique of Marxist Aesthetics*, Boston: Beacon Press, 1979.

② 《马尔库塞文集（六卷本）》（第4卷），人民出版社2020年版，第1页。

③ 卢森堡对马尔库塞的影响除了黑格尔和马克思思想完美融合的"总体性方法"，还有其女权主义马克思主义。1974年3月7日马尔库塞在斯坦福大学进行的一次演讲中对妇女运动作为颠覆力量的巨大潜力进行了深度说明。相关论文收录于 *Collected Papers of Herbert Marcuse*, Vol. 3, *The New Left and the 1960s*, edited by Douglas Kellner, chapter XII。

党。而卢森堡著名的"总体性方法"——"将马克思思想看作是一个整体，将这种整体方法归结为马克思从黑格尔那里继承和发展而来的思路"，显然影响了马尔库塞后来的整个马克思主义思想体系。从间接层面说，卢森堡由于对西方马克思主义开创者卢卡奇的深远影响，以及卢卡奇对马尔库塞曾崇拜一时的海德格尔思想的深刻影响，也间接地影响了马尔库塞。因此，从一开始走上马克思主义道路，马尔库塞的道路就是黑格尔和马克思的结合。

　　接下来，先看看卢森堡如何影响了卢卡奇。首先，卢卡奇的《历史与阶级意识》花了大量的精力去研究卢森堡的思想，他关于卢森堡的论文主要是《作为马克思主义者的罗莎·卢森堡》和《对罗莎·卢森堡〈论俄国革命〉的批判意见》。在卢卡奇心目中，西方马克思主义的创始人是卢森堡，他这样写道："她是马克思的学生中唯一对他的终生著作无论在经济学内容还是经济学方法方面都真正有所发展，并且还将它具体应用于社会的现状上去的人。"① 对于卢森堡对他思想的影响，卢卡奇曾这样说："罗莎·卢森堡的著作是在大战期间和战后的前几年对我的思想起着决定性的作用的'理论混合物'之一。"在卢卡奇看来，卢森堡在《资本积累论》中挥发了马克思从黑格尔那里继承而来的总体性方法，这种总体性方法善于把马克思的理论具体应用与社会发展的现实，从而使马克思主义"再生"②，因此，"只有通过卢森堡的基本理论著作的批判性探索才能够达到真正革命的、共产主义和马克思主义的立场"③。

　　关于总体性方法，卢卡奇进一步解释道："不是经济动机在历史解释中的首要地位，而是总体的观点，使马克思主义同资产阶级科学有决定性的区别。总体范畴，整体对各个部分的全面的、决定性的统治地位是马克思主义取自黑格尔并独创性地改造成为一门全新科学的基础的方法的本质。生产者同生产总过程的资本主义分离，劳动过程被肢解为不考虑工人的人的特性的一些部分，社会被分裂为无计划和无联系盲目生产的个人等等，这一切也必定深刻地影响资本主义的思想、文化、科学体系、教育体

---

① ［匈］卢卡奇：《历史与阶级意识》，商务印书馆1996年版，第39—40页。
② ［匈］卢卡奇：《历史与阶级意识》，商务印书馆1996年版，第84—85页。
③ ［匈］卢卡奇：《历史与阶级意识》，商务印书馆1996年版，第40页。

系和哲学。"可见，在卢卡奇这里，"无产阶级科学的彻底革命性不仅仅在于它以革命的内容同资产阶级社会相对立，而且首先在于其方法本身的革命本质"。因此，"总体范畴的统治地位，是科学中的革命原则的支柱"。卢卡奇继续说道："黑格尔辩证法的这一革命原则——尽管黑格尔的所有内容是保守的——在马克思之前已多次被认识到，但没有能够从这种认识中阐发一门革命的科学。只有在马克思那里，黑格尔的辩证法才真正变成了赫尔岑所说的'革命的代数学'，但是它不是简单地通过唯物主义的颠倒使然的。确切地说，黑格尔辩证法的革命原则之所以能够在这种颠倒中并通过这种颠倒而显露出来，是因为马克思维护了这种方法的本质，总体的观点，把所有局部现象都看作是整体——被理解为思想和历史的统一的辩证过程——的因素。"① 因此，对马克思主义来说，归根结底就没有什么独立的法学、政治经济学等，而只有一门唯一的、统一的、历史的和辩证的关于社会发展的科学——历史科学。这是马克思在《1844年经济学哲学手稿》中所集中阐发的："在马克思主义被庸俗化数十年以后，罗莎·卢森堡的主要著作《资本积累论》开始研究关于这一点的问题。"② 卢卡奇曾一针见血地指出："如同青年马克思的总体考察透彻地阐明了当时还欣欣向荣的资本主义的垂死表现一样，在罗莎·卢森堡的考察中，资本主义的最后繁荣由于其基本问题放进了整个历史过程中，而具有了一种可怕的死亡之像，然而，即使就这种表述方式，罗莎·卢森堡也没有离开马克思的传统，更确切地说，她的表述方式同样意味着向原来的、未被歪曲的马克思主义的复归：向马克思本人的表述方式的复归"。

继承了发展了卢森堡的总体性方法，在《历史与阶级意识》中，卢卡奇指出，无产阶级是对资本主义生活的一切形式的否定，那种仅仅追求高工资的要求，本身是物化的结果，只有无产阶级具有了阶级意识才能够做出整体性的要求。物化过程的标志是把合力的机械化和可计算性应用于生活的每个方面，合理化过程和劳动分工一切发展，其结果是技术的专门化摧毁每一个整体的想象。另外，我们知道，马克斯·韦伯对卢卡奇的影响是非常深刻的，恰如卢卡奇对海德格尔的影响也是十分深远的。在卢卡

---

① ［匈］卢卡奇：《历史与阶级意识》，商务印书馆1996年版，第76—77页。

② ［匈］卢卡奇：《历史与阶级意识》，商务印书馆1996年版，第79页。

奇、海德格尔和马克思 1932 年公开问世的《1844 年经济学哲学手稿》的合力作用下，异化问题成了马尔库塞社会批判思想中技术理性批判的思想总根源。

二　20 世纪 30 年代的文化批判理论

（一）海德格尔的"毒"与"药"

1927 年马尔库塞拜读了海德格尔著名的《存在与时间》，1928 年马尔库塞回到弗赖堡，与海德格尔和胡塞尔一起学习哲学，试图发展所谓的海德格尔或现象学的马克思主义。此后的几年内（20 世纪 20 年代末），马尔库塞一直在弗莱堡研究哲学，他的第一篇文章《历史唯物主义现象学论稿》[①] 试图通过辩证地批判和整合马克思主义与海德格尔现象学的存在主义来实现二者的融合，"大胆地把海德格尔现象学的存在主义视角与马克思的辩证法和历史唯物主义整合成了一种面向人的存在与社会存在的具体问题的'具体的哲学'"[②]。马尔库塞当时对《存在与时间》的评价是很高的，认为该著作"是哲学史的转折点"，他这样写道："资产阶级自身内部发生了分解，并为一种'具体的'新科学扫清了道路。"马尔库塞将海德格尔的"非本真性""沉沦"范畴吸收到马克思主义的"异化""物化"范畴中，开启了融合马克思与海德格尔的事业。在马尔库塞的诠释下，海德格尔的分析强化了他通过研习马克思主义所获得的印象，即现有社会是一个充斥着支配与控制的社会。海德格尔克服异化——非本真的存在方式需要自我变革和解放，构建本真自我的决心和个体本真的筹划。在第二篇文章《论具体哲学》中，马尔库塞依旧尝试着把马克思主义与现象学存在主义整合为一种"具体哲学"，"具体哲学是对历史的关切和对历史变迁动力的追问，意味着对存在的物质状况的关切，以及对日常生活的生产与再生产的关切，而这种对物质世界的探索最终将引导他去探索劳动、需要、欲望、爱欲、意识、身休、艺术的本质，以及当代社会制度的本质及其动力"。[③] 通过对具体哲学的阐述，马尔库塞批判了德国唯心主义和存在主义

---

① Herbert Marcuse, *Heideggerian Marxism*, edited by R. Wolin and J. Abromeit, Lincoln: University of Nebraska Press, 2005.

② 《马尔库塞文集（六卷本）》（第 2 卷），人民出版社 2019 年版，第 13 页。

③ 《马尔库塞文集（六卷本）》（第 5 卷），人民出版社 2020 年版，第 16—17 页。

抛开历史与社会空谈主体性的理论倾向，直面社会现实，揭发苦难的现实根源，使个体能动地参与到改变生活和社会的解放活动中，为摆脱"悖论性贫困"探索可行之路。

在革命道路的探索中，马尔库塞和马克思一样，都力图把哲学、把知识分子们赶到公共领域中，赶到街头巷尾的公共生活中，参与社会政治行动，真实地感受现实的苦难，严肃地关切现实的问题。通过论述"具体哲学"，马尔库塞展开了他终其一生都在筹划的解放与革命辩证法，既解放个体，又彻底变革社会的社会实践。马尔库塞是综合马克思和海德格尔的理论来理解"对激进行动的要求"的，在真实的存在与时间的基础上，海德格尔也要求"对异化的社会存在的现实做出彻底的反应"。①

在这个时期，马尔库塞试图用一种更加具体的现象学变体来补充和拓展马克思的历史唯物主义和辩证法，用马克思的历史唯物主义和辩证法来补充和克服现象学的缺陷。辩证法、历史唯物主义和现象学的互补作用表现在：为了追问"历史给定的处境到底有没有纵观整个历史的内在意义"，辩证法必须转而"变成现象学的"，从而超越当下处境。因为传统的现象学无法抓住变化、发展的具体过程，而辩证法忽视了人类实存的持久、永恒和普遍性的方面。因此，在这个阶段，马尔库塞将现象学、辩证法和历史唯物主义统一为一种全新的"辩证现象学"，一种连续而又激进的具体方法，从而真正认识到人的实存的历史性。马尔库塞曾将其称作"现象学的和存在主义的马克思主义"。他的辩证现象学的目标是："人类实存在其本质结构中及其在具体形式和构型中的历史存在，包括人类所创造的意义的所有维度。"

综上所述，早期的马尔库塞尽管一直认为马克思与海德格尔的思想十分相似，但他随着研究的深入，他显然敏感地发现"海德格尔抽象的本体论无法为当前形势下的行动提供人和具体的指导原则"，"一些内在于海德格尔哲学筹划和个人世界观方面的原因阻碍了他将自身对社会行为的批判扩展到对他所在的德国资产阶级社会的具体批判"。因此，马尔库塞拒绝了海德格尔个人主义的解决方案："他（海德格尔）将决定性的决断引向了孤立的个体的处境，而不是将其引向坚定的行动。这种行动不只是会

---

① Wolin, Richard, *Heidegger's Children: Hannah Arendt, Karl Lüwith, Hans Jonas, and Herbert Marcuse*, Princeton and Oxford: Princeton University Press, 2001, pp. 146 – 147.

'改造'过往的经验，还会重新塑造所有的公共生活领域。"①

　　显然，此时的马尔库塞已明显超越了海德格尔，对于海德格尔来说，本真性的个体基本上是只关心他或她自身的个体的本真性，而不是致力于改变社会。这样的本真性个体当然会被资产阶级意识形态所包容，因为他或她并不触及统治者的利益，也不会冒险。尽管在对非真的批判、对决断和自我变革的呼唤以及对结构哲学传统的筹划方面，海德格尔的主张的确是很激进的，但实际上他的理论从很多方面来看都很保守，或者说他的"本真"最后会沦为一种"对现实默默忍耐"的庇护所。这显然是一种伪激进主义，不仅会压抑和遮蔽现实生活中的实际问题，而且还会让人们对参与政治行动产生排斥感。于是，德国知识界基于此从公共舞台退回到精神上的道德真空，转而纳粹党及其盟友填补了真实的空白。这就不难理解纳粹党的夺权为何恰恰是"暴露了海德格尔哲学筹划的危险与缺陷"②。海德格尔曾呼吁"为了本真的存在，人们应该决断"，但是，他们要决断什么呢？海德格尔没有给出答案，实际上，他倒是在虚无中做出了决断：支持法西斯主义。在马尔库塞看来，海德格尔的决断再次说明：他的哲学内核存在着道德政治的真空。在《存在与时间》中，海德格尔不愿意呼吁任何确切的社会改革，提供确切的道德和政治价值，所以，只能跌入虚无主义的泥沼，给了法西斯主义可乘之机。不同于海德格尔"寂静的个人主义"和"对公众行动的鄙视"③，马尔库塞的个体是激进的，要求改变自我和生存状况，致力于参与"对公共生活领域重新塑形"的公众行动，拒绝"斯多葛式的顺从"，也反对"掩耳盗铃"的个体"逃离"方案，选择了马克思主义的革命实践道路。后来，在回忆自己与海德格尔思想的关系时，马尔库塞曾这样说过："像所有其他人一样，我起先认为可以将存在主义和马克思主义综合起来，准确地说，是因为它们都同样坚持对实际的

---

①　《马尔库塞文集（六卷本）》（第 5 卷），人民出版社 2020 年版，第 21 页。

②　卡尔·默林（Karl Moehling）在他的《海德格尔与纳粹》中曾对海德格尔和纳粹关系做出研究。

③　《马尔库塞文集（六卷本）》（第 5 卷），人民出版社 2020 年版，第 22 页。海德格尔 20 世纪 20 年代的通信表明他对社会及制度实践充满了蔑视，其中包括哲学大会、激增的哲学期刊、外国文化研究记忆对当代问题的"煽动和闲谈"，他曾将公众行动看作"聪明、好胜指认的那些闲谈和煽动"。

人类生存、对人及其世界进行具体的分析。但我很快意识到，海德格尔的具体不过是一个幻影，一个虚假的具体。实际上，他的哲学不仅抽象空洞，而且远离现实，甚至逃避现实，就像当时统治德国大学的那些哲学（包括行将枯槁的新黑格尔主义、新唯心主义和实证主义）一样。"①

1932 年 12 月，也就是马尔库塞离开弗赖堡后的一个月，希特勒被任命为德国总理。两个月之内巧妙地操纵了魏玛宪法，摧毁了民主统治的最后遗迹。此时，作为犹太人的马尔库塞不得不开始流亡生活。1933 年 5 月，海德格尔宣布他对新政权的忠诚，马尔库塞和海德格尔彻底决裂。1947 年 8 月 2 8 日，马尔库塞在写给海德格尔的信中说道："……在 1933 年那您与那个政权（纳粹政权）的联系简直太过紧密了，以至于今天在许多人看来您都是那个政权最强烈的知识界支持者之一。……您今天仍然被认定是纳粹政权的同谋……我及其他许多人一直以来都很敬仰身为哲学家的您；我们从您的身上获得的教诲不胜枚举。但是，我们无法区分身为哲学家的海德格尔和身为常人的海德格尔，因为它与您自己的哲学相矛盾……是对您自己曾强有力地阐释并极力维护的西方哲学的传统的致命讽刺。而如果该政权不是对这个传统的讽刺而是它在现实中的最高体现，那在这种情况下，也就不可能有什么蒙蔽，因为那时您将不得不控诉或否定整个传统。"② 到 20 世纪 20 年代末，马尔库塞思想的三大支柱：政治学、美学和哲学已经逐步成型。

随着德国纳粹主义的崛起，海德格尔和他的哲学原形毕露，马尔库塞与之决裂，失望地离开德国③，加入了法兰克福学派跨学科的"社会批判

---

① 《马尔库塞文集（六卷本）》（第 5 卷），人民出版社 2020 年版，第 24 页。

② 《马尔库塞文集（六卷本）》（第 1 卷），人民出版社 2019 年版，第 318—319 页。

③ 马尔库塞在 1932 年与海德格尔的分道扬镳对于某些学者来说是值得商榷的，马丁·杰伊（Martin Jay）声称，马尔库塞加入研究所后，霍克海默的影响是如此之大，以至于马尔库塞放弃了海德格尔的词汇，现象学对他的思想的影响开始减弱。但是，在 1935 年 5 月 13 日给霍克海默的一封信中，阿多诺强烈暗示马尔库塞仍然是海德格尔主义者。由于阿多诺和马尔库塞为了争取霍克海默的利益而进行竞争，因此必须对阿多诺的主张保持某种程度的怀疑。尽管如此，马尔库塞的海德格尔主义问题仍然是马尔库塞学者感兴趣的问题。理查德·沃林（Richard Wolin）对此写道："在马尔库塞战后的著作中，马尔库塞是否继续用海德格尔思想？马尔库塞对单向度的批评仅仅是海德格尔对'不真实性'的批评的继续吗？毕竟这两个术语均指'盲目服从的大众社会'"。沃林还提出了海德格尔的"本体论精英主义"与马尔库塞的"教育专政"概念之间的相似性的问题。教育专政的问题发生在《爱欲与文明》以及《对宽容的批判》中，反映了马尔库塞对工人阶级激进意识发展的悲观情绪。

理论"研究事业中，与其他成员一起阐发马克思主义的社会批判理论。20世纪30年代，马尔库塞批判理论的重心就是海德格尔对历史的物质构成要素，如需求、阶级、经济与历史具体性的忽视，他认为海德格尔的"历史概念"本质上是"虚假的具体"，从纯粹的本体论视角消除了历史的真实内容以及历史危机。在马尔库塞看来，从具体的历史现实向"存在"的本体论领域的逃遁，揭示了海德格尔本体论视角的危险。在早期的文章中，马尔库塞似乎认为自己可以向马克思那样对黑格尔进行具体化和历史唯物主义重构，最终对其去神秘化。马尔库塞哲学筹划背后的一种内驱力、动机即试图重建一种辩证现象学，把现象学从胡塞尔—海德格尔抽象的本体论倾向中解救出来。这种辩证的现象学的辩证法来自马克思、恩格斯甚至是列宁[1]。辩证法的主要功能是克服海德格尔现象学——本体论分析的缺陷，将其引入历史分析模式，使其具体化："强迫特定的人的此在在其实存的整体中把住实践的位置，并根据它的历史处境来行动。"

其实，即使在海德格尔的影响下，马尔库塞也从来不是单纯的海德格尔主义者，而仅仅是一个过客，与海德格尔的决裂随着1932年首次出版的《1844年经济学哲学手稿》的问世变得具有独特的含义，因为马尔库塞在蓦然回首的"灯火阑珊处"找到了自己思想和理论最终的哲学归宿。就在《手稿》发表的当年，马尔库塞欣喜若狂，发表了自己的书评《历史唯物主义的新基础》[2]，这个书评还准确预料到了这一从马克思早年著作观点重新阐发马克思主义的理论进路和趋势。同年马尔库塞发表的《黑格尔的本体论和历史性理论的基础》[3]有力地推进了欧洲黑格尔研究的复兴，这些论著的发表表明：马尔库塞是一个机敏的德国哲学研究者，他正渐渐地成长为他那一代中最有前途的理论家之一。

（二）1932年《1844年经济学哲学手稿》问世：希望道路的开启

根据马尔库塞自己的说法，《1844年经济学哲学手稿》将实现两个目

---

① 关于马尔库塞对黑格尔、马克思、恩格斯、列宁辩证法的继承，具体参见《马尔库塞文集（六卷本）》（第5卷），人民出版社2020年版，第26—27页。

② "Neue Quellen zur Grundlegung des historischen Materialismus"（"New Sources on the Foundation of Historical Materialism"），*Heideggerian Marxism*，Richard Wolin and John Abromeit eds.，Lincoln and London：University of Nebraska Press，1932.

③ Herbert Marcuse，*Hegel's Ontology and the Theory of Historicity*，Seyla Benhabib trans.，Cambridge and London：The MIT Press，1932.

标，第一个是：手稿可以将关于历史唯物主义的起源和原始含义以及整个
"科学社会主义"理论的讨论放在一个新的基础上。第二个是：它们也使
以更富有成果的方式提出马克思与黑格尔之间实际联系的问题成为可能。①
与此同时，这些刚刚问世的手稿还为马尔库塞提供了发展批判性哲学人类
学所需的必要理论工具，有助于他发展自己独特的社会批判思想。经由马
尔库塞，"人类学"并不像过去在美国那样指代对过去文化的研究，取而
代之的是德国的人类学概念，关注于对人性的哲学和社会科学的考察。
《手稿》对于马尔库塞极其重要，因为它们为研究马克思的政治经济学批
判提供了理论前提和哲学基础。② 马尔库塞在《手稿》中看到了马克思对
现代性批判的独特性，即从资本和现代形而上学共谋的基础上出发对现代
文明展开批判，进而对共产主义革命的社会条件逐步分析，从人的解放和
自然的解放相结合的角度来思考解放的未来含义。马尔库塞提出了自己独
特的"新感性""新科学"理论，指出："未来的共产主义革命本身需要
发展激进的主观性，这种激进的主观性是指一种自我意识的发展，这种自
我意识使人们难以忍受当前的社会和经济状况的压抑性和操纵性，从而由
内向外引发激进的革命行动。而激进行动不仅是对这些条件的拒绝，还会
带来社会的转型。"马克思在《手稿》中对人和自然双重解放的论述和对
实证主义知识体系的批判以及"同一门科学"的提出都为马尔库塞提供了
基于"新感性"的哲学人类学，揭示了扭曲人类本质的社会机制，其中最
为核心的概念正是"单向度"。

经由对《手稿》的重新解读，马尔库塞将马克思的劳动在"新感性"
的现实体现层面提升到了本体论维度。在英国古典经济学中，劳动只是一
种谋生的手段，从不被视为构成人类主体的活动。马克思将劳动看作人之
为人的中介，即一种自我形成的过程，这显然得益于黑格尔，也使得其异
化和革命理论的形成成为可能。马尔库塞认为，在《1844年经济学哲学手
稿》中，马克思表明了劳动作为自我实现或自我形成过程的作用是如何被
异化为自我毁灭的途径。在资本主义劳动过程中，从事劳动的人不仅是其

---

① 上海社会科学院哲学研究所外国哲学研究室：《法兰克福学派论著选辑》（上卷），商务印
书馆1998年版，第294—295页。

② Kellner D., *Marcuse and the Crisis of Marxism*, London：Macmillan，1984，p. 79.

人之为人的主观性没有得到承认，反而生产了自己的不幸。因此，马克思的理论从对劳动的自我形成过程的考察过渡到对由资本主义的历史事实性引起了异化形式的批判。在资本主义制度中，劳动不是人的"自由活动"，不是人的感性的、活生生的活动，也不是人的普遍和自由的自我实现，而是人的奴役的实现和幸福感的全面丧失。工人在他的劳动过程中表达的是：他不是一个人，而是一些非本质的"抽象"的纯物质，或者用"神圣家族"的话说，是"惰性物质"；劳动的对象不是对工人的人类现实的表达和确认，而是外来的异质性的东西，属于工人以外的力量。马克思对政治经济学的批评是试图揭示资本主义的内在逻辑，它如何运作以及将导致资本主义瓦解的内在矛盾，然后制定一种革命理论，该理论以在工人阶级中唤醒自我意识为前提。在这两种方法中，意识形态引导和社会变革起着十分关键的作用，正如他一生都致力于此，唤醒并引导无产阶级的革命意识。马尔库塞在变化了的历史语境中，补充和发展马克思的思想，捍卫马克思主义道路。《手稿》中马克思对感性的阐释和对活生生的人的劳动的重视以及对人与自然双重解放的阐述都成为马尔库塞的马克思主义事业的最终目标。

总体来看，马尔库塞在1928—1933年发表的文章大多是以黑格尔—马克思哲学与编辩证法为基础，对当时的社会理论和哲学形式做出批判，包括对当时的作为"超越的马克思主义"[①] 的新康德主义和"将马克思主义还原成一种超越历史的意识形态"的卡尔·曼海姆[②]等，捍卫并拓展自己的马克思主义事业。1933年马尔库塞与赫赫有名的法兰克福学派邂逅，加入了法兰克福学派研究所，并很快深入地参与到其跨学科的研究事业中，从而将早期黑格尔—马克思主义辩证理论与范围宽广的社会批判理论进行有效融合。马尔库塞高度认同研究所的社会批判理论，进而发展出自己独特的融合政治经济学、哲学、社会理论、文化和意识形态批判、美学的马克思主义社会批判思想。由于马尔库塞持续地将辩证分析运动与资本的现实运转相结合展开分析批判，所以他的批判具有马克思独有的原则高度，

---

① Herbert Marcuse, "Transzendentaler Marxismus?" *Die Gesellschaft*, Vol. VII, 1930, pp. 304 – 326.

② Herbert Marcuse, "Zur Wahrheitsproblematik der Soziologishen Methode", *Die Gesellschaft*, *Internationale Revue fur Socialismus und Politik 5*, 1929, pp. 356 – 369.

并进而伴随着一种独特的乐观性。他不是一个因循守旧的思想家，而是很乐意去辨识两种貌似对立的思维模式的解放性，并把它们的优势用到进一步促进哲学与源于日益残酷的社会现实的社会问题的关联性上，所以他在这一阶段的研究十分有趣。而且，更为重要的是，就如黑格尔曾盛赞的沃尔夫一样①，马尔库塞也有一个重大的教育计划：将他独特的马克思主义辩证思维与辩证分析，以德国哲学的范式用英语讲给英语世界的听众，比如他对历史唯心主义和实证主义的批判就是对当时美国思想和文化学界的一次重大的社会教育介入。单向度的思维方式在 20 世纪三四十年代的美国一度甚嚣尘上，马尔库塞凝练的德国哲学独有的研究方法正好可以根治这种停留在"事实"表面的思维范式，用黑格尔的话说，就是"外部反思"的思维特质。

（三）20 世纪 30 年代：向历史唯心主义和实证主义宣战

1933 年加入法兰克福学派后，马尔库塞进一步将矛头指向了非辩证的、经验的社会理论，因为这些理论未能考虑商品社会的价值根源，是极权主义社会非人化的生活方式得以展开的理论支撑，也是个体的意识与本能冲动受到内在管控形式的理论框架依据。与 20 世纪 30 年代正在撰写法兰克福学派纲领的霍克海默的《传统理论与批判理论》几乎同时，马尔库

---

① 黑格尔曾在《哲学史讲演录》的第三部近代哲学—第二篇思维理智时期—第一章理智的形而上学时期的第三阶段"沃尔夫—概述"中对沃尔夫给予高度的赞誉。认为沃尔夫为德国人的理智教育做出了伟大的、不朽的贡献，这个不朽性就是把"思想"导入了德国人的心灵之中，替代了从前以感情、表象中的那种"感性知觉"的言论。他不仅第一个在德国使哲学成为公共财产，而且第一个使思想以思想的形式成为公共财产，并且以思想代替了出于感情、出于表象中的感性知觉的言论。是沃尔夫让哲学变成了一般的教养，这种哲学的基本原则是确定的、理智式的思维，它作为原则超出了"现存事物的整个范围"，超出了英国的传统的经验的原则。同时，新哲学是精神性的、更高级的、实体性的哲学，在波墨那里看到的那种以固有的粗野形式出现的思辨兴趣已经完全瓦解了，毫无作用地在德国消失了，连他的语言也被忘记了。沃尔夫让这种理智的思想形式变成了一般的教养，让德国哲学就进入了沃尔夫时代。与此同时，黑格尔高度肯定了沃尔夫在德国的一般文化方面做出的贡献，把他称作"德国人的教师"，因为沃尔夫第一个使哲学成了德国本地的东西。沃尔夫之所以称得上"不朽"是对德国民族而言的，因为他让哲学说了"德文"。因为，沃尔夫的一大部分著作也是用他的祖国语言写的，这一点很重要。"只有当一个民族用自己的语言掌握了一门科学的时候，我们才能说这门科学属于这个民族了；这一点，对于哲学来说最有必要。因为思想恰恰具有这样一个环节，即：应当属于自我意识，也就是说，应当是自己固有的东西；思想应当用自己的语言表达出来。"沃尔夫让哲学说德语，意味着德国民族以自己的语言掌握了哲学，或者说德国民族站上了哲学历史的舞台，更重要的是当德国民族用自己语言思考现代哲学的时候，就摆脱了拉丁文对哲学自身的限制。

塞从唯物主义的角度对现象学进行了反思和重塑，对主导整个西方思想史的两种哲学思维：唯心主义与实证主义展开整体性批判。并且再次几乎与霍克海默同时，马尔库塞在 1937 年完成了《哲学与批判理论》。根据马尔库塞："唯物主义理论中的任何一个概念都不同于经济学科所运用的那类经济概念。这主要是因为理论要求（批判理论）从人的社会存在出发来解释由人及其世界构成的总体。"① 马尔库塞对于唯心主义与实证主义理论范式的质疑，其实是对支撑现代性的第二大支柱现代形而上学的批判。马尔库塞认为："历史唯物主义为何是一种最适用于理解和正视辩证的资本主义现实矛盾的'真正的哲学方法'。"②

对于马尔库塞来说，作为现代形而上学分支的实证主义、实用主义和历史唯心主义的认知体系倾向于使自由、理性和平等问题从属于所谓的价值中立的事实领域，而该领域源于对社会的实证解释，或者用马尔库塞的话说，源于对实证解释的盲目迷恋。实证的社会理论将人类和自然看作纯客体，从而将社会看作人类活动的产物，主张运用不同的研究方法和衡量标准来对社会进行标准化评判。马尔库塞这个时期的社会批判理论主要就是这种实证主义的社会理论如何造成或促成了新的压迫和控制，比如法西斯主义和极权主义。我们可以在罗尔斯的《正义论》中看到这种历史唯心主义和实证主义所秉持的"社会观"，也可以看到它如何构建具体的规范，而这些规范又是如何忽视了历史现实的真实面目。当然，马尔库塞对唯心主义的批判性分析和对是实证主义的口诛笔伐都不是一种绝对的拒斥，他也肯定了二者在欧洲启蒙中的中重要作用，只是在于资本的逻辑完成内部勾连后，唯心主义在它建构理性国家或极权政体的过程中才丧失了批判能力一样，实证主义才渐渐地吸收进了自然科学的框架，这个转变使这一哲学思潮成了一套精确地关注事实领域的知识体系，也使其抛弃了社会政治价值以及来自理论思考的批判，成为一种"操控"现实的内在架构。因此，下一步，他要做的是一方面对黑格尔哲学中的理性概念世界进行彻底

① Herbert Marcuse, "Philosophy and Critical Theory", *Negations：Essays in Critical Theory*, translated by Jeremy Shapiro, Bsoton：Beacon Press, 1968, p. 134. 该文最初在 1937 年以德语发表。

② 根据在马尔库塞档案馆发现的资料，在 20 世纪 30 年代末到 40 年代初，也就是《理性与革命》出版之前，马尔库塞曾写了两篇文章讨论"唯心主义与实证主义"。详见《马尔库塞文集（六卷本）》（第 5 卷），人民出版社 2020 年版，第 126—136 页。

改造；另一方面对是实证主义包括科学技术的理念进行改造，最终在他的《理性与革命》中得到了综合的体现。

三 20 世纪 40 年代：对唯心主义和实证主义的批判

当现代文明步入 20 世纪时，启蒙的"温情脉脉"已经逐渐褪色，自由的逻辑、理性的逻辑与资本的逻辑之间的"隔阂"已经在"异化"的维度得到了深刻的批判，比如马克斯·韦伯、胡塞尔、海德格尔、卢卡奇、弗洛伊德、海德格尔和当时著名的法兰克福学派。对于法兰克福学派而言，整个 20 世纪，异化已经成为一种意识形态，阻碍了政治改革的激情和革命力量。因此，对人和自然的"异化"批判一直是法兰克福的文化批判理论的关注点。这些批判思想对技术理性与资本共谋的揭露和对精神分析在人的自我革命和自我解放中的强调对马尔库塞产生了重要的影响，尤其体现在马尔库塞很早就将社会批判思想的矛头对准了资本逻辑与实用主义和历史唯心主义。

《理性与革命》是马尔库塞将马克思主义的辩证法以英语的形式、作为社会批判理论的一种形式介绍给英语世界的读者，是马尔库塞第一次以一部书的长度表述自己重大的教育计划：向（英语世界特别是）美国读者介绍黑格尔、马克思的社会理论，勾勒具有强烈的黑格尔和马克思理论渊源的社会批判理论体系，代替美国当时十分流行的社会分析方式，"这种社会分析方式常常为了获得关于真理的假说而盲目地迷恋是实证主义和经验观察到的事实"。另外，在《理性与革命》中，马尔库塞还力图说明黑格尔哲学与法西斯主义是不兼容的，反而黑格尔的哲学与辩证法思想构成了马克思与后期批判思想探寻解放可能性的理论前提。这本书在特殊历史时期下撰写和发表，展示了德国哲学传统中的反法西斯主义潜能。该书发表的 20 世纪 40 年代，当时希特勒的军队在欧洲获得了胜利并继续向苏联推进，貌似法西斯主义很快就要征服世界，西方文明的自由、民主与进步的痕迹很快就要荡然一空。马尔库塞曾这样说："在当前危及世界的恐怖活动下，理想只有一个，同时也是共同的一个。面对法西斯主义的野蛮行径，每个人都认识到了自由的意义。"《理性与革命》是马尔库塞思想的关键环节，有承上启下的作用，马尔库塞对唯心主义和实证主义的全面批判开始基于这部著作融合于随后的关于科学技术在发达工业社会中作用的分析中。对马克思和海德格尔的批判性继承使马尔库塞成为当时西方马克思主义思想界最早关注发达工业社会中心的技术政治支配形式的是社会批判理论家之一，他因此也成为这个时代专注于技术、法西斯主义和发达工业社会变迁研究的重要理论家。从1942年到1951年，马尔库塞一直在努力阐发自己对当代社会与文化的看法，在艰难的人生经历下，马尔库塞逐渐开始将研究的注意力转向审美角度。这种转向是其理论的必然归宿，也可能是一种心灵的慰藉。就在他遭受麦卡锡主义迫害、在他的妻子苏菲去世的期间，马尔库塞的社会批判开始转向了精神分析和美学领域。在20世纪50年代，马尔库塞将弗洛伊德的本能理论与审美的艺术结合起来，重新返回他早年的文学和美学研究中，在社会批判理论和马克思革命理论结合的新的高度上重新阐发他对席勒、德国唯心主义美学以及现代主义的先锋文学研究。与此同时，马尔库塞开始研究傅里叶和乌托邦社会主义，试图探索文化激进主义与政治变革之间、艺术与解放之间的关系。因为在他看来，马克思的思想中缺少个体维度，缺少心理学维度，也缺少艺术的维度，所以他要补充艺术解放的政治功能。因此，马尔库塞对弗洛伊德的借鉴使他重新回到了美学研究上，始于美学、终于美学。他的社会批判理论借由支配与解放的辩证法把批判哲学与社会理论、美学以及政治学整合在了一起，在《爱欲与文明》中第一次完整地呈现出来。马克·史托斯（Mark Stohs）曾这样评价这本著作："由于马尔库塞整合了处身贫困和全球不公的现实中的人类实存的认知、情感、社会维度，所以，他的马克思主义的精神分析并不简单，也不幼稚。"尤其是考虑到当下思想界已经开始研究生命政治，阐释生物学与社会生活的关联当成了政治控制与政治斗争的主要场所，马尔库塞不仅没有过时，反而具有更为重要的当代意义。

四　20世纪50年代：极权主义时代的艺术与政治美学

马尔库塞一直都对艺术与审美有独特的偏爱①，在他看来，具有审美内涵的反抗和爱欲是一种内在于人心中的最激进的反抗力量，这种力量的激发可以对抗法西斯主义中弥漫着的"平庸之恶"，进而创造一个新的世界。在马尔库塞这里，真正的艺术就是对现实世界的"大拒绝"，是走向

---

① 《马尔库塞文集（六卷本）》（第2卷），人民出版社2019年版，第36—41页。

另一个世界的前提条件。马尔库塞认为审美的维度和爱欲的维度是对可能的美好世界的一种保存，是对更高维度的生存的力量的保存，真正的艺术拒绝现实状况，并为美好的新世界来服务。

（一）被现代文明压抑的"爱欲"

尽管马尔库塞在 20 世纪二三十年代读过弗洛伊德，但直到 20 世纪 50 年代他才开始认真从事相关的研究，体现在本阶段著名的《爱欲与文明》中。根据凯尔纳，"在马尔库塞档案馆中发现的最令人感兴趣的手稿是一份日期为'1945 年 9 月'的文本，它的标题是《评阿拉贡：极权主义时代的艺术与政治》，该文本是自 1922 年博士论文《论德国艺术小说》以来对具体的美学作品所做的最翔实的解读。这份文献表明，马尔库塞一直都在关注艺术与审美，它们不仅在其早期的著作中出现过，可以说，它们也是他在美国政府工作期间完成的后期著作的重要组成部分"①。

从一开始，心理分析就是法兰克福学派的重要理论工具，当霍克海默在 1931 年接任董事时，他已经受到精神分析的影响②，出任董事后不久，他将把精神分析学家弗罗姆纳入董事会。法兰克福学派对精神分析的关注最初的目标是使用心理分析理论来理解工人阶级的心理，理解为什么那些从社会变革的革命中受益最大的人会倾向于抵抗革命。马尔库塞直到后来才进行精神分析。尽管马尔库塞会像他的同事一样使用精神分析，但他也开发了自己独特的方法来解释精神分析理论，集中体现在《爱欲与文明》中。马尔库塞的书是对弗洛伊德《文明及其不满》的悲观主义的回应，弗洛伊德的书描绘了文明演变的惨淡景象，因为越来越大的压迫在不断发展，似乎无法逃脱，死亡和生命的本能正在为统治而战，看不到明显的胜利者。根据马尔库塞的说法，弗洛伊德没有发展自己理论的解放可能性，马尔库塞的任务是双重的，首先他必须证明人的直觉或动力不仅是生物学的和固定的，而且是社会的、历史的和可塑的。其次，他必须表明，社会镇压也产生了废除镇压的可能性，本能的可以被抑制已经表明，社会及其组织形式在塑造本能中发挥了作用。弗洛伊德在《文明及其不满》曾声称

---

① 《马尔库塞文集（六卷本）》（第 1 卷），人民出版社 2019 年版，第 36 页。

② Abromeit, John, *Max Horkheimer and the Foundations of the Frankfurt School*, Cambridge University Press, 2011, pp. 192 – 195.

"快乐原则的程序决定了生活的目的"①，但外部世界不符合愉悦性原则的要求，甚至对其怀有敌意，因此，愉悦性原则会转向，向内转弯、被压抑。而对于马尔库塞来说，解放意味着解放快乐原则，他意识到，要使人与人共存，一定程度的镇压是必要的，如果一个人仅按照享乐原则的要求行事，就会导致对他人自由的侵犯。因此，如果我们要共存，就必须相互限制自由与幸福。应该说这是马尔库塞对弗洛伊德理论的最有创意的修改之一。

马尔库塞对弗洛伊德思想的批判性继承为马克思主义社会批判理论补充了对工具理性实现内在控制展开分析的理论工具，他的精神分析理论有助于理解当代个体的主体间性维度，这是当时盛行的杜威的工业社会批判所缺乏的。作为揭示后工业化、全球化资本主义社会的人类整体性的哲学透镜，马尔库塞对弗洛伊德和马克思的整合即使在今天依旧具有高度的相关性。拉康主义和精神分析的马克思主义文学批判家曾说马尔库塞过时了，但是这种看似过时的批判理论其实非常适合诠释当代全球资本主义中的生命政治景观。②

在《爱欲与文明》中，马尔库塞用"爱欲"来解释人类文明，爱欲成为人类理解异化社会制度的核心词："爱欲化的身体会反抗剥削、竞争、伪男子气概、征服太空和违背自然的一切现状。在这个意义上可以说，革命的种子来自感性的解放，但只有等感性在变革现实的过程中除了实际的生产力时，感性才能获得解放。……只有当共同体由拥有新感性的人类组成时，你才能建构一个真正的共同体。"③《爱欲与文明》第五章题为"哲学上的插曲"，在前四章讨论了弗洛伊德的本能理论之后，马尔库塞转而从事哲学研究。但是，这种突破与该书的目的是一致的：马尔库塞所有工作中主要关注的问题之一就是"统治是如何合理化的"，这将是单向度的哲学主题。此时的马尔库塞与整个西方哲学传统背道而驰，西方哲学传统的问题在于，它建构了一种与理性的压迫功能或支持统治的理性形式相符的理性观。例如，出于义务的康德道德义务概念将幸福从属于义务。尽管

---

① Freud, Sigmund, *Civilization and its Discontents*, translated from German by James Strachey, New York and London：W. W. Norton & Company, 1930, p. 25.
② 《马尔库塞文集（六卷本）》（第5卷），人民出版社2020年版，第62页。
③ 《马尔库塞文集（六卷本）》（第2卷），人民出版社2019年版，第284页。

康德为此提供了充分的理由，但他没有充分满足幸福的需求。根据康德的说法，道德律会使来世的幸福成为可能，但今生的幸福却没有得到关注。马尔库塞想将爱欲还原到与罗格斯相同的位置，这是他对弗洛伊德思想批判性的继承，在马尔库塞这里，"爱欲"是人类行动的推动因素的核心，而不是逻辑。马尔库塞思想的最重要特征之一就是他对西方社会的辩证分析："我们的社会为自由创造了必要的条件，同时产生了更大的压迫。在现实原则下，文明的飞速发展使得生产力水平得到极大发展，可以大大降低社会对本能消耗在异化劳动中的需求。此时，资本主义的现实原则，即生产和利润的最大化实际上为质的不同和非压迫性的生活方式创造了先决条件，但是，由于现实中对剩余压抑的诱导，我们尚未进入这种新的生活方式。尽管个体工人的劳动已产生了足够的财富以维持他们的劳动力，但他们仍继续从事异化劳动。问题的根源是：资本主义制度的结构使得所有财富都流向拥有或控制生产资料的少数群体。尽管财富是社会产生的，但其所有权和使用仅限于少数几个人，因此，稀缺性的概念已经过时，莫名的匮乏感被用来从意识形态上控制工人。工人必须自我压抑，将自己的欲望和身体一直都控制在劳动过程中为资本家生产财富，而不仅仅是生产其生存所需的物品。在资本主义条件下，人们不仅为外部压迫所支配和奴役，也被自身的意识形式所支配。"这就是马尔库塞为何会转向弗洛伊德来填补马克思主义所缺乏的社会心理学和革命主体理论的原因之一。

关于爱欲与政治两个维度的内在勾连，马尔库塞在《爱欲与文明》的序言中曾给予进一步的阐明。在他看来，心理学范畴已经变成了政治范畴，人在现时代所处的状况使心理学与社会政治哲学的传统分野不再有效，因为原先自主的、独立的精神过程已经被个体在国家中的功能，即其公共生存同化了："精神分析的范畴……本身就是社会、政治范畴。精神分析可以成为一种有效的社会政治工具，既可以是肯定性的，也可以是否定性的，既可以发挥管控的功能，也可以发挥批判的功能，这是因为弗洛伊德已经在本能驱力及其满足的深层次的维度中，发现了社会控制的机制。"[①] 所以说，在马尔库塞这里，不仅美学本质是一种政治理论，心理学的范畴也属于政治范畴："现如今，为生命而战，为爱欲而战，就是为政

---

① 《马尔库塞文集（六卷本）》（第2卷），人民出版社2019年版，第153页。

治而战。"总体来看，在《爱欲与文明》中，马尔库塞极为详细地描述了他的总体性解放理论，而在随后的《单向度的人》中，他则极为系统地描述和分析了支配力量，分析了那些导致"单向度""无对立面"的新的社会控制形式的发展，描述了消费资本主义如何制造"顺从"，如何"驯服"，如何通过大众媒体、广告、工业管理和缺乏批判力的思维模式制造"虚假欲望"，把个人整合进现存的极权主义系统。为了逃离"单向度的"思想和社会，马尔库塞突出强调了批判的辩证思维，而它能够真实地感到自由和幸福，并本能地解决一切形式的压抑和支配。

（二）爱欲的解放

根据弗洛伊德，人的精神活动的核心内容就是"无意识"，它由两个部分组成，即"生本能"和"死本能"。"生本能"的主要内容是饥、渴、睡、性等一些生理上的需要（弗洛伊德所谓的性欲不仅是指两性之间的肉体欲望，它有时还指人们追求快乐时的各种欲望）。而在马尔库塞看来，人首先是作为一个存在物而存在，生本能是和人的"存在原则"本质上一致的，所以不管是"生本能"还是"死本能"，都是受到了弗洛伊德的"快乐原则"支配，当然，"生本能"是真正体现人的本质的。马尔库塞说："爱欲作为生命本能，指的是一种较大的生命本能。"①爱欲表达的是一种渴望，是对自由的渴望、对爱的渴望，这种渴望是一种最原始的生命冲动，"现代工业社会"是个"爱欲受普遍压抑的社会"，是个充满"死亡本能"的"攻击性社会"。弗洛伊德曾强烈谴责压抑性社会对个人的监视和控制，也曾预言随着文明的进一步展开，罪恶也会随之滋生，死亡与毁灭会愈发严重地威胁生命本能。为了对抗这种"攻击性"，马尔库塞改造了弗洛伊德的"超我"，将其与青年马克思的人本主义学说，尤其是《1844年经济学哲学手稿》中的思想结合在一起，提出了爱欲解放论，描述了一副非压抑性的、审美的生存范式。这实际上表明，马尔库塞理论研究的一个新的发展方向，即"用弗洛伊德理论补充马克思主义理论，用深度的心理学分析批判发达工业社会，并为人们指出一条切实可行的解放之路"。与弗洛伊德不同，马尔库塞认为爱欲的满足会让人类充满活力，而弗洛伊德则认为这种满足会导致社会制度的毁灭。在这里，我们可以看到

---

① ［美］马尔库塞：《爱欲与文明》，黄勇、薛民译，上海译文出版社2005年版，第150页。

马尔库塞将马克思的剩余价值学说运用得淋漓尽致，将其与弗洛伊德的精神分析相结合，批判性地改造为"剩余压抑"学说，并依靠他在基本压抑和剩余压抑之间的区别，继承了马克思和黑格尔，超越了弗洛伊德。根据马尔库塞，在先进的工业社会中，获取这些社会成员的生存甚至最佳生活所需的资源不再是问题，问题在于资源的公平和公正分配。在这个时代，稀缺概念的存在在意识形态上起作用，并支持资本家对工人的统治。由此，《爱欲与文明》比较于弗洛伊德的《文明及其不满》的结论更为乐观，从诊断转移到预防的同时从批评转移到希望。在诊断方面，马尔库塞考察了渗透到先进工业社会的社会病理形式。结论是：资本主义要求一定程度的"剩余压抑"，以支持死亡本能和社会统治的发展。弗洛伊德和马尔库塞都认识到，在资本主义制度下，本能压抑永远不会消失，而是继续以一种或另一种方式来主张自己。《爱欲与文明》的后半部分致力于论述幻想和想象力在解放中的作用。马尔库塞借助弗洛伊德、康德、席勒等人的理论，为想象的解放功能建立了基础。他的主要观点是：通过想象力，我们可以设想一个更美好的世界。马尔库塞主张将罗各斯和爱欲融合，他称这种融合为"满足的合理性"，在这里，生存的斗争是建立在自由发展和满足需求的基础上的，因此，就创造质上更好的生活方式而言，这不是盲目的空想愿景。马尔库塞在《爱欲与文明》结尾的题为"对新弗洛伊德修正主义的批判"中指责几位著名的心理分析家对弗洛伊德的著作进行了修改，以致清除了弗洛伊德的批判含义。这些修正主义者使用心理分析来发展顺从性心理学，而不是批判性心理学。马尔库塞引入了两个新术语来区分本能的生物性和社会性。基本压迫是指对"使人类在文明中永存"所必需的压迫或改变本能的类型；过剩压抑指的是"社会统治所必需的限制，目的是根据当前的现实原则塑造本能"。马克思和弗洛伊德正是在这种现实原则思想中相遇的。现实原则是生命不断扩张过程中的包容性和对抗性斗争所遵循的原则，它以长期发展为前提，在此期间，统治日益合理化：对社会劳动的控制在大规模和不断改善的条件下再现了社会统治。从长远来看，资本主义的统治利益与社会整体的利益是有可能重合的：对生产设备的有效利用可以满足个人的需要和能力。对于绝大多数人口来说，满足的范围和方式取决于他们自己的劳动。但是问题在于，在资本主义制度下，劳动是为自己无法控制的设备展开的，是一种独立的力量，是个人要想生存就必须服从的力量；在劳动中，人不能满足自己的需要和能力，而是在疏离，与自己的本质相疏离。马尔库塞的观点是，虽然劳动是维持生命所必需的，但到了资本主义的最高阶段——发达工业社会中，劳动已经从维持生命所需的基本劳动量过渡到了我们所谓的剩余劳动。资本主义社会的劳动超出了使工人满意所需要的范围，扩大到了使资本家获得最大利润的范围。工人的"既定职能"是为资本家生产商品并使利润最大化，工人必须劳动才能生存，但劳动条件取决于设备，由于设备使用需要与设备一致，劳动者必须按照其既定职能的指示去做，他们的本能被压抑。机器和工具理性以某种方式操纵工人，以使这些限制貌似是理性的外部客观法则的作用，将个人内部化为为其服务的工具。个人的愿望必须符合设备的愿望，个人必须依据工具和机器的原则定义自己，因为设备定义了人本身，就像马尔库塞所说的那样，"他渴望他被期望渴望的东西"。福柯曾认为马尔库塞给"压抑"的概念赋予了夸大的作用；马尔库塞并不认为权力的唯一功能是压制，也没有说过控制和压抑权力的展开只能通过审查、排斥、封锁和封锁的方式起作用，以伟大的超我的方式压抑，以消极的方式行使自己的权力。因为马尔库塞也曾明确指出，权力得以展开的途径是通过操纵人们的欲望和社会认知，通过在欲望和知识层面产生影响而发挥作用。

总体来说，马尔库塞转向弗洛伊德并不是出人意料的，无论是他为了扬弃海德格尔的悲观主义、抽象性公共活动的理论弱点，还是为了抵制工具理性和极权主义思维模式的内化为革命的新主体奠定理论基础，抑或是他在当时意识到对马克思和弗洛伊德的整合将填补马克思理论的空白（比如他缺少意识与主体性理论）。从现实的需求看，对弗洛伊德与马克思的整合有助于揭示为什么革命意识未能在 20 世纪广大的工人阶级队伍中发展起来，为什么不同群体和阶级派别的成员会转向法西斯主义，以及主体内部何以可能实现解放等现实问题。其实，柏拉图早在《理想国》中也曾论述过僭主的幽灵是如何进入普通人的心灵并扎根。1978 年 12 月 28 日在接受采访时，马尔库塞告诉凯尔纳，说他之所以转向对弗洛伊德作了深入的研究，是因为他意识到马克思主义不重视个体的解放和心理的维度。所以，他想构建这样一种理论，即它能够解释为什么革命意识没有发展起来，并能够辨认出那些致使个体顺从极权主义的内在控制，如法西斯主义、斯大林主义、消费资本主义的主观条件。他曾说自己在20世纪的20年代就已经读过弗洛伊德并研究了当时有关马克思—弗洛伊德的辩论，他还记起了西格弗里德·伯恩菲尔德（Siegfried Bernfield）等人的文章。《爱欲与文明》从广泛的批判的视角出发阐释了支配与解放，而这也成为马尔库塞哲学成熟时期的一大特色。在那个被恐怖的法西斯主义笼罩的年代，这本著作发表时，悲观的文化哲学在整个知识分子圈内四处蔓延，社会科学家们到处大肆宣传"意识形态终结了"，乌托邦式的革命事业终结了。当时的左派知识分子也陷入了文化的绝望，而所谓的主流社会理论家却只知道一味地顺从，此时，马尔库塞对西方激进文化的研究和对审美的爱欲的乌托邦勾勒和对马克思主义共产主义的捍卫是多么的难能可贵。的确，马尔库塞的新感性、爱欲理论对肯定使命与人的创造性作了最好的辩护，他挑战了自柏拉图以来对爱欲破坏性和反社会性的解读范式，挑战了刻板的禁欲主义传统，坚持了爱欲本能是生命力和创造力的根本原则，将感性与理性辩证地统一在解放的维度上。最终，马尔库塞得以将人类活生生的经验世界的审美维度与爱欲维度结合起来，这种独特的理论模式对于揭示审美的生活范式具有重要的理论意义。

《精神分析过时了》（"Obsolescence of Psychoanalysis"）是1963年马尔库塞提交给美国政治科学学会（the American Political Science Association）纽约年会的会议论文。在书中，马尔库塞进一步分析解读了弗洛伊德及其精神分析理论，强调精神分析理论仍然是建构多向度的社会批判理论的重要工具。这篇论文发表后不久，《单向度的人》就问世了。马尔库塞在这篇论文中通过揭示精神分析基本概念中的社会和政治内容，讨论了精神分析对政治思想的贡献，轻车熟路地把弗洛伊德的理论融合到他即将成型的社会批判理论中，讲解了弗洛伊德的权威的父权模型在"单向度社会"中是如何被新的管理技术日渐扩张的权力与影响力所取代的。关于弗洛伊德，马尔库塞写道："精神分析从自身的过时中获得了它的力量，从它对已经在社会政治发展中变得过时的个体需求与个体潜能的坚守中获得了它的力量。"① "大拒

① Herbert Marcuse, "Freedom and Freud's Theory of Instincts", *Five Lectures*: *Psychoanalysis, Politics, and Utopia*, Translations by Jeremy J. Shapiro and Shierry M. Weber, London: The Penguin Press, 1970, Chapter 1, pp. 1 - 27.

绝"就在于要对渗透着"死亡本能"的绩效原则、工具理性等虚假的观念保持批判性的疏离和超越。在马尔库塞的研究中有一个独特的领域：通过对技术理性的批判，实现了马克思主义、精神分析和生命政治的视域融合，成为解读"二战"后迅速发展的资本主义和社会主义社会人类支配模式的独特的社会批判框架。准确地说，经由弗洛伊德，马尔库塞才形成了自己独特的社会批判思想，从生命政治的角度对人在发达工业社会的处境进行解读，将异化的研究视域从政治经济领域转向了探索个体如何被拖拽到发到工业的生产机构重塑。《爱欲与文明》之后，马尔库塞的社会批判思想从技术理性批判开始拓展到对资本主义统治下技术在本体层面对生命影响的关注。马尔库塞的社会批判此时俨然已经从技术理性的批判中发展壮大，并最终延伸到了对人的精神器官、身体、感性、欲望、进而对"肯定性思维模式"的全面批判上来，揭露这种思维模式与基本逻辑的内在勾连和同质性。马尔库塞对弗洛伊德的批判性解读为他的技术理性批判的"思维和精神层次拓展"奠定新的方向——生命哲学——至今仍旧有重要的意义。

对马尔库塞来说，如果说人的批判理性的潜能在 20 世纪 40 年代受到了技术理性的侵蚀，那么到 20 世纪 60 年代，作为形成思想与行为场所的人的活生生的感性生命也已经被侵蚀。所以，《从本体论到技术》[①] 一文给出了一个生命政治的领域，在其中，技术理性进一步把发达工业社会结构中生命的感性、交往性以及社会性都纳入进来："文明的进步靠的是就是从根本上修改人类的'本性'。如此依赖，个体将压抑变成了他们的筹划与事业（超我、负罪感等）。他们的本能本身受到了压抑，而这构成了维持政治与社会压抑的生理及心理基础。本能的社会重组在多大程度上压抑着自发性、爱欲等。破坏与死亡的本能就在多大程度上压抑着自发性、爱欲等，破坏与死亡的本能就在多大程度上变得更为强大。这些本能一旦有了攻击性，就会多多少少变得可控、可用，就会变成文明进步的内在动力。因此，文明的进步是一个双重过程，它辩证地介入了生理、心理领域和政治经济领域；二者相互支撑，彼此强化。"[②] 从这个角度看，马尔库塞

---

① "From Ontology to Technology", Douglas Kellner ed. , *Philosophy*, *Psychoanalysis and Emancipation*, London and New York：Routledge Press, 1961.

② 《马尔库塞文集（六卷本）》（第 5 卷），人民出版社 2020 年版，第 90 页。

对弗洛伊德精神分析的重新诠释具有更为明确的政治意蕴。

另外，马尔库塞早在福柯之前就已经从理论上对发达工业社会中个体的处境和生命权力进行了历史诠释。尽管他们的研究方法有巨大的分歧，而且在控制与操纵人类主体性的历史根源方面也没有太大共识，但关于人的生命为何会逐渐堕入技术理性的牢笼，为何为越来越受制于规训技术与操控技术，马尔库塞与福柯有一定的共识和交集。对于马尔库塞来说，人的欲望、乐趣、焦虑等本能驱力向个体日常生活的转移已成了通过在单向度极权主义社会的消费主义陷阱和媒介工业实现了全面的资本逻辑植入，技术资本主义通过操纵个人的欲望与恐惧给个体的本能机制套上了命运的枷锁，人的满足感、人的成就感、获得感、对自己生命重量的体会和领悟已经被彻底束缚在肉体的占有、获得商品与购买的能力方面。一种基于消费的控制俨然成了新的意识形态，技术理性已经成为意识形态本体论，这是马尔库塞对技术时代的人类学透视。比较于福柯，马尔库塞曾对生命政治有更为经典的表述："对需求的系统管控使人类的深层次心理结构转而与人性的解放形成了对抗。因此，在这种情况下，不能再将新的自由人的出现看作是制度转变的结果：确切地说，它的转变更可能带来你死我活的竞争。这里预设了人类有一个不同的深层次的心理结构：它的转变攸关生死，在生物意义上也是必然的。"① 鉴于资本主义这一历史性"成就"，个体的命运、人类解放的风险和难度比起马克思生活的年代已经大大增加了。

根据马尔库塞，当下的资本主义制度在他看来是违背人性的，反人性的，这种反人性这让人不得不联想到边沁的"圆形监狱"——一种完全违背人性的操控和控制的空间，也是资本主义所谓的"文明发展"进程中"最骇人听闻"的成就。应该说马尔库塞借助弗洛伊德的精神分析获得了一套全新的历史唯物主义概念和话语体系，一套描述精神器官和身体器官异化的术语，用来为发达工业社会中的反人性的人类支配"望闻问切"。马尔库塞的生命政治理论在他著名的《单向度的人》所描绘的技术社会的"极权主义"中得到深刻的体现。马尔库塞关于技术理性的社会政治影响的研究中的生命政治维度是20世纪60年代他的大多数作品的主题，其中

----

① 《马尔库塞文集（六卷本）》（第2卷），人民出版社2019年版，第92页。

包含着他对现实的关切和对现代人的命运的同情。后期，为了使个体与社会从资本主义社会一系列压抑的支配形式中解放出来，马尔库塞试图在人类有机体内部建立内在的解放基础，在《论解放》中，马尔库塞创造和建构了与单向度社会相对立的新的生命形式，提供了一个为他独特的生态社会主义建立新的"生物学基础"的方案。正如凯尔纳所说："马尔库塞在拒绝生命政治的制约——单向度的社会要求个体接受该制约——的新的生活实践那里发现了从以重构发达工业社会的个体为旨归的筹划中浮现出来的新的革命主体的潜能。"① 在不断变化的社会政治斗争中，学生运动、工人运动、黑人平权运动、女权主义运动、反战运动，特别是 60 年代轰轰烈烈的环境运动中，马尔库塞发现了拒绝全面管制的社会的生命权力并因此改造人的主体性的轨迹。因此，对马尔库塞来说，只能从当下的社会机构中重新夺回生命的积极维度，以采取"大拒绝"的方式来完成自我革命和社会革命。

五 社会批判思想在 1960 年代

20 世纪 60 年代，马尔库塞成了史无前例的新左派领袖。无论是作为马克思主义哲学家，还是作为法兰克福学派的一员，他早期的社会批判思想以及《爱欲与文明》中对当下资本主义的批判、对未来社会的渴望和对一场轰轰烈烈的反主流文化运动的不可思议的预见终于迎来了理论和现实的印证。1964 年《单向度的人》的影响力在某种程度上可以与马克思的《共产党宣言》相比较。那时候，这位来自德国的白发苍苍的避难者瞬间站在政治舞台的"中心"，在各种狂热的追捧中走上了一条不平凡的人生道路，成了反主流的英雄和新左派的捍卫者。从今天的角度看，20 世纪60 年代是马尔库塞在新左派理论②和政治实践中的一次"冒险"，他早期在《爱欲与文明》中所描述过的"解放"在《单向度的人》得到了纲领性阐发，从 20 世纪 60 年代中期到 70 年代早期，马尔库塞主要致力于将理论重新政治化，并将他的大部分工作都集中在政治运动中。他在欧洲和美

---

① 《马尔库塞文集（六卷本）》（第 2 卷），人民出版社 2019 年版，第 93 页。
② 关于马尔库塞与新左派之间的关系，参见《马尔库塞文集（六卷本）》（第 5 卷），人民出版社 2020 年版，第 5 页。

国四处游历，在不同的会议上发表各种关于解放和革命的演讲，支持当时的激进对抗活动。他写作、教学所提出的"新感性""新科学""新艺术"，在左派的激进运动中探寻着希望的可能道路。马尔库塞在《单向度的人》中指出，资本主义社会的工业工人阶级革命潜能正在急速衰退，新的社会控制形式正在形成。与正统马克思主义依旧将革命主体固守在工人阶级身上不同，马尔库塞的革命主体可以扩张为一种统一战线，将少数种族、局外人、激进的知识分子等包括在其中。这本著作随后遭到了正统马克思主义者以及各种政治和理论信仰的理论家的严厉批判。

在 20 世纪 60 年代中期，也就是《单向度的人》发表前后，马尔库塞社会批判思想最大的特色依旧是通过对技术理性的分析和科技意识形态的批判来揭示"悖论性贫困"的"新症状"。对于当时的海德格尔主义者、韦伯主义者以及其他人来说，技术、技术理性和政治制度是社会支配的主要力量。相比之下，马尔库塞则对这些路径作了综合，形成了一种多维的辩证的分析模式，进而揭示了新式极权主义社会秩序中的支配与反抗的各个方面。马尔库塞认为，尽管资本主义在组织结构上发生了变化，但是，经典马克思主义所理解的资本与劳动的对抗仍然存在，只是形式发生了变化，因此需要在变化了的历史条件性补充和拓展。马尔库塞与马克思一样，始终在辩证的立场来看待资本主义社会为何会导致生产与破坏的统一，即创造财富的方式总是会带来制度性的贫困、战争和暴力。对马尔库塞来说，当时的资本主义已经发展到一个新的阶段，因而拥有可以减轻贫穷与痛苦的财富、科学、技术、工业，但却把生产工具用到了强化支配、暴力和不公平上。1962 年发表的《技术社会中的社会变迁问题》[①] 和 1965 年发表的《工业社会对社会变迁的遏制》[②]，都集中而深刻地对"发达工业社会"作了精彩的分析。不同于霍克海默和阿多诺对社会变迁和政治实践的不感兴趣，马尔库塞对社会变迁保持高度的兴趣，并持续不断地补充自己的社会批判思想。在 1966 年发表的《伟大社会中的个人》[③] 中，马尔库塞甚至对美国总统约翰逊的"伟大社会"构想中的意识形态矫饰作了深

---

① 《马尔库塞文集（六卷本）》（第 2 卷），人民出版社 2019 年版，第 43—66 页。
② 《马尔库塞文集（六卷本）》（第 2 卷），人民出版社 2019 年版，第 95—107 页。
③ 《马尔库塞文集（六卷本）》（第 2 卷），人民出版社 2019 年版，第 68—92 页。

刻的批判，揭露了他如何通过这种意识形态迷雾来推进美国对越南的介入，并继而对个人在当代世界中的命运作了犀利的分析。20世纪60年代后期的马尔库塞似乎变得极为乐观，他当时积极地参加各种演讲、采访、文章，这些观点在他的《论解放》①中得到了全面凝练和总结。当年《论解放》出版时，它被人们满腔热情地解读成了对总体性革命的肯定；不仅令当时的激进学生们兴奋不已，也震撼了学术界。②

　　到20世纪70年代，马尔库塞开始结合时事倡导独特的"统一战线"策略和"突破体制的持久战争"。此时的马尔库塞变得愿意接受各式各样的社会运动，并投身于当时轰轰烈烈的生态运动、女权主义运动中，拓展他的社会批判思想，与此同时，他也不断地批判正统的马克思列宁主义的革命和社会主义观念③，马尔库塞的社会批判理论与当时的政治形势极其合拍。自20世纪70年代开始，马尔库塞开始根据现实调整并拓展自己的社会批判，探索哲学与政治分析的有效结合，从"文化革命"到"价值革命"④，积极寻找激进的"新感性"的革命主体，并将社会批判的领域拓展到生态领域，把生态当成了社会批判理论的新的重心，指出"粗暴地冒犯地球是反革命的一个重要方面"。

六　生态与革命：20世纪70年代马尔库塞的自然革命道路

　　第二次世界大战之后的资本主义及其主导的全球化陷入了经济、政治、文化的整体性危机，到1960年代，环境主义运动与女权主义运动、

---

　　①　根据凯尔纳对马尔库塞档案馆中的信件考察，从整个1968年到《论解放》出版前不久，它就一直被叫作《超越单向度的人》（*Beyond One-Dimensional Man*）［《马尔库塞文集（六卷本）》（第2卷），人民出版社2019年版，第126—136页］，而这意味着从1964年到20世纪60年代末马尔库塞的作品发生了转变。这是一部很有争议的作品，体现了20世纪60年代革命的乌托邦主义的氛围。

　　②　在马尔库塞的档案馆中，凯尔纳曾发现了一些完稿的文章，这些稿件大致完稿于1970年前后，凯尔纳将这些文稿整理并拟定了一个标题《文化革命》。该文延续了《论解放》的革命乐观主义，但比起《论解放》显得更为谨慎，文本就新左派、反主流文化运动、激进的反对力量作了极为微妙的评价。同时还强调了制度与反对派的力量的"客观矛盾"，也就是说，它们既有肯定性，又有否定性。此外，他还概述了他的"新感性"概念，从而使理性与感官在一个对抗性的主体性中联合起来。

　　③　《马尔库塞文集（六卷本）》（第5卷），人民出版社2020年版，第15页。

　　④　《马尔库塞文集（六卷本）》（第2卷），人民出版社2019年版，第226—234页。

印第安人运动、黑人平权运动、学生运动等交叠起伏；与此同时，生存危机、信仰危机，以及由于农业工业化造成的环境污染和对大自然的过度开发造成的"自然资源极限"在《寂静的春天》①得到了集中的表达，并进一步被升华为社会性的环境保护运动，试图影响社会现实的变革②。与此同时，资本主义在"金融""信用"孵育的"生态资本主义"绿色伪装下借助于新科技革命成功"洗绿"，不仅重新调了针对人和自然的财富积累策略，还将意识形态话语转向了"生态"维度，实现了从"荒野——无节制开发自然资源"视角的古典政治经济学自然叙事转向"自然银行——以购买方式保护地球"的新自由主义叙事，从外部掠夺转向内部控制，实现了"生态资本主义"的"形象定位"。到20世纪七八十年代，当马尔库塞将社会批判的思想武器扩大到生态维度时，摆在他面前的是不仅是现实危机，更是深刻的理论危机，理论层面表现在：①在施密特的《马克思的自然概念》奠定的西方马克思主义对生态问题的回应模式主导下，马克思主义丧失了在环境运动和环境问题上的回应能力，陷入了"中立""空场""缺位"甚至"失语"的恶劣处境③；②基于新科技革命转型后的"生态资本主义"对环境运动的理论和实践的吸纳和兼容，造成了60年代轰轰烈烈的环境运动止步于"解释世界"的维度，到80年代最终以失败告终。现实层面的危机主要表现在：①日益恶化的经济表现的世界性蔓延；②70年代可持续发展观及其政治实践因无法挣脱"生态资本主义自然观"叙事结构而陷入想象力匮乏和实践上的惰性和惯性。④在理论和现实困境交织的希望和绝望之间，马尔库塞敏锐地发现了"生态对于革命"的重要性，结合早期社会批判思想所关注的"革命对于生态的重要性"，将社会批判理论扩大到生态环境问题，在生态与革命的综合视角下，展开了独特的生

---

① 美国海洋生物学家蕾切尔·卡逊（Rachel Carson）的《寂静的春天》（*Silent Spring*）被公认为西方现代环境保护的开山之作，促使了美国环境保护总署的成立，后来也被誉为"环保运动之母"。

② Edward P. Morgan, *What Really Happened to the* 1960*s*：*How Mass Media Culture Failed American Democracy*, Univ. Press of Kansas, 2011.

③ John Bellamy Foster and Brett Clark, "Marx's Ecology and the Left", *Monthly Review*, Vol. 68, No. 2, 2016.

④ 在系统水平上改变现有的人类—生态关系方面似乎几乎没有任何进展，详见 Robert Perey, *Ecological Imaginaries*：*Organising Sustainability*, Sydney：University of Technology, June 2013, p. 4。

态解放理论研究。

　　与当时占据马克思主义自然观话语权威地位的施密特"自然概念"①不同，马尔库塞在变化了的历史境遇中超越了"人类与自然二分法"，重新阐发了马克思的历史唯物主义自然概念，继承马克思《1844 年经济学哲学手稿》中提出的"同一门科学"② 对古典政治经济学、实证主义科学体系和知识结构作为异化的世界观与资本逻辑的内在勾连的揭露，马尔库塞的"自然概念"从理论和实践层面介入到资本主义和社会主义的"自然意义之争"③，进一步揭穿了新自由主义基于"生态或环境危机"重组后导致危机加剧的"资本本相"，批判了"生态资本主义"意识形态本质，坚守马克思主义阵地，批判地继承了卢卡奇、席勒、海德格尔、弗洛伊德的思想精华，捍卫了马克思主义在生态和环境危机上的话语权力，突破了存在主义的空洞反思和法兰克福学派自然观的"自我限制"，提供了一种彻底的、指向未来的生态文明话语，成为直面全球性生态危机、突破自由主义意识形态话语"荒野"视角和"人类"视角、探寻现代文明整体出路的"思想宝库"。

　　对马尔库塞来说，资本主义的生产力和自然之间存在着矛盾，资本主义无论是经济积累模式还是意识形态话语模式都是反生态的。资本主义的生产表现为一种破坏生命和污染自然的攻击性与破坏性能量的释放。在这个过程中，人类变成了劳动工具，成了破坏性的工具。一旦资本主义的攻击性、竞争性和破坏性的冲动内化，人们就会对自然环境以及一切妨碍资本主义对资源、人力和市场的有效开发的东西进行更加致命的破坏。在这

---

　　①　尼尔·史密斯（1984）认为施密特的著作是早期马克思主义在环境问题和自然观方面的"权威研究"自然观。

　　②　马克思在《1844 年经济学哲学手稿》中提出的"同一门科学"思想在《德意志意识形态》中得到更为明确的表述——历史科学。

　　③　一直纠缠于现代文明的资本主义和社会主义在自然意义上的争论，不仅表现在政治经济学层面，还表现在文化、意识形态等多个维度，一直延续至今，从恩格斯的《自然辩证法》、施密特的《马克思的自然概念》开始。后期的著作有："反对自然"（S. Vogel, *Against Nature：The Concept of Nature in Critical Theory*, 1996）、"控制自然"（William Leiss, *The Domination of Nature*, 1972）、"重塑自然"（G. Sessions, *Reinventing Nature，The End of Wilderness？A Response to William Cronon's Uncommon Ground*, 1996）、"异化与自然"（Andrew William Biro, *Denaturalizing Ecological Politics："Alienation from Nature" from Rousseau to Marcuse*, 2000）、"自然的报复"（C. Fred Alfred, *Science and the Revenge of Nature：Marcuse & Habermas*, 1985）等。

个时期的作品中，马尔库塞将美国发动的针对越南人们的战争认作"生态灭绝"行动，展开了资本主义的整体性宣战。此时的马尔库塞显然已经变得温和了，尽管他始终坚持激进地批判资本主义和社会主义社会，坚持他的解放理想。但马尔库塞始终遵循法兰克福学派的观点，即强调与自然和谐相处是人类解放的重要组成部分，不但如此，他还突出强调了人类的和平与和谐的重要性，并把它们看成是自由社会的目标。马尔库塞一直憧憬着一个审美的新世界，在那里和平、快乐、幸福、自由与自然和谐地融为一体。对破坏环境与对摧残人类的无情批判和对美好生活的期盼和探索是马尔库塞激进马克思主义生态解放理论的核心部分，至今都有深刻的理论意义。

第三章　马尔库塞社会批判
思想的基本内容

　　19 世纪 30 年代，黑格尔曾遥望莱茵河彼岸的现代文明，思考着如何才能摆脱现代性固有的"悖论性贫困"之恶，在德国开出一种指向自由和幸福的文明范式。19 世纪 40 年代，马克思同样带着强烈的德国问题意识，审视着现代性，阐明了资本和现代形而上学如何实现"共谋"，引致"悖论性贫困"的愈演愈烈。20 世纪 30 年代，接续黑格尔和马克思，马尔库塞的社会批判思想在变化了的历史时期，继续黑格尔和马克思所提出的"悖论性贫困"，继续审视现代文明在资本逻辑中展开所引发的罪恶。作为一种清醒的理性自觉，马尔库塞的社会批判思想既保持哲学批判和解放的理论高度，又要推动使自身得以实现的社会实践，是对马克思开创的理论与实践相统一的道路的捍卫和坚守。本章将从论述马尔库塞社会批判思想的黑格尔和马克思渊源展开论述。

第一节　"悖论性贫困"及其救赎

　　对于马克思，黑格尔哲学思想的重要性在于其为理解现代性的"悖论性贫困"问题，特别是为理解"现代形而上学"的本质和话语体系提供了一个明晰的框架。在黑格尔这里，现代人并不是步入自由、理性的世俗天堂，而是堕入流动性、偶然性和任意性的悲惨境地。黑格尔揭露了英国古典政治经济学才是"现代形而上学"神话话语体系的总根基，而政治领域的社会契约论、人民主权说、经济领域的自由市场规律、哲学领域的启蒙话语包括科学领域的认识论体系都是其话语分支。基于对亚当·斯密"市场社会"本质的揭露，黑格尔指明市民社会本质的非伦理性，所谓的"随着庞大的物质财富的不断积累，将会消除贫困和不公正"是永远不会兑现的谎言，真正到来的是物质和精神共同的腐败，以及欲望的无限蔓延。更为严重的是，这些无限或"无限"形式的特殊性不归于自己，因而无法实现自我闭合，而是扩展到"虚假的无限"。黑格尔将"市场社会"还原为"市民社会"，并指出市民社会中人与人之间是工具理性关系，最终必然会导致道德共识的缺失，只有通过伦理国家的强制干预才能达成共识、恢复和谐。

马克思高度认同黑格尔对现代性的全面展开必然会导致文明堕入的"悖论性贫困"绝境的判断。在历史唯物主义的辩证维度，马克思这样写道："资产阶级在它已经取得了统治的地方把一切封建的、宗法的和田园诗般的关系都破坏了。它无情地斩断了把人们束缚于天然尊长的形形色色的封建羁绊，它使人和人之间除了赤裸裸的利害关系，除了冷酷无情的现金交易，就再也没有任何别的联系了。它把宗教虔诚、骑士热忱、小市民伤感这些情感的神圣发作，淹没在利己主义打算的冰水之中。它把人的尊严变成了交换价值，用一种没有良心的贸易自由代替了无数特许的和自力挣得的自由。总而言之，它用公开的、无耻的、直接的、露骨的剥削代替了由宗教幻想和政治幻想掩盖着的剥削。资产阶级抹去了一切向来受人尊崇和令人敬畏的职业的神圣光环。它把医生、律师、教士、诗人和学者变成了它出钱招雇的雇佣劳动者。资产阶级撕下了罩在家庭关系上的温情脉脉的面纱，把这种关系变成了纯粹的金钱关系。"① 基于上述可见，在与现代性伴随的"悖论性贫困"问题上，尽管马克思与黑格尔都关注生产性贫困和非生产性贫困问题，但侧重点不同。黑格尔将关注的重点集中非生产性的贫困产生的根源及其社会危害性，因此，他专门论述了因无法加入劳动而被甩出圈外的贱民及其社会危害性问题，并说明市民社会自身无法解决这个悖论，必须要由其异质性的伦理国家干预才能恢复伦理共同体②。可见，黑格尔虽然对支撑现代性的现代形而上学有透彻的认识，但对现代性的另一个重大的现实支柱——资本的本性却没有展开批判，这导致其批

---

① 马克思恩格斯：《马克思恩格斯文集》（第 2 卷），人民出版社 2019 年版，第 33—34 页。

② Peter G Stillman, "Scarcity, Sufficiency and Abundance: Hegel and Marx on Material Needs and Satisfactions", *International Political Science Review*, 1983, pp. 295 – 310.

判哲学最后由于不彻底性而沦为现代形而上学完成形式。马克思经由黑格尔对现代形而上学本质有了透彻的认识，并在历史唯物主义的基础上，将其与资本的内在勾连揭示出来，进而对二者"共谋"所引发的"悖论性贫困"问题展开分析。

　　黑格尔对马尔库塞的影响最明显的方面在于他对"贫困"问题的独特理解，因为马尔库塞看到的就是它的升级版本。黑格尔曾认为，贫困就其客观方面而言，可能由于任何"偶然的、自然界的、和外部关系中的各种情况"产生，而就其主观方面则是由于"一切种类的匮乏"。① 这里提到的"匮乏"对于黑格尔显然"不是一个生理性的概念"，黑格尔拒绝了当时流行的一些自然法学家和空想社会主义者们提出的"禁欲主义"的"生理上的最小限度"的虚假预设，指出："社会状况趋向于需要、手段和享受的无穷尽的殊多化和细致化。这一过程如同自然需要与高尚需要之间的差别一样，是没有质的界限的。这就产生了奢侈。在同一过程中，依赖性和贫困也无限增长。"② 而且这是对流动性和偶然性无法成为必然性和确定性的一种状态，或者说是一种"害怕匮乏"的焦虑。可见，黑格尔的匮乏不是指经济的赤贫，因为在经济水平极度发达的状态下，只要人们迷失在流动性和偶然性的消费陷阱中无法自拔，就都是匮乏的表现。这对马尔库塞来说有很深刻的启发。马尔库塞深处被资本逻辑全面控制的消费主义时代，也目睹了那些堕落于消费主义欲望中的人们，他们俨然堕落为黑格尔所厌弃的寄生性的"贱民"。在黑格尔看来，"恶的无限"以殊多化的穷尽扩张为其特征，这种对无限欲望的渴求导致了贫困的产生，因而"匮乏和贫困也是没有尺度的"。③ 对于黑格尔来说，贫困和匮乏的反面并不是物质的充足；而是欲望的无限性。这种无限的欲望一方面来自作为资本主义精神内核之一的对抽象平等的需要；另一方面则来自"特殊性用某种突出标志肯定自己"的需要，这两种需要共同构成了需要殊多化和扩张的现实源泉。市民社会作为特殊性的领域，其扩张倾向是"没有节制的，没有尺度的，而这种无节制所采取的诸形式本身也是没有尺度，个人通过表象和

---

① ［德］黑格尔：《法哲学原理》，范扬、张企泰译，商务印书馆2013年版，第243页。
② ［德］黑格尔：《法哲学原理》，范扬、张企泰译，商务印书馆2013年版，第208页。
③ ［德］黑格尔：《法哲学原理》，范扬、张企泰译，商务印书馆2013年版，第200页。

反思扩张他的情欲，这些情欲并不是一个封闭的圈子，像是动物的本能那样把情欲导入恶的无限"①。黑格尔还看到，荒淫与贫困同根同源，因此，如何解决作为"贱民"产生根源的贫困问题，"是推动现代社会并使它感到苦恼的一个重要问题"②。马尔库塞似乎目睹了黑格尔所预料到的一切：一个全面异化的世界，被极端的贫富分化和极度的自我异化所裹挟。

若依柏拉图的"洞穴假象"隐喻，对现代文明进行批判，黑格尔无疑是洞中之人，或许正是因为深陷洞中，才会没有人比他更了解这个洞穴的本质，可惜，局限于当时的时代背景和历史境遇，黑格尔并没有在现代性的展开进程中辨认出资本的本性，因此，他对现代性的批判也就仅仅在对现代形而上学神话中展开，并寄希望于一个异质性的"伦理国家"来实现最后的救赎。实际上，黑格尔之后，各种形形色色的社会主义者们对现代性的批判都几乎堕入同样的境地。他们要么着眼于批判现代形而上学的某个层面，要么激烈批判资本逻辑，最终都沦落到"解释"世界的一部分。马克思的历史唯物主义最伟大之处就在于对现代性的双重支柱——资本和现代形而上学展开批判，揭露它们的界限，并积极引导革命。

今天的资本主义依旧在追求利润的基础上，与现代形而上学共谋，自我续命，引发了黑格尔预料中的更大灾难"社会的撕裂和共同体的瓦解"，当然，与之相伴的还有世界范围内的生态危机。如何重启希望是马尔库塞社会批判思想的历史使命。

一　黑格尔的贫困理论对马尔库塞认清单向度社会的启示

黑格尔在《法哲学原理》的"市民社会"部分充分讨论了悖论性贫困已有的和可能的解决方案，并通过推理论证说明了为什么每种解决方案都不充分。③ 例如，在他看来，为穷人捐款或者提供公共服务是有问题的，因为这种方式让穷人直接获得生计救助，而不是通过他们的劳动或工作，完全违反了公民社会的自由原则以及个人成员的独立性和自尊，可能会培养出寄生性的"贱民"。那么，如果不是直接给钱和服务，提供工作给穷

---

① ［德］黑格尔：《法哲学原理》，范扬、张企泰译，商务印书馆 2013 年版，第 207 页。
② ［德］黑格尔：《法哲学原理》，范扬、张企泰译，商务印书馆 2013 年版，第 245 页。
③ Robert Fatton Jr., "Hegel and the Riddle of Poverty: The Limits of Bourgeois Political Economy", *History of Political Economy*, Duke University Press, Vol. 18, No. 4, 1986, pp. 579 – 600.

人是否可以？黑格尔给出的答案依旧是否定的。在他看来，给穷人提供工作只会使问题变得更糟，因为"悖论性贫困"的起源正是源自生产的相对过剩，因此，提供给穷人工作后，会造成生产量的快速增加，由于穷人的消费并不同步增加，因此反而会加重经济危机。如果说，提供工作并不是解决问题的方法，又不能直接经济给予，也不能放纵贫困和贱民危害理性主义自由体系，那么，问题该如何解决呢？黑格尔说，资本主义只有一种扩大灾难的"饮鸩止渴"药方，那就是追求殖民化，扩大市场，随着市场的增长，贫困将会在更大范围蔓延。最后，没有足够的新土地可以解决问题，反而会引发全球范围内的贫困。这是黑格尔首次对我们现在称为福利国家的福利制度和金融资本驱逐产业资本向全世界扩张进行的批判。① 我们今天身处切肤之痛的全球生态危机，正是资本之恶全球化扩张的后果。最后，黑格尔提出了"同业公会"的救赎方法，在他看来，同业工会有助于将普遍性和特殊性结合在一起，因为它们为特定的个体提供了阶级或群体意识，可以避免将穷人迫害至"贱民"。不过，工会和公司由于是局部范围内解决问题，因此，个人仍然没有"整体规范秩序的个人认同感"。揭露了各种手段的局限性后，黑格尔提出了他的伦理国家救赎方案。不得不承认黑格尔正确地看到市场的功能失调方面需要国家干预才能纠正它们，这种国家干预的程度需要比自由资本主义社会所允许的更为普遍。对于黑格尔而言，伦理国家必须与自由资本主义政权不同，因为它维护个人对集体的权利，作为一政治生活的有机体，不仅是保障个人权利的工具，同时亦有其精神力量。但是，这种精神力量并非以宗教式的直观与情感为基础，而是透过政治制度中的精神加以展现，而政治制度精神的展现，就是将国家视为伦理生活的有机体。国家不仅消极地保障个人法律上的权利，也更积极地调整自由经济体系运作所造成的缺失，让个人在一定的经济条件下得到自尊与自由。

　　基于上述，黑格尔的伦理国家与现实中的资本主义国家是有本质区别的，后者完全依附于市民社会，而前者则是超越市民社会的，他所提出的伦理国家没有放弃自由，但实际上是第一次在那里建立自由；伦理国家并

---

　　① Vieweg K. , "The End of Capitalism and its Future：Hegel as Founder of the Concept of a Welfare State", *Filozofijai Drustvo*, Vol. 28, No. 3, 2017, p. 495.

没有远离公民社会，而是通过克服自由市场和市民社会的缺陷——贫困和异化——来逐步实现自由的。然而，正如卢梭曾警示的那样，在涉及国家时还存在另一个更为危险的悖论："政治自由要求通过国家的工具部分共同生活……但任何强大到足以公开的国家目标的所谓自由可能都会冒着专制或技术专制滥用政治权力的风险。"黑格尔后来之所以深陷法西斯主义也正是源于此。这些在马尔库塞不遗余力地批判法西斯主义、美国极权主义、苏联模式中可见一斑。

从表面看，黑格尔的伦理国家理论似乎是为国家干预市民社会提供了一定的理论借鉴，"二战"后的现代福利国家或者说发达工业社会都基于国家对市民社会的干预而实现自我续命，可是，现实中，那些"享受福利"的人们在获得援助时，必然会遭到进一步羞辱和蔑视，彻底堕入劣势的关系与状态中，成为丧失了自由、自尊的人。由于无法实现相互承认，最终导致伦理共识的彻底丧失。当下，这个问题已经引起了思想界的普遍关注，南希·弗雷泽①就曾试图将"再分配政治"与"承认政治"结合起来，指出：尽管"有针对性"的公共援助方法旨在纠正经济上的不公正，但它仍然保留了导致阶级劣势的深层结构，结果是将最弱势群体标记为内在缺乏和永不满足，因为总是需要得越来越多，因此，旨在纠正分配不公正的方法最终会造成不公正的承认。后来，为了回应这个问题，南希·弗雷泽提出了一种更具"变革性"的减贫方法：以普遍主义的方式施展权利，从而既减少不平等，又没有造成贫穷者的污蔑，比如，他特别提到普遍基本收入政策，政府无条件地保障所有公民的基本收入。这个政策可以为以前因贫困而被迫疏远职业的个人提供机会，同时避免以福利政策经常做的方式使受助者蒙羞。如果补助金水平设定得足够高，基本收入将改变资本与劳动力之间的权力平衡，从而创造一个更有利的形势。从某种程度上说，普遍的基本收入似乎是国家对市民社会贫困问题的扬弃的一种有前途的方法，如果得到实施，将对贫困产生重大影响。由于其普遍性，该政策将平等对待公民社会中的每个人，从而可以通过侮辱他们并剥夺他们独立和自尊的机会来避免在穷人中产生怨恨，使市民社会更加适应个人通过

---

① Fraser I, "Speculations on Poverty in Hegel's Philosophy of Right", *The European Legacy*, Vol. 1, No. 7, 1996, pp. 2055 – 2068.

工作使自己客观化的能力。当然，并不是说普遍的基本收入能够一劳永逸地解决贫困问题，或者说政策不会产生需要自己解决的自身缺陷。

基于上述，黑格尔对于"悖论性贫困"的揭示，包括对"悖论性贫困"最终必然导致的"极致的自我异化和极端的贫富分化"的论述在于警示当时的市场主义内在的危害性和伦理国家在解决贱民问题上的重要性。马尔库塞在"二战"后则是目睹了这种贱民的危害性，或者说是"平庸之恶"的危害性。法兰克福学派们所分析的滋生并纵容"法西斯主义"的人格和心理因素可以在黑格尔对贱民的论述中找到理论的根基。克拉克·巴特勒在"The Coming World Welfare State Which Hegel Could Not See"① 中曾设法通过使用黑格尔辩证方法，论证世界福利的到来和国家作为当前化解矛盾、建立世界秩序、展开世界自由贸易的必要解决方案的可行性，从而拓展黑格尔"悖论性贫困"的当代意义。其实马尔库塞所揭示的整个令人窒息的单向度世界正是黑格尔国家理论的当代显现，更准确地说，马尔库塞所继承和阐发的单向度思想，其内涵正是那种可怕的、令人绝望的匮乏和迷失于虚假无限后的焦虑。

黑格尔的"匮乏"概念不仅影响到海德格尔，也影响了马尔库塞和萨特。海德格尔从"此在的沉沦"讨论到匮乏问题，类似于宗教中的不可救赎的原罪，海德格尔将沉沦和匮乏的根基归因到人性内在的先天结构中，封闭了解放的内在可能性。根据海德格尔，这种强迫性的遮蔽是被实际性的生活本身的匮乏（Darbung）所要求的，导致了主体性隐退型异化。② "由于人的现实生活被世界全面卷入，人的生活会产生一种匮乏感——"实际生活中总缺少点什么，到底缺少什么，却又无从知晓……"③ 海德格尔认为，正是客观世界的驾驭性使人"匮乏"。接续海德格尔对异化和匮乏的探讨，晚年的萨特认真思考了"什么造成了异化？"得出的最终答案是："匮乏产生了异化，同时异化又反过来加剧匮乏。"马尔库塞的单向度

① Butler C. , "The Coming World Welfare State Which Hegel Could Not See", *Hegel & Global Justice*, January 2012, p. 155.

② Hermann Schmitz, *Der Weg Der Europischen Philosophie*, Freiburg：Verlag Karl Alber, 2007, p. 721.

③ Hermann Schmitz, *Der Weg Der Europischen Philosophie*, Freiburg：Verlag Karl Alber, 2007, p. 725.

社会批判思想与海德格尔的匮乏思想之间有明显的继承关系，而与萨特的匮乏思想刚好相反。马尔库塞认为，是异化催生了匮乏，而不是匮乏产生了异化。因此，在现实中，贫困、异化和匮乏不仅是一个哲学问题，更是一个经济问题、政治问题、正义问题。

根据黑格尔、马克思和马尔库塞，"西方"在某种程度上是通过政治经济学的学科来建构自己的。政治经济学作为理论和实践，是通过西方对富裕、现代和文明的自我理想化而产生的。这种理想化使"西方"文明的宠儿——"欧洲白男人"占据了对其反面——"被殖民地的有色人种，落后而野蛮"——意识形态话语中的优越性和主导性，并将其驱逐到"愚昧"和"贫困"的、需要诅咒和唾弃的黑暗之地。亚当·斯密曾解释了人类恶意的持续存在对现代市场社会所承诺的成就是必要的，他对贫困人口的铁石心肠与马尔萨斯几乎如出一辙，甚至在黑格尔这里，我们还能委婉地感受到它。黑格尔曾真诚地坚信现代性的有害一面终有一天也会被纳入历史，随着个性和自由文化的进步，财富的伤口既以种族屠杀、奴役、沉没的最鲜明的形式表现出来，又随着现代进步的需要而被免除。不同于黑格尔，马克思强有力地援引了暴力，并为现代进步提供了必要的外动力。对于马尔库塞来说，他在当今的时代见证了黑格尔贫困理论内在的理论力量，目睹了黑格尔笔下"贱民"的危害性，体会到了法西斯主义和各种极权主义的恐怖，深知马克思对激进和解放力量的思想是何等的重要！资本主义固有的"悖论性贫困"该如何消除绝不仅是一个哲学理论问题，更是一个需要在全球范围内面对和解决的现实问题。

二 马克思的异化理论对"悖论性贫困"之恶的揭露

马克思对马尔库塞的影响是深刻的，特别是马克思在《1844 年经济学哲学手稿》中对"唯心主义（主要是唯心史观）和实证主义"与"资本逻辑"内在勾连的论述。1932 年之后，马尔库塞的社会批判思想主要就集中在对二者的批判。通过对比马克思和马尔库塞对单向度世界图景的描述，我们可以清晰地看出马尔库塞清晰的马克思主义立场。

（一）唯心史观视域中的资本主义"单向度"世界图景

马克思认同黑格尔的贫困理论中对于流动性、偶然性和任意性所包含的创造力和破坏力，在马克思的历史唯物主义哲学视域中，"资本主义时代，社会分裂为两大敌对的阵营，形成两大相互直接对立的阶级：资产阶级和无产阶级"。必须强调的是，马克思在这里提到的资产阶级和无产阶级并不是指资本家和工人，而是指两个根本对立的、抽象的、动态变化的存在维度。也就是说，马克思并不是直观地描述当时的社会境况，而是通过在历史唯物主义视域对资本主义制度进行全方位剖析，而呈现出资本主义的两个对立向度：肯定性向度和否定性向度，而就当时的实际现状来看，否定性向度由于没有自己独立的话语，也没有独立的存在力量来源，因而依附于"肯定性向度"的力量，呈现出一幅"单向度的世界图景"。进一步说，否定性向度是基于历史唯物主义透视出来的，而不是一种直观的现实。

实证主义和历史唯心主义与资本逻辑的内在勾连，在亚当·斯密的"荒野—自然观"中构筑了现代性原则展开的话语体系。在对资本主义进行批判的过程中，马克思首先呈现出历史唯心主义洞穴中"单向度"的肯定性向度，表现为三个层面：首先，是积极肯定力量，包括三部分：资本、资本附属物、资本的逻辑；其次，是消极否定力量，在马克思看来，由于消极否定并没有超越资本主义的话语体系，因而它不过是对资本主义制度的消极"承认"，因此也是"肯定"维度，包括两个部分，第一，中间阶级及其代言的形形色色的"社会主义"，在《共产党宣言》中马克思指出其由于无法摆脱历史唯心主义视域，理论和实践局限于资本主义的事实而不是现实，因而是对现实世界的"消极承认"；第二，工人群众，在马克思共产主义思想之前，因无法超越资本主义制度的异化境况也没有独立于资本主义意识形态的话语体系，其存在和反抗不过是对资本主义制度的"消极肯定"。

"资本来到世间"是马克思对资本主义制度展开批判的现实切入点，马克思对资本使世界单向度化的分析首先是在《共产党宣言》中进行的，而对这种力量形成的分析是在《资本论》中完成的。在《共产党宣言》里马克思明确指出："在资产阶级社会里，资本具有独立性和个性，而活动着的个人却没有独立性和个性。"现代性在制度层面推演出的实际上是资本的统治，背后是资本的逻辑。资本将按照自己的面貌为自己创造出一个世界。在此，马克思说明了资本主义制度的一个根本问题："资本"已构成了资本主义社会中一切存在物的内在"本质"和"实体"；一切存在物都必须在资本面前证明其存在的"合法性"，否则就将失去其存在的价值和理由。

（二）资本主义制度的积极肯定力量

1. 关于资本

为了从本质层面解读资本主义制度的异化本质，马克思自 1843 开始研究政治经济学，用了 40 多年的时间对异化的产生、发展、灭亡的过程进行深入分析。囿于唯心史观，在马克思之前的政治经济学家那里，"资本被理解为物，而没有被理解为关系"①，他们把表现在物中的一定的社会生产关系当作这些物本身的物质自然属性，成了某种完全非历史的东西。"在他们眼中黑人一开始就是奴隶……以前是有历史的，现在再也没有历史了。"比如，亚当·斯密所开创的那种天真的、异想天开的"经济学家讲故事"的叙事方式正是这种思维最典型的代表，他深信货币交换与市场经济都深深地根植于人们与生俱来的"交换的偏好"，都是基于人性的本能。正是这种对历史的无知态度，把资本主义的兴起的那段"滴着血和肮脏的东西"的历史阐释为大国崛起的田园牧歌。在对政治经济学批判的过程中，马克思用自己的政治经济学话语——《资本论》重新解读资本，进而说明了异化的秘密所在。

2. 关于资本的附属物：政治国家、资本家

第一，资本主义政治国家。马克思系统对资本主义政治国家本质的观察、分析和揭露是 1843 年 10 月到达巴黎后开始的。在政治解放完成的巴黎，马克思发现人们过着天堂和地狱共存的生活，正是对这种天堂和地狱共存的生活图景的剖析中，马克思明确指出，资本主义政治国家"不过是资本主义私有制的代理机构"，是"管理整个资产阶级的共同事务的委员会"。

第二，资本家。马克思曾分两个层面专门论述过资本家的"异化"存在及其单向度的存在境况。首先，关于资本家的存在方式。在马克思看来，"资本家不过是资本这个社会机制的主动轮"。尽管资本家在异化劳动过程中是作为支配生产和劳动产品的人出现的，但在马克思眼中，资本家恰恰不是人而是"物"，是资本的人格化。资本家只有作为资本的人格化，才受到尊重，资本家的一切只是就那些通过他才有了意志和意识的资本的职能而论的，因此，他的私人消费，对他来说也就成为对其资本积累的掠夺，其致富的动机就不是使用价值和享受，而是交换价值和交换价值的增

---

① 马克思恩格斯：《马克思恩格斯全集》（第 46 卷），人民出版社 2003 年版。

值。其次，资本家的"原罪"。在马克思看来，资本主义私有制下，资本家和工人同样地表现了人的自我异化，不同的是，无产阶级在异化中感到自己是被消灭的，在面对"非人的生存的现实"时存在"无力感"；而资本家阶级则在其中获得了"虚幻的满足感"。在囿于唯心史观的古典经济学视域中，实现资本积累的真相是"资本家的节欲"，正所谓"勤劳提供物资，而节俭把它积累起来！"于是劳动过程的一切条件如数转化为资本家的节欲行为，或者说是"资本家掠夺自己的欲望"的行为。禁欲被看作那个时代市民的美德，至于资本家如何做到"节欲"甚至"禁欲"，便成为庸俗经学家严加看守的秘密。

实际上，正如马克思所揭示的，资本家在资本主义制度中的生存状况是"如履薄冰"的，他们"对自己个人命运的束手无策"，再加上资产阶级的阶级意识在形式上是适应经济意识的，是最高程度的无意识，即极度的"虚假意识"，所以他们根本无法自己逃出"洞穴"。对此，马克思这样论述道："使资产阶级的阶级意识成为虚假意识的界限是客观存在的，他就是阶级地位本身。他是社会经济结构的客观结果，决不是随意的、主观的或心理上的。"因此，资本家的阶级意识的辩证法就是不断地在"虚假的联系"和"可怕地撕破这种联系的现实"之间来回摆动。当资产阶级就在思想上被逼进了自觉反抗的境地，虚假意识中的辩证矛盾加剧了："虚假意识变成虚伪的意识。开始时只是客观存在的矛盾也变成主观的了；理论问题变成了一种道德立场，它决定性地影响着阶级在各种生活环境和生活问题上所取的实际立场。"① 在此，马克思明确否认了资本家具有自我突破意识形态和物化的能力，必然会陷入单向度的异化洞穴中。

（三）资本的逻辑——"抽象成为统治"

现代性的内在依据是现代形而上学，包含两个层面：主体理性、技术理性。马克思敏锐地发现了这两者之共同的"抽象化和形式化的本质"，以及二者具备的那种"夷平一切差别、消灭各种内容和本质的力量，并从而成为一种世界性的、普遍进取的扩张力量"。② "抽象成为统治"是马克思对资本主义制度罪恶的经典论述，而抽象成功统治世界的关键在于其让

---

① ［匈］卢卡奇：《历史与阶级意识》，商务印书馆1996年版，第123页。
② 吴晓明：《论马克思对现代性的双重批判》，《学术月刊》2006年第2期。

"资本"与"现代形而上学"成功联姻（即对资本抽象统治和现代形而上学以及二者的共谋的详细分析）①。

首先是主体理性。纵观西方现代哲学史，主体理性的任性和破坏性主要是从法国哲学家笛卡尔的二元论哲学开始彰显的，"我思"的力量无论从理论还是从现实层面都达到了彻底改造世界万物的地步，于是，世界历史便被看作主体理性不断进步的历史表征。到黑格尔，主体理性开始向全世界展开话语霸权的殖民运动。马克思继承和发展了黑格尔作为推动原则和创造原则的否定性的辩证法，将抽象的"概念"推进到资本主义制度的现实层面，解读了资产阶级社会"抽象成为统治"的实质。马克思已然洞悉到现代性的双重支柱：资本和现代形而上学，以及二者之间的内在勾连，在马克思看来，现代性的展开"不仅依赖于资本的无限扩张本性，而且依赖于这种扩张本性借以实现自身的谋取方式，即理性形而上学展开的对存在者的控制方案和统治形式"。揭示了："正是由于资本与形而上学'共谋'的这种双重的经纬，使得'抽象'成为一种现实性的力量：就像这种力量一方面来自资本之无止境的推动一样，它也来自现代形而上学之无止境的谋划。"② 马克思对主体理性所构建的意识形态话语体系的经典详细论述，是在《神圣家族》《德意志意识形态》《路易·波拿巴的雾月十八日》中逐步展开的；而对资本如何实现抽象统治的剖析，是在《资本论》中完成的。马克思指出，由于统治阶级的思想是占据统治地位的思想，因此，主体理性话语体系不仅是政治统治合法性的理论基础，也是人们获得自我认同和身份认同的话语体系。资本主义意识形态颠倒了现实与思想，人们在其中像是经历"梦境"。在意识形态批判过程中马克思发现：人们根本无法在这套虚伪的话语体系中"感觉到自己是人"，因而无法实现自我认同和身份认同。

其次是技术理性，表现为工具理性和实证主义。马克思对技术理性形而上学的批判是从资本所造成的现实的"二律背反"阐发的，他这样写道："在我们这个时代，每一种事物好像都包含有自己的反面……我们的一切发现和进步，似乎结果是使物质力量成为有智慧的生命，而人的生命

---

① 吴晓明：《论马克思对现代性的双重批判》，《学术月刊》2006 年第 2 期。
② 吴晓明：《论马克思对现代性的双重批判》，《学术月刊》2006 年第 2 期。

则化为愚钝的物质力量。"① 技术理性的发端与主体理性不同，它的倡导者不是笛卡尔，而是伽利略的数学范式的世界观——当自然科学的认识理想被运用于自然时，只是促进科学的进步；但是当它被运用于社会时，他就会成为资产阶级的思想武器，自然科学的技术理性逻辑致力于将时空中的一切对象纳入合理的计算之中，将其把握为合理化的、数量化的可计算的东西。技术理性是资本的内在逻辑，通过分析合理化、数理逻辑等"座架"，整个自然、人和世界将一切通过分离合理化，成为其服务的零件，这是技术理性逻辑的顶点，也是其无法逾越的障碍。技术理性的前身可追溯到文艺复兴时期与主体理性同时出现的"数学化"潮流。在伽利略的思想体系中，"数学创造出一个在方法论上普遍地对每一个人来说都可清楚地规定的观念对象的无限的总体"，其所代表的普遍方法，"可以使原先主观地相对的、只是在一种模糊的一般观念中可想象的对象的无限性成为客观地可规定的，和真正地按其自身的规定性设想的东西，更确切地说，对于这种无限性可以事先在其一切对象及其对象的性质和关系方面加以规定和决定"。② 通过将世界、人、自然合理化分析为资本服务的客体，技术理性与当时高度发达的科学技术和新的思维方法共同支持着资本按照自己的面貌改造世界。根据美国学者华勒斯坦的理解，作为技术的现代性，即资本主义社会全球性的"技术统治"，也即海德格尔所谓的世界被技术"座架"，"人处于座架的本质领域之中"。马尔库塞、哈贝马斯等所论证的"科学技术作为意识形态"正是揭示技术理性作为资本内动力如何在支撑资本"按照自己的面貌改造世界"，并激发出史无前例的生产力的同时，造成了自然环境恶化和人的全面异化。可以说，技术理性形而上学最终构成了"抽象成为统治"的"伪世界历史"中最深刻的一笔，"死劳动统治活劳动、物统治人、产品统治生产者、神秘的主体统治真实的主体、客体统治主体"，它是一种"伪具体"。③ 马尔库塞强调指出："抽象是资本主义自己的杰作。"④ "一部资本主义的历史，也就是一部抽象的历史。"⑤ 在

---

① 《马克思恩格斯选集》（第 1 卷），人民出版社 1995 年版，第 775 页。

② ［法］笛卡尔：《哲学原理》，关文运译，商务印书馆 1959 年版，第 62 页。

③ ［捷］科西克：《具体的辩证法》，社会科学文献出版社 1989 年版，第 2 页。

④ ［美］马尔库塞：《理性和革命——黑格尔和社会理论的兴起》，重庆出版社 1993 年版，第 283 页。

⑤ 张一兵、蒙木桂：《神会马克思》，中国人民大学出版社 2004 年版，第 2 页。

抽象的视域中，人不是具体的人，而是逻辑建构中的可分解的劳动力；自然也不是自然，而是改造的可被分客体。学者沃克曾形象地把资本的抽象力量比喻作"抽象的病毒"："它进入所有的社会关系，破坏这些社会关系。它是一种具有两面性的病毒形态。它将每一个定性的和特殊的关系转变成一个定量的和普遍的关系。"① 在马克思眼中，资本具有理性形而上学本质，理性形而上学也具有资本的本质，于是，人不仅受"头脑创造物"——观念的统治，而更受"双手创造物"——资本的统治，马克思将理性形而上学批判与对资本逻辑的批判分析融为一体，并展开对资本主义制度的批判。正是由于发现了资本及其内在的逻辑，马克思的历史唯物主义才没有满足于跟在知性科学后面亦步亦趋，而是"深入到历史的本性的一度中"，揭示了资本主义时代的"两重独特现实"——经济发展与这种发展所需要的"架构"，从资本主义社会的这一特有的"双重事实"出发，展开揭示和批判。② 因此，马克思对资本的批判是在抽象的两个战场——理论战场和现实战场同时开展的，既批判、解构现代形而上学意识形态的内在逻辑所建构的话语体系，又颠覆、瓦解理性形而上学的现实——资本的运作，通过深入剖析"资本逻辑"与理性形而上学的"同构"和"姻亲"关系，发现其内在自我否定、自我瓦解的秘密和趋势，成功地建构了无产阶级自己的话语体系和现实理论。

（三）资本主义制度的消极否定力量

1. 中间阶级与意识形态批判家

在马克思看来，资本全球化结构是两极化的，中间阶级要么被消灭，要么被归入这两个阶级之中。在《共产党宣言》中马克思就曾认为：中间等级会由于他们的整个生活状况，他们更甘心于被人收买，去干反动的勾当。因此，他们所炮制的各种社会主义不仅不是工人阶级苦难的"解药"，反而是"毒药"。这些冒牌社会主义理论已严重危害了德国人民反对专制制度的斗争和德国社会主义运动的发展，影响了科学社会主义的传播和创建革命的无产阶级政党的工作。从 1845 年开始，马克思、恩格斯便在一系列的论文和著作中，特别是在《共产党宣言》《德意志意识形态》中对

---

① ［美］吉布森－格雷汉姆：《资产阶级的终结》，社会科学文献出版社 2002 年版，第 179 页。
② 吴晓明：《论马克思对现代性的双重批判》，《学术月刊》2006 年第 2 期。

各种冒牌社会主义进行了系统深入的批判。在《德意志意识形态》中马克思进一步明确指出，冒牌社会主义思潮的共同缺陷是站在"解释世界"维度来批判资本主义意识形态，而"解释"的本质是一种肯定性维度、是对现实的承认，因此不利于工人阶级形成革命意识。

2. 工人群众与无产阶级

在马克思看来，在资本主义制度中，人被全面异化，无论是资本家、中间阶级还是工人阶级都无一幸免。在历史唯物主义和辩证唯物主义哲学引导工人阶级形成阶级意识的自觉之前，现实的工人群众其实并不是有组织、有纪律的无产阶级，而是处于消极否定的维度且无法独立脱离此种境况的无产阶级。主要原因是：首先，工人群众在意识形态话语层面和政治国家认同层面并没有形成独立的话语体系和自我认同模式。具体来说，资产阶级意识形态对于工人的影响"不单是一个观念或倾向的问题，而且也反映在适宜于再生产出国家结构的各种组织结构的物质性中"，因此，尽管在资本主义话语体系中，工人"非理性"的存在境遇使其连"虚假的存在感"都无法获得，被无助感和无能为力的焦虑包围着，但他们依旧是依靠它来寻求自我认同和身份认同，努力和费尽心机地幻想自己是资本主义的一部分，做着一夜暴富的白日梦。对此，马克思这样写道："无产阶级中有一部分人醉心于教条的实验，醉心于成立交换银行和工人团体，换句话说，醉心于这样一种运动，即不去利用旧世界自身所具有的一切强大手段来推翻旧世界，却企图躲在社会背后，用私人的办法，在自身的有限的生存条件的范围内实现自身的解放，因此必然是要失败的。它在自己无限宏伟的目标面前，再三往后退却一直到形成无路可退的情况为止。"[①] 另外，由于没有自己独立的话语体系，工人常常因误服了各种冒牌"社会主义"的灵丹妙药，最终导致革命的失败。其次，在市民社会层面，工人阶级由于没有任何财产，导致被排除在市民社会之外。工人的劳动为资本主义创造了巨大的财富，留给自己的只有彻底的贫困，因此，异化劳动则是造成工人阶级深重苦难的根本原因。在对资本主义政治经济学批判的过程，马克思着重对异化劳动进行了分析，并基于异化劳动与工人之间的悖论性关联勾勒出作为消极否定维度的工人群众的肖像。第一层面：工人的

---

① 《马克思恩格斯选集》（第1卷），人民出版社1995年版，第592页。

身体异化。在劳动过程中，身体被异化为与他人进行交换的商品——劳动力，被看作"改造自然的工具和活机器"，于是身体失去了审美向度、文化向度、历史向度、伦理向度，成为抽象的"可变资本"。而身体的各种感性、感官和欲望则被困在"非理性"的"原罪"宿命中，沦为麻木的消费工具的内部器官。第二层面：工人的心灵异化。由于被理性意识形态排斥，又没有任何财产，工人无论在政治国家层面还是市民社会层面，抑或是话语层面，都而无法获得自我认同和身份认同，成为《神圣家族》们所直观描述的那种"什么也不创造、冥顽不灵、冷漠无情、思想懒惰、精神空虚"的惰性物质。第三层面：工人劳动的形式是技术逻辑支配的，工人的劳动被肢解为机器的零件部分，因而劳动者在劳动中丧失了创造力和快乐。马克思对机器霸权的论述并没有仅停留在异化劳动的表面，而是深入对工人主体性的重新建构，即机器内涵的工具理性对工人意识形态和社会生活的全面控制，劳动被深刻地重组到资本的体制中。第四层面：工人"在生产过程中是一个被简化为量的数码，是一个机械化了的、合理化了的零件，于是，原本是积极意义上的获得行为最终成为毁灭的消极否定行为。工人在劳动中耗费的力量越多，他亲手创造出来反对自身的、异己的对象世界的力量就越强大，它自身、内部世界就越贫乏，归它所有的东西就越少"[①]。第五层面：工人劳动创造的剩余价值归资本家所有。第六层面：最初工人阶级自发的政治反抗和经济反抗不过是对现实不满的一种消极表达，而消极否定从本质上看也是一种肯定和承认。因此，当时的工人也是资本主义单向度世界图景中的一部分。马克思对资本全面异化世界的批判，如下图 3-1 所示。

马克思认为，工人阶级革命真正的动力必须首先放弃摆脱借来的语言的俗套，支配和创造自己的语言，形成自己的意识形态话语体系和世界观，这就是历史唯物主义。历史唯物主义是马克思为工人阶级话语体系重置的一个平台，在这个新的话语平台上，马克思为工人阶级找到了存在合理性的逻辑和现实起点——劳动，因此，在《德意志意识形态》中，劳动也是首先进入历史唯物主义的概念。

纵观马克思的整个革命历程，他对无产阶级阶级意识的重视体现在他

---

① 《马克思恩格斯文集》（第 1 卷），人民出版社 2009 年版，第 157 页。

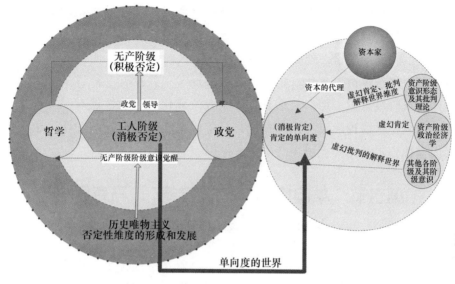

图 3 - 1　马克思展示的单向度的世界及其救赎的主体和力量来源

对新闻实践的重视方面，马克思终其一生都致力于通过新闻实践来引导无产阶级阶级意识。马克思很清楚，阶级意识不会自发地、完整地、同步地产生在工人阶级之中，在《哲学的贫困》中他这样写道："经济条件只是把大批的居民变成工人，资本的统治为这批人创造了同等的地位和同等的利害关系，所以这批人对资本来说已经形成了一个阶级，但还不是自为的阶级。由于工人阶级最初在思想上受资产阶级的影响，因此他们不仅将自己视资本主义社会组成部分，而且就连对危机的反应都'纯粹按照资本主义经济的规律'进行。"因此，无产阶级政党的"先锋队"功能，正是让工人阶级摆脱直接否定进入阶级意识自觉的阶段。对此，西方马克思主义学者卢卡奇在《关于组织问题的方法论》中明确指出，共产党的使命正是让"未别意识到的""隐藏着"的无产阶级的阶级意识被意识到并"变得明确起来"。可见，政党在此发挥着哲学和政治的双重功能，让历史命运的承担者——工人阶级能意识到自身的使命并自觉担负完成这种使命。在完成使命后，他们不会像黑格尔的"英雄人物"那样成为"干瘪的空壳"，反而会随着革命消灭自身，实现人的全面解放："历史本身就是审判官，而无产阶级就是执刑者。"

对于马克思而言，哲学和工人阶级是逃离资本全方位异化的批判的武器和武器的批判，无产阶级阶级意识是二者的结合点，是理论否定性向实践否定性转变的关键。但是如果现实中的工人阶级并没有明确的阶级意识或者其阶级意识被资本化、物化，还如果现实中并没有一种哲学可以充当无产阶级阶级意识，那么，逃离资本全方位异化的可能性还有吗？谁来给无产阶级提供这种阶级意识呢？这是马尔库塞必须要回答的问题，也是他转向海德格尔补充马克思主义的重要原因。

第二节　单向度的"完美牢笼"：马克思与发达工业社会的相遇

一直以来，资本自我续命的力量都是靠着贫困的再生产来实现的，贫困不仅仅是物质的贫困，也有文明的贫困，那种遍布于人的生存世界的匮乏的焦虑和不必要消费的泛滥，同样也是一种可怕的贫困。这种贫困说明人和物质自然界将被掏空，成为空洞乏味的幽灵。在马尔库塞看来，无论谁将是解放的主体，目标是确定的——将本质还给存在。作为黑格尔和马克思、海德格尔、弗洛伊德思想的继承者，马尔库塞对贫困已不局限于经济学、政治术语，也不是特指经济上的赤贫状态，而是拓展到哲学、心理学术语，一种内在的、全面的单向度化。因此，对富裕社会的"悖论性贫困"病症的分析是马尔库塞社会批判思想的总问题，"解放性的力量和奴役性的力量、生产力和破坏力的共同基础是什么？是马尔库塞社会批判理论对'悖论性贫困'的直接切入点"①。

根据马尔库塞，我们这个时代，无论是物质上还是精神上，仍然存在着奴役和贫困。② 当代工业文明虽然增加了人类能够享有与其潜在能力相当的富裕自由生活的机会，可是，依旧遵守资本逻辑的现代文明不仅没有废除异化劳动，反而基于科技的发展，让异化劳动成为占据了物理时空和虚拟赛博空间的现实主导力量，进而遍布所有的存在角落，让生命成为自己吞噬自己的怪物，马尔库塞称其为"病态社会"。所谓病态社会是指：

---

① ［美］马尔库塞：《走向社会批判理论》，高海青等译，人民出版社 2019 年版，序言。

② ［美］马尔库塞：《走向社会批判理论》，高海青等译，人民出版社 2019 年版，第 66 页。

"一个社会的基本制度和关系（它的结构）所具有的特点，使得它不能使用现有的物质手段和精神手段让人的存在（人性）充分发挥体现出来，这个社会就是有病态的。"① 人的可能存在和实际存在的鸿沟越深，病态就越严重。治疗这种疾病首先需要破坏这种病态的统一性和连续性，实现一种"内部的断裂"，为此马尔库塞提出了"大拒绝"。

马尔库塞还曾在《富裕社会的不满者》②的开篇描述了发达工业社会的"悖论性贫困"的想象："那些注意到富裕社会既繁荣昌盛，又悲惨不堪，既有生产性，又有破坏性，既高速运转，又低效率费的不满者总是愤愤不平。"③ 而且，还做出详细的剖析。在马克思看来，首先，那些对富裕社会的"悖论性贫困"愤愤不平的人，会将灾难归罪于"技术社会"，归咎于"机械化、计算机、媒体等剥夺人性的力量"，但是由于主导意识形态灌输并强调"技术的中立性和工具性"特征，导致人们只能"屈从于神秘化和物化"，并对"无人负责"却不得不面对"人类对技术的利用"所导致的"厄运"表示"无能为力"。其次，人自身变成了机器的零件和基本构件，屈从于先行存在的结构设定的框架，并通过他们的活动和选择使其得到了加强和维系。最后，"技术已经成了一种支配工具"，富裕社会中的人们必须适应"技术已经成了一种支配工具"的意识："它之所以是最合理的支配方式，是因为对主动接受者和被动接受者而言，它不负众望并让生活更加舒适；它之所以是最不合理的，是因为接受他的都是些不再需要自由的受害者。"④ 在《单向度的人》中马尔库塞完整地描绘了一个极权主义的单向度社会，其中没有否定向度，社会处于一种"舒舒服服的不自由"的状态之中，因而是一个极权主义社会。技术理性是这个极权主义操控一切的内在力量。在那个充满极权恐怖的时代，"西方文明的价值和标准不是与法西斯制度的现实同流合污就是被法西斯制度的现实取而代之。那种与所有希冀和理想矛盾的现实，那种冀拒斥理性主义有拒斥宗教、即拒斥唯心主义又拒斥唯物主义的现实，又一次把思想抛出到它自身的领域"⑤。面对

---

① ［美］马尔库塞等：《工业社会与新左派》，任立译，商务印书馆1982年版，第4页。
② 《马尔库塞文集（六卷本）》（第5卷），人民出版社2020年版，第200—202页。
③ 《马尔库塞文集（六卷本）》（第5卷），人民出版社2020年版，第200页。
④ 《马尔库塞文集（六卷本）》（第5卷），人民出版社2020年版，第201—202页。
⑤ 段怀清：《"离开这里，这就是我的目的"——卡夫卡的文学写作》，《社会科学论坛》（学术评论卷）2007年第3期。

过类似的时代困惑，法国有萨特，德国有马尔库塞，在 1960 年代的革命中遥相呼应，才形成了一片奇异的思想风景。

马尔库塞所生活的是资本主义高度发达的社会，日益丰富的物质财富使得资本主义社会成为一个"没有反对派的社会"、一个肯定思维盛行的社会。在《爱欲与文明》中马尔库塞通过弗洛伊德超越了当时的马克思主义理论。我们知道，在弗洛伊德的理论中，超我是通过某些权威人物价值的内在化而发展的。而根据马尔库塞的说法，统治不再需要武力或权威人物的存在，而是通过几种方式完成：第一，该制度必须使公民认为自己比实际更自由；第二，该制度必须为公民提供足够的消费品，以使他们得到安抚；第三，公民必须认同他们的压迫者；第四，必须消除政治话语。前文已经表明，辩证法或消极思想的目的是揭示社会矛盾，并要求通过社会变革来克服这些矛盾。一维的单向度思维可以消除这些矛盾，使它们不可见。意识形态被摆放到位，被压迫者与压迫者都认同，人们因为观看相同的电视节目或支持相同的运动队而感到团结感。在政治中，使用模糊的术语，例如用美国人或美国人的生活方式，以掩盖美国人民实际体验美国的不同方式。

与他的法兰克福同事们所共有的悲观主义不同，尽管对单向度有透彻而清醒的认识，但马尔库塞的批判理论始终是辩证法的，因为他研究了压迫和统治的形式，同时也看到了解放的潜力。在 1941 年发表的题为"现代技术的一些社会影响"的文章中，马尔库塞对技术与工艺进行了重要区分，指出：技术是社会生活的一部分，如工业、交通、通信的技术设备等，它是交往的工具，也是我们基于其在彼此关系中获得承认的工具。技术本身可以促进威权主义和自由，苦难和幸福。马尔库塞在 20 年后写的另一篇题为"技术社会中的社会变革问题"的文章中对此作了明确说明，在 1960 年题为"从本体论到技术"的文章中，他用术语"技术性"代替了"技术"，再次拒绝了技术或技术性的中立性。①

马尔库塞认为，有可能以一种全新的现实原理来构想技术。在资本主义制度中，技术及其主导的技术意识形态是基于竞争和生产的绩效原则，

① 我们在卓别林著名的《摩登时代》中看到的那个自动喂食机作为一种机器同时也附带着意识形态。

并且必须服务于该绩效原则所设定的目标。即使物质层面的稀缺性不再是一个真正的问题,对于生产的意识形态,出于生产的目的,为了竞争、为了竞争的思想,人们也开始接受匮乏的思想和恐惧,并将其付诸实践。技术理性导致了理性的全面匮乏,即理性只剩下肯定的维度。技术理性控制下的科学技术导致了人的身体的匮乏,沦为了机器的奴隶。对于马尔库塞来说,解放的幽灵困扰着先进的工业社会。甚至有人会说,马尔库塞自己的批判理论被解放的幽灵所困扰。也就是说,马尔库塞在一个层面上批判了压迫性的社会结构,从而为革命和解放打开了大门。在另一个层面上,马尔库塞将修改他的理论,以便为他在压迫性社会中看到的各种抵抗形式腾出空间。

根据马尔库塞,发达资本主义是指已经进入工业化的资本主义,在这个社会中,科学技术高度发达,物质资料生产日益丰富,人们生活日益便利,阶级矛盾得到暂时的缓和,社会生活看似已经一体化。产业资本主义阶段那些从事生产的工人阶级的反抗、斗争、罢工以及为自由而战的社会现象已经丧失了现实的可行性,剩下的只是社会趋同。这导致的是一个"单向度"社会的产生和单向度的人的形成。在《单向度的人》中马尔库塞对单向度世界的描述分为两个层面,首先是单向度的社会,表现为:新的社会控制形式、政治领域的封闭、不幸意识的征服和话语领域的封闭;其次是单向度的思想,表现为:否定性的思维的方式、肯定性思维的全面胜利和单向度的哲学形成。如图3-2所示。

我们必须要注意的是马尔库塞所讨论的是"富裕社会""发达工业社会""后工业社会",这并不特指我们通常意义上的"资本主义社会"。这也并不能说明他放弃对资本主义的批判,而是源自他对技术的政治和意识形态功能的深刻洞悉。在《从富裕社会中解放出来》中,马尔库塞特别强调了他提到的"从富裕社会中解放出来"并不必然等于"从资本主义过渡到社会主义",除非"社会主义以其最为乌托邦式的术语来定义",比如,废除劳动、终止生存斗争(也就是说,把生活本身当成目的而不是实现目的的手段),解放人类的感性和感受性,使其不再是一种私人因素,而是成为改变人类生存及其环境的一种力量,那么从富裕社会中解放出来就等同于从资本主义过渡社会主义。马克库塞认为,把感性和感受性自身的权利归还给人类,这是完整的社会主义的基本目标之一。这些都是自由社

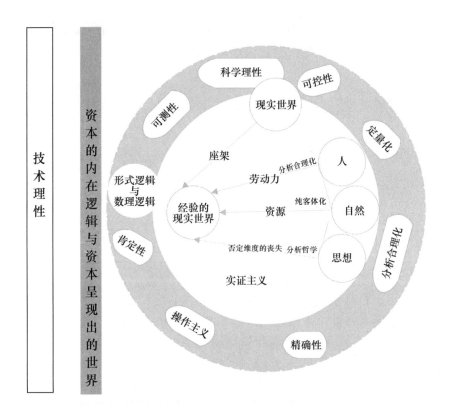

图 3 - 2　单向度的世界

会本质上不同的特征，这些特征以对价值的彻底重估为先决条件，以一种新的人类学为先决条件：拒绝那些支配着现存社会的绩效原则；摆脱了现存社会组织及其虚伪的、清教徒式的道德内在固有的攻击性和残忍；从生理上讲，没有能力打仗和制造苦难；有一颗快乐善良的心，所以无论是以集体的方式还是以个人的方式工作，都是为了创造一种能使这里所说的这样的一种人类存在成为可能的社会和自然环境。①

一　新的社会控制形式：技术理性的操控与全面匮乏的世界

马尔库塞对发达资本主义社会最具特征的批判是他对科学技术的意识

---

① 《马尔库塞文集（六卷本）》（第 3 卷），人民出版社 2019 年版，第 121—122 页。

形态功能和对技术作为新的社会控制形式的批判，相关的论述体现在《单向度的人》《现代技术的一些社会含义》①《技术社会中的社会变迁问题》②《科学哲学相关论题》③《从本体论到技术：工业社会的基本趋势》④《技术时代的人类学透视》⑤《论科学与现象学》⑥《科学的责任》⑦《革命性的爱欲、恐怖策略、青年人、精神疗法、环境、技术与威廉·赖希》⑧ 等。

在《单向度的人》开篇的第一章，马尔库塞就揭示了技术进步的社会控制功能："一种舒舒服服、平平稳稳、合理而又民主的不自由在发达的工业文明中流行，这是技术进步的标志。"⑨ 在马尔库塞看来，当代工业社会，由于其组织技术基础的方式，势必成为极权主义。极权主义不再表现为恐怖主义的"利维坦"式的恫吓和生命威胁，而是表现为一种非恐怖的经济技术合作⑩，因此，"自由社会已经不再能够用经济自由、政治自由和思想自由等传统概念来描述和说明，这并不是因为这些自由已经微不足道，而是因为它们过分重要以致超越了传统模式"⑪。在单向度的社会中，"抑制性的社会管理愈是合理、有效、技术性强、全面，受管理的个人用以打破奴隶状态并获得自由的手段与方法就愈是不可想象。的确，把理性强加于整个社会是一种荒谬而又有害的观念，但嘲笑这种观念的社会却把它自己的成员变成全面管理的对象"⑫。此时，自由已经成为一个强有力的统治工具，"进步"成为技术和资本施展自己"才能"的筹码，黑格尔所自豪的"理性的狡计"终于有了自己"维护现存统治"的用武之地。随着

---

① 《马尔库塞文集（六卷本）》（第 1 卷），人民出版社 2019 年版，第 50 页。

② 《马尔库塞文集（六卷本）》（第 2 卷），人民出版社 2019 年版，第 43 页。

③ 《马尔库塞文集（六卷本）》（第 5 卷），人民出版社 2020 年版，第 102 页。

④ 《马尔库塞文集（六卷本）》（第 5 卷），人民出版社 2020 年版，第 184 页。

⑤ 《马尔库塞文集（六卷本）》（第 5 卷），人民出版社 2020 年版，第 203 页。

⑥ 《马尔库塞文集（六卷本）》（第 5 卷），人民出版社 2020 年版，第 205 页。

⑦ 《马尔库塞文集（六卷本）》（第 5 卷），人民出版社 2020 年版，第 219 页。

⑧ 《马尔库塞文集（六卷本）》（第 5 卷），人民出版社 2020 年版，第 270 页。

⑨ ［美］赫伯特·马尔库塞：《单向度的人——发达工业社会意识形态研究》，刘继译，上海世纪出版集团 2008 年版，第 3 页。

⑩ ［美］赫伯特·马尔库塞：《单向度的人——发达工业社会意识形态研究》，刘继译，上海世纪出版集团 2008 年版，第 4 页。

⑪ ［美］赫伯特·马尔库塞：《单向度的人——发达工业社会意识形态研究》，刘继译，上海世纪出版集团 2008 年版，第 5 页。

⑫ ［美］马尔库塞：《单向度的人》，刘继译，上海译文出版社 2006 年版，第 8 页。

学术上的行为主义和社会上的行为主义在共同的基础上会面，科学和技术进步终于成功地成为统治工具。最终，"在富裕和自由掩盖下的统治就扩展到私人生活和公共生活的一切领域，从而使一切真正的对立一体化，使一切不同的抉择同化。技术的合理性展示出它的政治特性，因为它变成了更有效统治的得力工具，并创造出一个真正的极权主义领域，在这个领域中，社会和自然、精神和肉体为保卫这一领域而保持持久动员的姿态"①。

随着信息社会的兴起，现代科学技术在其发展过程中正在取得越来越大的独立性和自律性，而且，科学技术的本质精神，即技术理性已逐渐渗透到社会生活和社会结构的各个方面，形成了新的统治形式。基于这种情形，马尔库塞认为，在分析科学技术发展对人的存在的作用问题时，必须破除技术中立的观念。马尔库塞用"技术"来表示生产方式或仪器、设备等的整体。如果技术指的是一种生产方式或全部工具，那么它就位于某种意识形态结构中，实际上，它是一种意识形态形式，它决定了特定生产形式的机械形式以及生产本身。在这里，"意识形态"不仅指一个信仰体系和思维方式，也包括全社会的思想和行动的终极目的。在技术层面，一台机器仅可以视为纯物质，而在技术社会中则不存在这种机器，因此，技术不是中立的。在现代工业文明条件下，面对该社会的极权主义的特征，技术"中立"的传统概念再也维持不下去了。"技术本身再也不能与对它的应用分离开来；技术社会是一个统治系统，它已经在按技术的思想和结构运转。"在破除了关于科学技术"中立"的传统观念的基础上，马尔库塞明确表述了科学技术发展的两重性的思想。科学技术发展的两重性主要表现为现代社会生活和社会结构中占主导地位的理性原则，即技术理性的两重性。技术理性对现代社会的发展的确有巨大的推动作用，正如马尔库塞在《反革命与造反》一书中所说："这一理性的局限与'险恶力量'也是不容忽视的，这主要'表现在人被生产手段的渐进奴役中'。""资本主义进步的法则寓于这样一个公式：技术进步＝社会财富的增长（即国民生产总值的增长）＝奴役的扩展。"现代社会在一个日益增长的事物和关系的技术集聚——这个技术集聚把对人的技术利用包括在其中——再生产了自

---

① ［美］赫伯特·马尔库塞：《单向度的人——发达工业社会意识形态研究》，刘继译，上海世纪出版集团 2008 年版，第 16 页。

己。换言之，生存斗争和人与自然的开发，变得更加科学、更加合理。在这一情景中，涉及"合理化"的双重含义。科学管理和科学分工，极大增长了经济、政治和文化部门的生产率。其结果就是更高的生活标准。至此，技术理性和技术操纵开始结成社会控制的新形式。

鉴于科学技术在"二战"后经济发展中发挥了关键作用，杜威对"科学的民主"充满了希望，他认为科学技术活动可以通过积极的、批判性反思的民主公众来调节，但这似乎不切实际。其实，杜威本身也不愿看到实用主义变成我们今天所看到的技术统治论的形式。马尔库塞基于对"何谓科学以及何谓科学对象的理念为前提"说明了技术与资本共谋的内在逻辑。根据马尔库塞，在发达工业社会，"科学不断地将自然形式化，并把这当成了事业：纯粹的认知，无尽的支配。虽然科学就物质与运动给出了精确的数学概念，规定了中立知识纯粹的理论对象，但它却没有给出支配的内容与目的：它们与其他一切终极因一道被从科学概念中清除出去"①。终极因的缺失，让自然成为一个受理论与实践支配的普遍的、假设性的工具系统，成了主导这一发展新科学的新社会的框架和中介。科学借由它自身的"中立化"推行开来：资本主义经济将个体行为与智能的具体表现简化为衡量其普遍的交换价值的公分母，对市场化的人的处置变成了支配真实的内容。通过将自然去自然化，科学走进了由数学的结构和关系构成的"真实的现实"，与此同时，社会价值也被量化了。科学与社会、理论理性与实践理性以技术为中介实现了统一。

马尔库塞基于科学与支配的关系引申出了他最重要的社会批判思想观：技术的支配性。与科学一样，技术的中立性也是站不住脚的。主要表现在以下六个方面：第一方面，从科学和技术的关系上看，"现代科学的结构是技术性的，因为它的基本概念是数学的，也就是说，因为它们对物质做了去自然化和去实体化的处理，所以极大地扩大了物质作为改造性活动材料的范围。因此，关于客观现实的科学概念越功能化、越普遍、越符号化和形式化，客观现实就越难以抵抗人类实践有方法的改造，它也就越容易激发这种实践"②。基于此，马尔库塞认为，现代科学的结构中就与工

---

① 《马尔库塞文集（六卷本）》（第2卷），人民出版社2019年版，第51页。
② 《马尔库塞文集（六卷本）》（第2卷），人民出版社2019年版，第53页。

业社会有亲缘关系。

第二方面，在发达工业社会中，技术并不是一个特别的因素和社会维度，却是一切现实和现实化的先天条件。话语和行动领域也是技术领域，思想和实践的对象是"给定的"，因为它们通过对自然的系统改造和否定得以构成，并受制于对自然的系统改造和否定。[①]

第三方面，技术对自然的否定也包括对作为自然存在的人的否定。于是，技术进步不仅体现在对人的内部自然与外部自然的征服上，也体现在对人的内部自然和外部自然的压制层面，从而构成一个极权主义的全面控制的技术社会，遏制了社会的变迁。技术理性支配下的社会保证了占统治地位的社会组织利益、筹划创造新的压迫形式和新的遏制形式，创造了新的不自由。新的支配模式目的是使那些与历史向人类社会更高阶段过渡有关的概念丧失批判和否定的效力，制造了一个"单向度的世界"。因此，技术与发达工业社会的政治关系并不像是一个外力作用与纯粹的技术总体，通过它的规模、内部组织及其在社会再生产过程中的功能，技术总体成了一个政治总体，它不仅仅是社会控制得以在个体身上实施的中介，而且凭借自身力量成了社会控制设备。最终，"技术理性以政治理性的形式表现出来"[②]。

第四方面，技术社会是一个单向度的世界、一个质的区别和否定被排除在外的世界。在这个社会中，理性已经相当理性地与人和物现有的、不断扩张的组织相互协调一致。曾经高贵的哲学批判只能尾随在实证主义背后亦步亦趋，最终堕入行为主义的泥沼。再加上分析哲学对形而上学的清算、工业心理学对心理学的清算、市场调查对社会学的清算等，最终，学术、公司和国防实现完美联合，并成功宣告了意识形态的终结。

第五方面，在马尔库塞就发达资本主义社会的科学技术问题所做的最早的一次论述中，就介绍了他理论研究中始终如一的领域："技术理性对人类理性的侵蚀。"[③] 在《现代技术的一些社会含义》中，他提出了这样一种观点，即资产阶级社会中那股曾经帮助摧毁封建制度与贵族统治的解

---

①《马尔库塞文集（六卷本）》（第 2 卷），人民出版社 2019 年版，第 53 页。

②《马尔库塞文集（六卷本）》（第 2 卷），人民出版社 2019 年版，第 55 页。

③《马尔库塞文集（六卷本）》（第 2 卷），人民出版社 2019 年版，第 49 页。

放性力量，现在已经转而反对起了自身。通过高科技的生产与贸易模式的发展，发达工业社会形成了一套比旧制度更强大、隐秘的控制社会与压迫人的体制，马尔库塞将对个体的安抚和管制与通过科学技术进步促进生产方式的机械化这一自由主义的趋势联系了起来。新的劳动力组织模式、行政官僚机构以及新技术的应用加速了工业化进程，而这却促使资产阶级时代的解放阶级转向了马尔库塞最后所谓的单向度社会。在《技术社会中的社会变迁问题》中，马尔库塞将发达工业社会定义为：建立在自动化程度日益提高的机器大工业基础上的社会。发达工业社会的成果之一就是自由的衰落，并且是非暴力式的、民主式的衰落，高效的、平稳的、合理的不自由似乎在技术进步之中有其根源。在科学与技术征服的影响下，随着生产设备规模和功效的加大，以及生活水平的提高，政治上的反对力量屈服了，变成了目前接受的条件下的反对力量。应该说，马尔库塞独特的社会批判思想正是从探索替代方案的角度展开直击后工业社会的"悖论性贫困"问题："解放的力量和奴役的力量、生产力和破坏力的共同基础是什么？我们很自然地就会想到作为社会物质与技术基础的机器大工业。"①

第六方面，在马尔库塞看来，极权主义的技术社会最终关闭了一切可以通往自由和解放，可以抵消操作性、分析性思维的治疗力量。对形而上学的腐蚀和清算、对想象力和意识形态的揭露，不仅清除了形而上学的超越性，也清除了历史的超越性，清除了真实的可能性，最终导致对现存事物的屈从。理论和实践在发达工业社会终于可以立足于共同的基础，并在共同的基础上凝固为单向度的行为模式。这种支配性的技术在马尔库塞看来是技术发展到极致的表现，同时也意味着技术可以被有条件地否定和扬弃，技术批判的重要性就恰恰在于可以通过批判，将工业社会压抑性的元素清除出去，让技术人类解放的维度展开。

二 新的思维控制形式——话语领域的封闭

马尔库塞认为在发达工业社会中，单向度的力量又向无形的日常行为渗透，于是整个社会的语言体系也日益成为单向度社会的一种表现形式："社会宣传机构塑造了单向度的行为表达自身的交流领域。该领域的语言

---

① 《马尔库塞文集（六卷本）》（第 2 卷），人民出版社 2019 年版，第 49 页。

是同一性和一致性的证明，是有步骤地鼓励肯定性思考和行动的证明，是步调一致地攻击超越性的证明……在社会思想习惯的表达式中，现象和实在、事实和动因、实体和属性之间的紧张逐渐隐没。意志自由、发现、证明和批判的要素在指谓、断定和模仿时不起作用。"① 在马尔库塞看来，话语是对现实的把握，同时也是对现实的认知和评判，具有超越的维度；而现在随着操作主义特征度不断充斥在话语中，导致话语沦为功能性的顺从要素："操作主义的特征——使概念的意义等同于相应的一组操作——反复出现在如下语言趋势中：即把事物的名称视为被用于察觉或产生它们的那些仪器的特征。这就是势必会'使事物与其功能相等同'的技术理由。"②

我们知道，马克思对于语言在文化和文明进程中的重要性是非常重视的，他在《德意志意识形态》中对于语言有专门的论述，认为语言并不是一种抽象的逻辑存在，而是一种人类现实生活的抽象把握。与马克思一样，马尔库塞认为语言可以把人类社会作为一个整体体现出来，同时也将人类所经历的历史时代体现出来。事实上，虽然人们在日常的生活和实践中有着十分丰富的经验，但是我们无法将所有经验全部十分准确地表达出来，要把实践经验转换为我们能够意识到并表达出来的经验，则需要一些具有过滤功能的中介系统，语言就是这种具有过滤功能的中介系统。在发达工业社会中，语言构成了过滤人的政治意识机制的重要组成部分。操作主义语言作为现代社会的一种意识形态越来越具有了特定的社会政治功能，促进了特殊利益和普遍利益、企业与国家权力之间同一，表明了一种压抑性特征，表达的是其发展受阻的内容和对既定现实的肯定性接受，它把有震慑力的、僵硬的具体性强加给自身，凝固形象，从而切断了意义的发展。另外，"连字号的省略"用法也是一种常用的操作性语言手法，例如"氢弹之父""军事科学宴会"等，这些句子结构在把技术、政治和军事结合为一体的词组中非常常见。在发达工业社会，从官方到民间，在普遍用法中不断重复，这些字母丧失了一切认知价值，丧失了人们对于真理性认识的追求，也就丧失了既定现实的否定和批判力量，无限意义的语言

---

① ［美］赫伯特·马尔库塞：《单向度的人——发达工业社会意识形态研究》，刘继译，上海世纪出版集团 2008 年版，第 69 页。

② ［美］赫伯特·马尔库塞：《单向度的人——发达工业社会意识形态研究》，刘继译，上海世纪出版集团 2008 年版，第 70 页。

最终只剩下了几个冰冷字母的信息。① 另外，在实际生活中，分析哲学的思维方式还有挖掘背后意图的意味，"经常散发出委员会进行指责和审查的气氛"。总之，发达工业社会的技术对人的影响既有物质层面上的，也有精神层面上的，还有政治层面上的，这种"不合理"以"合理"的形式展现出来，但归根到底，"这种合理的成就掩藏着整体的不合理"。

在发达工业社会，文学语言的变化也是令人忧虑的现象。文学语言本来具有的内在革命性因素如今也日益被改造成了日常的用语，从而失去了对抗整个现实的批判和否定的力量。这个社会正在把文学作品本来具有的超越现实的形象不断纳入无所不在的操作性话语体系中，人们对于未来美好幸福事物追求的梦想日益成为逻辑和语言分析这种无意义的东西，超越意义上的文学语言也在被改变。

通过对于发达工业社会的语言现象的分析，马尔库塞认为，操作主义的语言对于整个社会政治体系来说具有重大的作用，这些语言结构所具有的过滤意识的功能，本身已经执行了意识形态的功能，压抑了人的否定批判意识，使其不能用真正的"概念"去深入思考，它把人们的思维引向维护现实政治统治的方向。功能性的语言是一种压抑性的、反生态的语言，负载着极权主义的操纵和控制的使命，"是一种极端反历史的语言"②，将人类的记忆剥夺了历史的维度，成为传达命令和派发广告的工具。马尔库塞强调："语言的荣枯兴亡在政治行为的荣枯兴亡中有其对立物。在防弹掩体中出售娱乐和游戏器材。"③

三　庸俗的"艺术"

马尔库塞认为当代发达工业社会中的艺术属于意识形态范畴，主张艺术应该和现实保持一定的距离。在《单向度社会中的艺术》《作为艺术品的社会》《作为现实的形式的艺术》《艺术与革命》《艺术哲学与政治学》

---

① ［美］赫伯特·马尔库塞：《单向度的人——发达工业社会意识形态研究》，刘继译，上海世纪出版集团 2008 年版，第 74—76 页。

② ［美］赫伯特·马尔库塞：《单向度的人——发达工业社会意识形态研究》，刘继译，上海世纪出版集团 2008 年版，第 79 页。

③ ［美］赫伯特·马尔库塞：《单向度的人——发达工业社会意识形态研究》，刘继译，上海世纪出版集团 2008 年版，第 83 页。

《论〈审美之维〉》①等论著中，马尔库塞论述了文化和艺术在塑造统治力量、产生解放的可能性方面扮演的重要角色以及二者在极权主义社会中的处境及其内在的解放功能。

具体来说，在《单向度社会中的艺术》②中，马尔库塞首先澄清自己在什么意义上使用"艺术"这个词："我一直在一般的意义上使用'艺术'这个术语，它涵盖了文学、音乐及视觉艺术。类似地，艺术的'语言'——艺术语言——应该是指图画、雕塑、音调以及文字。"③根据马尔库塞的论述，在发达工业社会，艺术却越来越和现实商品社会连接在一起，呈现出同现实的无限的融合："艺术传达和再现的就不再是一个世界，而是现存秩序了。"④发达工业社会将一切的艺术东西变为技术上是实用的东西，在市场中，这些艺术的东西成为仅仅具有商业价值的商品。大众传媒通过市场将原本属于心灵的东西，诸如艺术、宗教、文化等同商业市场无缝对接。于是来自心灵的音乐变成了充当推销商品的背景音乐，宗教场所成了兜售商品的绝佳之地。文化艺术的价值世俗化为商品的价值，这种价值最重要的是其交换价值的大小而非真实价值的大小。如果大众传播媒介能把艺术、政治、宗教等一切现存都天衣无缝地混合在一起的话，它们就将使哲学、文化领域具备共同的特征——商品形式。一旦文化艺术作为商品，不管是前技术时代的文化还是工业文化艺术，不管是物质文化还是精神文化，都将变成可以在市场上进行交换的"无差别的人类劳动"的产物，而商品的最大特点就在于它抽去了物品的具体劳动，只剩下了抽象劳动，这种抽象劳动仅有"量"的区别而没有"质"的差异，它被成功地整合进了整个发达工业社会所特有的价值体系当中。

马尔库塞对技术理性的指控还表现在技术理性的渗透进一步消除了"高级文化"中的否定性和对立性的因素，而呈现出"庸俗化趋势"。一旦文化和艺术批判向度被消除，虚假的幸福意识将代替由社会压抑所形成的不幸意识，从根本上消除社会的对立面，促成单向度的形成。

---

① 收录于《马尔库塞文集（六卷本）》第4卷中。
② "单向度社会中的艺术"最初是马尔库塞于1967年3月8日在纽约视觉艺术学院所演讲的讲稿题目。
③ 《马尔库塞文集（六卷本）》（第4卷），人民出版社2020年版，第166页。
④ 《马尔库塞文集（六卷本）》（第4卷），人民出版社2020年版，第167页。

　　从始至终，马尔库塞对艺术的解放功能和解放前景充满了乐观的憧憬，在他看来，一旦艺术要找到一种本身能够传达解放语言的能力，给人以生命的感觉，去感受对象，把对象作为视觉的对象，那么，艺术将具有解放的功能。而这种可能性是有的："当今的艺术，在历史上第一次面临着有可能是全新的现实化的模式。或者说，艺术在世界上的地位正在发生改变，当今的艺术正在成为建构一种新现实的一个潜在因素，这一前景意味着艺术将在实现其自身目的的过程中被取消和超越。"① 解放了的艺术将会发现并解放那些被压抑了的真理，将爱欲维度中的"审美维度"释放出来，"将对象从感知的自动性中解放出来"，进而让感官在逃离攻击性后得到一种宁静，并真实地看到、听到、并感受到我们的存在和事物的存在。②当然，马尔库塞并不打算让艺术家们通过艺术理论来完成无产阶级的解放使命："艺术家不能作为艺术家参与革命中"，真正的革命应该是一场彻底的政治革命。"③

四　工人阶级否定性的丧失

　　根据马尔库塞，在发达资本主义或者说福利资本主义国家，新的社会控制形式压制了体系中一种质变的需求，并成功地消除了其绝对的否定性，从而吸收了所有的革命潜能。最终，工人阶级被资本主义社会整合，出现了一种奇怪的现象。此时，尽管资本主义矛盾并没有被超越，反而变得更为激烈，"悖论性贫困"问题也更为突出，社会财富与财富的用处之间的矛盾的尖锐性变得更为强烈，但借助于技术革新和非凡的生产力，资本主义体系成功地将社会矛盾和各种对立"伪装"起来，并进而引导对立并操纵它，实现了"对立各方的恶性联合"。④ 这种联合实现的可能性、可行性来自"科学技术"的内部和外部支撑，当时在发达工业社会中，"技术进步、技术本身已经变成了一个新的剥削和统治体系——之所以说是新的，是因为它以一种决定性的方式改变了阶级关系"⑤。显然，新式的资本

---

① 《马尔库塞文集（六卷本）》（第4卷），人民出版社2020年版，第170—171页。
② 《马尔库塞文集（六卷本）》（第4卷），人民出版社2020年版，第172页。
③ 《马尔库塞文集（六卷本）》（第4卷），人民出版社2020年版，第178—179页。
④ 《马尔库塞文集（六卷本）》（第6卷），人民出版社2020年版，第205—206页。
⑤ 《马尔库塞文集（六卷本）》（第6卷），人民出版社2020年版，第206页。

主义依旧是一个严酷的阶级社会，更为野蛮，因为充斥着各种虚假的意识形态对立，由生产、分配以及消费构成的技术机构绝不仅仅是工艺的、科学的、技术的机构，而是渐渐地变成了政治控制的机构，并且由于它是作为一种政治控制机构在运作，将会有助于将资本主义体系与马克思认为是革命的推动者、历史主体的产业无产阶级整合起来，于是，"在势不可挡的生产力与提高生活水平的能力的诱惑下，那些原本以为必然支持革命的阶级，由于已经在大多数福利工业国家获得了既得利益，最终丧失了马克思所强调过的那种必备的革命品质和资格"①。进一步说，按照马克思，产业工人阶级之所以能够担负无产阶级的历史使命，成为资本主义制度的掘墓人，成为历史的推动者，是因为首先，在当时的生产条件下，他们构成了生产过程的人的基础。其次，他们的悲惨处境保证他们不完全受制于资本主义意识形态话语体系的束缚，与其保持一定的疏离和否定空间。再次，他们从资本主义制度中获得的是非理性、苦难、贫困，无论是正常状态还是危机状态，他们都无法获得任何利益和好处。最后，他们革命付出的代价只有锁链。但是，随着资本主义制度的转型，发达工业社会的生产方式发生了根本的变化。资本主义社会原始资本积累时期的那种残酷的人压迫人、人直接剥削人的现象已经变得较为少见，资本家榨取剩余价值的方式随着技术，尤其是机械化程度的不断提高而变得越来越隐蔽化，在技术创新推动下，"机械化不断地降低了在劳动中所消费的体力的数量和强度"。这就给工人造成了一种错觉，即自己所受到的剥削程度减轻了，尤其是脑力劳动在劳动中所占的比例不断增加、蓝领工人的数量逐渐减少的情况下更是如此。通过当前资本主义国家的发展现状可以看到，工人阶级威胁资本主义制度的程度大大弱化，往往不再以资产阶级强大对立面的形式出现，即便是现代社会中偶尔出现工人示威游行等反抗资本家的活动，也大都被人们理解为一种"行为艺术"，表现出工人阶级无奈和乏力的一面。

　　总之，在发达工业社会中，伴随着机械化大工业已经开始进入自动化阶段，马克思论述过的自由市场经济转变成了由马尔库塞所面对的"有组织的极权主义"体系。同时，在该社会中，文化、政治和经济的力量被集中到了前所未有的程度，经济在很大程度上被政治所决定，工人阶级和其

① 《马尔库塞文集（六卷本）》（第6卷），人民出版社2020年版，第443页。

他人的生活水平得到了普遍提高，"工人阶级已不再代表对现存秩序的绝对否定"①，工人似乎生活在一个受其决定的、自动运转的世界里，机器和由机器所规定的行为决定着工人的一举一动，让他融入它的节奏中，无论是上班时，还是逛街、度假或其他自由时间，"工人个体之间的隔阂越来越深，并滋生了政治上的冷漠"，"工人变得更为消极，工会的力量削弱"。② 其实，黑格尔和马克思早就指出"悖论性贫困"不是特指经济层面的物质贫困，因此批判资本主义之恶的意义不仅是由于这个制度本身会导致物质贫困，而且也因为如果任由这个制度发展下去，将会带来世界性的灾难和道德伦理共识的彻底消失，一切存在将堕入"匮乏"的无限性绝望之中。

第三节　超越单向度何以可能？
——马尔库塞社会批判思想的实践指向

从 1932 年邂逅《1844 年经济学哲学手稿》开始，马尔库塞就接续马克思对实证主义、唯心主义、工具理性与资本逻辑内在同构性的批判，揭示资本主义制度"单向度"极权主义本质。那么，这种"单向度"难道是人类的宿命吗？或者说，如果无产阶级革命并没有如马克思所料的那样发生，人类向何处去？资本向何处去呢？为了回答这些问题，马尔库塞提出了自己的"新科学""新感性""大拒绝"的思想，以期能够超越单向度的极权操控，通达审美的生存。在《乌托邦的终结》中，马尔库塞写道："如果我们有能力把世界变成地狱，并且我们也正在这么做。我们同样也有能力把它变成天堂。这意味着乌托邦的终结，即拒斥那些用乌托邦的观点来指责特定的社会历史可能性的观念和理论。这也可以被理解为'历史的终结'，也就是说人类社会及其环境的新的可能性，不仅不再能够被视为是对就社会的延续，甚至也不能认为它们处在同一历史连续性之中。"③ 在马尔库塞看来，发达工业社会是资本逻辑展开的鼎盛时期，是"悖论性贫困"之恶最为猖獗的时期，同时也是可以谈论乌托邦终结的最佳时机。

---

① 《马尔库塞文集（六卷本）》（第 6 卷），人民出版社 2020 年版，第 206 页。
② 《马尔库塞文集（六卷本）》（第 6 卷），人民出版社 2020 年版，第 213—214 页。
③ 《马尔库塞文集（六卷本）》（第 6 卷），人民出版社 2020 年版，第 314 页。

因为此时，"一切能够用于实现自由社会的物质力量和精神力量都已就绪。它们之所以没有用于这一目的，要归咎于现存社会为了对抗它自身的解放潜能所做的全面动员。但是这种状况绝不意味着彻底变革的理念是乌托邦"①。相较于法兰克福同事的悲观和失望，马尔库塞对于走出单向度的技术牢笼是乐观而积极的，"如我所描述的那样，贫穷和苦难的消除是有可能的，这也是对异化的消除，以及对我所说的'剩余压抑'的消除"②。马尔库塞强调，在发达工业社会的当下阶段，思想界有一个普遍的共识，就是"有可能在技术上借助于已有的生产力来消除饥饿和苦难"，但是"压抑性社会的全球政治"导致技术并没有在这种积极维度上得以实现。那么，到底如何才能够理解并解决这个难题呢？

马尔库塞首先强调，未来的新生活的憧憬必须要有一种全新的想象力，要突破资本主义的意识形态话语体系的束缚，"历史可能性必须以那些意味着与前一段历史断裂而非连续的形式来构想，即以其否定而非积极延续的形式、以差异而非进步的形式来构想。它们意味着人类生存在物质基础这一维度将获得解放，需求将发生转变"③。

一　超越"唯心主义与实证主义"意识形态

马尔库塞对唯心主义和实证主义的双重批判开始于20世纪30年代末40年代初，也就是他阅读了马克思的《1844年经济学哲学手稿》后、《理性与革命》发表前，其代表性成果是《唯心主义和实证主义》。在文中，马尔库塞指出，唯心主义和实证主义是"两种一直以来主导整个西方思想史的哲学思维"：第一种方法将所有的事物看作"意识之外的自在和自为的存在，对意识来说，是被给予者，即外在的业已存在的质料"；第二种方法认为"意识本身设定了这个世界，并通过其自身的中介活动，整个地或部分地给出和修正了同一世界的规定"。④

---

① 《马尔库塞文集（六卷本）》（第6卷），人民出版社2020年版，第316页。
② 《马尔库塞文集（六卷本）》（第6卷），人民出版社2020年版，第316页。
③ 《马尔库塞文集（六卷本）》（第6卷），人民出版社2020年版，第317页。
④ 马尔库塞的《唯心主义和实证主义》一文收录在《马尔库塞文集（六卷本）》（第5卷）第126—136页。该卷来自马尔库塞档案馆所收集的马尔库塞手稿，在完成过程中还得到了彼得·欧文·詹森（Peter-Erwin Jansen）和莱茨两位马尔库塞思想研究专家的建议和帮助。

　　与马克思一样，在马尔库塞看来，唯心主义到黑格尔这里得到了最为经典的描述和表达，所以，他对唯心主义的批判也是从黑格尔展开的。马尔库塞发现，在黑格尔历史唯心主义体系中出场的"主体"显然不是个体，而是一个"一般"，更准确地说就是黑格尔的"绝对精神"。为了进一步说明黑格尔范式的主体和客体的新关系，马尔库塞试图从"唯心主义自然观"展开。在他看来，黑格尔改造后的唯心主义和实证主义尽管不再是亚当·斯密"荒野"自然观"把自然当作掠夺和支配的对象"，而是当作或看作"逐步地实现内在的'善'"的领域，当"善"得以实现时，所有生命的苦难和扭曲将会消失，迎来的是一种理性的人与物的关系。这种唯心主义可以轻易地与任何类型的社会与政治压迫相协调，因为其宣称：为了所谓的更高的价值，于是，现实中任何的苦难和压迫都是暂时的，是不得不付出的"代价"，现实中的苦难、压迫、个人利益的牺牲最终将被这种唯心主义所默许、美化、助长。

　　尽管对黑格尔有如此积累的批判，但作为一个辩证的哲学家，马尔库塞也高度肯定了黑格尔，在他看来，黑格尔的唯心主义并不是在原初动机上就具有反动性，而是一种"社会情境的强加"，或者说是"资本"逻辑的强加。因为这种唯心主义本身还有社会批判的要素，保证了其绝不会与现实的社会政治保持永久的和解，而是要依据其秉承的最高的"理性和自由"标准来对现实进行批判和"推进"，如果这些"理性和自由"原则被用到具体的社会现实中，就必然会导致激进的社会批判，同时激进的社会批判会把唯心主义的理性与自由概念改造成革命性的社会需要。

　　完成了对以黑格尔为代表的唯心主义形而上学本质的揭示后，马尔库塞将批判的矛头朝向其理论的直接对手——"实证主义"传统，包括18世纪英法的经验主义、19世纪孔德的实证主义哲学、20世纪的逻辑实证主义在内的实证主义，都试图通过比较来阐明实证主义的特征。这种实证主义一直以来有意识地反抗唯心主义形而上学的统治，使所有的知识都指向了"可感的事物和属性"。当然，实证主义也是有主体的，只不过实证主义的主体是众多事实中的一个事实，这种主体作为一个事实无法超越或构造事实，而只能记录事实。当然，从主体的这一功能和属性来看，主体可以被其他记录设备所替代，甚至取代。在唯心主义中，主体不是一个事实，也不是"发生的事情"，它仅仅是它自身实现的过程，并且能够超出

"一切发生的事情"。唯心主义拒绝将真理还原为某些建立在可直接观察的事实的基础上的基本陈述的可能，排除了任何将认识定位于自然科学方法的可能。因此，实证主义与唯心主义完全是势不两立的。自19世纪开始，实证主义一直都在模仿自然科学的模式，将自然科学精密的方法论奉若神明，但这并不说明实证主义以科学意义上的自然观为中心，唯心主义则以哲学上的人类观为中心；也不能说明实证主义倾向于确定性的与必然性的概念，而唯心主义倾向于自由概念；更不能说明实证主义囿于事实的总体之内，而唯心主义超越了它。与对唯心主义的辩证批判一样，马尔库塞对实证主义的批判也是辩证的和历史的。

在马尔库塞看来，18世纪英法的经验主义、19世纪孔德的实证主义哲学、20世纪的逻辑实证主义其实仅仅是实证主义的一种历史形态。实证主义在其长达百年的历史上有多种形态，其社会功能本质上也发生了变化。实证主义在其产生之初，也曾明显带有批判性、革命性的精神，比如，在法国启蒙运动中，实证主义反对形而上学的斗争，包括其对经验世界的强调使其成了反抗旧制度及其陈腐的专制统治的社会斗争的急先锋。当初那些将知识还原为可观察的事实的思想家们，如孔狄亚克、拉美特利、与爱尔维修的唯物主义感觉论，都是为了对抗那种束缚了所有人类潜能并且与经验和理性不符合的现实状况，这时候的实证主义并不受物理学的支配，因而在本质上是一种社会哲学。而且，这个阶段的实证主义没有成为相对主义，也不强调直接经验所指，反而与自然法则与普遍理性等"形而上的"观念志同道合。马尔库塞在早期的实证主义中发现与唯心主义同样的批判倾向："要求将知识建立在经验之上，并且把知识当成按照理性和自由的旨趣来改变现实既定形式的工具来使用。这就是说，它也是从应然的角度来看待事实。"① 实证主义社会意义和个体意义的改变发端于休谟哲学。在休谟哲学中，实证主义的批判倾向就已经让位给了另一个倾向：对当时的现实保持顺从主义的默许态度。休谟的实证主义在圣西门的著作中得到了长足的发展，到孔德的哲学中达到了顶峰。尽管此时的实证主义依旧是坚决地抵制形而上学和神学，但实证主义者已经开始把新的科学方法建立在了工业与技术的进步的基础上。工业与技术的迅速发展似乎

---

① 《马尔库塞文集（六卷本）》（第5卷），人民出版社2020年版，第132页。

表明，"自由与理性的社会能够在既定的社会经济框架下建立起来的这个假设是正确的"①。在圣西门和孔德这里，一直有一种怪异的逻辑和一种未经审视的"进步观"："只要消除了形而上学与宗教压抑及其残余势力，工业社会内在的法则就会自动地、自由地、合乎理性地运转，所有的资源包括劳动力资源和自然资源救护不断地向前发展。"自然科学在 19 世纪上半叶的长足发展强化了这种"逻辑"，并将其制造成一种信念，一种对"进步"的"痴迷"，自然科学方法的应用将通向对自然更完备的认识和控制，而对自然的认识和控制将充分保证社会与个体的进步。在马尔库塞看来，这种新实证主义其实是自然科学、早期实证主义、自然科学体系与资本逻辑的内在关联，其内部包含着一种新的意识形态话语，必然带来两个后果。第一个后果："实证主义深受自然科学的影响，它甚至根据这类科学所使用的精确方法来表达全部问题，就连社会领域的问题都不可幸免。"②马尔库塞发现，自孔德开始，社会问题与人的心理问题在前所未有的程度上都效仿精密科学的方式来研究，社会学把目标放在了探究被认为支配社会历史世界的客观必然规律上。经验所指与经验观察证实的原则被完全应用到了哲学与社会科学之中，与此同时，精密科学研究过程的逻辑基础也成了探究的目标。第二个后果：实证主义成了现有劳动分工不可或缺的一部分。实证主义的方法与概念都极力效仿主要致力于支配和开发的自然科学，所以，它们丧失了所有的超越性，与当时的社会的再生产和扩张形成内在默契和勾连。于是，哲学对自由的向往和按照理性标准改变"既定事实"的动力不得不让位给了按照科学技术标准组织和利用现实、开发自然的兴致。至此，理念与现实之间的冲突开始逐步消失，一种清醒的理性自觉和透彻认识逐步沦丧，哲学跟在实证主义后边亦步亦趋，已经无力、无法反驳现实的主导形式。那些对美好生活的向往，对乌托邦的憧憬被抛出了知识的领域，人类的命运和自然的命运都被绑定在事实的经验范围内。实证主义在 19 世纪进一步发展幻化为一种新的形态：逻辑实证主义。

在马尔库塞这里，如果说实证主义和唯心主义与人发展方向相悖甚至冲突，那么，主要原因并不是因为二者的方法和主题上的差异，而是

---

① 《马尔库塞文集（六卷本）》（第 5 卷），人民出版社 2020 年版，第 133 页。
② 《马尔库塞文集（六卷本）》（第 5 卷），人民出版社 2020 年版，第 133 页。

因为这两种哲学的基本旨趣和社会功能有差异。在自然科学问题与概念日趋明显的驱使下，实证主义把目标放在了既定现实内的确定性与取向上，那些攸关人的生命的重大问题以及人类历史境况的批判分析，被让渡给了唯心主义的后裔，在实证主义解决维护数学与物理学理想的时候，理性与自由的问题成了反实证的哲学理论的关切。至此，哲学中的两个相互依存的方面，即具体的经验所指与对经验现实的批判性超越开始分道扬镳。原本不可分割的哲学的这种割裂，一方面造成了实证主义的抽象化和形式化；另一方面不加提炼地、矫揉造作地复活了唯心主义的各种独断论。

在马尔库塞的辩证思维中，这种割裂并不是不可改变的，反而这种超越将是新哲学的历史使命，新哲学曾经是马克思在《1844 年经济学哲学手稿》中所呈现的，也是 1932 年这本巨著公开问世后，马尔库塞所致力于继承和拓展的。

二 超越"消费主义意识形态"

（一）马尔库塞对马克思"消费"的拓展

该如何理解现代社会？在《共产党宣言》中，马克思明确地把"现代资产阶级社会"比喻成"魔术师"，而把"资本"比喻成"魔鬼"。他指出："资产阶级的生产关系和交换关系，资产阶级的所有制关系，这个曾经仿佛用法术创造了如此庞大的生产资料和交换手段的现代资产阶级社会，现在像一个魔法师一样不能再支配自己用法术呼唤出来的魔鬼了。"[1]马克思的这一比喻实际上包含着正负两方面的含义：一方面，现代资产阶级社会这个"魔术师"用法术创造了如此庞大的生产资料和交换手段，召唤出了无数的生产力，这是对资本创造力的盛赞；另一方面，这个"魔术师"不能再支配自己用法术呼唤出来的"魔鬼"，即资本。这是对资本之恶的刻画。从那时开始直到今天，所谓的现代文明就一直在上演资本的狂欢，承受着"恶"的蔓延。这种恶从最初的物质匮乏到现在诱导欲望，制造匮乏，利用匮乏操控一切。曾几何时，人们曾天真地认为自己已经到达

---

① 《马克思恩格斯文集》（第 2 卷），人民出版社 2009 年版，第 37 页。

了尼采的"顶峰"[1]，世界上所有最发达的国家也是最成功的民主国家。但是，如福山所说："现代自然科学虽然已经把我们领到了自由民主这个'圣经中的乐土'的门前，但却没有把我们送进乐土里边，其中的原因就在于先进的工业化在经济学上找不到必然会带来政治自由的理论依据。"[2]根据尼采，现代民主制度不是把奴隶解放成为自己的主人，而是让奴隶和奴隶道德获得了完全的胜利。由此可推论，自由民主国家最典型的公民是"最后之人"。这种人其实就是马尔库塞的"单向度的人"：这种由现代自由主义缔造者塑造的人，他把自己的优越感无偿献给舒适的自我保存。自由民主创造了由一种欲望和理性结合而成却没有抱负的人……他们不再奢望任何的认可，因此就没有杰出感和成就感，完全沉湎于他的舒舒服服的奴隶状态。这样看起来，这些单向度的或者说是"最后之人"已经不再是人类了。[3]

马尔库塞社会批判思想显然受到尼采的影响，他进一步指出，在资本逻辑的支配下，已经不是通过经济增长来保证消费的满足，而是通过消费的扩张来保证经济的持续增长。恰如黑格尔所料，"悖论性贫困"如果任由其发展最终导致的将是"毁灭和社会内部彻底的撕裂"。如马尔库塞所见，当消费成为支撑"利润最大化"的逻辑的手段以后，这种消费也就不再是满足需要的活动，而是变成了对过剩产品的"消耗"和"毁灭"的活动，人成为毁灭过剩产品的机器——"消费机器"，因为只有"毁灭"了过剩产品，生产才能继续进行，经济才能继续增长，资本才能继续增殖。[4]

事实上，早在柏拉图和亚里士多德的时代，哲学家们就已经关注并研究过相关的问题，亚里士多德希望通过让人变得自我克制来控制其对于身体的物品，如健康和灵魂的幸福的无节制欲求。与亚里士多德相反，蒙田（*Montaigne*）则希望解放人性，满足人的一切愿望、兴趣和激情，这样人

---

[1]　Friedrich Wilhelm Nietzsche, *The Use and Abuse of History*, The Bobbs-Merrill Company, Inc., Indianapolis, New York, 195, p. 61.

[2]　[美] 福山：《历史的终结及最后之人》，黄胜强译，中国社会科学出版社2003年版，中文代序，第6页。

[3]　[美] 福山：《历史的终结及最后之人》，黄胜强译，中国社会科学出版社2003年版，第14页。

[4]　王庆丰：《资本的界限——现代社会的合理性边界》，《求是学刊》2016年第1期。

就可以享受自由。黑格尔和马克思看似以相似的方式探讨了围绕稀缺性展开的研究，但他们都拒绝了 20 世纪的梦想——蒙田所提倡的那种——丰富的"经济乌托邦"梦想，部分是因为他们看到了富裕与贫困积累的悖论性及其对社会的危害性，可他们也不同意亚里士多德，依靠外力强加的方法来限制人们的物质和精神欲望。对于黑格尔和马克思来说，未满足的需求即使在良好的社会中也是一种必要的存在。因为人们对于稀缺性以及对于物质和精神欲望的追求并不是一种纯粹主观的私人的行为；相反，这些稀缺性和这些需求是主体间的：一个人需要什么、想要什么、满足这些需求的方式在很大程度上取决于其所居住的特定文化环境。黑格尔和马克思认为人类对稀缺性的反应和满足的需求涉及文化的增长，即生产工具和社交互动的开发、人工制品的产生、自然的发现和塑造，以及人类的潜力的开发和获得的成就。一旦现有的稀缺性和欲望需求得到满足，新的稀缺性以及随之而来的思想和努力将被用来满足新的可能性，从而使进一步的文化和个人发展成为可能。稀缺性倡导以新形式创造新的特定需求不断出现是现代文明的必要特征。黑格尔和马克思都认为，资本主义社会不断增长的创发力同时也创造了无法满足的需求和稀缺性的持续存在。然而，资源的有限性以及财富和贫困共存造成的社会问题，导致个人和文化都必须反思其特定需求，这也是马尔库塞对必要需求和非必要需求进行区分的理论依据，同时也是他对于消费社会刻意制造稀缺，使人们陷入消费主义陷阱无法自拔的批判的理论前提。

总之，在黑格尔、马克思和马尔库塞看来，人们若不止于对欲望和无限制需求的反思，将会堕入恶的无限匮乏之中。

（二）马尔库塞对黑格尔需求理论的批判和超越

黑格尔将家庭、市民社会和国家区分开来展示现代生活的三个主要焦点。在市民社会中，经济交易行为发生在拥有所有权的普遍自由市场中，通过平等自由交换财产的个人之间的交换得以实现。黑格尔发现了需求和劳动之间的相互作用，劳动将个体从自然、无意识的方式中解放出来，进入社会交往层面。[①] 像动物一样，人类有需求，但是动物的需求及其实现

---

① Anderson J. H., "Hegel's Implicit View on How to Solve the Problem of Poverty: The Responsible Consumer and the Return of the Ethical to Civil Society", *SUNY*, 2001, p. 185.

方式局限在一定的限制范围，人类的需求及实现方式则超越了这些限制。但在现代相互依存的交流中，经济、个人发展的需求和满足的手段都是依赖他人的，包括他人的需求和劳动，无论是生存需求还是身份需求，以及与众不同的需求等。根据黑格尔的说法："需求的自然必要性被模糊了，现代人的需求不仅仅是自然的，它们是主体间的。劳动是满足需求所必需的形式，因而劳动也涉及'解放的时刻'。"通过劳动，个人可以构成、发展和表达他们的自我，重新创造世界。因此，在市民社会中，不是家庭关系和继承，也不是物质财产和富裕，而是社会劳动和需求构成了平等的基础，并获得他人的认可。除了获得认可之外，需求和劳动在公民社会中产生了部分组织，保证并同时提升有意识的努力，以达到共同的目的。

但是，黑格尔认为，市民社会有阴暗面。自由市场上大多数人都可以做到科学或舒适。但是，即使是良好的社会也要付出相应的代价，贱民，即道德堕落的富人、物质贫穷的人和不满的穷人会成为自由最大的敌人。当经济活动蓬勃发展时，产量就会增加，而技术推动生产创新，然后财富和贫困都加剧，那些无法工作的人会因无法参与劳动而无法获得自由和解放。工作场所和细分的机械化简化任务也会影响穷人，这些众多工作穷人可以成为一类人：尽管社会提供福利可以使他们活着，但仅仅是活着。尽管政府可以雇佣他们为公共项目劳动，但是黑格尔分析了这将会引发生产过剩的经济问题，因为更多的是生产出来的东西超出了消费能力。黑格尔认为，理性国家的出现将会产生公民身份和爱国主义的感觉，让人们摆脱消费陷阱，获得新的伦理认同。我们随后会看到，尽管马克思认为劳动和需求在历史上以疏离、束缚和非人性化的形式出现，他的对人类劳动和需求本质的理解与黑格尔非常相近。

在《德意志意识形态》中我们可以明显看到马克思也认为劳动将人与动物的需求区分开来，在此过程中语言得以产生、人类意识得以诞生。资本主义的特点是它要求人们为他人的需求而不是自己的需求而劳动，这种劳动变现为异化劳动，是一种深刻的奴役，而不是自由的实现，这种劳动对于劳动者而言意味着仅仅是外部的、强迫的、疏远的。如果劳动可以摆脱异化，那么劳动的基本内容是解放，人将从必然性中解放出来。马克思几乎用与黑格尔一样的口吻揭露了在表面繁荣的资本主义制度背后，不论贫富。还是资本家和无产阶级都遭受"道德堕落"的痛苦。在马克思看来，工人不能发展和表达他们的人性，因为他们是有钱的奴隶，卖掉他们的劳动力仅仅能够换回几乎不能维持生计的钱。资本家同样受到限制，因为他们受制于无礼资本主义市场的要求："积累，积累！那是摩西和先知！"与19世纪的一些改革者不同，马克思和黑格尔都认为资本主义问题不能仅仅通过增加财富的生产来解决。资本主义将富裕意识缩小为占有意识，于是，人类、自然的发展不是自己能力的极大发挥，而是作为无休止地为资本创造财富的工具，人的潜能和自然本身的能力被异化，以其最为狭隘、片面和异化的形式出现。

马克思从没全盘否定资本主义制度的成就，未来社会是建立在资本主义生产力之上的，并未倡导禁欲共产主义或田园共产主义，同样地，他并不认为未来的共产主义社会是一个丰富的地方，每一个重要的想法都可以满足，到处都是放松和懒惰。马克思认为在未来的社会中，劳动不会只是一种生活手段，而是生活的必然需求。随着生产力的进一步发展，劳动和时间将归还给人本身，个人的全面发展是可能的。这种非异化的劳动本身就是最大的生产力，在这种非异化的需求和劳动的推动下中，马克思看到"个人的全面发展"的可能性。黑格尔和马克思同意自由自觉的劳动可以建立自由的人性，指认市民社会是"道德堕落"和产生贱民与无产阶级的来源，他们认为经济问题的解决方案不是在市民社会中，而是在它之外的社会互动中，然后他们分道扬镳。对于黑格尔来说，自由的实现依托超越了市民社会的伦理国家。黑格尔保留了市民社会，因为这些冲突不断证明市民社会本身是不够的，并要求理性国家的介入来减弱这些冲突。对于马克思来说，市民社会的冲突既然是自身无法解决的，只有推翻资本主义才能消除基于资本的冲突，形成一种非异化的劳动观、富裕观和消费观。

根据黑格尔和马克思思想的继承者——马尔库塞的需求理论，无论有多少未来主义者赞美社会的"财富"积累，20世纪后期的富裕资本主义社会与19世纪资本主义同样是一种异化的存在。当人类存在的目标是消费品的无节制生产时，自然成为附属于人类欲望的被操纵和开采的客体。其实，一个异化的财富观中包含着的不仅仅是异化的劳动，也有异化的消费观和异化的自然观、价值观，这正是马尔库塞生态理论的重要来源。当代资本主义最可怕的是它包装了消费主义，将消费异化诱导为人们重新获得认同，包括自我认同和社会认同的一种甚至是唯一的可见方式，最终在广告和媒介的暗示下，人们陷入虚假无限的陷阱，成为资本的附庸。

（三）马尔库塞的需求理论：超越消费主义的"匮乏"陷阱

如何才能逃离资本逻辑的束缚，走出"悖论性贫困"呢？对此，马尔库塞提出了自己的"匮乏"理论。马尔库塞的匮乏思想批判地继承了黑格尔的贫困和贱民思想、海德格尔的异化理论和技术批判思想、马克思的异化需求理论。在马尔库塞看来，匮乏是单向度化世界的一种病症表现，"使之匮乏"是技术社会、资本基于技术理性操控世界的主要手段。因此，在极权主义的资本主义世界中，匮乏、单向度不仅是一个状态，也是走向那个状态的根本原因，人们之所以无法逃离匮乏的陷阱，正是因为它建构了人们的日常生活世界，包括人的精神世界，成为人们自我识别、自我认同、社会认同、政治认同的主要途径。但是，悲观主义并不是马尔库塞社会批判理论的最终归宿，与他钟爱的马克思主义一样，马尔库塞不仅要解释和描述这个世界的苦难，而是致力于基于清楚的理性自觉为批判、超越、改造世界，指明希望之路。

众所周知，几乎在同一个历史时代，萨特的匮乏理论也是其批判思想的重心。不过，尽管二人都受到海德格尔的影响，但是他们的匮乏思想是截然不同的。总体来看，萨特是一个历史悲观主义者，在他看来，异化是人的永恒的存在状态。萨特是从非历史的匮乏出发的"否定方面"来解释历史的："人们是在匮乏的环境中从事生产的，一旦这些人试图克服和超越匮乏时，他们就把匮乏内在化了。"[1] 由此可见，萨特显然"将匮乏看成是历史由之起源的普遍性环境、看成是人类劳动活动的根源和历史的永久动力"，颠倒了匮乏和异化的关系，模糊并进而掩盖了"资本之恶"造成异化和匮乏中的作用，堕入历史悲观主义的陷阱。萨特认为匮乏是人类社会一切异化现象的根源，是人类社会的基本特征，而由匮乏引申出来的个体的境遇——异化则是人的永恒状态。如果想要杜绝异化现象，人类社会需要从根本上消除匮乏。可是，由于至少在目前还并不存在一个能够消除匮乏的可能性，人们是在匮乏的环境中从事生产的，一旦这些人试图克服和超越匮乏时，他们就把匮乏内在化了。萨特的匮乏理论散发着历史唯心

---

[1]　彭赟：《萨特的"匮乏史观"及其同唯物史观的根本冲突》，《马克思主义研究》1998 年第 5 期。

主义的气息，而马尔库塞的匮乏理论则显然具有历史唯物主义的特质，面向现实。从这个角度看，尽管雷蒙·阿隆认为萨特是"西方第一个毫无保留地欣赏革命群众的哲学家"，但与马尔库塞相比，萨特的革命显得抽象而空洞。

1972 年在《批判哲学研究》中，马尔库塞在阐明自己的匮乏理论时曾发表了关于萨特的评论《萨特的存在主义》①，文中指出："萨特的存在主义由于其唯心主义的抽象、思辨性，除了高喊一些漂亮的口号外并不能切实地解决社会现实问题。"马尔库塞这样说道："唯心主义哲学把自由变为某种恐惧和专横的东西，使自由与压抑、退缩、贫困、沮丧联系在一起。唯心主义自由概念后面潜藏着一种不断的道德演示和实践演示的渴望；这种演示活动的利润又重新投入到这同一个活动中，在这种活动中如愿以偿的实际上只是小部分人。"② 在他虚无主义语言后面潜藏着物化的普遍事实，这些事实使得资产阶级英雄时代的特征以及自由竞争、自由创造以及社会平等都被涂上了荒唐和虚幻的色彩。现实世界不仅不是自由的，而且是异化、物化的。实质上，在异化、物化最严重的地方，人的自由几乎是不存在的，又何谈人的自由的自我构想？恰如马尔库塞所说："在他已经被贬低为一件物品、一种工具的情况中，在他几乎完全是作为肉体存在的地方，他的自为就丧失殆尽。"③ 马尔库塞对萨特的"唯心主义神秘化"是持批判态度的，与马克思当年对青年黑格尔派的批判和超越一样，马尔库塞用唯物主义的力量来取消这种理论，克服与真正的人的自由相逆的抽象理论，基于马克思的"类"观念说明"类"与"个体"的辩证统一关系。

在马尔库塞看来，在人的具体存在的意义上，它确实具有普遍性，但这种普遍性是社会力量的变形，因而它的"活动、态度、作为"在最终的意义上，都不属于它自己，而是属于它的阶级、职业、地位、社会，因而这种普遍性是由各种集团、利益、体制等构成的。马尔库塞认为，"在萨特的思想中由于现实的侵入、与马克思主义的争论、辩证法的引入，纯粹

---

① https：//www. marcuse. org/herbert/publications/1970s/172-studies-in-critical-philosophy. html.
② ［美］马尔库塞：《现代文明与人的困境》，李小兵译，上海三联书店 1989 年版，第 43 页。
③ ［美］马尔库塞：《现代文明与人的困境》，李小兵译，上海三联书店 1989 年版，第 30 页。

的本体论与现象学已悄然隐去，哲学进入了现实中，哲学变成了政治学"，萨特的这些思想成为抽象的良心和真理的避难所。

不同于萨特那样从"虚无缥缈的太空"探索远古时代的物质匮乏史，马尔库塞在资本主义制度的语境中阐发了自己的匮乏理论。与马克思一样，马尔库塞始终着眼于资本主义发展的历史进程中，探寻匮乏产生的现实原因。在他这里，匮乏是一种存在状态，单向度化的进程就是异化的过程，就是人和自然匮乏的过程。在技术支撑的消费资本主义国家，匮乏是资本之恶的根源、表现、结果，是苦难的来源，也是苦难的结果。

根据马尔库塞，在消费资本主义时代，基于诱导人的欲望，刻意制造的"匮乏"和由此而形成的"虚假需求"支撑着资本的自我续命和无限扩张。① 因此，如果想要逃离操纵和控制的"消费牢笼"，必须要对真实需求和虚假需求进行区分，并揭露消费主义与资本逻辑的共谋，对"财富观"进行审视，认清对财富的痴迷是一种异化的思想，而对虚假需求的痴迷则是异化财富观的伴随物。约书亚·卡茨在他的《赫伯特·马尔库塞与"虚假需求"》中指出，马尔库塞区分真实需求和虚假需求的目的是指明："虚假之所以为虚假在于：对其满足并不会带来快乐而是带来更加长久的不满足感和焦虑感。这种需求并不会增加人的幸福和自由，而是利用了人们对幸福和自由的感觉来操纵人们的感官和欲望，使其堕入无限不满足感。因此，这种需求其实是灌输和暗示的，对其满足不会使得人们从中获得利益，获利的是操纵这种需求的人，而消费者实际上成为这些人的产品，商品则是他们操纵产品的手段。"② 马尔库塞认为"物质丰裕、精神痛苦"是单向度社会的真实写照。在《单向度的人》中，马尔库塞断言，先进的工业社会通过制造"虚假需求"来维持其主导地位，这些错误的需求"使辛劳、侵略性、苦难和不公正永存"。造成这种单向度的原因在于科学技术满足了人们"虚假需求"，而忽略了人们的"真实需求"。

继承了黑格尔、马克思的需求理论和弗洛伊德的心理学，马尔库塞提出了自己"需求理论"，他也将需求分为两种："虚假需求"和"真实需

---

① Ross Fitzgerald, "Human Needs and Politics: The Ideas of Christian Bay and Herbert Marcuse Political Psychology", *Plenum Publishing Corporation*, Vol. 6, No. 1, 1985, p. 87.

② Cutts J., "Herbert Marcuse and 'False Needs' in advance", *Social Theory and Practice*, Vol. 45, No. 3, 2019, pp. 353 – 370.

求"，当代发达工业依托于科学技术的进步创造了巨大的物质财富，并利用消费主义意识形态将人的精神困在消费主义陷阱中，最终，"虚假的需求"不断侵占人的内心，人们逐渐忘记了自己真实想要什么，而是按照广告和媒体的"暗示"追求转瞬即逝的"时尚"。

　　在政治层面上，马尔库塞将人类需求分为生理性的本能需求和社会需求。社会需求是根据社会理念来建构的，因而是主体间性的，占有或拒绝某物取决于对于当前的社会来说，它是否被视为理想和必要的利益。而一旦需求被操纵，那么，我们将会被强迫去从事远远超出要求的劳动来满足需求。而一旦人们无法从不必要的劳动中挣脱，那么他们将永远无法摆脱异化劳动的生存命运。是什么力量可以说服人们不惜代价地牺牲自己的时间、精力、生活质量去追求本来自己并不需要的东西？马尔库塞认为，是当人们被消费陷阱中的幻象迷惑后，他们在不断的消费后获得了短暂的满足，包括物质和精神认同层面。由于刻意制造需求以所谓的"时尚"出场，而这种"时尚"是资本自我增值的现实体现，因而是"转瞬即逝"的。再加上广告和媒体的技术操纵，"时尚"的转瞬即逝速度使得人们陷入了焦虑和不满足的永恒状态，于是，短暂的满足成了手段。陷入虚假需求的人们不得不服从资本的操控，在这个陷阱中与自己的本真渐行渐远。另外，文化工业制造了所谓的文化产品，并以快乐为幌子将这些商品兜售给人们，当人们试图去以消费的方式去体验这种快乐时，文化工业会随即又制造新的快乐产品来将促使短暂的快乐迅速转变为焦虑，从而创造出潜在消费者。这就是为什么马尔库塞将虚假需求定义为"使辛劳、侵略性、苦难和不公正永存"。这种迷失的虚假无限的确会创造出虚假繁荣，但实际上都是异化的生存状态。

　　马尔库塞关于"虚假需求"的论述显然受马克思意识形态批判所使用的"虚假意识"概念的启发。尽管马克思自己从来没有提到过"虚假意识"，而是恩格斯使用了这个词，但根据马克思，由于资本主义意识形态"渗透"个人心理，在个人的自我认同和社会认同中成为基本的架构理念，导致社会的成员可能会由于满足了这些需求而感到满足。但是这种满足感最终不能帮助他们自由和幸福，反而导致了无休止的剩余劳动。比如，当我们经过漫长的一天，需要放松时，我到底需要怎样的放松？如何才是真正的放松？这依旧由各种文化工业制造的产品来主宰。对于马尔库塞来说，需求的真实性或虚假性完全取决于他们各自的成就是否导致真正的社会认同和个人身份认同，是否导致被承认。① 所谓的虚假需求并不是因为其不真实、不实际，恰恰相反，它们正是曾经需要的实现，才导致了个人的最终被操控。在其中，广告的问题并不在于其在先进的工业社会中促使人们想要错误的东西，而在于一旦人们满足了这种需求后，反而坠入消费主义陷阱，从而造成对自己的更深伤害。

马尔库塞认为，先进工业社会的特征是其有效窒息了那些需要解放的真实需求，而诱导人们沉溺于其生活的社会所强加的需求，导致了剩余压抑。显然，马尔库塞的虚假需求概念是创新的，因为它告诉我们当下的社会已经扭曲并困扰了我们的需求，虚假需求"堆积"在我们的真实需求上，并模糊了实现真实需求的通道。如果你想满足你在先进的工业社会中需要的尊重，那你必须遵守其规则，当社会上大多数人都同意拥有某些象征意义的物品是值得尊重的必要条件时，虚假需求就得以实现。虚假需求可以渗透进主观性，显示为真实需求。为了说明自己的需求理论，马尔库塞还举了一个例子："当社会告诉我，我需要浮华的时候，汽车赢得别人的尊敬，而我相应地将华而不实的汽车视为使拥有者享有尊敬的象征性物品。奢华的汽车不仅成为我自己的需要，也成为我确定哪些人值得我尊重的标准。"当然，这里必须澄清的是，马尔库塞对虚假需求的批判并不是要我们退回到前技术时代的蒙昧和匮乏状态，而是要让我们明白是时候去反思自己的真实需求是什么，并敢于拒绝那些被广告和媒体强加的虚假需求，走出消费主义的陷阱。

在《爱欲与文明》和《单向度的人》中，马尔库塞试图将政治道德作为人类需求的基础，提出了自己的政治哲学需求论。他对人类真实需求的理解不仅涉及对政治行为的解释，而且涉及对政治目的和宗旨的评价，其基本论点是：在技术合理性的必要性的指导和控制下，西方的现代工业社会都成功地满足了大多数成员的物质需求，但是，这种满足感是异化的虚假无限，是基于对人的片面的、疏远的和压抑，是与自由的实现相反的。真实的需求以"重要的食物，衣着，住宿达到可达到的文化水平"开始，

---

① Johnson D. P. , "Critical Theory：Social System Requirements Versus Human Needs", *Contemporary Sociological Theory*, Springer, 2008, pp. 397 – 425.

正如马克思在《共产党宣言》中所坚持的那样，满足这些需求是实现所有需求的前提。马尔库塞之所以认为当代工业社会是"极权主义"，正是因为这种制度通过既得利益决定了个人的需求和愿望，控制需求进行经济技术协调，从而阻止了对整个系统的有效反对。那么，这种控制是基于什么形式和机制实现的呢？马尔库塞给出了自己的回答——"绩效原则"。"绩效原则"是马尔库塞在《爱欲与文明》（1955）中完整阐述的概念，与其相伴的还有另一个概念——"剩余压制"。正是"绩效原则"完成了异化和异化的再生产，而绩效原则与剩余压制的结合正是极权主义。如马克思认为"剩余价值的生产"是资本自我持存和维系的手段一样，"剩余压制"在马尔库塞看来是维持特定形式社会统治的手段。因此，解放的政治活动的目标是用真实的需求代替虚假的需求，对需求进行重新定义，对虚假需求进行"大拒绝"。

我们知道，马尔库塞所面对的是黑格尔和马克思未曾预料到的消费主义盛行的后工业社会。在其中，变幻莫测的"时尚"幻象在技术变革驱动的消费主义和发明创造中自我续命。舒适、平稳、合理、民主的自由盛行是技术进步的象征，匮乏是其中最大的恶。哈贝马斯也曾明确地指出，脱离了饥饿和物质资源的匮乏并不意味着脱离了奴役和异化。今天，当人类面对着一个被开发得伤痕累累的地球和显然已经供不应求的资源的短缺和严重的生态系统崩溃问题时，不难看出马尔库塞的清楚的理性自觉具有多么深刻的当代启示。在《乌托邦的终结》中，马尔库塞将他的需求理论拓展到一种新的生活方式和生存理论的维度。在他看来，人类需求是有历史性的，所有的人类需求都受历史决定，并随着历史变化。因此，与那些包含着压抑性的需求决裂，跃入质的不同的新需求，不是一种理论的构思，而是内在于生产力自身的发展。随着生产力的高度发展，支配性技术的历史根基逐渐消除，从异化劳动中解放出来可能将会出现。如果能够突破资本的逻辑，将技术从压抑性社会的支配性的死亡本能中抽离出来，那么，一种美好的未来将会得以实现，一种不再受制和建基于匮乏和必要异化劳动的自由将得以实现。在新社会中，拥有新感性的人们本能地对自由有迫切的需求，他们真实的需求不再是支撑压抑性社会再生产的动力，而是借助于技术成为未来社会的新的生物学基础。马尔库塞认为，要全面否定和拒斥压抑性的虚假需求，包括"否定生存斗争的需求、否定绩效原则、否定浪费性需求、否定毁灭性的生产力、否定虚伪地压抑性本能的迫切需求"。与此同时，他还批判了技术发展在支配性倾向，揭示了"控制论和计算机的技术发展为何最终却推进了对人类存在的全面控制"，呼吁全面而深刻的技术重组，在这样一个重组的世界中，新的人际关系、新的人与自然关系、新的人与自身的关系才是可能的。

马尔库塞警示我们，社会主义条件下对生产力和效率的强调要与资本主义有本质的区别，而不是与资本主义制度一样深陷于发展生产力、提高劳动生产率的框架不能自拔。作为自由社会的社会主义与现存的后工业社会的本质性区别在于其所独有的"审美—爱欲的维度"[1]，所谓"审美"是指其本义："作为感官的感受性形式与作为具体的人类生活世界的形式。"审美的概念生动地表现了技术与艺术的融合以及工作与游戏的融合，社会必要劳动也能够与人的解放了的、真正的需求和谐相处。[2]

三 超越单向度的人——从"保卫生命"到"大拒绝"

在创作《单向度的人》期间，马尔库塞也开始探索如何才能超越单向度的人。从《单向度的人》和 20 世纪 60 年代早中期的大部分文本来看，马尔库塞对阻碍社会变迁的支配与愈演愈烈的社会控制趋势作了冷静而略带悲观的批判。但到了 60 年代中后期，他似乎再次回复了革命的积极和热情，集中体现在《1966 年〈爱欲与文明〉的政治序言》和 1968 年的演讲《超越单向度的人》、1969 年的《论解放》中。此时的马尔库塞对反抗力量以及社会反抗中的审美与爱欲的重要性给予了高度的肯定和评价，全面阐述了如何才能"超越单向度的人"。

马尔库塞早在 1966 年发表的《爱欲与文明》序言中就已经表达过一种乐观的、委婉的甚至是积极的思想。在他那里，发达工业社会业已取得的巨大成就完全有能力扭转现代文明的历史方向，冲破生产与破坏、自由与压抑之间毁灭性的结合，冲破自由与奴役的勾结，彻底解决"悖论性贫困"问题。马尔库塞认为，人类已经发展到一个以技术社会成就为基础的更高阶段，物质财富已经极大丰富，所以，随着浪费性、破坏性商品的停

---

[1] 《马尔库塞文集（六卷本）》（第 6 卷），人民出版社 2020 年版，第 319 页。
[2] 《马尔库塞文集（六卷本）》（第 6 卷），人民出版社 2020 年版，第 319 页。

产，身心创伤也会随之消除，解放的新感性和爱欲将推动塑造新的环境，改造自然的将是人的爱欲本能，攻击性将被制服，服从于生命本能的要求。换言之，"它（发达工业社会的已有成就）能使人在共同反抗死亡威胁的斗争中学会'快乐的科学'（gaya sciencia）"，那些拥有了"新感性"的人们将在"新科学""新艺术"的支撑下，扭转进步的末日方向，人们开始学会按照自己的爱欲本能、生命本能，真正践行人类与自然的双重解放世界观，抗拒死亡本能及其意识形态，用创造的社会财富来开创审美的新的社会主义未来生活。到那时，生命本能将战胜死亡本能，使那些依附于死亡本能的意识形态和社会机制"行将过时"，人们对解放的渴望战胜了一些压抑的社会控制形式，本能地渴望一种和平而安宁的世界。在新世界中，人们对于那些不间断地生产和消费垃圾货、不必要的小玩意、计划报废与杀伤性武器将产生"本能的反感"，绝不会再以顺从的方式来适应这种消费主义意识形态，忍受"经济之鞭"的操控。需要注意的是，这里涉及马尔库塞一项伟大的教育计划。这项教育是一种对人性的全面革新，因此是一种灵魂的伟大工程，这项教育计划试图将"新感性"世界观注入人的心灵，政治化的身体和自然将反抗"机器"，反对一切支配性的机器，包括政治机器、社团机器、文化教育机器，颠覆并彻底解决"悖论性贫困"问题。除了教育革命，马尔库塞还提出要在摆脱"入世禁欲主义"的前提下要重建生产部门，因为正是这种禁欲主义为支配与剥削提供了心理基础，是人不得不将自己看作劳动工具的话语根基，当人把自己看成是劳动工具，而不是一个感性的活生生的人时，他们将会支撑支配性制度，并成为其中的一员。马尔库塞还详细地描述了这种异化了的人的样态："这种人智力发达、体魄强健，不崇尚英雄也无须具备英雄的品德；这种人没有岌岌可危的生活冲动，也没有迎接挑战的冲动；这种人无愧于心地把生活当成是目的本身，快乐地过着无忧无虑的生活。"① 马尔库塞的这种描述与阿伦特对"平庸之恶"的人的描述的确有异曲同工之处。马尔库塞认为，解放的先决条件和内容是：必须停止发展占支配地位的需要与能力，形成新的、完全不同的需要与能力。

马尔库塞将爱欲本能的解放从人性领域和自然领域延伸到了政治领

---

① 《马尔库塞文集（六卷本）》（第 2 卷），人民出版社 2019 年版，第 113 页。

域，在他看来，西方文明本身的攻击性已经造成了世界性的灾难，为此，他提出了"保卫生命"一词。马尔库塞的"保卫生命"在富裕社会具有爆炸性的意义，"它不仅包括抗议新殖民主义的战争屠杀……还包括拒绝使用富裕社会的死气沉沉的语言，拒绝穿戴整洁的服饰，拒绝享用富裕社会的小玩意，拒绝接受富裕社会的教育"。在发达工业社会反生命、反生态的征服下，军事战争周期性爆发。因此，"保卫生命"不仅是一种心理革命，也是一场社会革命，"为生命而战，为爱欲而战，就是为政治而战"。①

在《1966 年〈爱欲与文明〉的政治序言》中，马尔库塞再次论述了如何超越单向度的操控。1968 年马尔库塞的《超越单向度的人》更为直观地表达了他积极乐观的革命精神。这篇文章最早见于法兰克福马尔库塞档案馆，是 1968 年 10 月 31 日加州大学洛杉矶分校"第一届年度汉斯·梅叶霍夫②纪念讲座"的发言稿③，反映了马尔库塞对哲学、社会理论、艺术和政治的综合运用，它还特别强调了艺术与文学等的解放力量。在《超越单向度的人》中，马尔库塞从对"存在主义"的批判展开论述。在马尔库塞看来，存在主义是一种强烈的与世无争的口气，甚至与荒谬的现实达成了和解。无论是加缪还是萨特，他们的存在主义一方面沉浸于现实政治，另一面沉浸于想象王国。马尔库塞认为，当下的政治努力已经有可能打开一个全新的政治维度，想象力变现为理性的能力，表现为激进变革的催化剂："现在的情况是，从现实条件来看，解放的现实可能性，创建一个自由、理性社会的现实可能性是如此势不可挡、如此激进、如此不可能，而阻碍和质疑该可能性的力量又是如此强大，以致要把这些可能性转化为现实就得努力超越现状整个非理性的合理性。解放的力量必须寻找他们自己新的表达方式，他们自己的策略，自己的语言，自己的风格，以便在他们开始之前不陷入今天腐烂的政治世界，不被打败。"

---

① 《马尔库塞文集（六卷本）》（第 2 卷），人民出版社 2019 年版，第 120 页。

② 汉斯·梅叶霍夫是马尔库塞最好的朋友，也是一位德国流亡知识分子，1934 年移民美国，曾出版了《文学中的时间》（*Time in Literature*，1955）和《我们这个时代的历史哲学》（*The Philosophy of History in Our Time*，1962）等多部著作，在一次车祸中丧失，当时他正坐在一辆停着的车上，一名学生开车冲向了他，最终丧生。

③ 1969 年 10 月 7 日的《论解放》原标题就是"超越单向度的人"，在 1968 年 10 月 21 日的书信中使用的是《论解放》，但在马尔库塞档案馆中没有发现揭示这种转变的相关材料。

马尔库塞相信，革命时机已经到来，当时的反抗者已经意识到了革命的必要性，意识到了需要与过去决裂、与现在决裂。单向度社会渐渐开放，"与支配和剥削的连续统一体决裂的前景……已经在宗主国富有战斗性的反对派中，以及在第三世界的解放运动中，有其物质基础，有其形成的基础。而在此基础上，可用于论战与重建的新价值、新能源、新能力就变成政治力量"①。基于对时局的判断，马尔库塞高度评价了法国的五月风暴，认为它将会照亮历史的转折点，表明激进的变革运动可以发生在劳动阶级之外，作为催化剂，这一外部力量反过来可以激活劳动阶级中被压抑的反抗力量。另外，这也许是实践最重要的方面，即策略、目标和价值涌现了出来，它们超越了反对派和整个政治一个世纪以来的概念与政治框架。这些新的策略和目标表明：一种新的意识、一种预测性、计划性的意识已经出现，它为自由开启了全新的、精心制作的前景，并且为此做好了准备。鉴于此，马尔库塞认为"当下最重要的是要重估价值"，建立一种新的合理性，它不仅要反对各种形式的资本主义的合理性，也要反对斯大林主义集权主义社会主义的合理性。在全新的意识形态中，新意识代表并塑造新的感受与感性，也代表着对既定的、被压抑的现实的全面"大拒绝"。反抗者的感官现如今已经无法看见、听到和品尝到提供给他们的东西，不过他们的内在本能却抵制压迫、残忍、丑陋、虚伪和剥削。另外，反抗者们将抗议那些所谓的高雅文化，反对这些所谓的高雅背后的"肯定性""调和性""虚幻性"。这些虚假的文化、艺术培养了虚假的意识、虚伪的道德、受管制的娱乐和欢愉形式，自以为是地俯冲社会中的管制和操控。所以，新的反抗将会把人的意识延伸到支配要求的限制之外，重新激活被压抑的想象力，构成激进现实的新的想象力。用马尔库塞的话说："这些新的想象力将重新运用它的创造力从虚构的角度——作为诗的真理，作为艺术形式——和从政治目标的角度来设计人类自由的真正可能性。"②解放后的"新感性"将为重建人与自然的关系、人与自身的关系、身体与心灵的关系、人与他人的关系、人与社会的关系提供本能的、生物学的基础。

在这里，马尔库塞呼唤一种彻底的变革，这种变革不仅能解放人的

---

① 《马尔库塞文集（六卷本）》（第 2 卷），人民出版社 2019 年版，第 130 页。
② 《马尔库塞文集（六卷本）》（第 2 卷），人民出版社 2019 年版，第 132 页。

理性，也能解放人的感性；不仅能解放人的生产力，也能解放人的感受性；不仅能加强人的生命能力，也能加强与死亡本能相对立的爱欲。它将不受制于自发的、竞争性的、有利可图的行为表现规则与要求，也即是说，不受制于当下强势的支配性的规则。当新感性的新历史主体停止了死亡本能的追逐和痴迷，他们会颠覆现有的生活，不再以购买来寻找个人的价值和承认，现在的财富和资源将会服务于社会，精神的垃圾和物质垃圾将会被扔进历史的废墟中，人们同心同德地建立一个美丽和平的新世界。

马尔库塞的解放力量是从对死亡本能的拒斥中得出的，因此，并不是一场外部革命，也不是一种天国降临的救赎，而是一种自我革命。解放的力量是爱欲本能的释放，与死亡本能有完全不同的语言系统、话语和行为体系，爱欲的语言是新世界观的批判的武器。马尔库塞认为，死亡的语言内含着一种悖论性之恶，这种语言常常把暴力与甜蜜结合起来，拥有虚假的丰富性，其实它论断了人与人之的真实交流方式，其内在的极权主义倾向窒息了人的意识，而且还掩盖、诽谤存在的其他可能性，它把现状的需要植入人的心灵和肉体，同时使他们对真正的变革、解放产生了"免疫"。马尔库塞具体分析了这种"免疫"的历史性——是第二次工业革命的固有产物。第二次工业革命与第一次科技革命的本质不同在于前者的诱因是科学，而后者是技术。第二次工业革命把科学的原则直接运用到了生产领域和分配领域中，不仅自然科学被运动到数学计算中，社会科学也被运用到宣传和政治中，心理学被运用到可怕的人际关系社会学、文学和音乐中。于是，精神文化服务于物质文化，创造力服务于生产力，想象力服务于商业。科学与人文思想变成了社会控制的引擎，科学在征服自然与开采资源上的成就越大，塑造人的行为和塑造生命过程的心理与生物实验可能失控的危险就越大，筹划减轻人类生存苦难的方法和手段的想象空间就越荒芜，成就与其使用的实际效果的反差就越明显，社会内爆的潜在危险就越大。在社会内爆和革命部分，马尔库塞强调了知识分子的社会责任，他认为哲学家和教育家要敢于担负自己的社会责任，重塑学术的意义，重新定位自己奋斗的意义和生活的意义；要敢于与充满谎言、奴役、死亡本能、控制和操纵、威胁和谎言的"资产阶级文化"明确表示"大拒绝"，担负自己的启蒙责任。

四 文化革命

针对发达工业社会存在的总体异化、单向度化导致的全面匮乏，马尔库塞提出了自己的马克思主义革命方式：大拒绝——总体革命，主张无条件地通过总体革命来疏离于技术理性的控制，彻底与现实决裂。除了经济上、政治上进行变革外，首先要实现文化上的大变革，从而克服人的本质的歪曲，使人作为完整的人，全面占有和复归自己的自然本质。20 世纪60 年代末期在发达资本主义国家所爆发的大规模的学工潮就是学生和工人对这种令人窒息的不满。马尔库塞在学生运动中看到了希望的曙光，他进而提出了自己的革命方案就是"大拒绝"，该理论深刻地影响了20 世纪60 年代的整个西方左派运动，并对70 年代之后的西方马克思主义理论转向产生了重要的影响。面对新的现代奴役形式，马尔库塞明确指出：只有无条件地诉诸总体性革命才能超越现实。意识形态的"大拒绝"和总体革命包括两个思想维度："文化革命"和"价值革命"。

文化革命在当代激进左派中具有很大的影响力，最初是由葛兰西提出的，他的文化霸权思想奠定了在政治上文化革命的合法性基础。文化霸权理论和卢卡奇的阶级意识分析构成了西方马克思主义在应对阶级斗争缓和、政治革命处于低潮时的理论指导，成为马尔库塞思想的理论来源。这一思想的最终归宿是摆脱启蒙理性所开创的理性传统造成的同化和压抑意识形态，获得一种感性的解放，这也是为什么马尔库塞一直在美学和艺术中寻找新感性这个解放因素的根本原因。在晚期的《反革命与造反》中马尔库塞进一步指出："解放要以激进的另一种意识，一种真正的对抗意识为前提，因此，这一运动的意识应该能够打破对消费社会的崇拜，必须要有一种知识和一种感性，而已有的秩序通过阶级教育的制度禁止大多数人民获得这种感性。"[1] 根据马尔库塞，文化革命的目标是向物质需要的彼岸的整个领域发展，并把目标指向传统文化的彻底改造。[2] 所谓传统文化就是资产阶级文化，即对人性压抑的文化。这种压抑在发达资本主义国家表

---

① ［美］赫伯特·马尔库塞：《工业社会与新左派》，任立译，商务印书馆1982 年版，第105 页。

② ［美］赫伯特·马尔库塞：《工业社会与新左派》，任立译，商务印书馆1982 年版，第144 页。

现为对人性的全面控制，包括人的本能领域和心理领域。所以，要发展出一种新的感性来与之抗衡。[①] 在反抗匮乏和新感性的再生时，个人感觉的解放应该构成普遍解放的序幕甚至是基础，自由社会应该建立在新的本能需要，即新感性的基础之上。

在马尔库塞这里，新感性作为一种新的人性特征，是人的本真需要。马尔库塞作为总体革命的"大拒绝"在许多正统马克思主义学者眼中可能不够彻底，不是坚决的否定，然而那种敢于与现实疏离和决裂的勇气是十分珍贵的革命精神。在新感性中，马尔库塞展望了一个非压抑的社会、一个与现存社会具有质的区别的社会。马尔库塞认为要超越单向度社会，除了认清其政治本质，还必须要对其意识形态话语"大拒绝"，革命的无产阶级"必须寻找他们自己新的表达方式，他们自己的策略、自己的语言、自己的风格，以便在他们开始之前不陷入今天腐烂的政治世界，不被打败。我相信，今天的反抗者已经意识到了这种必要性，意识到了需要与过去决裂，与现在决裂"[②]。

与霍克海默和阿多诺相比，马尔库塞是乐观而自信的，他认为随着单向度世界的逐步开放，无产阶级与其决裂的前景已经出现，不仅有了物质的基础，也有了形成的基础，"在此基础上，可用于论战与重建的新价值、新资源、新能力就会变成政治力量"。为此，马尔库塞如同尼采一样，开始呼吁"重估一切价值"，倡导以"文化的俗化"（desublimaton of culture）[③] 为旨归的文化的反抗，抗议"把自由和平等视为'内在'价值——即在上帝面前、在法律面前的良心和自由的抽象平等，因此或多或少地可以与实际的不自由、不平等和谐相处——的文化"，"抗议爱情的烂漫化、内在化"、

---

① ［美］赫伯特·马尔库塞：《工业社会与新左派》，任立译，商务印书馆1982年版，第130页。

② 《马尔库塞文集（六卷本）》（第2卷），人民出版社2019年版，第130页。

③ 《马尔库塞文集（六卷本）》（第2卷），人民出版社2019年版，第131页。desublimaton of culture 在文集中被翻译为文化的俗化，很多学者也常常将 desublimaton 翻译为"去升华"。笔者认为其翻译成中文语境中的"俗化"是很不合适的，翻译为"去升华"比较符合马尔库塞社会批判思想的真实含义。但是，很多已有的翻译著作，比如上海译文出版社2008年版的《单向度的人——发达工业社会意识形态研究》也是将其翻译为"俗化"。除了引用原文，本书将 desublima-tion 翻译为"去升华"。另外，为了能够还原马尔库塞思想的原初含义，本部分将基于马尔库塞的原著来对其思想进行阐释。

"抗议运用虚幻地美化来减轻现实恐怖"，废除和扬弃文化理想化的、压抑的力量。

　　马尔库塞在这里使用的"文化的俗化"其实是从弗洛伊德那里得来的概念。在弗洛伊德那里，文化的俗化呈现为一个自相矛盾的概念、一个不可能的概念，因为"一切的文化都是对现实的抽象和升华，而俗化则意味着一种返回、回归不文明和前文明的历史阶段"①。马尔库塞通过黑格尔—马克思批判理论的视角来研究和超越弗洛伊德，改造了他的"文化的俗化"理论，用以分析资本主义统治对技术先进社会的心理—社会影响。在他看来，"今天所需要的俗化并不是一种消灭更不是一种倒退，不是消灭文明的进步成果，而是要实现对现代文明的否定之否定"，"消灭文明初始阶段的剥削性……把曾经在具有剥削性的文明传统中被简化、肢解和扭曲的人的能力、需要与满足重新融入文明中"。②马尔库塞相信，当人们普遍对这种肢解已经有明显的意识，对周而复始的挫败感、压抑性、虚假意识、虚伪的道德、低级的娱乐和商品化的生活方式感到厌恶和反感时，他们就会反抗文化的压抑性，蔑视一切形式的虚伪而荒谬的"一本正经"，抗议当权者的话语和行为标准，思考如何摆脱既定的话语和行为体系的束缚。在这里，"文化的俗化"是他所提出的文化的反抗的目标和"旨归"③，不仅具有重要性和必要性，也有可能性和可行性。

　　进一步说，在弗洛伊德那里，"文化的俗化"由于是一个自相矛盾的概念、一个不可能的概念，因此，文明的衰落是不可避免的。在《爱欲与文明》中，马尔库塞挑战了弗洛伊德关于人类不可避免地走向毁灭的观念，试图描述在现代资本主义社会下统治和压迫回归的历史新事物，强调了通过支配而取得进步的动态。马尔库塞认为，统治在历史上已经以明显的"更高"形式重建。"先进资本主义的技术理性爆破了另一种被压抑者的回归"④，科学、技术和生产力的扩张为克服工作的社会必要性创造了可能性。在这种情况下，压制的持续是越来越不合理的。在此，马尔库塞进一

---

① 《马尔库塞文集（六卷本）》（第2卷），人民出版社2019年版，第131页。
② 《马尔库塞文集（六卷本）》（第2卷），人民出版社2019年版，第131页。
③ 《马尔库塞文集（六卷本）》（第2卷），人民出版社2019年版，第131页。
④ Herbert Marcuse, *Eros and Civilization: A Philosophical Inquiry into Freud*, Boston: Beacon Press, 1955, p. 71.

步引入了"过剩压抑"（surplus repression）的关键概念，以表示压抑的一部分是"由社会统治所必需的"，它不必要地阻碍了本能欲望的满足，是应该去除的，也是可能去除的。他认为，如果异化被克服，"过剩压抑"被去除，非压抑的俗化（non-repressive sublimation）则是可能的，也可以发生（作为一种社会和个人现象）。如果从过剩的压抑中解放出来，爱欲就会加强和吸收死亡驱力的目标："在解放的状态下，死亡的本能价值——它的生物强迫——被改变了。"①

除了"文化的俗化"理论，马尔库塞还进一步提出了"压抑的去升华"（repressive desublimation）。在他看来，"压抑的去升华"发生在资本主义统治中，过剩的压抑被制度化，并通过受控的自由化来管理，这增加了对社会提供的满足。这一过程进一步降低了意识的能力，从而消除了良知。随着个体进一步融入资本主义生产装置，现实性与否定性之间的差距被缩小，使"幸福意识"满足于现状。正如马尔库塞所指出的，单向度"限制了升华的范围"，同时减少了"升华的需要"（the need for sublimation）。在精神器官中，欲望和允许之间的张力似乎大大降低了，因此，生物体以自发接受所提供的东西为先决条件。②

马尔库塞的"文化的俗化"和"压抑的去升华"在今天依旧具有重要的理论意义。21 世纪，Alexander M. Stoner 就基于马尔库塞对"压抑的去升华"来"更好地理解环境主义者的愿望目前是如何受挫的，阻碍了走向社会生态解放的运动"③。文中，Alexander M. Stoner 指出："（21 世纪）主流环境保护主义与目前正在推动我们可预见的生态崩溃的制度力量是相容的。从 20 世纪 70 年代的'限制到增长'，到 80 年代的'通过增长实现可持续发展'，以及最近转向新自由主义环境主义的转变，都表明了主流环境主义与资本逻辑的融合。新自由主义环境主义的目标是释放市场以保护环境，但事实证明，在我们走向灾难的道路上，事情变得越来越糟。在整

---

① Herbert Marcuse, *Eros and Civilization: A Philosophical Inquiry into Freud*, Boston: Beacon Press, 1955, p. 235.

② Herbert Marcuse, *One Dimensional Man*, Boston: Beacon Press, 1964, pp. 73 – 74.

③ Alexander M. Stoner, "Things are Getting Worse on Our Way to Catastrophe: Neoliberal Environmentalism, Repressive Desublimation, and the Autonomous Ecoconsumer", *Critical Sociology*, Vol. 47, No. 3, 2020, p. 12.

个新自由主义时期，环境恶化不仅加剧了，而且加速了。市场机制的持续失灵，技术乐观主义和以市场为导向的环境治理暴露了新自由主义环境主义无法充分解决我们当代生态困境的能力。虽然新自由主义环境主义的影响明显适得其反，但它仍然占主导地位，例如，在当前流行的生态系统服务估值和环境金融计划中，而且显然没有其他选择。面对悲惨的失败和不断增加的灾难——我称之为新自由主义环境主义的停滞——新自由主义环境主义的坚持需要解释。今天，'绿色产品'的消费被推崇为其他的东西，而不仅仅是消费主义。人们通过购物来拯救地球。"①

为了反思"是怎么走到这一步的?"亚历山大·斯通纳（Alexander M. Sdner）试图将研究聚焦于"先进资本主义中自我和社会的联系，以及这种联系必须如何转变，以实现与自然的较少破坏性关系，来检验新自由主义环境主义的停滞"，通过讨论美国新自由主义资本主义与新自由主义环境主义的一致性，并利用马尔库塞的"压抑的去升华"概念来理解和把握新自由主义环境主义持续存在背后及其和自主生态消费者之间联系的心理—社会动力学。②温迪·布朗（Wendy Brown）也认为，马尔库塞关于市场在压抑去升华中的作用的理论化在新自由主义的背景下特别有见地。Wendy Brown 解释了压制性去升华在新自由主义条件下所扮演的角色："由于去升华而产生的快乐意识已经耗尽，良知的微弱残余被市场理性和市场需求所接管。真实既是理性的，也是道德的。现实原则、命令性和道德秩序，资本主义立刻成为必然性、权威和真理的结合体；弥漫在每一个领域，免受批评，尽管它明显的破坏性，不连贯和不稳定。没有其他选择。"③由此，可以说马尔库塞的社会批判理论所提出的"压抑的去升华"为 21 世纪的今天提供了充分理解生态危机所需要的概念工具和批判的武器。

除了提供概念工具和批判的武器，马尔库塞认为激进的反抗要对资产

---

① Alexander M. Stoner, "Things are Getting Worse on Our Way to Catastrophe: Neoliberal Environmentalism, Repressive Desublimation, and the Autonomous Ecoconsumer", *Critical Sociology*, Vol. 47, No. 3, 2020, p. 2.

② Alexander M. Stoner, "Things are Getting Worse on Our Way to Catastrophe: Neoliberal Environmentalism, Repressive Desublimation, and the Autonomous Ecoconsumer", *Critical Sociology*, Vol. 47, No. 3, 2020, pp. 1 – 20.

③ Brown W., *In the Ruins of Neoliberalism: The Rise of Antidemocratic Politics in the West*, New York: Columbia University Press, 2019, p. 169.

阶级文化进行一次总体性的"文化革命"①。在马尔库塞这里，真正的"文化革命"内容是非常丰富的："不仅包括改变着装方式、挑选与准备食物的方式、性行为方式、语言模式、还包括否定和反抗最著名的艺术、文学、音乐作品。可以毫不夸张地说这样的文化革命不仅为政治革命（包括经济变革）准备了土壤，而且在面前阶段吞并了政治革命。"② 文化革命将建基于"人的感性之上的尝试恢复了一种老的（但却已经断裂）的传统，该传统可追溯到中世纪的自由派、法国启蒙运动、傅里叶、青年马克思"。文化革命的目标是："在追求总体性革命的过程中，文化革命正在探索（或者更确切地说是夺回）被忽视或被压抑的革命基础，即它在个体那里的根源——更具体地讲，应该是它在人的感性那里的根源。"在这里，马尔库塞实际上再次明确了文化革命的目标就是建立新感性的个体。这些新的个体将会组成新社会，实现全新的生活。在新的社会中，人与人之间不再是虚假的契约关系，不再是相互竞争的关系；社会不再是选票的市场，而是感官解放了的人们的自由需要及其能力的自然而合理的延伸。马尔库塞认为文化革命必须彻底，要有"大拒绝"的勇气和魄力，"不仅是不断地改造文化传统，还要拒绝文化传统——拒绝连续性，与其决裂。这种拒绝从日常行为、社会风俗蔓延到了最高的艺术、文学和音乐成就，它旨在对抗物质文化和精神文化——它拒绝整个资产阶级文化"③。为了明确文化革命到底"拒绝"的是什么，马尔库塞还专门对"什么是资产阶级文化""什么是资产阶级"作了详细的说明。

　　关于"什么是资产阶级？"在马尔库塞看来，马克思曾经所指的资产阶级是指"在封建社会灭亡后成为统治阶级的那个阶级"，这个阶级原本

---

　　① 《马尔库塞文集（六卷本）》（第 2 卷）收录了马尔库塞最著名、最有趣的、尚未发表的手稿《文化革命》。该手稿现保存在法兰克福马尔库塞档案馆。手稿完成于《论解放》之后，似乎是《论解放》的进一步补充。因为在《论解放》中提出了颠覆现有的经济与政治结构，在这篇手稿中则提出了要颠覆现有的资产阶级文化，强调了革命的"总体特征"。手稿还谈到了《单向度的人》中的许多主题，并根据当时的政治事件对它们进行了进一步的深化。该手稿的很多主题在《反革命和造反》中也得到了讨论。总之，在这篇手稿中，马尔库塞就文化革命的概念和他对当时政治运动更加积极的评论作了更充分的阐释。因此，该文本是马尔库塞认为"文化革命"对激进社会变革具有重要意义的一个重要标志，表达了其革命乐观主义。

　　② 《马尔库塞文集（六卷本）》（第 2 卷），人民出版社 2019 年版，第 140 页。

　　③ 《马尔库塞文集（六卷本）》（第 2 卷），人民出版社 2019 年版，第 159—160 页。

介于当时仍然存在且依旧非常强大的土地贵族与无产阶级之间，因而是"中间阶级"，占有和控制着生产资料，并逐渐操控政治，使其倾向于自己的利益。马克思所说的"资产阶级文化和意识形态"指的就是这样一个阶级的文化和意识形态。因为当时资产阶级作为私人资本家，一方面剥削工人，利用工人创造的剩余价值进行再投资；另一方面又不得不参与到同行的竞争中，于是他们就有一种独特的道德观"入世禁欲主义"，提倡生产性的"节约"、抑制消费、努力工作、一夫一妻的伦理观、自我压抑等，但是，这种资产阶级和资产阶级文化到马尔库塞的时代早已过时了。这就是为什么霍克海默会认为，马克思的资产阶级概念对于发达资本主义已经过时的原因。对此，马尔库塞也是赞同的，在他所生活的发达工业社会中，"资本主义结构已经发生了变化"，"政府不再仅仅是资本的代言人，私人企业与自由竞争已经几近消亡"，资本主义的经济体制早已"社会化"，政治责任被委派给了那些越来越独立于他们选区的职业诈骗集团，诈骗集团同样参与到整个经济领域当中。① 军队对经济的影响也越来越大，资本家仍然是统治阶级，其统治权仍然依赖于国防、扩大积累和资本增殖。但这种职能却不再具有生产性，它只会更加野蛮地通过付出更高的代价来维持现存社会，资产阶级的任务不再是发展生产力，而是依托高科技阻碍生产力的合理发展与人类的进步。"随着这个统治阶级越来越不具有生产性，它的价值体系也变得无效。"②

关于"什么是资产阶级文化？"马尔库塞认为，资产阶级文化是"资产阶级——作为一个阶级，它的观念与价值成了塑造社会道德、时尚、科学、哲学、艺术、文学、音乐的占主导地位的观念与价值——发展出来的文化"。作为一种社会意识，资产阶级文化在资本主义不同的发展阶段表现为不同的形式，比如"早期的城市市区和小城镇的工匠文化，19世纪的'高雅文化'和技术时代的大众文化等"。马尔库塞认为："16世纪到20世纪的资产阶级文化带有明显的'资本主义'性质"，尽管这些资本主义在不同的发展阶段，有不同的表达形式，比如"商业资本主义、制造业资本主义、工业资本主义、技术（垄断的、有组织的）资本主义。"但它们

---

① 马尔库塞这里提到的职业诈骗集团概念来自霍克海默的资本主义的诈骗理论，从该理论看，犯罪是制度的正常表达，现存的经济和政治力量看上去就像是诈骗集团。参见《马尔库塞文集（六卷本）》（第2卷），人民出版社2019年版，第161页。

② 《马尔库塞文集（六卷本）》（第2卷），人民出版社2019年版，第161—162页。

之间的共同之处在于"都是以雇佣劳动为基础的是生产资料私人所有的交换社会",而且,"统治阶级保留了它的权力的基础,即控制着资本主义的生产方式"。马尔库塞强调,文化革命要与资产阶级的文化传统彻底决裂,为即将到来的社会主义做准备。与资产阶级文化连续性的决裂是文化革命的目的,这种决裂发生在资本主义的框架下——所以它不是革命,也不是改良,更不是一种意识形态样式;而是一种"大拒绝",拒绝"刻意制造匮乏"的剥削性的"高雅文化"。因为"高雅文化"正是发达工业社会的阶级文化,包含着阶级的特权,与群众不相容,本身带有强烈的压抑性。文化革命必须要触及这个"高雅文化",因为它不仅是资本主义文化得以自我续命的罪魁祸首,也是无产阶级革命之所以没有成功的根源,是新工人阶级依旧是"自在"而非"自为"的真正原因。

在资本主义制度下,一切的存在都沦落于"流动性""偶然性""任意性"的厄运中,这种强烈的不确定性,制造了一种永恒的"匮乏"状态。于是,现实的匮乏、刻意制造的匮乏以及匮乏感始终是存在的基本样态。再加上整个资本主义文化网络,包括宗教、道德、教育等科学体系都在不同角度制造并支撑着匮乏。于是,无论是在强大的自然力量面前,还是在不可知、不可控、不可测的"匮乏"世界中,抑或是"复杂的人性或者人性的邪恶"面前,现实的人都因其无能为力而纵容了支配性力量的操纵与控制。马尔库塞认为,在西方传统的漫长过程中,"匮乏"是一个贯穿其中的核心理念。这里的匮乏并不仅仅意味着食物、物资缺乏或者是技术的落后、信息的闭塞等,还意味着克服匮乏以及不平等的、剥削性的分配能力不成熟或受到了抑制。在这种以"匮乏"为特征的文化中,"自然"始终是一个贬义的词语,无论是作为人们生存环境的大自然,还是作为人的自然的"身体""肉体",抑或者是作为人的自然属性的"感性、感官和欲望"等,这些被"理性"贬斥和蔑视的"自然"由于被定罪为"不可知、不可控、不可测",因此没有自己存在的空间和历史。因此,正如马尔库塞所说,"缺乏对自然的认识(根源于统治阶级几个世纪的培养)有助于掩盖支配一点也不'自然'的根源",最终"对自然的控制能力的日益增强将有助于日益有效地对人的控制"。最终,经过负责的中介系统,普遍的"匮乏"在普遍的控制的参与下,塑造出了扎根于"匮乏"之上的所谓的"高雅文化"。同时,"以匮乏为基础的剥削性的社会组织使高雅文化成了那些有时间、精力(尽管不一定是如此)和教育背景来理解、实践、享受这种文化的人的特权"①，于是"高雅文化"成为"阶级文化"，并成为一切文化和艺术发挥的基础。就连"艺术和哲学"都无法真正超越这种文化，而仅仅是抽象、理想化的空洞构思，因此依旧是阶级意识形态的一种。马尔库塞认为哲学和艺术真正的超越需要一种马克思意义上的"理论的彻底性"，这种彻底性保证了思想可以"转化为物质的力量"，从而与革命性的社会力量进行联合，彻底摆脱其抽象性、虚幻性、压抑性和精英主义。只有当资产阶级文化中完全相反的矛盾元素作为破坏性的力量进入人的思想和器官，随着这两要素的不断发展，最终导致个体的身体和心灵都无法忍受现存的社会秩序时，虚假文化才可能得到真正的克服。文化革命必须是彻底的才是有效的，这种彻底性不仅是理论上的，也是实践中的，这种彻底性拒斥各种不成熟的反抗形式。在这里，马尔库塞特别明确地反对各种"愚蠢的、反复无常的示威运动"，"疯狂的行为和犯罪行为，比如激进而愚蠢曼森家族的杀人狂欢、性解放"等，这些愚蠢的行为对革命没有任何好处，反而会给当局、给镇压留下把柄，也为美国在越南屠杀虚弱无力的对手留下了口实。

马尔库塞认为，文化革命是不可以"抄近路"的："文化革命如果抄近路，否定理性激进的功能，拒绝'心灵严格的纪律'，支持直接表达和实践，那么它就会失败。"马尔库塞如同马克思一样，非常看重思想的彻底性，因为只有这种"彻底性"才能"抓住大众"，从而形成"有新的政治意识的新的大众"。② 这些大众将具备"新感性"能力，具有全新的生物基础，释放爱欲的本能，解决一切形式的反人类的反对行为，本能地反抗支配和操纵。这些新的主体的出现就是异化和物化的终结者，这种主体的形成过程同时也是粉碎死亡本能的政治和意识形态框架的过程，是当下通过技术控制和庞大的军事机构来运作的极权主义的终结者。

五 价值革命

在对文化革命进行进一步反思的基础上，马尔库塞提出了"价值革命"③，

---

① 《马尔库塞文集（六卷本）》（第 2 卷），人民出版社 2019 年版，第 168 页。
② 《马尔库塞文集（六卷本）》（第 2 卷），人民出版社 2019 年版，第 181 页。
③ 1972 年 2 月，马尔斯在坦帕市南佛罗里达大学举办的"科学、技术与价值"会议以"价值革命"为标题的演讲，从内容来看，延续了对文化革命的反思，对他一直以来所倡导的"价值革命"作了最集中的描述。马尔库塞的论文《价值革命》于 1973 年首次刊载于《政治意识形态》（James A Gould and Willis Truitt, *Political Ideologies*, New York: Macmillan, 1973, pp. 331–336）。

展开对资本主义意识形态的总攻。在西方主流的价值观、主流意识形态中，"进步"本身就是一种意识形态，其本质是不断加强对外部自然和人类内在自然的生产开发和征服，但它的结果却是自身不断走向毁灭与支配，呈现出一种悖论性的样态。由此，马尔库塞对绩效原则的反对的文化革命和价值革命将致力于终止所有形式的压抑和支配，废除迫使为了谋生而把自己的生命当成工具而不是目的的社会，把自由和团结当成人类实存的新的价值。

与马克思一样，在马尔库塞看来，自由与平等作为价值首先反映了资本主义生产方式——相对平等的自由竞争、自由的雇佣劳动、不考虑种族、社会地位等的等价交换——的需求。但是这种价值在哲学维度上却展现了人类联合的形式，包含着一种面向未来的敞开性。因此，他把"价值"定义为"规范和愿望"，是社会群体在满足其物质和文化需要，在定义它们的需要的过程中采取行动的原因。价值反映的是现有生产关系和现有消费模式的需求，受到了现存社会制度的约束和限制，同时也反映了内在于社会生产力却又被社会生产力压抑的可能性。通过对价值的定义和在资本主义制度中的特征概述，马尔库塞基于马克思在《德意志意识形态》中对资本主义意识形态的相关论述，集中讨论了两个问题：作为意识形态的价值在社会变迁中的作用以及当代价值革命的独特性。

一般来讲，从现有的价值体系或价值结构过渡到另一种价值体系是一个辩证的过程，到发达工业社会阶段，对整个传统价值体系的抨击在对绩效原则的反对和抵制中达到了顶点，这是对西方剥削性文明"进步"观的彻底抨击。区别于虚假的浪漫主义，包括卢梭的自然主义和海德格尔的"诗意的栖居"，马尔库塞的价值革命绝不意味着文明的返祖或者抽象的个人逃脱，也不意味着要废除一切来自外部的规范力量，而是要废除"剩余异化"①，也就是现存社会为了维持和扩大现状所强加的异化。在后工业社会，这种独特的剩余异化已经成为资本主义剥削制度得以自我续命的内动力："它维系着脑力劳动与体系劳动的分离，维系着虚假需要的不断生产、维系着对非人化的、寄生虫式的、破坏性的工作与日俱增的需要，以及对

---

① 《马尔库塞文集（六卷本）》（第 2 卷），人民出版社 2019 年版，第 229 页。

压抑的需要；它浪费和污染了可用的资源——技术、自然和人力。"①

　　马尔库塞社会批判思想的一个特点就是对"剩余"的研究，除了"剩余异化"还有"剩余压抑"。剩余压抑是马尔库塞开创性地将历史性要素注入弗洛伊德的精神分析理论，将其塑造为"彻底的批判理论"，从而激活了精神分析学的批判性维度。与对剩余异化的揭示一样，马尔库塞对剩余压抑的批判并不是要全面否认原始压抑（马尔库塞也称之为"基本压抑"），也并不是要废除所有的压抑，而是要废除"剩余压抑"，这种压抑不是由原初社会对抗所引起的原始压抑，而是一种历史性压抑。马尔库塞通过对剩余压抑的历史形成机制的分析，赋予了精神分析以历史性，并为批判理论打开了新空间。通过对发达工业社会生产模式的分析，马尔库塞强调："剩余"问题尽管早已伴随着文明史的诞生而诞生，但是只有到了资本主义成型以后才成为社会结构的核心要素。在消费资本主义社会，资本不仅竭力压榨"剩余"，而且还竭力创造"剩余"，这一趋势的必然后果是资本逻辑与欲望逻辑紧密地绑定在一起：为了创造更多剩余价值，资本主义社会必须激起更多的欲望之剩余，从而将资本再生产的空间从外部蔓延至内部，这恰恰是维持社会"永久生存"之"必要变更"。在马尔库塞"剩余压抑"批判范式下，齐泽克延伸出"剩余快感"的阐释逻辑，将批判的焦点集中于特定社会的形式规定性上，进而开启了建立在"压抑性反升华"僵局分析基础上的犬儒主义意识形态批判。②

　　通过对发达工业社会的整体分析，马尔库塞认为已经具备了解放必要的物质条件，现在看来，量的进步能够也应该转化为质的进步，即新的生活方式，而它通过否定现存的剥削制度及其价值能够把人和自然的潜能释放出来。这种价值的转变不仅能使现有的政治、经济体制丧失效力，而且有可能带来一种新道德、新的两性关系与代际关系，以及新的人与自然的关系。20世纪六七十年代，即在马尔库塞所描绘的发达工业社会中，各种激进运动此起彼伏，包括工人运动、学生运动、黑人平权运动、女权主义运动③、环保

---

　　①　《马尔库塞文集（六卷本）》（第2卷），人民出版社2019年版，第239页。

　　②　黄玮杰：《剩余压抑与剩余快感——一种精神分析的马克思主义视角》，《东岳论丛》2020年第11期。

　　③　马尔库塞对妇女解放运动的分析不仅是从社会平等角度出发的，而且强调了这种解放深层次的历史和心理维度及其所包含的颠覆性的激进潜能。在马尔库塞看来，妇女解放运动"能够推动整个物质和精神文明发生决定性的转变，也能够减少压迫，并为一种有着较少攻击性的现实提供心理、本能基础"。

运动、动物保护运动等，这些新的趋势及其激进的特征不同于以往的边缘性的抽象反抗，具有超越于当前社会的新的力量，因而"不再是现有的量的进步连续统一体的内部变化，反而具有打破这种连续统一体的倾向"，是"对连续统一体的突破和飞跃，跃入了一种本质上完全不能的生活的可能"。① 经由彻底的突破和飞跃，生产方式将不再是为了利润和资本的自我续命，而是转向为了人的自由和全面发展的社会主义集体控制的生产方式。从而社会生产的目标不再是使用价值，而是"非剥削非压迫的审美价值"，形成"新感性、新的知觉或经验模式"。在马尔库塞看来，经过激进而彻底的政治运动，文明的基础将会获得彻底的更新，父权文明中男性的攻击性将会屈从于爱欲能量和生命本能，将会唤醒人们对一个没有暴力和操纵的社会的想象力。随着新的价值观的导入，意识形态革命将会因其彻底性而转化为一种物质的力量，一种新的社会模式将会出现。

第四节　革命何以可能？

现在要思考的问题就是：革命到底意味着什么？到底谁是马尔库塞的革命主体？如果在发达工业社会中，马克思的工人阶级已堕入资本主义的逻辑，不再有能力独立承担无产阶级解放的革命使命，如果黑格尔的"贱民"已经被消费资本的力量稀释，谁才是马尔库塞可以寄希望的革命主体呢？采用怎样的革命形式才能成功？

一　何谓"革命"？

在马尔库塞看来，由于资本主义的发展要求，作为对资本主义"有规定的否定"的社会主义也必须与时俱进地发展，由此，随着资本主义的发展，"革命"概念也应不断更新和拓展为一个"新概念"。② "新"主要体现在：首先，理论框架要拓展为"全球性的框架"，要在全球性的分析框架内重新审视马克思主义的国际性，才能反映革命潜能的社会基础的变化

---

① 《马尔库塞文集（六卷本）》（第2卷），人民出版社2019年版，第229—230页。

② 1969年，马尔库塞发表了一篇名为"对革命概念的再考察"，以无产阶级与发达工业社会一体化的状况为根据，对马克思的革命理论作了系统的分析。这篇文章写于1968年五月风暴之前，收录于《马尔库塞文集（六卷本）》（第6卷）。

与扩大。根据马尔库塞，在新的历史阶段，马克思主义的国际性指的不单单是"产业工人阶级"的国际性，因为在新的历史阶段，他们"已经不再是一股颠覆性的力量"；相反，第三世界出现了一股新的历史力量，"它也许可以被陈作是资本主义社会与既定的社会主义社会的替代方案，即为了不同的社会主义建构方式——一种'自下而上'的建构方式，不过它的建构者是一个未融入就社会价值体系的'新的下层社会'——而斗争，它是一种合作、团结的社会主义，在那里大家集体决定他们的需求和目标、他们的优先事项以及'现代化'的方法和步调"①。在马尔库塞看来，这种潜在的替代方案有能力打破压抑和支配的连续性，还可以点燃发达工业国家内部的反抗力量，成为变革的"催化剂"。因此，全球性革命再次得以实现。在发达的宗主国内部，革命表现为反抗的主角将会集中在社会的相反两端："贫困人口"和"中产阶级的知识分子尤其是学生"，他们将"总体性地拒绝支配性体系"。首先，强调打破支配和剥削的连续性，不仅强调要有新的制度，还强调要有自我决定权；其次，怀疑一切意识形态；最后，摒弃维护公司资本主义统治权的民主程序。抗议一切"正统"文化中的意识形态因素。在抗议行动的最初阶段，由于他们不是社会的主体部分，无论是在国家层面还是在个体层面都没有被有效地组合起来，所以，会受到工人阶级的敌视。而且，这些反抗者如果仅凭借自身的力量无法成为彻底的变革推动者；只有当其获得了"新的工人阶级"的支持②，才能成为积极的革命者。马尔库塞非常看重新的反抗者与新工人阶级之间的"结盟"，因为他知道，如果没有这种"结盟"所形成的积极力量，新的反抗者"至少其中的一部分，足以成为新法西斯主义政权的群众基础"。③

基于对现实的深刻认识，马尔库塞强调"新的革命概念"一定要包含一次彻底的变革，"要斩断拥有高生产效率的技术部门的连续性"，当然，这种"斩断"不是说社会主义不要科技，而是意味着要根据自由人的需要而不是资本和利润的需要重建技术部门，使技术部门受自由人自身意识和新感性的指引，受自律的引导。所谓"自律的引导"要求革命后的新社会

①　《马尔库塞文集（六卷本）》（第6卷），人民出版社2020年版，第245页。
②　新的工人阶级是指工人阶级不再是一体化的囚徒，也不是支撑这种一体化的官僚主义的公会和政党机构的囚徒。
③　《马尔库塞文集（六卷本）》（第6卷），人民出版社2020年版，第246页。

中"有一个分权的部门在减少控制的基础上进行合理的控制——之所以减少是因为它不会再由于剥削、侵略性扩张及竞争的要求而膨胀，它会受到相互合作的联合体的约束"①。由此可见，与马克思一样，马尔库塞的革命概念既不是一个乌托邦式的概念，也不是一个浪漫主义的概念，它强调力量的现实基础，强调那些能够独立提升质变的观念，使其不再是痴心妄想的主客观因素。

1968 年 5 月，马尔库塞在接受南加利福尼亚 KCET 公共电视台访谈时曾明确而直白地说道："听着，我必须直白地告诉你——而且我认为我不仅是在为我自己说话——对我们而言，无论你指的是新左派还是我的学生们或者是我个人，或者其他人，我们想要的是一个不需要在越南发动战争的社会、一个不需要在全球任何角落进行干预、建立或支持腐朽的军事独裁的社会。一个能够向前发展的社会，一个能够消灭贫民区的社会，一个能够将仍活在饥饿中的三分之一的美国人的生活水平提高的社会。这是一个极其肯定性的目标。②"

二　革命意识

关于革命意识问题，马尔库塞提出了否定性思维的问题，强调了"新感性—新人性"的重要作用。二者相辅相成，具有疏离并超越异化、摆脱单向度的内在特质。

首先看否定性思维问题。如果现实的世界是一个地狱，那么什么人可以给没有希望的地狱般的世界以"希望"呢？从马克思这里我们可以看到，是那些在异化的现实世界中，与资本对立的劳动主体，即只要资本存在就永远生存在"非理性"地狱的无产阶级，蕴含着推翻现实的否定力量，是资本控制下唯一能够突破资本的希望力量。可见，"希望"在马克思这里并不是一个特指的人或时空，而是一种抽象的哲学概念，之所以无产阶级——这些毫无希望的存在会给世界以希望，并不是因为其本身有任何天赋神力，而是因为他们被这个世界绝对的疏远，成为被实证主义"理性存在"的绝对对立面——"非理性的幽灵"，这就说明他们有可能识破

---

① 《马尔库塞文集（六卷本）》（第 6 卷），人民出版社 2020 年版，第 248—249 页。

② 《马尔库塞文集（六卷本）》（第 6 卷），人民出版社 2020 年版，第 348 页。

并突破资本的操控，具有了否定向度，这种否定性一旦成为一种积极的否定性，从精神和实践层面就会上升为革命意识，并由其彻底性而进入革命实践领域，走上通往希望的道路。实际上我们可以看到，马尔库塞社会批判最大的特色就是沿着马克思的道路，在变化了的历史语境中继续寻找和激发这种否定性。

当然，我们也应该明白，从马克思到马尔库塞，他们对否定思维所蕴含的颠覆性力量的看重有着深厚的西方哲学传统。自柏拉图的"洞穴假象"开始，在整个西方哲学对否定性的追寻中，哲学家们认为在思维的否定性中蕴含着希望。这种希望意味着真实的属于人的幸福和灵魂的安宁，这种否定性来自辩证法对现实独特的审视：通过一种清醒的理性自觉揭开现实的面纱，现实就会显示为一种地狱性的存在：充满虚假性和绝望；而辩证法则会指明地狱黑暗的根本所在，并激发希望，指明通向天堂之路。在现代辩证法的视野中，希望是一种非时空的存在，也不是时间的特权，所以希望并不在现实的前方，或背后或顶端或末端或是区别于现实的彼岸，而是一种隐藏在现实中力量，以对现实无处不在的困扰的方式显示自身，最终作为否定性，逼迫反抗现实的力量采取行动，并以消灭自身的方式通达希望。然而，仅具备思维的否定性是不够的，正如马克思所说，"批判的武器不能代替武器的批判"，马克思的这句话不仅是对思维否定性的批判，更是对黑格尔哲学本质的揭示，理性的批判是一种内在力量，它无力承诺天堂的必然通达，因此，必须要找到实践者，将力量由内在扩张到外部，从理论拓展到现实，即找到"武器的批判"，从而不断推动现实向希望之路前进。黑格尔并没有进行这种转换，他的理性国家仅仅停留在理性的世界里看着罪孽的尘世，这种冷漠的旁观和事不关己，对"理性国家"的仰望源自黑格尔理论的不彻底性，或者说是源自它本身的历史唯心主义遮蔽：没有对其理论前提进行批判。在马克思看来，理论只要彻底就可以实现这种转换，"思想只要彻底就可以掌握人"，转化为现实。马克思抱怨"哲学家总是在解释世界，但问题在于改造世界"，因为对于生活在现实苦难中的人来说，他们更期待改造。马尔库塞继承了马克思哲学的历史使命，否定性问题贯穿于马尔库塞政治哲学的始终，是其思想发展的内在支点，也是其思想体系的内在支撑。如果说哲学是关心政治的，那么马尔库塞的政治哲学就不仅仅是关心政治问题的，而是有着深刻的现实关切。马尔库塞的否定性思想具有三个特点：现实性、继承性、完整性。这三个特点在马尔库塞对旧的知识体系、旧认识论的革命性颠覆概念"新感性—新人性"中得到了集中的体现。

接下来分析新感性—新人性。马尔库塞以辩证的方式展示了文化如何与社会或文明脱节，并为批判性思维和社会变革创造了空间，指出：在实证主义钳制下形成的肯定文化中，艺术成为精神沉思的对象，现实世界中对幸福的需求被抛弃，资产阶级文化创造了人类的内部。通过对政治美学的探索，马尔库塞试图用美学改造人的本能结构，创造一种不同于发达工业社会的"新人"，这种新人具有全新的感知方式——"新感性"的人。那么，什么是"新感性"的人？"新感性的人更多的是从生物学意义上来界定的，它是能够依据人的生命本能的需求，成全人们朝着更高水平方向展的新的力量。"具体来说"新感性"有以下几个基本的特征：第一，对现实的自我、社会、自然的"感受力"的恢复，不再是片面的感性和抽象理性的对抗，而是"新感性"，即感性和理性的辩证统一，是人的身体本能与思想理性的"新的联系"，更是在生物学的基础上使人和世界建立一种新的和谐共生的关系。第二，反省能力。反省能力是新感性的人所具备的基本能力，包括"记忆"能力和"想象"能力。人们一旦认识到人和事物中的压抑，一场根本的变革便会在人和自然中产生，人的感性便会恢复。在马尔库塞看来，"审美"是一种"能力"，一种对人类对美好的向往能力，这种向往和期待使人创造出一种环境，这种环境使人在美和快乐中减少了发达工业社会所带来的恐怖与压抑。所以，审美作为"新感性"，在反对压抑性社会现状起到重要的作用："坚信作为心身统一的人类有机体，应当有一个完满的维度，该维度的建立，只能以反对那种其本身功能是否定和破坏的身心完满的体制为前提，审美需求的激进的社会内涵，当其最初级的满足需求转化为一种更大规模的集体行动时，就变得明显了。"① 马尔库塞通过新感性指出了要让人重新获得生命本能的力量，使人从压抑中解放出来，使人的感受力、反省力和审美力得到提升，那么一个真正的人、自由的人便会出现。② 基于上述可见，审美教育作为否定性思

---

① ［美］马尔库塞：《审美之维》，李小兵译，广西师范大学出版社 2001 年版，第 102 页。
② 段伟、郑忆石：《马尔库塞政治意识形态批判及其启示》，《浙江工商大学学报》2016 年第 6 期。

维形成的根本在马尔库塞革命意识理论中一直占据重要的角色。

　　马尔库塞的新感性思想与马克思在《1844 年经济学哲学手稿》所阐述的"人是感性的类存在物"是一脉相承的。马克思提出的"感性的类存在物"是一种"新类型的人，不仅要在精神上并且通过精神实现人的潜能，也要在他的感觉中、在他的感性和感受性中并通过感觉、感性和感受性实现人的潜能。在作为类存在物的人的这些潜能中，恰好存在某种能力，它可以把他的环境、世界变成其感受性可以自由发展的天地。而这将是一个和平的天地、一个快乐的宇宙"①。在这里可以看到，马尔库塞论述的是马克思超越了资本主义狭隘的"自然主义"和"人道主义"，提出了"人与自然"双重解放的生态解放理论。解放后的新世界不仅是自由的、富裕的、快乐的、和平的，也是审美范式的，"人们按照他的生活需要来生产，也按照美的规律来生产"。马尔库塞描述了审美的社会主义社会中完全不同的新人类，"他们有着新的感性和感受性，并且在生理上无法忍受丑恶、嘈杂和污染的世界"。这意味着要与支配的连续性的决裂，社会主义作为一种质上不同的、新的生活方式和生活形式，要重估一切价值，转变需求和目标，不仅要合理发展生产力，兑现富裕社会的幸福和自由的承诺，还要重新界定"进步"的含义和方向，终结竞争性的、攻击性的、破坏性的、内耗性的、支配性的生存斗争，废除一切制度性的贫困和劳役，重新建设社会环境和自然环境，实现一个和平美丽的新世界。在《手稿》中，马克思曾基于对实证主义和理性主义、人道主义的全面批判，扬弃了费尔巴哈的历史唯心主义"感性"概念，提出了自己独特的"新人性"理论——"人是感性的类存在物"。这种新人性是社会主义制度和关系发展必备的基础，拥有这种新人性的新型人类将有新的需要、追求新的生活方式并致力于建构一种完全不同质的环境。马尔库塞用与马克思对"两个绝不会"的一样的语气强调："除非社会主义是由这样后一种新类型的人类所建立的，否则从资本主义向社会主义的转变将只是一种支配形式的转变，可能比资本主义的控制更加有效、更加平等，但绝不是一种不同质的生活、不是真正自由的生活。"②

---

　　① 《马尔库塞文集（六卷本）》（第 6 卷），人民出版社 2020 年版，第 444 页。
　　② 《马尔库塞文集（六卷本）》（第 6 卷），人民出版社 2020 年版，第 444 页。

三 革命主体问题

马尔库塞继承马克思对革命主体的本质性规定，强调"革命的主体必须是'有规定的否定'，该主体所处的阶级还要摆脱资本主义社会中人的剥削性的需求和利益，不受其毒害，也就是说主体有着本质上不同的、'人道主义的'需求和价值"①。本节将通过对比说明：马尔库塞的革命主体不是马克思、恩格斯当时所倚重的"工人阶级"，不是"知识分子"，不是黑格尔笔下的"贱民"，不是马克思在《路易波拿巴的雾月十八日》中所提的"流氓无产阶级"，更不是"局外人、穷人、失业者和无力就业者、受迫害的有色人种、犯人和精神病人"。在《暴力问题和激进反对派》中，马尔库塞明确表示："我从来没有说过今天的学生反对派本身就是一股革命力量，我也从来没有把嬉皮士看成是'无产阶级的继承人'！现如今，只有发展中国家的民族解放阵线正在进行革命斗争。"②

在1964年的《发达国家中的社会主义》一文中，基于对发达资本主义社会极权主义本质的深刻洞悉和对技术与资本共谋的全面剖析，马尔库塞试图填补马克思主义分析的视域"空白"，将马克思的无产阶级理论拓展到对技术社会的分析，直面一系列沉重的问题："革命的主体到底怎么了？""能够继续断言工人阶级是革命的唯一历史主体吗？""当革命没有迫切需求的时候，是否仍有可能去设想革命？""如果一切都可以在现存秩序中觅得，凭什么还会想要推翻现存秩序？"③

与马克思一样，马尔库塞在新的历史时期，基于对资本力量的洞悉，在哲学抽象意义上提出了一个抽象的变动的主体概念来填充无产阶级主体位置的空白，坚守和捍卫马克思主义革命道路。在《新类型的人》中，马尔库塞明确指出：社会主义是一种质上不同社会，因此，"社会主义制度和关系的发展需要一种新类型的人，一种完全不用类型的人类，一种拥有新的需要、能够找到一种不同质的生活方式并建构一种完全不同质的环境的人类"④。"除非社会主义是由这样一种新类型的人建立的，否则从资本

---

① 《马尔库塞文集（六卷本）》（第6卷），人民出版社2020年版，第248页。
② 《马尔库塞文集（六卷本）》（第3卷），人民出版社2020年版，第97页。
③ 《马尔库塞文集（六卷本）》（第6卷），人民出版社2020年版，第215—216页。
④ 《马尔库塞文集（六卷本）》（第6卷），人民出版社2020年版，第443页。

主义向社会主义的转变将只是一种支配形式向另一种支配形式的转变。"这种新类型的人就是马克思《手稿》和《德意志意识形态》等所论述的"感性的类存在物",这种新人类将按照"美的规律来生产",建立一个审美的生存范式。

（一）革命主体辨析

首先要说明的是黑格尔的"贱民",即寄生于理性体制的"局外人",并不是马尔库塞"大拒绝"革命战略所倚重的革命主体。黑格尔是基于资本主义制度本身对其展开抽象批判的,在他看来,自由的资本主义如果完全依赖于市民社会,会导致极度的贫富分化和机制的自我异化,表现为大量"贱民"的产生。其实在黑格尔的世界里存在着两个抽象群体,首先是那些被黑格尔假设为成功参与到"自由劳动"获得了"承认和认同"的"理性内部"存在;其次是由于资本主义制度本身在展开中的"历史局限性"和自身能力、运气、资源等外在不可控因素和内在不可控因素,如残疾等无法参与到唯一可以获得自由的途径——"自由劳动"——因而也无法获得社会认同和承认的"非理性外部存在"即贱民。在黑格尔这里,有一个明显的假设:"从事劳动"等同于"主动自由参与"到"自由的生产劳动","从事自由劳动"意味着"拥有财产","拥有财产"意味着"获得了自由的现实可能性",也意味着"拥有了正直的情感",从而成为"自由的社会人"、成为自由社会的积极的肯定力量;相应地,作为其对立面的"贱民"则是因主观或客观原因"被绝对排除出自由劳动,因此必然没有财产,没有财产意味着丧失了自食其力的前提和自尊,从而只能寄生于资本主义制度,最终危害到自由本身"。进一步,黑格尔认为,市民社会自身无法解决其贫困和贱民问题,因为贱民的产生是在市民社会良序运行的前提下发生的,任何对其贫困问题的解决都会导致资本走向自身的极限。从现实的直观来看,黑格尔的贱民并不是一个确定的群体,而是与资本和理性这种"肯定力量"相对应的非理性的"否定力量",即实在界的剩余。从现实来看,这个群体是一个"能指",是一个动态的领域,不仅包括马克思所说的流氓无产阶级,那些凡是因不具备参与自由劳动的能力的人都会沦为贱民。在黑格尔看来,贱民内在的否定性和破坏性不仅在于其存在本身就是对自由的一种玷污,而且其存在的绝望导致其对政府的仇恨和对财富的渴望和仇富心理,因其没有能力自发成为积极的自由力量,又没有能力成为积极的革命力量，其唯一的命运就是等待资本主义的整合。如黑格尔所担忧的，如果没有伦理国家的出现，而是仅仅依靠福利国家等其他手段来解决，那么贱民问题将会扩大化，而马尔库塞的单向度的人正是贱民扩大化的直观体现，他们共同特征是都是寄生性的和依附性的，而且都是等待资本整合的消极力量。马尔库塞发现在第三次科技革命的助力下，资本成功地将贱民扩大化，并通过金融信用体系和"生态资本主义"意识形态话语将其整合纳入资本的范畴内，成为"单向度的人"。不过，不同于黑格尔的贱民，单向度的人如今不再仇富，也不再仇视政府，他们已经不再是物质贫困的乞丐，其特征是通过被资本逻辑操纵的"购买"来"拯救地球"，并沉溺于生态资本主义和金融资本主义的话语陷阱中建构生存的意义，完成自我认同和社会认同，或许当我们看到阿伦特的"平庸之恶"时，大概能够对这种单向度的人之"恶"有深刻的体悟。

　　接下来，我们将分析马克思的工人阶级为何在马尔库塞这里已经不再是革命的唯一合格主体。首先要说明的是，马克思在他生活的时代之所以认为工人阶级可以完成无产阶级的历史使命、胜任革命主体是通过对资本力量的剖析得出的，也就是说，如果资本自我续命的方式发生变化，必然也会引发无产阶级革命主体发生变化。无产阶级概念在马克思这里并不是一个特指工人阶级的概念，而是一个抽象的、与资本相对立的概念。在论述马克思的无产阶级、工人阶级概念前，首先要说明四个问题：第一，黑格尔的"贱民"概念也是一个抽象概念，但是这个概念相对应的是历史唯心主义视域下与资本的肯定维度相对的那个"否定维度"，与马克思历史唯物主义视域下与资本现实力量相对的"无产阶级"概念之间没有任何关联。所以，黑格尔描述的"贱民向暴民转化"进而"推翻政府统治"的可能性与马克思描述的"无产阶级暴动"和共产主义运动之间没有任何关联性。第二，马克思的工人阶级和无产阶级也不是同一个概念，工人阶级是一种当下的直接存在，而无产阶级是一种辩证的建构概念；工人阶级是具体的人，而无产阶级是抽象的哲学概念建构。第三，黑格尔的贱民与马克思的流氓无产阶级、马尔库塞单向度的人之间有相似性，但绝对不能等同。马尔库塞的单向度的人的前身从静态看很可能就是黑格尔所论述的贱民的现代版本，其匮乏是贫困的贱民所遭受的"悖论性贫困"的升级——全面匮乏。也就是说，马尔库塞的单向度极权主义社会是黑格尔当初论述的"悖论性贫困"的资本主义社会的当代版本。尽管马尔库塞认为当时工人阶级已经被资本同化或者说被资本化，但是他并没有将希望寄托于流氓无产阶级，或者贱民的当代身份：单向度的人，更不是学术界部分学者所说的所谓"现存的社会边缘弱势群体"，他在《从富裕社会中解放出来》①中提出了自己的统一战线理论，将希望托付于"每个人"。第四，马尔库塞对待知识分子的态度。尽管马尔库塞十分看重知识分子的力量，但是这绝不能说明马尔库塞认为知识分子或者大学生是革命的新主体。

（二）马尔库塞的新主体

马尔库塞认为当代发达资本主义社会是一个富裕的病态社会。这个病态是延续黑格尔、马克思、西方马克思主义思想家们所揭示的"财富和贫困共存"的怪病的当代病症：这个病症让人们以一种舒服的、快乐而平静的方式接受、默认权威的操控，将自己作为人的本质掏空，心甘情愿地成为"物"——可知的、可测的、可控的物，服从资本的一切指令。在消费的陷阱中，匮乏成为一种常态，成为操控人的手段，成为人们日常生活的常态，成为人们劳动的目的，也成为人们无法自拔的毒药。在各种广告所暗示的虚假需求黑洞中，人们的心灵、意识都停滞在麻木的感受性。更可怕的是教育包括高等教育已经丧失了教育的基本精神和使命，将培养学生过程简化为资本再生产劳动力的过程。这样，整个世界在被操纵的消费意识操纵下同质化抹平了人们对于希望、对于理想、对于未来、对于真实自我的追求，成为单向度的人。因此，如果想要重新展开革命，就必须要有新的革命主体。

根据前文可知，生活在底层的流浪汉和局外人，不同种族、不同肤色的被剥削者和被迫害者，失业者和不能就业者等并不是马尔库塞所倚重的革命主体，那么谁才是革命主体呢？在《革命主体与自治》②中，马尔库

---

① 《从富裕社会中解放出来》是马尔库塞向1967年"解放的辩证法"会议提交的报告论文，收录于《马尔库塞文集（六卷本）》第3卷。

② 1968年6月在南斯拉夫的科尔丘拉举办了"1968年科尔丘拉夏令营：关于马克思和革命"，其间，有一场名为"自由王国和必然王国：一种思考"的演说，马尔库塞的《革命主体与自治》是对由此演说引发的讨论中所提出的问题的回应。在这里，马尔库塞通过指出大多数美国工人阶级已和资本主义的价值体系一体化，又一次在论证中对发达工业社会中的经典马克思式范畴——无产阶级作为革命主体重新进行了定义。

塞给出一个初步的革命主体的定义来确定新的革命主体："它是这样的一个阶级或团体，即由于其在社会中的地位及所发挥的作用，它有迫切地需求并且敢于拿它在既定制度中拥有的以及能够获得的东西为赌注来冒险，以便取代该制度——这场彻底的变革确实会涉及对现存制度的破坏和废除。……这样的一个阶级或团体必须对革命有迫切需求，并且即使其能力不足以完成这样一场革命，至少也必须有能力去发动它。"①

基于对革命主体的定义，马尔库塞强调了"工人阶级依旧是革命主体"的观点："……没有产业工人阶级参与的革命仍然难以想象。我想不出在哪一个技术发达的国家中，革命可以在没有产业工人阶级参与的情况下完成。另一方面，恰恰是在资本主义世界最发达的国家中，工人阶级中的大部分缺少对革命的迫切需求，他们不愿意——这很好理解——把他们所拥有的东西做赌注来为一个全然不同的社会制度冒险。"② 马尔库塞基于对马克思主义传统中"自在的"革命主体和"自为的"革命主体的区分，说明：发达工业社会中的工人阶级仍然是构成物质生产过程的人的基础的唯一阶级，他们依旧是唯一可以终止生产过程的阶级，因此是"自在的革命主体"。但是，由于发达工业社会中的工人阶级很大程度上已经沦陷于资本主义体系的一体化中，并分享了资本主义制度的需求和发展成果，导致并不拥有作为革命过程的决定性力量的政治意识和阶级意识，所以，他们还不是"自为的革命主体"。

马尔库塞强调，面对资本主义新的转型，绝不能教条地照搬马克思的工人阶级理论，因为在发达工业社会中，"工人阶级很大程度上并不仅仅是资本主义制度中的一个阶级，也是属于资本主义制度的一个阶级。……他们在支配和压抑下去思考、去感受和行动"③。为了能够激发、引导工人阶级的阶级意识，强化其革命的潜能，必须让他们与消费主义的意识形态疏离，并进而否定和拒绝这种意识形态的操纵，意识到自己苦难的根源的真实来源，意识到消费社会虚假繁荣背后的"侵略性、浪费、暴行和伪善"，而不是沉溺于物质的虚幻满足。要让工人阶级对富裕社会的消费主

① 《马尔库塞文集（六卷本）》（第6卷），人民出版社2020年版，第237—238页。
② 《马尔库塞文集（六卷本）》（第6卷），人民出版社2020年版，238页。
③ 《马尔库塞文集（六卷本）》（第6卷），人民出版社2020年版，第239页。

义意识形态产生清醒的理性自觉和本能的厌恶、反抗和拒绝，要让工人阶级明确地认清"正是在这种伪善的意识形态支撑下，剥削、压抑和贫穷才得以保留，并进而加剧了不人道的工人境况和压迫性的全面监管，使物与人的商品形式扩展到社会生活的方方面面，造成了一个令人窒息的单向度的社会"。只要工人阶级有了清醒的阶级意识，有了激进的变革要求，势必会从自在阶级成长为自为阶级。马尔库塞认为，必须首先有一种新的生活方式，然后才会是工人阶级的自治。关于新的生活方式，马尔库塞给出了这样的描述："在这种生活方式中，人们不再满足于阶级社会的压抑性、侵略性需求和抱负，不再为了相同的目标生产行啊同的材料"，新的生活方式是一种自我革命，保证了"实施控制的团体自身实现了解放性的变革"，进而"企业、工厂、商店的自治才能成为一种解放性的控制模式。变革才会打破从商品形式和商品生产到管理和关系层面的连续性"。马尔库塞认为："当且仅当那些愿意并且有能力重新确定资本主义的生产过程方向、使其走向一种本质上不同的生活方式的男人和女人们实施一种新的是控制方式时，自治才会成为革命过程中的一个阶段、一个步骤。"总而言之，彻底的自治要求的并不是一种管理形式上的表面性变革，而是要让自治在一个已经克服了社会束缚的政治上活跃的工人阶级队伍中得到发展。

实际上，马尔库塞发现，在他生活的时代，工人阶级在福利国家、消费资本主义的意识形态面前显然并不具有明确的阶级意识和政治意识，因而对激进的变革也没有迫切的需求："在大部分发达的资本主义国家，工人阶级已经不再代表对现存需求的否定。这就是我们不得不面对的最严峻的事实之一。……今天没有人敢说：革命力量已经准备就绪，它们社会如此强而有力，革命必定成功。我唯一能做的，就是指出哪些力量有彻底改变体系的潜能。"① 在《暴力问题和激进反对派》中，马尔库塞在回答"欧洲的工人阶级能否在未来的变革中扮演重要的角色？或者，由于资产阶级的机能丧失，所有人都可以被看作时潜在的革命者，所以未来的革命不是无产阶级的革命而是人类的革命？"时曾指出要具体问题具体分析，"欧洲的工人传统至少几个欧洲国家看起来仍旧很强大"，但美国的工人阶

---

① 《马尔库塞文集（六卷本）》（第6卷），人民出版社2020年版，第321页。

级却已经被资本逻辑吸纳。因此，发展激进的政治意识和政治实践的任务就落在了还没有被一体化操控体系所吞噬的"学生知识分子"身上。马尔库塞认为，学生知识分子的意识和需求并没有被支配系统一体化，因此还有能力、有意愿去发展激进的革命意识，他们能够意识到变革的迫切性，意识到"不仅要变革制度、变革生产关系，还要变革作为特定类型人的革命主体本身，变革他的价值和抱负"①。但是，在这里必须要强调，马尔库塞并不认为学生知识分子可以肩负马克思的无产阶级的历史使命，成为新的革命主体，他们仅仅是引爆器（détonateur），是革命的催化剂，是斗志昂扬的少数派。② 马尔库塞非常看重学生知识分子对新的超越性和对立价值的独特敏感性认识，因为这种能力能够穿透大众传播和灌输的思想和物质面纱，因而有能力担负此重任。1968 年 5 月，在接受美国南加利福尼亚 KCET 电视台的访谈时，马尔库塞高度肯定了学生抗议运动："今天那些走上街头、以自己的头颅甚至生命冒险、为他们的信仰而抗议的孩子们知道自己在做什么、没有人，甚至没有一个教育者有权去告诉他们不要那么做。他们是有风险的。我现在毫无危险地坐在扶手椅上高谈阔论，可以说我没有任何干预的权利。……他们想要的是一个不会有计划、有系统地浪费资源，不会不断地创造出野蛮化和道德化的需求和满足的社会，在此，人类可以真正决定自己想要的生活方式。不是以一种非常朦胧的、哲学的方式，而是以真正地使他们能够自由地决定他们工作的方式，决定他们想要做什么工作，决定他们想如何去追求、去定义他们的满足。所有的这一切都属于'自由'这个概念，如果没有这些，他们会认为我们的'自由'概念仅仅是革命中的意识形态，此外，我们认为在今天我们的确可以创造出这样的一个社会。"③

但这并不说明马尔库塞会把知识分子看作历史变革的推动者或革命阶级，他深知作为知识分子的角色是有限的，绝不应该屈服于任何幻想："……知识分子具有决定性的准备功能，而不是更多……它本身不是革命性的阶级，也不能成为革命性的阶级，但是它可以成为催化剂，激活被压

---

① 《马尔库塞文集（六卷本）》（第 6 卷），人民出版社 2020 年版，第 239—240 页。
② 《马尔库塞文集（六卷本）》（第 5 卷），人民出版社 2020 年版，第 240 页。
③ 《马尔库塞文集（六卷本）》（第 6 卷），人民出版社 2020 年版，第 346—347 页。

制和操纵的矛盾，使其成为变革的催化剂的政治任务。"在《乌托邦的终结》中，马尔库塞再次明确表示："据说我曾断言当今的学生抵抗运动本身就能带来革命。再就是，据说对于那些我们在美国称其为'浪荡公子（Gammler）'、'垮掉的一代'的人是新的革命阶级。我绝对没有做过这样的断言。我想要表达的乃是如今社会中缺失有这样的趋势，即无秩序、无组织的自发趋势，它预示着要与压抑性社会中占统治地位的需求全面决裂，它仅仅是一种现象，并不是什么革命性的力量，但也许它会在某个时候与别的更强大的客观力量建立联系，从而发挥它的作用。"① 在《乌托邦的终结》的另一处，马尔库塞明确表示："据我所知，至今流氓无产阶级（Lumpenproletariat）和小资产阶级也没有成为比以前更激进的力量。"② 另外，1967 年 7 月，马尔库塞在西柏林自由大学发表《暴力问题和激进反对派》的演讲时再次声明学生不是一种直接的革命力量："你们都知道，我认为今天的学生反对派是变革的决定性因素：它当然不是一种直接的革命力量（但人们却总是指责我，说我认为他们是这样的力量），而是一个强有力的因素，一个也许有可能变成革命力量的因素。"③

在《暴力问题——问与答》中，马尔库塞指出学生反对派在意识形态启蒙和引导中的历史任务："首先，他们必须向那些提出这个问题——即我们真的不可以问这个社会真正的问题在哪里——的人明确地指出这个问题太不人道、太残忍了。必须让他们看到、听到和感觉到他们周围发生的一切，以及他们的主任——得到了被统治者或无声或有声的准许——对帝国主义宗主国脚底下的国家的人民做了什么。接下来的步骤要根据社会或地区的不同而有所不同，换句话说，还要看你们拥有的是美国那样的'民主'还是柏林那样的'民主'这个任务是'积极的、建设性的'，知识分子必须要'成功唤醒人们对社会主义的需要'，告诉他们如果不想返归野蛮，不想被毁灭，我们就必须为社会主义的实现而斗争。"④ 意识形态的觉醒在马尔库塞看来是极为重要的，是获得革命凝聚力的保证，尤其是在当时的时代情境中："今天，我们面对的问题是，变革是客观必要的，但对

---

① 《马尔库塞文集（六卷本）》（第 6 卷），人民出版社 2020 年版，第 320 页。
② 《马尔库塞文集（六卷本）》（第 6 卷），人民出版社 2020 年版，第 323 页。
③ 《马尔库塞文集（六卷本）》（第 3 卷），人民出版社 2020 年版，第 88 页。
④ 《马尔库塞文集（六卷本）》（第 3 卷），人民出版社 2020 年版，第 102 页。

它的需要却并不在于被视为这一变革的推动者的那些社会阶层之中。"①

基于对知识分子重要性的论述，马尔库塞将新教育看作一种治疗、一种政治理论实践："今天的教育既是理论，又是实践，准确地说是政治实践，不仅是讨论或教学，学习或写作……今天的教育必须涉及思想和身体，理性和想象力，因为我们的整个生存已经政治化，成为社会工程学的主题和对象……教育制度已经政治化了……我们必须直面奴役的灌输，每个人都必须在自己中创造，并在他人中尝试形成一种本能的生活需求……将对在世界范围内传播侵略性和压制性文化的富裕的价值观产生本能和智力上的反感。"②

另外，马尔库塞在1967年发表的《学生反对派的目标、形式和未来》③中也曾明确指出："今天，除了在全球范围内，没有其他反对派可以考虑。如果您将其视为孤立现象，则一开始会被证伪。"④ 在该书的另一处，他继续说道："我认为今天的学生反对行动是世界上反抗资本主义最为关键的因素之一，有一天可能变成一种最强大的革命力量。因此，在不同国家的学生反对行动之间建立联系是该时代最重要的要求之一。目前，美国的学生反对派与西柏林的学生反对派之间几乎没有任何联系……在美国，学生反对派本身就是更大的反对派的一部分，通常被称为新左派。"⑤ 对于学生运动为何是这个时代新的革命形式，马尔库塞这样说道："一维社会的主要特征是，它是在高度物质，高度现实的基础上进行整合的，即在受控和满足的需求的基础上进行整合，这反过来又再现了垄断资本主义制度下的一种受控且受压制的意识。这种情况下，根本革命和暴动没有主观的必要性，客观的必要性越来越火热。在我们的时代反对资本主义制度有两股力量，其中最重要的是新工人阶级、技术人员、工程师、专家、科学家等，他们从事材料生产过程，有时候他们也担任特殊职务。由于它的关键地位，该团体在客观上似乎是一支革命力量的本质。但是，实际上，

---

① 《马尔库塞文集（六卷本）》（第3卷），人民出版社2020年版，第103页。

② Herbert Marcuse. "Liberation from the Affluent Society", David Cooper ed. , *The Dialectics of Liberation*, Harmondsworth/Baltimore：Penguin，1968，pp. 175 – 192.

③ Ziele, *Formen und Aussichten der Studentopposition*, Das Argument, 1967, pp. 398 – 408.

④ Ziele, *Formen und Aussichten der Studentopposition*, Das Argument, 1967, p. 401.

⑤ Ziele, *Formen und Aussichten der Studentopposition*, Das Argument, 1967, p. 398.

他们并没有主观意识来打破这个制度，因此，谈论'新工人阶级'还为时过早。"

我们知道，1960年代是世界史上一个极其重要的年代。在这个年代，无论是东方还是西方，无论是社会主义国家还是资本主义国家，各种运动风起云涌，其中，学生运动是60年代各种运动中引人瞩目的一朵奇葩，而美国学生运动风气又开创了西方国家60年代学生运动风气之先河。大学生已经是社会不可忽视的一支重要力量。

第二次世界大战以后，伴随着第三次科技革命的展开、知识经济时代的来临，西方社会日益成为一台精密的机器。正是在这种大背景之下，大学无视学生的人格，只是"把学生生吞活剥地吃进来又直接把他们吐出去，从未考虑过他们的潜在能力"，结果，"大学成为社会的工具，或者，以美国为例，大学成为那些统治这个社会的人的工具"①。但大学生绝不愿意成为冷冰冰的机器上的螺丝帽、成为机器的奴隶，也绝不愿意被科层化的大学和社会所控制，沦为大学和社会的工具。他们要求社会重视他们的人格，要求自己成为一个自由的人，他们渴望真正的自由教育。② 1965年《单向度的人》如当年马克思的《共产党宣言》一样为迷茫无助的人提供了希望的曙光。马尔库塞也走到了时代的前沿，受到前所未有的关注。

1968年5月6日到12日，马尔库塞在法国巴黎目睹了法国"五月风暴"。法国的报刊上出现了马尔库塞的照片，当德国学生运动兴起时，出生在德国、成长在德国、一直关心德国的马尔库塞受到了德国学生的欢迎。1965年，他成为柏林自由大学的荣誉教授。随后，他发表了一系列演讲，如《乌托邦的终结》《激进的反对派与暴力问题》等，集中复述了他在《压抑的宽容》中的立场，用自然权利为反暴力辩护。马尔库塞的柏林之行受到了热烈欢迎。几千名学生在大学闷热、拥挤的演讲厅里听他演讲，并且认真地做着笔记。他坚信学生孕育着未来的希望，正如学生相信他的思想中有通向希望的道路。马尔库塞的思想影响并非来源于系统的理论，而是产生于其批判理论的精神火花。"对人存在的关怀是马尔库塞和左翼学生心灵的共鸣，

① 郑春生：《马尔库塞与六十年代美国学生运动》，博士学位论文，华东师范大学，2008年。
② 郑春生：《拯救与批判——马尔库塞与六十年代美国学生运动》，上海三联书店2009年版，第32页。

对单向度社会、消费社会的批判和超越是马尔库塞和学生运动的共同目标，由于对工人阶级失望，马尔库塞把青年学生当作解放单向度社会的重要力量，这得到学生的强烈认同，而爱欲解放论、'大拒绝'的革命方式、制度内的长征充满乌托邦的色彩，这也是马尔库塞和六十年代美国学生运动的共同特质。"①

四　走一条怎样的革命道路？暴力或非暴力？

马尔库塞从 20 世纪六七十年代涌现的各式各样的反抗运动出发，不断地丰富和拓展马克思的革命理论与主体性理论。革命对于马尔库塞来说并不是一种不计后果的自杀式冒险，而是通过经济、政治、文化及其社会关系的发展，创造与当前新自由主义（信用资本主义、金融资本主义、福利资本主义、国家垄断资本主义、技术资本主义、福利—战争国家）的支配和社会控制体制彻底决裂的条件，最终与其决裂并推翻这个秩序，重建社会主义的新秩序。

应对资本抽象统治造成的"悖论性贫困"应该走一条什么样道路？这是"黑格尔—马克思"提出的历史问题。我们知道，马克思不仅通过资产阶级革命来运用唯物史观总结出暴力革命的一般革命规律，还通过 1848—1871 年欧洲人民和无产阶级的具体的革命经验来说明与论证无产阶级的革命任务就是用暴力来夺取国家政权，摧毁现存的国家机器。对于无产阶级，暴力革命不可避免。当然，马克思并不是迷信和崇尚以暴力的方式来解决革命问题，他始终没有放弃用和平方式来解决革命问题的可能性探索。作为马克思思想的继承者和捍卫者，马尔库塞在马克思主义遭遇到发达工业社会的新的历史语境中再次直面这个问题——走一条怎样的革命道路？暴力革命？② 马尔库塞关于暴力问题的论述，主要集中在《学生抗议相比于社会本身是非暴力的》《查尔斯·赖希——负面的评价》《暴力问题和激进反对派》等。

马尔库塞并没有在常识的角度理解和使用"暴力"的含义，"人们总

---

①　郑春生：《拯救与批判——马尔库塞与六十年代美国学生运动》，上海三联书店 2009 年版，第 17 页。

②　《马尔库塞文集（六卷本）》（第 3 卷），人民出版社 2020 年版，第 348 页。

是谈论暴力，但却忘了暴力有很多种，而它们的功能也不尽相同。有攻击性暴力，也有防御性暴力。有警察、武装部队或三K党的暴力，也有与这些攻击性的暴力相对抗的暴力。学生们说他们反对社会暴力、法律暴力和体制性暴力，他们自身的暴力是防御性的"①。在《暴力问题和激进反对派》中，马尔库塞论述了暴力的两种形式：现存制度的体制性暴力和对成文法来说必然不合法的抵抗的暴力。这两种形式的暴力的功能相互抵触，分别是压制性的暴力和解放性的暴力；保护生命的防御性的暴力和进攻性的暴力。在垄断性的工业社会，这种暴力在空前的程度上集中在了打入社会总体的管理层的手中。② 进一步说，马尔库塞认为，发达工业社会本身因其普遍存在的攻击性，是"暴力"社会，因此与充满"死亡本能"和"极权主义无处不在的控制"的"暴力社会"相比，对其展开抗议的学生运动是非暴力的。在《查尔斯·赖希——负面的评价》③ 中，马尔库塞揭示了发达工业社会本身的"暴力倾向"："暴力在这个社会中根深蒂固，在它的制度中、它的语言中、它的经验中、它的娱乐中，要么是防御性的暴力，要么就是攻击性的暴力。任何头脑正常的人都不会鼓吹'暴力'，但它确实存在。"④

在《学生抗议相比较社会本身社会非暴力的》⑤ 一文中，马尔库塞这样说道："当前的校园骚乱必须放在对现存社会、对它在越南不道德和不合法的战争、它扎眼的不公平和不公正、它普遍常见的攻击性和虚伪的难以消除的抗议的语境中来理解……相比这种很大程度上不受惩罚和不被注意的日常暴力，学生抗议是非暴力的。"⑥

马尔库塞在《暴力问题和激进反对派》中专门论述了学生反对派的反对形式问题。第一个形式是反对并拒绝大学的政治化，建立"自由的大学"和"批判的大学"。马尔库塞指出，在单向度的社会中，大学已经被政治化，成为服务于极权主义的工具："……因为大学早就政治化了。你

---

① 《马尔库塞文集（六卷本）》（第3卷），人民出版社2020年版，第159—160页。
② 《马尔库塞文集（六卷本）》（第3卷），人民出版社2020年版，第94—95页。
③ 《马尔库塞文集（六卷本）》（第3卷），人民出版社2020年版，第68页。
④ 《马尔库塞文集（六卷本）》（第3卷），人民出版社2020年版，第70页。
⑤ 《马尔库塞文集（六卷本）》（第3卷），人民出版社2020年版，第66页。
⑥ 《马尔库塞文集（六卷本）》（第3卷），人民出版社2020年版，第66—67页。

只需要考虑一下自然科学乃至像数学这样的抽象学科现如今在何种程度是哪个可以被立即应用于生产和军事战略，自然科学乃至社会学和心理学现如今在何种程度上服务于人为管控和市场规范，你就明白了。在这个意义上，我们可以说大学早就是一个政治机构了。"因此，学生反对派在大学之外建立了自由的大学。第二个形式是宣讲会、静坐抗议、闲坐聚会以及友爱大聚会。第三种形式是非武装的、有组织的、合法的示威游行。

马尔库塞认为没有人会无药可救地为了暴力而热爱或宣传暴力，但是在暴力社会中，为了自我保护，反对派必须也变得暴力："有时候我们所面对的是个体极为必要的在暴力面前保护自身。而如果你要在暴力面前保护自身，那么你自己也要变得暴力才行。"① 进而，马尔库塞强调："……为了使你自己和你所拥护的东西得以存续，以暴制暴是'必要的'。"② 但马尔库塞并非一位提倡暴力的思想家："你永远听不到我提倡暴力。……我绝不是一个懦夫，但我不认为我能担起提倡暴力的责任。"③

但是必须明确的是，在强调抵抗权时，马尔库塞也并不认为"非暴力应该作为策略"，他从没有将人道主义与非暴力等同以来。无论是对暴力还是对非暴力的强调，马尔库塞都是将其置于特定的示威游行和其他形式的行动的形势下。因此，"不论我们的示威游行现在或将来多么非暴力，我们都要预料到它们肯定会遭遇体制性的暴力"，所以一定要打消"和平示威"的"自我安慰"，因为"根本就不存在'本质上非暴力'的一般性组织。我们必须时刻早好准备，以防现存秩序随时将体制性暴力付诸实践"④。

马尔库塞认为，在操控和压抑无处不在的后工业社会中，即使是舒适、繁荣、所谓的政治和道德自由等都是为了达到压迫的目的。因此，人和变革都必须要"总体的拒绝"，"需要与这个社会持续的对抗"，"不仅仅是为了改变制度，更重要的是，要彻底改变人类的态度、本能、目标和价值"，"要发生异常彻底的变革，即从总体上与人们现今习以为常的需要

---

① 《马尔库塞文集（六卷本）》（第6卷），人民出版社2020年版，第345页。
② 《马尔库塞文集（六卷本）》（第6卷），人民出版社2020年版，第346页。
③ 《马尔库塞文集（六卷本）》（第6卷），人民出版社2020年版，第346页。
④ 《马尔库塞文集（六卷本）》（第3卷），人民出版社2020年版，第109页。

和渴望决裂，革命"。①

1969 年，马尔库塞在接受哈罗德·基恩（Harold Keen）时曾表达了自己对于革命到底采用暴力还是和平的看法："和平的变革方法总是可取的。如果权力集团真的湖和平地、自觉地进行必要的革命，那么，怎么有人会比我更乐意看到这种情况；但不幸的是，我没有任何沿着这个方向发展的迹象。"② 当被罗德·基恩（Harold Keen）进一步追问"你认为用暴力来达到你所认为的公正的目标是否合理"时，马尔库塞认为，"如果暴力是一种防御措施"就是合理的。

五 统一战线联盟

基于对发达工业社会的极权主义本质的揭示，马尔库塞基于全球视域，明确指出："在如今的形势下，任何东西都不'外在于资本主义'。甚至社会主义和共产主义制度同样与今天的资本主义有着密切的联系，无论怎样，它们都在一个世界体系之中。"③ 因此，马尔库塞提出了自己的统一战线联盟理论。首先，我们可以从马尔库塞对新左派的定义中看到新左派本身是一个统一战线联盟。在他看来，新左派都是新马克思主义者，而不是正统意义上的马克思主义者；它不仅深受所谓的毛主义（Maoism）的影响④，也深受第三世界革命运动的影响。此外，新左派有着新无政府主义的倾向，因为它的特点就是对老左派政党及其意识形态极度不信任。同样，除去一些例外，新左派已不再把老工人阶级当成唯一的革命推动者。新左派本身不能根据阶级来定义，因为它由知识分子、民权运动团体、青年团体（特别是年轻人中最激进的部分）构成，不但如此，它还把乍看起来毫无政治性可言的嬉皮士——稍后再讨论这些人（基本需要无法得到满足的贫民窟中"弱势群体"，包括少数民族、少数种族等、第三世界的无产阶级）——也

---

① 《马尔库塞文集（六卷本）》（第3卷），人民出版社 2020 年版，第151 页。
② 《马尔库塞文集（六卷本）》（第3卷），人民出版社 2020 年版，第193 页。
③ 《马尔库塞文集（六卷本）》（第3卷），人民出版社 2020 年版，第99 页。
④ 马尔库塞曾明确表示自己读过毛泽东的著作，但是却并不完全清楚自己的思想与毛泽东的思想之间的联系。马尔库塞认为反对派之所以将他与毛泽东联系起来的原因是毛泽东走的是一条非正统的、非斯大林式的社会主义制度。详见 1968 年 5 月，马尔库塞回应美国南加利福尼亚 KCET 公共电视台汤姆·佩蒂特（Tom Pettit）的关于"你知道哪些高呼马克思、毛泽东和马尔库塞的人吗？"的采访。

纳入了进来。非常有意思的是，这场运动代言人并不是传统的政治人物，而是一些可疑的人物，比如诗人、作家和知识分子。新左派的成员本质上是单向度社会的"局外人"。由于在单向度的社会中，被统治阶级在非常物质和非常现实的基础上，即在受操控与被满足的需要——反过来再生产了垄断资本主义，再生产了受操控与被压抑的意识形态——的基础上完成了与社会的一体化。所以，新左派缺乏变革的主观需要，但其客观性却非常明显。在马尔库塞看来，学生反对派是新左派的核心组成部分，第三世界的无产阶级是摧毁帝国主义的主要力量，"只有第三世界正在发生的事件与高度发达的世界的中心的爆炸性力量结合在一起，才有可能产生一股有效的革命力量"[1]。马尔库塞很清楚，第三世界的民族解放运动本身并不是一股强大到足以推翻发达资本主义制度的革命力量，这样一股力量只能期待从发达资本主义和第三世界的变革力量的汇合中涌现出来，这种统一战线联盟的建立面临着很多现实的困难，比如"如何结盟？""知识阶层的反对在第三世界的民族解放阵线中如何建立广泛的群众基础？""距离问题""语言问题""文化差异""阶级偏见"等。在1967年发表的《从富裕社会中解放出来》中，马尔库塞专门论述了工人阶级和知识分子之间的致命偏见。当时，劳动运动反对把知识分子当作历史变革的催化剂，"工人阶级对知识分子的愤恨是这场运动现如今陷入停滞的其中一个原因"[2]。尽管马尔库塞并不认为知识分子是一个革命阶级，在革命中只是"催化剂"。但是，随着资本主义生产组织方式的变化，科学家、研究人员、技术人员、工程师、心理学家已经成为"新工人阶级"。他们虽然是制度的宠爱者，但也是科学的解放能力与它带有压抑性、奴性的使用之间的突出矛盾的洞悉者。

那么，嬉皮士到底是不是马尔库塞所倚重的革命力量呢？当然不是。马尔库塞认为嬉皮士的内部是分裂的，分为两各部分、两个党派、两种倾向。其中的大部分仅仅是私人层面上的伪装和滑稽表演，是"安全无害的，甚至在许多情况下很好、很迷人。但仅此而已"。另一部分的嬉皮士比如"挖掘者（Diggers）和普罗沃党（Provos）"带有固有的政治元素，

---

[1] 《马尔库塞文集（六卷本）》（第3卷），人民出版社2020年版，第99页。
[2] 《马尔库塞文集（六卷本）》（第3卷），人民出版社2020年版，第168页。

体现着价值的重估。马尔库塞认为应该在理论上和实践上支持新殖民主义国家的解放斗争，即使他们不是解放的最终力量，至少它们会为帝国主义世界体系潜在的削弱和瓦解做出自身的贡献——不少的贡献。总体来看，学生反对派是反对运动的先锋和代言人，但工人阶级依旧是反对运动的主体和核心。没有工人阶级的革命是不可想象的[1]，尽管工人阶级在发达工业社会已经被资本逻辑所吞噬，亦发生了结构性的变化，但革命的成功需要工人阶级和学生运动达成联盟，或者说是两股政治力量应该汇合。[2] 马尔库塞认为革命的先决条件是出现一种新人类，它的需要和渴望与现存社会攻击性和压抑性的需要和渴望有着质的不同。在对教育的强调中，有马尔库塞对新人类的专门论述。

马尔库塞认为极权主义时代，新左派——从保守的大众那里脱离了出来——现如今就只剩下"统一战线策略"，即与学生、激进工人、左翼自由（甚至非政治）人士和团体合作。"这样一种统一战线面临着组织抗议活动以抵制这个政权的某些特别残酷的侵略和压迫行为的任务。"总的来说，普遍的一体化似乎妨碍了激进的群众性政党的形成，至少在目前是如此。

---

① 《马尔库塞文集（六卷本）》（第3卷），人民出版社2020年版，第220页。
② 《马尔库塞文集（六卷本）》（第3卷），人民出版社2020年版，第220页。

第四章　社会批判的生态转向：
自然革命

从现实角度看，黑格尔的伦理国家并没有出现，马克思的共产主义尚未实现，资本依旧在科技革命的助力下按照自己的面貌改造世界。对于依旧生活中在资本抽象统治下的人们而言，资本的悖论性之恶表现在哪些方面？什么可以控制资本之恶？如何控制和驾驭资本，逃离"悖论性贫困"？对这些时代之问的回答对于马尔库塞来说，既是理论问题也是现实实践问题。20 世纪 70 年代，马尔库塞提出了自己独特基于"安抚自然"的"自然革命理论"，试图通过"新感性"来展开一种新的世界观和文明范式，通过"新科学"在科技与资本的辩证法中让技术真正服务于人类幸福的福祉。与此同时，马尔库塞将自然革命拓展到教育和实证主义知识体系的批判领域，试图引导高等教育改革来培养新的社会主体。马尔库塞的自然革命理论成为当下被生态危机困扰的世界寻找救赎希望的理论来源之一。

要充分阐明马尔库塞的自然革命理论对现代社会生活中日益严重的生态环境危机乃至人类整体生存危机的理论回应力度和政治实践价值，需要通过对经典文本与思想史的交互分析。首先，系统深入地梳理马克思自然观的本质特征，作为展开马尔库塞自然革命思想研究的思想背景和资源，实现马尔库塞自然解放理论与马克思无产阶级解放理论的直接对接。其次，将马尔库塞的自然解放理论放回到其思想体系中进行解读，呈现其所具有的革命和解放维度。再次，将马尔库塞的自然解放理论放回到其出现的历史语境中，突出其相对于其他生态环境理论的革命性和彻底性。进而，结合西方思想界对马尔库塞生态革命、自然解放理论研究的理论成果拓展马尔库塞自然解放理论的现实关切。最后，将马尔库塞的自然解放理论置于当下的时代语境中，论述其对于中国探索现代文明的新道路、建构中国生态文明的话语体系和叙事结构、与西方生态文明思想展开对话，并凸显社会主义制度的优越性等对话的重要的启示。

我们知道，在现代文明的历史语境中，资本主义通过定义"什么是自然？"建构了自己的话语体系和叙事结构，其中隐藏的经济主导逻辑、殖民主义逻辑在"欧洲—白—男人"的视角下呈现出独有的世界观。商品化、合理化和全球化是其自我持存和自我续命的主要方式，从传统社会中被强行剥离出来的人和自然在"祛魅"的世界里都被视为资本的"客体"——"廉价劳动力的来源或物质载体"和"没有独立的价值和意义的免费或廉价资源"。在作为古典自由主义的意识形态话语总根基的英国古典政治经济学历史唯心主义"荒野自然观"的支撑下，资本的自然观借力于科学技术，以"进步"的名义在全球范围内展开其殖民主义的血腥掠夺和话语霸权的强行征服。当培根的科技乌托邦"所罗门之宫"和自然主义同愚昧与黑暗斗争刚刚展开时，更为可怕的极权主义在"新大西岛"已然悄悄逼近，伴随着资本"按照自己的面貌改造全世界"直接引致了当下困扰全球的生态危机、生存危机、资源枯竭、环境污染、失业、合法性危机，于是，乌托邦不再是时间的凝固，也不再是空间的隔绝，而是逼近末日的想象。

历史若是能够谨记马克思对资本意识形态无处不在、无孔不入、无处可逃及其善于隐藏和伪装于一切不彻底的批判的教诲，牢记马克思在《共产党宣言》中对各种形形色色的"社会主义"展开批判的深刻蕴意，那么，20世纪60年代轰轰烈烈的环境运动就不会满足于70年代可持续发展的想象力和政治实践，更不会深陷于80年代的绿色资本主义而无法自拔。马克思终其一生都在与左派作斗争，恰如他在《共产党宣言》中批判的就是那些声称自己具有革命性的形形色色的社会主义思想家们。马克思试图说明，只有历史唯物主义彻底的理论批判才能逃离资本逻辑对想象力的束缚，对于这一点，在他的后继者中，唯有马尔库塞深有体会。

在那个极为特别的时代——20世纪60年代——两次世界大战带来的希望和末日同时逼近，《寂静的春天》似乎带着春天的希望引发了轰轰烈烈的环境运动，学术界乃至整个文化界都沉迷在后现代主义一波接着一波的哲学批判中，却没有带来问题真正的解决。直到70年代，当马尔库塞将社会批判的目光从革命对于生态的重要性延伸到生态对于革命的重要性时，他对于生态问题的特殊敏感使他最早发现并提出"60年代的生态环境运动要么以失败告终，要么会引致更大的灾难"，除非有一种彻底的历史唯物主义的理论。可悲的是，当时的马克思主义学者们大多数依旧固守着对马尔库塞的历史偏见，对其自然革命思想和生态理论视而不见，却对施密特的《马克思的自然概念》情有独钟，于是，最终不得不面对80年代遍布大街小巷的生态商品、生态消费主义、生态公园、生态别墅，不得不接受资本主义"绿化"转型后的闪亮登场。思想界终于意识到"人类世"话语与古典政治经济学"荒野"叙事的内在一致性，并对新的生态灾难和不幸有切肤之痛时，90年代马尔库塞的自然革命思想、生态理论、教育解放理论才真正迎来了全面的复兴，其意在恢复一种彻底而激进的，可以指引真正摆脱生态危机、生存危机的，建设人与自然和谐共生的现代文明的理论和实践。

回望20世纪60年代轰轰烈烈的环境运动，在环境问题和自然危机的回应层面，与《寂静的春天》同时期出场的是1962年施密特的《马克思的自然概念》，施密特的影响是深远的，恰如第一代生态马克思主义理论家泰德·本顿所说，这本书通过法兰克福学派的批判体系影响了西方马克思主义思想界，最终奠定了马克思主义在自然、环境、生态问题上的"中立"，或者更准确地说是"失语"基调。与此同时，环境社会学、生态资本主义、生态社会主义、生态政治学、后现代主义自然观就占据了当时思想界对于环境问题回应的核心领域，孤立、静止、片面对批判资本与危机的关联，在"解释世界"的维度进行空洞的抽象革命。马尔库塞的自然观、生态理论、审美的生态救赎方案正是在这个历史语境中展开的，面对马克思主义在环境问题上的失语和"中立"，面对孤立、静止、片面地反思资本主义带来的新的理论和现实隐患，面对资本主义"洗绿"所必然会引致的新极权主义，马尔库塞开始从关注生态对于革命的重要性转向了关注革命对于生态的重要性，并将二者结合起来，积极倡导基于生态的审美解放运动。从这个角度看，马尔库塞并不是如中国学术界所普遍认为的："马尔库塞是因为对60年代革命运动的失望才转向了研究生态"，而恰恰是因为他对马克思的坚定信念和对革命的坚守才将斗争的希望延伸到生态解放的全面维度。除了70年代后期连续出版的专门研究生态对于革命以及革命对于生态的重要性著作之外，从早期作品开始到《爱欲与文明》和

《单向度的人》，马尔库塞的著作几乎大多都是在"人的解放"和"自然解放"何以可能的维度对生态危机的整体回应。

马尔库塞对马克思自然与人类解放使命的坚守和捍卫、拓展和创新贯穿于其思想的始终，1932 年当马克思的《1844 年经济学哲学手稿》问世时，欣喜若狂的马尔库塞在其中发现了一种基于生态的新文明范式，并致力于在《历史唯物主义的新基础》上进行全新的阐释和论述。区别于占据主流的施密特的马克思主义生态理论，在马尔库塞看来，马克思的"自然"是一种全新的历史唯物主义世界观，在其中，人与自然的关系、人类社会与自然的关系摆脱了资本的钳制，人类通过作为自然界参与者的生产活动来创造自己和世界，以拥抱生命和肯定生命的方式获得新的存在方式，是"解放了的人道主义"和"解放了的自然主义"的能动的有机统一体，包含了现代文明富裕和幸福的承诺，因而是人类文明新形态世界观的理论基石。

第一节 "自然概念"：现代文明与
"自然的意义"之争

在现代文明和资本主义制度的历史语境中理解"什么是自然"，探索"自然观"的历史蕴意可以追溯到柏拉图，一直到基督教文明、黑暗中世纪、经院哲学、社会契约论中的自然状态、科学技术革命、启蒙运动。实际上，古希腊文明朴素的自然观到柏拉图和亚里士多德时已发展为一种哲学思考，其开启的关于自然的理性形而上学探究，并与后世的自然科学和工业文明的发展进步遥相呼应。而中世纪经院哲学探究上帝、自然和人类之间的关系的宗教神学，在与希腊的自然观进行融合后被推入近现代"自然观"探究的各个维度中去，随着近代自然科学和工业文明的发展而来的"机械论的自然观"和"自然的数学化构想"则构成了近代自然观探讨的主要论题。① 伴随着工业化、城市化和现代化进程深入推进的是人与自然、人与人之间以及人自身的分裂，以"全球经济危机和生态环境危机"为重要表征的全球危机又迫使人类从整体上去反思其生存处境，进而突破"资

---

① 吴国盛：《自然的发现》，《北京大学学报》（哲学社会科学版）2008 年第 2 期。

本、权力和技术操控"的三者共谋，毅然决断，走出一条新的道路。

一　马克思自然观的理论对手

（一）莱茵河彼岸的"自然观"追溯

古希腊时期即已展现出来的自然作为"内在性原则和领域"的初始定向和绽露出来的理性形而上学知识论倾向与基于其所展开的"自然"之运思和"存在"之领悟之间的内在亲缘关系预示着一种深湛沉思的"内在性"文明范式，而恰在这种生活和道路中遗落了"自然"和"存在"之初义，因此，如吴国盛教授所说："这种遗落并非某种偶然错失，实乃西方文明的命运。"① 在当代，"自然"这一问题是在"资本、权力、技术、自然四者共谋"的基础上以改造和开发世界为名义的"掠夺"预谋来为现代人所领会的，在这种语境中，"自然"的形象是"不可知""不可控""不可测"的，因而是危险的，与其同样属性类比的有"任性的暴君"和"生而有罪的人性欲望、感性"。这或许可以解释为什么柏拉图的"人性论"和"自然是被创造的"思想，后来会被基督教的"创世说"所容纳并强化。在二者的合力作用下，"自然界"在文明中的出场形象就不是"丰饶生机的感性世界或现实感性的物质世界"，而是"理念世界"；"自然"也不再寓居于那个运动变化、生成涌现着的此岸的感性世界里，而是被置于一个超越的、永恒不变的彼岸世界，一直到黑格尔的"自然哲学"，"自然"终于在文明的对立面中加以阐发。其实，早在罗马世界接受基督教之前，希腊哲学中就酝酿出一种类似的宗教学说，就"自然"这一问题而言，柏拉图开创的"内在性原则"一旦遇到"创世说"必然会有一种"一见钟情"的认同感，携手扼杀丰富的感性自然界及与之相应的感性现实的物质生活世界，这就是为什么马克思会如此坚决地在《1844年经济学哲学手稿》中抨击了"内在性原则"和"创世思想"，以及二者汇合的集大成者——黑格尔哲学。当诗意的德国哲学面对莱茵河对岸的现代文明时，首先进入批判对象的必然是机械论自然观以及相应的"自然的数学化构想"，突出地表现在"培根、笛卡尔、伽利略、牛顿"系统中，从培根的"新大西岛"开始，理性精神与科技已结成联姻，展现出其对不可知、

① 吴国盛：《自然概念今昔谈》，《自然辩证法研究》1995年第10期。

不可控和不可测的任何力量的把控能力和超越上帝与暴君的威力，这种力量根据启蒙的启示录可以取代上帝、暴君消除充满危险和不可测力量的自然蛮力，赢得幸福。新的力量准确地说来自对自然界新的科学兴趣，使其从黑暗的虚无直接过渡到自然科学的观察对象、哲学的研究对象，进而成为财富的来源，在理性力量凸显与自然科学崛起的同一个脉络中，自然获得了重视，与其说是一种幸运，不如说是一种不幸，在未来的曙光中弥漫着末日的阴霾。当培根的自然主义将高傲的哲学头脑扭向自然科学对自然的认识角度时，认识自然的目的就不再是对永恒之爱而是以"为人类福祉服务"的名义征服和利用自然。培根的自然主义在雨果的人道主义著作中得到了最深刻的回应和支持，在这两种未完成的人道主义和未完成的自然主义中空留着现代人对幸福的期许。区别于培根，"笛卡尔奠定了近代哲学的根基建立在'我思'基础之上的理性'主体性'原则，奠定了近代形而上学的基本建制——意识的内在性"。费尔巴哈分析了培根和笛卡尔在自然科学发展史上的地位和作用，明确地指出："培根和笛卡尔在近代自然科学发展史上的不同地位和作用，如果说笛卡尔是近代自然科学的精神的、间接的缔造者，那么，培根就是近代自然科学的直接的、感性的缔造者，培根表现出经验本身的需要和必要性，并第一次以一种无情的严峻精神表达了作为一种方法的经验原则。自然科学之所以可被归结为笛卡尔的精神原则，只是因为现今的自然科学基本原则与笛卡尔哲学的原则相一致：数学、力学的原则。"[1] 海德格尔在《现代科学、形而上学和数学》《海德格尔晚期三天讨论班纪要》等书中曾深入剖析了伽利略对自然"数学筹划的本质"，在这种筹划中自然变得可计算和可统治的，或者可计算性本身被设定为统治自然的原理。马克思认为，自然之所以变得可计算和可统治，或者说计算性之所以被设定为统治自然的原理，其更深层次的原因在于"资本来到人间"，资本为了实现自身的不断增殖和自我扩张，而不断地谋划着统治自然和社会生活，这才是通过计算性来统治自然的更始源性的社会历史基础。海德格尔曾盛赞马克思的哲学批判深入历史的本质性维度，正是因为，在他看来，马克思看到了资本逻辑与统治自然意识形

----

① 方锡良：《马克思自然观研究——从现代性批判的视角看》，博士学位论文，复旦大学，2011 年。

态和知识体系的本质勾连。

（二）德国古典哲学中的诗意"自然观"

对莱茵河彼岸的自然观最为严格有力的批判始于康德的《判断力批判》和谢林的自然哲学。与科学唯物主义和费希特的观点相反，谢林认为自然具有内在的意义，而不仅仅是作为人类工具的价值，谢林的工作激发了整个自然哲学和形而上学传统，并与顽固的牛顿传统进行斗争。这将创造和改变一种新的全球文化的核心，并将其制度化，作为一种完全不同的经济生活形式。在这场哲学和科学革命中，最激进的发展是一种融合了所有其他科学革命进展的发展——生态学。让生态学凌驾于自然科学之上，然后通过人类生态学来定义人类世界，这是拥抱一个肯定生命的隐喻，明确肯定我们自己的创造力，取代否认生命的机械隐喻，取代自然的主导模式和我们在其中的位置和目标。显然谢林比黑格尔更有远见。谢林在19世纪上半叶就已经指出：人类正朝着创造一种全球文明的方向发展，这需要发展一种新的全球意识和超越所有特定文明的新制度。可以说几乎每一个超越笛卡尔和牛顿的还原主义科学唯物主义假设的科学发展都在某种程度上受到谢林哲学的影响，包括努力发展新的数学形式，以充分理解一个流动的、创造性的世界。谢林帮助自然科学摆脱了使其瘫痪的有缺陷的假设，导致了数学、物理科学和生物学的重大进步。谢林设想了一种新的世界秩序，以这种新的自然概念为基础，通过一种新的自然"宗教"将人类团结在一个全球社会中。谢林的思想被马克思主义者恩斯特·布洛赫（Ernst Bloch，2000）作为乌托邦精神接受并进一步发展。

黑格尔认为自然是从他在形式的理念中产生出来的，"自然在本质上是一种观念性的东西"①，自然需要在精神中达到自我实现，自然事物需要向自由精神过渡，"知性"的分解力量肢解着活生生的生命与感性的现实生活，但"精神的生命"不惮于"知性"的巨大分解力量，敢于面对死亡，寻求新生。② 进一步说，黑格尔对水之泉源的理解或许有助于理解对生命的观念领悟："我不把山脉看作渗入其中的雨水的贮存器。应该说，真正的泉源，那些产生恒河、罗纳河和莱茵河一类的泉源，有一种内在的

---

① ［德］黑格尔：《自然哲学》，梁志学等译，商务印书馆1980年版，第22页。
② ［德］黑格尔：《精神现象学》（上卷），商务印书馆1980年版，第21页。

生命、倾向和冲动，和女水神娅岱一样。"① 与"生命"概念的阐述相应的是对"机械论"的批判，黑格尔追溯到笛卡尔，他在笛卡尔处见到了机械论哲学的根据和起源，承续着对近代机械论思想的批判，黑格尔指出了近代自然研究的一个本质的主要的缺陷是："机械性却是一肤浅的、思想贫乏的观察方式，既不能使我们透彻了解自然，更不能使我们透彻理解精神世界。"对于知性形而上学，黑格尔进行了不遗余力的批判。"近代自然科学执于单纯机械性范畴去理解自然，尤其是有机自然，全然不顾这些机械范畴与朴素的直观所提供的情况相矛盾，因而阻碍了对于自然获得正确知识的道路。"进而在知性形而上学批判基础上，黑格尔强调融"内在、外在"于一体的自然观：精神之任务即在于使之得以自觉显明。黑格尔和谢林都吸取了德国唯理论和思辨传统来理解自然，以构建区别于那僵化死寂、了无生气的机械论自然观的德国观念论自然观，通过重返布鲁诺和波墨传统，努力克服笛卡尔以来的意识、观念与自然之分裂及观念对自然的统治，在德国观念论范围内重建自然哲学。

不同于黑格尔自然观，费尔巴哈感性自然观强调了自然的感性特征，他曾在回答"自然界到底是什么？"这个问题时说："我所说的自然界，就是人拿来当作非人性的东西而从自然分出去的一切感性的力量、事物和本质之总和。"马克思发现，费尔巴哈的自然不过是黑格尔理性自然观的感性直观版本："费尔巴哈从来没有把周围感性世界理解为构成这一世界的个人的全部活生生的感性活动，因此，当他看到的是大批患瘰疬病的、积劳成疾的和患肺痨的穷苦人而不是健康人时，他便不得不求助于'最高的直观'和观念上的'类的平等化'，这就是说，正是在共产主义的唯物主义者看到改造工业和社会结构的必要性和条件的地方，他却重新陷入唯心主义。"② 马克思在《1844 年经济学哲学手稿》中所要说明的是：历史唯物主义世界观将超越科学与人文、人文科学与伦理学的对立，为理解人类历史提供了一个明晰的框架，"解放了的人道主义等于自然主义"，"解放了的自然主义等于人道主义"，自然和人的双重解放所形成的社会主义必将取代资本主义，取代人们目前定义自己、彼此关系和世界的类别，并在

---

① ［德］黑格尔：《自然哲学》，梁志学等译，商务印书馆 1980 年版，第 410 页。

② 《马克思恩格斯文集》（第 1 卷），人民出版社 2009 年版，第 530 页。

此基础上改革社会，从此，每个人的自由发展应该是所有人自由发展的条件。

基于马克思的自然观，我们会发现，无论是"人类中心主义"还是"自然中心主义"，或者进一步说，无论是以"人类"的名义"保护"作为其对立面的"自然"，还是以保护"荒野""湿地""野生动物"等代表的"自然"的名义来制约作为其对立面的"人类"，本质上都不过是资本逻辑话语的相互关照。

二　马克思的"自然"

英国古典政治经济学的"自然"、黑格尔的"自然"、马克思的"自然"分别在"市场社会""市民社会""资本主义社会"三个不同的维度呈现出三种不同的世界观。批判地继承了黑格尔对古典政治经济学"市场社会"奉行的市场道德主义"自然观"的本质揭露，在《共产党宣言》中，马克思运用批判的武器和武器的批判将资本的逻辑从"自然"中彻底抽离，进而将资本主义文明与现代分明剥离，指明了现代文明的社会主义出路的可能性和必然性。马克思的"自然"是一种全新的历史唯物主义世界观，在其中，人与自然的关系、人类社会与自然的关系摆脱了资本的钳制，是人类文明新形态世界观的理论基石。

（一）马克思自然观的理论特性

一般来讲，人类与自然的关系阐述一般有三个类型，第一种是预设一个先于人类的自然，要么将自然归于人类，要么将人类归于自然；第二种是将二者截然对立，比如基督教自然观；第三种是将自然看作社会生产的产物。于是，人与自然的关系就有四个类型：相互利用，单向的掠夺和攫取，征服和控制，共存共在、互不干涉。马克思的自然观显然超越并扬弃了这些抽象自然观，提出了辩证的历史唯物主义自然观。在马克思唯物史观的模式中，人、自然与历史的关系是通过活生生的社会生产过程来呈现的："对社会主义的人来说，整个所谓世界历史不外是人通过人的劳动而诞生的过程，是自然界对人来说的生成过程，所以关于他通过自身而诞生，关于他的形成过程，他有直观的、无可辩驳的证明。因为人和自然界的实在性，即人对人来说作为自然界的存在以及自然界对人来说作为人的存在，已经成为实际的，可以通过感觉直观的……"①

马克思继续黑格尔整体性地挑战了现代文明的自命性，批评了任何将社会化与其自然基础分离的观点，揭露了一种文化的虚假主张，这种文化已经形成了一种独立的、准宗教的现实，一种非人性化的、非自然化的崇拜。在《1844年经济学哲学手稿》中马克思全面审视了笛卡尔—牛顿科学传统的自然观。在《论犹太人问题》中马克思放眼北美，在那里，政治国家的本质淋漓尽致地凸显，说明黑格尔的伦理国家在自由竞争的资本主义世界中是无法落地的。资本、资本主义、资本主义所有制是无法容忍与自己异质的伦理国家形成的，真正落地的是将资本危机和本质在更大、根深范围内扩大的政治国家，解决危机的方法只能是革命，即本质上是异质性的社会主义。马克思一生都在寻找或者说是"发明"这种可能的道路。马克思警示我们，如果不对资本有更为彻底的批判和理性清醒，那么非理性的存在最终并不能证明资本的非理性本质，反而成为资本进一步自我复制和自我繁殖的前提和合法性来源和依据。或者更进一步说，环境污染和生态危机、人的生存危机、贫困的加剧的解决都要依托于资本的力量，亟待被资本认可和救赎，今天，当影响全世界的生态危机将解决危机的方法再次交给资本时，当所谓的"绿色资本主义"粉墨登场时，当反思依旧基于"人类世"这种显然是历史唯心主义的当代变种信誓旦旦地期许未来时，文明的未来亟待一种透彻的理论反思。

（二）马克思自然观的基本内容

马克思对资本主义本质的批判与他对资本主义反生态的批判是同一个进程。马克思对资本反生态的叙事结构的意识形态批判早在最初论述农业工业化的农民无产阶级贫困问题时就已经展开。到《1844年经济学哲学手稿》《关于费尔巴哈的提纲》《德意志意识形态》《1857—1858年经济学手稿》《资本论》等文本中，马克思展现了其思想中极富穿透力的批判维度，尤其是在批判黑格尔理性直观、费尔巴哈感性直观的过程中，既展现了其思想"感性—对象性活动"的存在论奠基，又揭示和批判形而上学和资本之共谋机制，深化了对现代性的批判，为我们深入理解当今社会人与自然关系、人类整体生存处境和社会现实，尤其是生态环境危机之内在根源，

---

① 《马克思恩格斯文集》（第1卷），人民出版社2009年版。

提供了一个极富穿透力的现代性批判视角。1842 年，年仅 24 岁的马克思写了《关于盗窃木材法的辩论》的文章，谈论穷人的森林使用权、森林系统的"基本性质"。如历史学家彼得·莱恩鲍格（Peter Linebaugh）所指出的：马克思的论点植根于对"森林的生物生态学"及其所支持的"复杂社会"的呼吁，包括穷人拥有死木（枯树枝）的权利，反映了他们更为贫困的地位以及与自然的关系。马克思认为资本主义的"私有财产"的本质是"占有"，没有交换和没有互惠，因此，不是农民无产阶级从森林中挪用了枯木，而是资本反生态的积累模式对所有木材和所有土地的异化的占有构成了掠夺物质世界的基本现实。资本主义所有制形式下的劳动阻断了人们与自己、与他人、与自然、与整个世界展开客观化的相互创生，因而是异化劳动。与此同时，马克思还强调：资本主义所造成的生存危机绝不是人类对自然的危害，"人类"这个抽象的空洞的术语掩盖的是资本主义所有制对自然的"占有"，资本的视域中既没有"自然"更没有"人类"，有的仅仅是资本的逻辑和被钳制在这个逻辑和现实力量下的廉价或者免费的空间资源和雇佣劳动力。就像希腊神话中的埃里希顿（Erysichthon）怪物，资本需要不断进行更多的占有才能继续前进，他不可遏制的贪欲势必吞噬所有存在物，直到最终吞噬自己，引发末日的全球灾难。马克思要指明的是对自然和劳动力的剥削，这是资本主义增殖和积累背后的真实力量，因此，对生存环境和生态展开剥夺和破坏是资本主义自我续命的唯一方法，从而显示出其反生态的丑恶面貌。在《资本论》及其后来的著作中，马克思更为深刻地指出了在资本主义下试图通过依靠生长较快的树木来加快木材生产周转时间，以及通过牲畜繁殖来提高肉类周转时间的尝试是违反自然法则的；对于牲畜而言，则是对动物的残酷对待。

　　经由黑格尔对作为古典自由主义意识形态话语总根基——英国古典政治经济学——的指认和批判，马克思发现：资本主义的反生态本质不仅体现在所有制层面，而且还体现在其意识形态的叙事结构中。英国古典政治经济学话语展开的"荒野视角"就是反生态的经济逻辑叙事。在"荒野"意识形态话语中，使用价值在资本主义下的物价内部逻辑中没有直接作用，因此在古典经济学和新古典经济学中都产生了"自然给资本的免费礼物"的概念（渔夫和猎人的鱼和猎物）。资本主义的剥削和积累最终取决于资本对"自然的馈赠"的篡夺，从而完全垄断了生产资料和财富。这种对自然的异化占有最终在劳动的异化中找到了其对应物：有一个阶级在面对占有了生产资料的资产阶级时，丧失了自己存在的基础，除了出卖自己的劳动力别无选择。因此，在马克思看来，资本主义从其价值形式中排除了自然的存在地位，其世界观表现为免费的资源综合体与廉价的劳动力的结合，表现出绝对反生态本质。因此，绝不是人类对自然的无节制占有导致了生态危机，而是资本对自然的肆意掠夺，资本主义下的"生产力"的本质是一种"破坏性力量"。经由黑格尔《法哲学原理》中对殖民主义的洞悉，马克思更是一针见血地指出：资本主义的反生态将以不可阻止的速度展开对世界的全面支配来自我续命，在资本逻辑的控制下，现代社会将步入"世界历史时代"："资产阶级，由于一切生产工具的迅速改进，由于交通的极其便利，把一切民族甚至最野蛮的民族都卷入到文明中来了……它迫使一切民族——如果它们不想灭亡的话——采用资产阶级的生产方式……一句话，它按照自己的面貌为自己创造出一个世界。"① 可见，资本有自己的地缘政治学，在这种视野中，全世界都是它改造的对象，整个世界都是它安排和控制的材料。因此，在资本主义制度框架中对生态危机的反思和变革是不可能成功的，如何才能从内部击溃这种力量，从而使现代文明逃离"悖论性贫困"的厄运是马克思的生态革命所要面对的历史难题。

（一）马克思对资本"反生态"本质的揭露和批判

关于资本反生态本质的揭露，马克思最深刻的见解之一是，资本主义下的"生产力"的本质是一种悖论性的力量，生产力的发展代表着社会财富的积累，也代表着"破坏性力量"的周期性爆发。马克思的洞见有助于我们理解轰轰烈烈的 1960 年代绿色运动尽管如此具有革命性，但由于没有对资本主义制度进行质疑和批判，仅仅致力于保护环境和消除污染，才会导致 80 年代更为严重的生态危机以及颇具讽刺性地促进资本主义的绿色转型效果。正如马尔库塞所揭示的：资本主义著名的"创意破坏"如果继续下去，将威胁到"人类世代的链条"的灭绝。根据马克思对资本反生态的历史洞见，反对生态被掠夺的斗争即反对自然被破坏的斗争必须与反对人类被掠夺的斗争即反对贫困积累悖论的斗争结合起来，要超越人类对

---

① 《马克思恩格斯选集》（第 1 卷），人民出版社 1995 年版，第 276 页。关于资本的逻辑，参考漆思、于翔《理性与资本：马克思现代性批判本质之辨》，《社会科学战线》2016 年第 7 期。

自然破坏这一类叙事将资本逻辑藏在抽象"人类"概念的叙事结构，彻底击垮资本的反生态掠夺进程。我们这个时代的生态革命不仅是为了实现生态可持续性和节约能源，不能沉溺在资本主义绿色粉饰后的消费陷进，而且要实现一种有伦理支撑的生态生存。

马克思对资本反生态本质的批判是在三个维度同时展开的，第一个维度是其意识形态话语"荒野自然观"的反生态；第二个维度是其积累模式的反生态，包括：异化劳动、私有财产批判；第三个维度是对其自我持存、自我续命模式的批判，即科技批判。马克思要说明的是，必须是三个维度的同时批判和实现革命才能彻底解决资本所带来的危机和灾难，任何单一维度的革命要么堕入解释世界的维度，要么会被资本吸纳，成为其自我转型的前提。所以，马克思对资本主义本质的批判与他对资本主义反生态的批判是同一个进程，贯穿于其思想的始终。从林木盗窃到对葡萄农的农业工业化的农民无产阶级贫困问题的关注，再到《1844 年经济学哲学手稿》《关于费尔巴哈的提纲》《德意志意识形态》《1857—1858 年经济学手稿》《资本论》等文本中，"感性现实的自然""人化自然""历史的自然""社会乃是人和自然完成了的统一""工业乃是人对自然，从而也是人对自然科学的现实历史关系""自然的商品化、资本化""物质变换断裂"等概念、命题所呈现出的马克思的自然观的丰富图景，为我们深入理解当今社会人与自然关系、人类整体生存处境和社会现实，尤其是生态环境危机之内在根源提供了一个极富穿透力的批判视角——现代性批判视角。

（二）从"荒野—自然"到"对象性—感性自然"

早在黑格尔生活的时代，实证主义就已经成为一种思想主流，哲学只能跟随其后，亦步亦趋，"透彻认识的沦丧"已经不可避免。在对启蒙运动进行"祛魅"的进程中，实证主义科学体系的自然观日益暴露出其与资本逻辑的内在勾连，其反生态性日益明朗化。自笛卡尔以来，由于"意识的内在性"基本结构支撑着认识论体系，自然始终是纯粹"我思"的对象，从属于意识，承受着无历史的命运；伽利略开始通过数学的方法，通过准确的计算，将自然肢解到整个数学的运行架构中，使自然服从于数学算计，将自然数学化后，"自然本身在新的数学的指导下被理念化；自然本身成为——用现代的方式来表达——一种数学的集（Mannigfaltigkeit）"①。不仅如此，伽利略发明的科学实验方法，先行地预设了实验的步骤与目的，以及达到预定的效果所需要的"原料"的基本属性。因此，"伽利略式的自然开始变得可计算、可统治了，这就是新的理论，其特别之处在于使实验方法得以可能"②。笛卡尔和伽利略的"自然"最终在亚当·斯密的"荒野—自然"中，沦为了资本无节制剥削和榨取的"物质资源综合体"。在这种科学意识的装饰下，自然失去了其自身存在的维度，被看作纯粹的质料，成为一种无历史性的虚无。到20世纪30年代，莱茵河对岸的德国哲学家黑格尔敏锐地洞悉到这种抽象自然的现实危害性，因而试图保持住自然的"自在性"，并将自然引入"历史性"原则。可惜，黑格尔在赋予自然以自在性与历史性的同时，由于时代局限性和德国当时社会发展情况的局限性，并没有资本的逻辑和自由的逻辑形成明确的洞察和理解，因此，自然在他这里还不是现实的物，而是"自然界的思想物"，即马克思所说的"物性"："自我意识通过自己的外化所能设定的只是物性。即只是抽象物、抽象的物，而不是现实的物。"③ 不过，尽管有明显的时代和视域局限性，黑格尔将"历史""生产"（精神的生产）与"自然"联系在一起的解读方式为马克思阐述"历史中的自然"中的自然、历史和生产之间的关系提供了一个框架。

马克思自然观形成的另一个重要的理论资源是费尔巴哈的感性自然观。可惜由于没有超越历史唯心主义，他也无法将自然放回到现实历史的时空中。可见，在马克思之前"历史与自然"在哲学与科学的框架中似乎不可避免地陷入了非此即彼的窠臼中，根源则在其意识形态根基处，即在"意识内在性"的原则中。因为意识内在性原则总是试图将自然抽象化为纯粹的质料，而主体因其作为"自然的立法者"而向其附加各种规定性，于是自然界便失去了其自身的自在性与历史维度。这种对立模式使得原本具有现实性的自然成为思想和观念的对象，就像施密特在《马克思的自然概念》里指出的："'自然界和历史之间的对立'是意识形态家们制造出

---

① ［德］胡塞尔：《欧洲科学的危机和超验现象学》，张庆熊译，上海译文出版社2005年版，第32页。

② ［法］F. 费迪耶：《晚期海德格尔的三天讨论班纪要》，丁耘译，《哲学译丛》2001年第3期。

③ 《马尔库塞文集（六卷本）》（第1卷），人民出版社2019年版，第208页。

来的，这是由于他们从历史中排除掉了人对自然的生产的关系。"① 马克思对唯心史观的批判和对历史唯物主义的阐发正是为了能够深入历史的本质维度，将人和自然放回到的历史现实和现实的历史中。马克思强调："关于人和自然的'生成'问题，与其说是形而上学的问题，还不如说是历史的社会的问题。"② 通过人类自身的实践（尤其是工业），自然已经失去了其自身原始的无规定性。"在人类历史中即在人类社会的形成过程中生成的自然界，是人的现实的自然界；因此，通过工业——尽管以异化的形式——形成的自然界，是真正的、人本学的自然界。"③ 可见，在马克思唯物史观的视域中，自然与人类的生成是处在同一个历史进程中。在《德意志意识形态》中，马克思这样写道："任何历史的第一前提无疑是有生命的个人的存在，因此第一个需要确定的具体事实就是这些个人的肉体组织，以及受肉体组织制约的他们与自然界的关系……任何历史记载都应当从这些自然基础以及它们在历史进程中由于人们的活动而发生的变更出发。"④ 人的生物性即人的自然，人的感性活动在人与作为人的无机身体的外在自然的关系是马克思展开论述的前提，"五官感觉的形成是迄今为止全部世界历史的产物"⑤。在这种感性交往中，人类历史本身通过人类的实践活动得以开展。总之，在马克思看来，无论是"作为人的无机身体的外在自然与作为人的有机身体的肉体自然是在历史进程中相互生成的，是工业和社会状况的产物，是历史的产物，是世世代代活动的结果，其中，每一代人都在前一代所达到的基础继续发展前一代的工业和交往方式，并随着需要的改变而改变它的社会制度"。马克思认为：

> 任何对自然的复活都应该建基于人和自然之间的本质相关性，否则要么是浪漫主义的遐想，要么是思辨哲学的玄想，"自然界的人的本质只有对社会的人来说才是存在的……只有在社会中，人的自然的存在对他来说才是自己的人的存在，并且自然界对他来说才成为人。"

---

① ［德］施密特：《马克思的自然概念》，欧力同、吴仲昉译，商务印书馆1988年版，第42页。
② ［德］施密特：《马克思的自然概念》，欧力同、吴仲昉译，商务印书馆1988年版，第29页。
③ 《马克思恩格斯文集》（第1卷），人民出版社2009年版，第193页。
④ 《德意志意识形态》，人民出版社1961年版，第20页。
⑤ 《马克思恩格斯文集》（第1卷），人民出版社2009年版，第191页。

因此，社会是人同自然界的完成了的本质的统一，是自然界的真正复活，是人的实现了的自然主义和自然界的实现了的人道主义。①

马克思的自然观实际上是与人的自由的实现密切相关的。自然既是一个基质性的要素，又是一个需要不断面对的对象。因此，如何处理自然关乎人类历史自身的命运。在《1844年经济学哲学手稿》中，马克思要说明的是："自然"绝不是一个外在的无意义领域，而是人的"无机身体"，人的解放首先要从自己的"内在灵性"中走出来。人是自然的，自然是他的"表达"，"他的作品和他的现实"。因此，我们可以看到，在何种程度上一致的"人道主义"即"自然主义"。在人与自然统一的基础上，马克思转向了对象化的关键定义，通过对象化，人与客观性的具体关系、人的生产方式，被更具体地确定为普遍性和自由。马克思试图将物化和其中的冲突更深地植入对人的本质的全新定义中，将"感官"纳入哲学基础的中心："感官必须是所有科学的基础"，"感性"对于马克思具有优先于一切虚假存在的本体论地位，先于任何唯物主义或感觉主义。实际上，当费尔巴哈与黑格尔对立，想要把感官的接受性放回到哲学的起点时，他最初几乎是作为康德对"绝对唯心主义"的批判的维护者。只有通过感官，一个真正意义上的对象才会被赋予，而不是通过自我思考。与费尔巴哈一样，马克思并不否认作为一个自然的、物质的、感官的、客观的存在（人）是一个被动的、有条件的、有限的生物。人作为一个客观的、感性的存在，因此是一个被动的存在——因为他感受到他所遭受的一个激情的存在。在人的感官中出现的痛苦和需要，与其说是纯粹的认识问题，不如说他在疏远的劳动中表现出来的痛苦和需要是纯粹的经济问题。人的苦恼和需要根本不能描述人的行为的个别模式，它们是他整个生命的特征，是本体论的范畴。在此，马克思借力于费尔巴哈实际上已经开始着手解决"古典德国哲学"的一个关键问题：正是"感性—对象性"概念导致了从古典德国哲学到革命理论的决定性转变，因为其对人的本质的理解中插入了实践和社会存在的基本特征。

在费尔巴哈的观点中，人对世界的占有和联系本质上仍然是理论的。

---

① 《马克思恩格斯文集》（第1卷），人民出版社2009年版，第187页。

马克思对费尔巴哈的超越体现在两个主要概念上："感性—对象性劳动"和"私有财产"。马克思进一步把"感性—对象性劳动"理解为超越一切经济意义的人的"生命活动"和人的真正实现。这里的劳动概念与人作为"自然的"和"感官的"存在的定义有深刻的内在联系，正是在劳动中，人的苦难和贫困、普遍性和自由才成为现实。在马克思全新的劳动概念支撑下，自然不是与人的本质相脱离的外在的东西，而是属于人的超越的、占有的客观性。世界历史不是"理性的狡计"，而是"自然为人类的出现"。人类的历史同时也是"整个自然"的过程，是整个自然的"生产和再生产"，是通过再次超越其当前形式而客观存在的进一步发展。因此，在自然与整个自然的"普遍"关系中，自然并不是他作为他物所受的限制或他以外的某物，而是他的表达、确认、活动："外部性是……自我外化的感官世界向光明开放，向被赋予感官的人开放。"马克思在《德意志意识形态》中强化了"自然"与"历史"的关联，目的在于将时空和历史还给人类和自然。自然与历史的结合在马克思"感性—对象性活动"中得以恢复和揭示，并在"工业和科学"这两种最具现代生活之本质的感性活动中得以展开，马克思这样写道："工业的历史和工业的已经生成的存在，是一本打开了的关于人的本质力量的书，是感性的摆在我们面前的人的心理学。"[1] "恰是工业和商业活动提供了自然科学的研究对象、材料和动力。"自然史的说法实际上是对"自然界的人化"的另一种表述，所谓"一门科学"的说法力图借助于作为感性意识对象或感性自然界的"人"，而在存在论层面贯通此前一直相互疏离的自然科学和人文历史科学。但真正讲来，只有基于坚决洞穿了近代形而上学传统的"意识之内在性"的"感性—对象性存在和活动"，才能揭穿"科学具有不同于生活基础"的谎言，这种同一性才能建立起来，否则就只是一种良好的意愿而已。

接着，马克思还具体剖析了人作为"感性的自然界"，何以直接成为自然科学和关于人的科学的对象。马克思这样写道："但是，自然界是关于人的科学的直接对象。人的第一个对象——人——就是自然界、感性……自然界社会的现实和人的自然科学或关于人的自然科学，是同一个说法。"[2] "同

---

① 《马克思恩格斯文集》（第1卷），人民出版社2009年版，第192页。
② 《1844年经济学哲学手稿》，人民出版社2000年版，第90页。

一门科学"后来在《德意志意识形态》中被马克思标注为"历史科学"，只有在历史唯物主义的基地上才能真正实现上述二者之统一，从而也将历史的两个组成部分（自然史和人类史）紧密联系起来。人同自然完成了的本质的统一，在《1844 年经济学哲学手稿》中，马克思曾强调："作为私有财产即人的自我异化的积极扬弃的共产主义，乃是人和自然界之间、人和人之间的矛盾的真正解决。只有在社会中，人的自然的存在对他来说才是自己的人的存在，并且自然界对他来说才成为人。"① "社会是人同自然界的完成了的本质的统一，是自然界的真正复活，是人的实现了的自然主义和自然界的实现了的人道主义。"②

综上所述，马克思建立在历史唯物主义感性观之上的"对象性—感性自然"是历史唯物主义的重要范畴，它不仅仅关涉马克思哲学与旧唯物主义的根本区别，而且还切实地影响着人们在社会和历史中的实践样式以及人的生存样态。通过社会和历史的中介，自然向人类呈现，人类向自然生成。在这种相互生成中，自然史和人类史成为一门历史。在这种历史与自然的统一中，整个人类的历史才得以呈现其真实而现实的图景。因此，对于"自然"的不同态度，不仅关乎人与自然的关系，而且涉及历史观。

（三）异化劳动与私有财产的反生态本质批判

首先，来分析马克思对异化劳动的反生态本质揭露。关联于"对象性—感性劳动"概念，马克思批判了资本主义的"异化劳动"的反生态本质。马克思看到，在资本主义社会中，工人不仅失去了自己的劳动成果，还遭受精神和身体上的压抑和扭曲，"变成一个抽象的活动和腹部"，甚至不得不"出售他自己和他的人类身份"，将自己看作"一种商品"。这样的劳动不是人的本质的实现，而是他的异化，不是人的充分和自由的实现，而是"实现的丧失"。基于此，马克思进一步对支撑这种现实剥削制度的意识形态话语总根基——资产阶级政治经济学——展开批判，在马克思看来，英国古典政治经济学的"孤岛—鲁滨孙"话语必须从根本上批判和扬弃，这种永远看不到历史主体、忽略了人的本质力量的"抽象"并不是一门关于"人的科学"，而是一门"非人的科学"，仅关注"非人类的

---

① 《1844 年经济学哲学手稿》，人民出版社 2000 年版，第 83 页。
② 《1844 年经济学哲学手稿》，人民出版社 2000 年版，第 83 页。

物体和商品的世界"。资本主义所有制形式下的异化劳动阻断了人们与自己、与他人、与自然、与整个世界展开客观化的相互承认和创生，资本主义所造成的生存危机绝不是"人类"对自然的危害。在资本主义意识形态话语中出场的"人道主义"话语中的"人类"其实是一个空洞的无所指，其真实的内容是资本控制世界的意志。

　　现在分析私有财产的反生态本质。马克思对私有财产的反生态本质是从反对古典政治经济学意识形态话语中的物化展开的。这种物化将一种特定的历史事实转化为刚性的"永恒"法则和所谓的"本质关系"。马克思提出资本主义的现实状况不仅表现为经济或政治危机，而且表现为影响人的本质的生态灾难。马克思尖锐地强调了私有财产的反生态性："物质的、直接的感官的私有财产是对疏远的人类生活的物质的、感官的表达。它的运动——生产和消费——是迄今为止一切生产运动的感官启示，即人的实在的实现。""就像私有财产……对生命的断言是他对生命的异化，他的实现是他对现实的失去，私有财产是被疏远的人物化自己、'产生'自己和他的客观世界并在其中实现自己的方式的真实表现。""私有财产让我们如此愚蠢和片面，以至于人（工人）只有在运用自己的动物机能——吃、喝、生殖，至多还有居住、修饰等等——的时候，才觉得自己在自由活动，而在运用人的机能时，觉得自己只不过是动物。动物的东西成为人的东西，而人的东西成为动物的东西。吃、喝、生殖等等，固然也是真正的人的机能，但是，如果加以抽象，使这些机能脱离人的其他活动领域并成为最后的和唯一的终极目的，那它们就是动物的机能。"[①] 在马克思了看来，"真正的人类财产"是："人作为一个完整的人以一种完全的方式占有他的全部本质："他与世界的每一种人际关系——看、听、闻、尝、感觉、思考、观察、体验、渴求、行动、爱——简而言之，他个人存在的所有器官……，人与正在成为自己的对象的关系是'全面的'——它'解放'了人的一切感官。整个人在'他的工作和他的现实'的整个客观世界中是自在的。"基于上述对私有财产反生态本质的揭露，我们可以认为，从某种意义上说，马克思对"粗陋而轻率的共产主义"也是基于同样的原因，这种粗鄙的共产主义也不以人的本质的现实为中心，而是在事物和对象的世

---

① 《1844 年经济学哲学手稿》，人民出版社 2000 年版，第 55 页。

界中运作，因此它本身仍然处于一种"疏离"的状态。这种类型的共产主义只是用"普遍的私有财产"来代替个人私有财产，"对它来说，生命和存在的唯一目的是直接的、物质的占有。劳动者的工作并没有被消灭，而是扩大到所有的人"。

根据黑格尔和马克思对英国古典政治经济学的批判，资本主义的反生态本质在异化劳动和私有财产中之所以能够"自圆其说"，源自其"合理性"来自英国古典政治经济学"荒野—自然"话语体系的支撑和再生产。在这种荒野叙事结构中，使用价值在资本主义下的物价内部逻辑中没有直接作用，因此在古典经济学和新古典经济学中都产生了"自然给资本的免费馈赠"的概念，资本主义的剥削和积累最终取决于资本对"自然馈赠"的篡夺、利用和出卖，包括对人的自然和作为人的无机身体的外部自然，从而完全垄断了生产资料和财富。这种对自然的异化占有最终在劳动的异化中找到了其对应物：有一个阶级在面对占有了生产资料的资产阶级时，丧失了自己存在的基础，除了出卖自己的劳动力别无选择。因此，在马克思看来，资本主义从其价值形式中排除了自然的存在地位，其世界观表现为免费的资源综合体与廉价的劳动力的结合，表现出绝对的反生态本质。因此，我们可以说，绝不是"人类"对自然的无节制占有导致了生态危机，而是资本对自然的肆意掠夺必然导致生态危机。

（四）"自然—技术的辩证法"——技术何以成为资本"自我续命"的来源？

马克思关于机器、科技、大工业对自然的影响，关于科学在人与自然的新的历史关系中的作用和特征的论述，大大充实了与科学观相关联的自然概念的内容和基础。在《1844年经济学哲学手稿》中，马克思就明确指出："工业是自然界对人，因而也是自然科学对人的现实的历史关系。……在人类历史中即在人类社会的形成过程中生成的自然界，是人的现实的自然界；因此，通过工业——尽管以异化的形式——形成的自然界，是真正的、人本学的自然界。"[①] 进而，"历史本身是自然史的即自然界生成为人这一过程的一个现实部分。自然科学往后将包括关于人的科学，正像关于人的科学

---

① 《马克思恩格斯全集》（第3卷），人民出版社2002年版，第307页。

包括自然科学一样：这将是一门科学"①。这门科学就是《德意志意识形态》中所说的"历史科学"。在《资本论》及其手稿中，马克思进一步提出："我的观点是把经济的社会形态的发展理解为一种自然史的过程。"②显然，马克思在人类史领域揭示人与人的关系的"历史的运动"规律时，一直是在社会与自然、人类史与自然史、"人与人的关系"和"人与自然的关系"的相关性，即两极相联的张力关系中进行的。自然科学通过工业日益在实践上进入人的生活。另一方面，生产过程也表现为科学在工艺上的应用，而工艺学揭示出了人对自然的能动关系，资本也才得以充分发展，并创造了与自己适合的生产方式。"资本的趋势是赋予生产以科学的性质，而直接劳动则被贬低为只是生产过程的一个要素。"③可见，资本世界中直接劳动和科学技术之间的地位消长早已为马克思所洞察。众所周知，机器体系并非自在的自然界的产物，而是文明的产物，是转化为人的意志驾驭自然界的器官，或者说，是人手创造出来的人脑的器官，是对象化的知识力量。机器体系表明："社会生产力已经在多大程度上，不仅以知识的形式，而且作为社会实践的直接器官，作为实际生活过程的直接器官被生产出来。"④虽然借由机器体系而积累的对象化的知识具有如此社会实践作用，但我们却不可如培根和笛卡尔那样"认为生产形态的改变和人对自然的实际统治，是思维方法改变的结果"⑤。进一步说，如笛卡尔曾主张用实践哲学来代替思辨哲学，以为人们了解并利用自然力量，就可以成为自然的主人和占有者。然而，根据马克思，劳动资料转化为机器体系并非偶然，乃是适合于资本要求的历史性变革或者说是资本发展之必然趋势。与之相应，知识和技能的积累、整个生产力的积累，逐渐被吸收进资本中而成为资本的属性，或与资本共谋。

恰在机器生产中，建立起了自然科学的知性分析方式和资本主义生产体系之间的现实的内在关联："机器生产的原则是把生产分解为各个组成阶段，并且应用力学、化学等等，总之应用自然科学来解决由此产生的问

---

① 《马克思恩格斯全集》（第 3 卷），人民出版社 2002 年版，第 308 页.

② 《资本论》（第 1 卷），人民出版社 2004 年版，第 10 页。

③ 《1844 年经济学哲学手稿》，人民出版社 2000 年版，第 88 页。

④ F. 费迪耶等：《晚期海德格尔的三天讨论班纪要》，《哲学译丛》2001 年第 3 期。

⑤ 《1844 年经济学哲学手稿》，人民出版社 2000 年版，第 120 页。

题。这个原则到处都起着决定性的作用。"①或者说机器体系中所实现的科学的工艺学应用，恰恰是"知性形而上学与资本共谋机制"的现实基础和具体化："大工业的原则是，首先不管人的手怎样，把每一个生产过程成各个构成要素，从而创立了工艺学这门完全现代的科学。"② 作为现代知性科学代表的工艺学，可以说完美地实践着"知性合理化"的理念。关于这种机器生产体系中体现出来"知性合理化原则"，或者用马克思的话语说"合理机械化和可计算性的原则必须遍及生活的全部表现形式"。③ 随着机器体系的应用以及自然科学在工艺上的应用，生产过程的转变带来了劳动和资本地位的变化：单个劳动只有在征服自然力的共同劳动中才是生产的，而从直接劳动到社会劳动的这种上升，表现为单个劳动在资本所代表、所集中的共同性面前被贬低到无能为力的地步。在机器体系中，"变得空虚了的单个机器工人的局部技巧，在科学面前，在巨大的自然力面前，在社会的群众性劳动面前，作为微不足道的附属品而消失了；科学、巨大的自然力、社会的群众性劳动都体现在机器体系中，并同机器体系一道构成'主人'的权力"④。这段话虽是表明机器体系中工人的劳动和地位的边缘化趋势，却也较好地将"资本、科学技术和自然"三个主题融合在一起，具体化在机器化大生产体系中去了。

近代以来，秉承着培根大西岛的"技术天堂"梦想，随着科学技术、机器体系在工业上的广泛应用，人类使用各种方法，让自然开口说话，道出其潜藏着的秘密，发掘自然之资源和能源，并提炼出其中的能量与精华。可是，人类在充分发掘、利用自然的同时也在不断地控制、奴役、掠夺、残害自然。当今时代，借着资本和现代技术在现代形而上学的共谋机制下形成的"社会权力"，人类更是强迫自然对我们开放，无论是作为一种免费的馈赠或者廉价的资源综合体或者是将自然金融化和信用化的"自然银行"⑤，其结果是：只有一种强势话语在历史性地道说，余者皆沉默。

---

① 《1844 年经济学哲学手稿》，人民出版社 2000 年版，第 122 页。
② 《1844 年经济学哲学手稿》，人民出版社 2000 年版，第 123 页。
③ 《1844 年经济学哲学手稿》，人民出版社 2000 年版，第 144、145 页。
④ 《1844 年经济学哲学手稿》，人民出版社 2000 年版，第 120 页。
⑤ 关于自然的信用化、金融化的深度剥削论述，参见 Neil Smith, "Nature as Accumulation Strategy", *Socialist Register*, No. 43，2007。

现实中，随处可见的是：人和自然的更大的疏离和隔绝，自然成为资本的自由财产，而人则成为虚无的"人类"。自然只按一种方式道说自身，即按"社会权力"方式言说，这一点自从柏拉图、培根的名言"Knowledge is power"以及笛卡尔确立起近代形而上学的传统就已经被先行道说出来，随着后来资本主义的发展，这种资本原则和形而上学建制相共谋的"社会权力"的声音逐渐成为唯一的话语，这就是"世界历史"进程中的真实而又虚妄的话语。唯有坚决破除形而上学和资本的联盟才能真正让自然充分、自由地言说。

（五）马克思自然观与今天的世界

马克思为活体的资本诊断，而不像黑格尔对抽象的资本诊断。马克思将身体从资本的逻辑中抽离出来，在历史唯物主义基础上不仅重申了作为人的无机身体的大自然的权力，也重申了作为人的自然的身体的权力。

关于作为人的自然的身体的权力，马克思强调，劳动力的主体被分解成技能、权力、脑力和体力等层次，从而使"可变资本"这一类别内部异质化。堕入资本的偶然性、流动性、任意性导致这种异质性是不稳定的。资本主义生产方式的不断变化，使技术的要求、技术的定义、权力制度、劳动分工等都不能长期稳定下来，面对这些矛盾和多种不稳定因素，资本主义赋予了某种监督、惩罚以及技术理性的意识形态管制以"合法身份"。随着资本按照自己的面貌改造全世界，妇女和儿童、被殖民地等都被纳入"不变资本"和"可变资本"的循环中，为"劳动分工提供了新的基础"，在对奴隶制、殖民主义和移民的评论中，马克思曾明确指出，种族和民族结构同样牵涉可变资本的流通过程。

可见，马克思给可变资本循环中嵌入的劳动贴上"活"的标签不仅是为了强调其活力和创造力的基本品质，也是为了指出变革的生命力和颠覆力量之所在。工作的身体不仅仅是"肉"［威廉·吉布森在他的反乌托邦小说《神经侠》（1984）中轻蔑地提到它］，劳动者也不仅仅是"手"［查尔斯·狄更斯在《艰难时期》（1961）中讽刺地写道，假设他们既没有头也没有肚子］，在这种狭隘的简化主义意义上，身体政治在资本积累面前变得无力。为了批判颠覆和超越这种抽象性，从《1844年经济学和哲学手稿》开始，马克思就把他的本体论和认识论、方法论建立在对世界的真正感性的身体相互作用这个基础上："感性必须是一切科学的基础。科学只有从感性意识和感性需要这两种形式的感性出发，也就是说，科学只有从自然界出发，才是现实的科学。"另外，马克思提出了资本主义制度下身体主体（bodily subject）的生产理论，即资本家"制造了作为雇佣劳动者的工人"。恰如戴维·哈维所说："马克思的可变资本的概念包含了资本主义制度下的身体政治经济学，资本以可变资本的形式通过劳动者的身体进行流动从而使劳动者成为资本本身流动的附属物。"① 马克思的感性理论为理解资本主义制度下身体生产的过程和作用提供了丰富的概念工具。在他之后，列斐伏尔和福柯（特别是在《规训和惩罚》一书中）都意在挑战古典自由主义意识形态遏制和规范身体的机械的和绝对的观点，把感觉和人类身体从那种人为的"牛顿—笛卡尔"的时空世界绝对论中解放出来。

马克思不仅关注作为人的自然的身体，也关注作为人的无机身体的外部自然。早在 1842 年 10 月发表了《关于林木盗窃法的辩论》中，马克思就敏感地发现资本主义的世界观中，自然已经丧失了独立的存在地位，作为私有财产的积累策略和积累手段，自然已经是商品化的自然，就连枯树枝都不能幸免。马克思的《关于林木盗窃法的辩论》和对"摩泽尔河沿岸地区种植葡萄的农民的贫困"② 被很多生态马克思主义解读为是其对资本积累方式在"人和自然"方面双重反生态本质的最早控诉。③ 正如自然的普遍生产从一开始就被写入了资本主义野心的 DNA 中，新自由主义全球

---

① D. Harvey. "The body as an accumulation strategy Environment and Planning", *Society and Space*, Vol. 16, No. 4, 1998, pp. 401–421.

② 莱茵省地方政府一直以来对摩泽尔河沿岸地区葡萄种植者普遍贫困的事实归咎于种植者自身，致使葡萄从业者对这种官僚主义的做法极为反感。然而，官方却把葡萄种植者对普遍贫困求助的呼声看作无理取闹。1842 年 12 月，任《莱茵报》主编的 24 岁的马克思针对同一事实所出现的两种截然相反描述的原因进行了分析。他通过深入调查研究指出：在普鲁士专制统治下，社会管理体系总是以地方政府的旗号为官僚阶层服务，摩泽尔地区葡萄种植者的普遍贫困成为官僚阶层眼中的假问题，其要害在于官僚阶层把自身的利益上升为政府利益，并以政府力量对抗葡萄种植者。官僚阶层的这种偏见认知如果不消弭，贫苦农民要想改善生存状况就变得异常艰难。在马克思看来，决不能把摩泽尔河沿岸地区的贫困状况仅仅看成一种简单的状况。至少要分清私人状况和国家状况。因为"不能认为摩泽尔河沿岸地区的贫困状况和国家管理机构无关，正如不能认为摩泽尔河沿岸地区位于国境之外一样"。只有分清了这两种状况之间的关系，才能正确理解摩泽尔河沿岸地区的现实状况。参考陈安杰《马克思关于调查研究的开篇之作——重温〈摩泽尔记者的辩护〉》，《支部建设》2020 年第 17 期。

③ 马克思虽然从未直接使用生态一词来表达对生态问题的关注，却在一个广泛的意义上最早关注了资本主义制度下人的存在和自然的存在境遇。具体参见包傲日格乐、卢艳芹《卡尔·马克思博士学位论文的生态观探析》，《沈阳农业大学学报》（社会科学版）2020 年第 4 期。

化只是它的最新化身。资本主义下的自然生产产生了自己独特的意识形态。一方面，在工业生产过程中对自然的彻底客观化产生并重申了自然作为一个外部现实，自然被广泛地认为是生物、化学、物理和其他过程的储存库。现代科学在概念上把这些对象作为工具性社会劳动的目标，同时也认可了这种外部的、可开发的自然世界的范围。在《1844 年经济学哲学手稿》中，马克思批判了资本逻辑支配的实证主义知识体系对自然的区隔和事实化，在《德意志意识形态》一书中，马克思和恩格斯用一段引人注目的篇幅论述了资本主义生产自然的力量，并批判地回应了费尔巴哈的唯心主义："这种活动，这种不断的感官劳动和创造，这种生产，是现在存在的整个感官世界的基础，所以，如果它仅仅中断一年，费尔巴哈不仅会在自然界中发现一个巨大的变化，而且还会发现他很快就会发现，整个人类世界和他自己的感知能力，甚至他自己的存在，都消失了。"马克思要说明的是：由于外部世界和普遍世界之间尚未解决的矛盾标志着资本主义的自然意识形态，因此，批判的反应不是简单地否定这一意识形态的任何一个或两个组成部分，必须认识到：这种意识形态不仅是错误的，而且呈现出一种扭曲和颠倒的世界观，其根源是一个非常特定的资产阶级视角。

在马克思这里，历史唯心主义之所以必须彻底批判，在于其支撑着一种外在的自然的意识形态，通过虚构伊甸园的前人类或超人类的世界，系统地抹去了使这种意识形态有意义的外在化过程，将历史分为虚无和黑暗的史前史与进步的资本主义文明。当然，更为重要的是，这种自然的外部概念是一种强大的意识形态工具，用来证明种族、性别、阶级、性和其他形式的社会差异和不平等在起源上是"自然的"，而不是社会的。历史唯心主义视域下资本主义劳动过程不断消失，通过这个过程，自然被商品化，从而被外化。马克思和恩格斯的历史唯物主义革命性在于把社会劳动作为自然的中心，以至于自然的生产成为"现在存在的整个感官世界的基础"。如尼尔·史密斯所说："当自然作为一种积累战略与资本更加紧密地结合在一起时，资本主义对自然的社会生产的全面性就变得越来越明显，做出广泛的政治回应的必要性就变得越来越迫切。"[1]

马克思的自然观借力于黑格尔、费尔巴哈，其直接的理论对手是英国

---

① Neil Smith, "Nature as Accumulation Strategy", *Socialist Register*, No. 43, 2007.

古典政治经济学的鲁滨孙式"荒野—自然观"及其所支撑的全部话语分支。在马克思生活的时代，亚当·斯密范式的"鲁滨孙·荒野自然观"叙事[①]和非历史的通用的"边沁主义"人格已经对当时的文化领域产生重要的影响，导致现实的苦难根源被遮蔽。马克思这样写道："劳动力的买和卖是在流通领域或商品交换领域的界限以内进行的，这个领域确实是天赋人权的真正乐园。那里占统治地位的只是自由、平等、所有权和边沁。自由！因为商品例如劳动力的买者和卖者，只取决于自己的自由意志。他们是作为自由的、在法律上平等的人缔结契约的。契约是他们的意志借以得到共同的法律表现的最后结果。平等！因为他们彼此只是作为商品所有者发生关系，用等价物交换等价物。所有权！因为他们都只支配自己的东西。边沁！因为双方都只顾自己。使他们连在一起并发生关系的唯一力量，是他们的利己心，是他们的特殊利益，是他们的私人利益。正因为人人只顾自己，谁也不管别人，所以大家都是在事物的预定的和谐下，或者说，在全能的神的保佑下，完成着互惠互利、共同有益、全体有利的事业。原来的货币所有者成了资本家，昂首前行；劳动力所有者成了他的工人，尾随于后。一个笑容满面，雄心勃勃；一个战战兢兢，畏缩不前，像在市场上出卖了自己的皮一样，只有一个前途——让人家来鞣。"[②] 可见，马克思在资产阶级经济学语境中开始自己的政治经济学研究，其核心范畴、基本问题和背后起支配作用的哲学思想是他必须面对的对象。1932 年

---

① 鲁滨孙起初仅是英国作家笛福的小说虚构人物，文学形象演化而来的鲁滨孙是理性经济人的化身，具有通用的人格，没有任何时间、地域、民族、文化甚至性别标志，本质上是"美学上的假象"，屡被马克思痛批的巴师夏就是这种"美学"的典型倡导者。巴师夏曾以"自然规律"的名义美化资本：资本可以使欲望高尚化，使努力轻便化，使享乐纯洁化，使自然界为我们服务，使道德变成习惯，可以发展社会性，可以促进平等，可以让生活自由，可以用最巧妙的办法实现公平。（参见季陶达主编《资产阶级庸俗政治经济学选辑》，第 221—222 页）。到 19 世纪中叶，笛福小说的主人公鲁滨逊开始成为经济学方法，不少经济学家为之着迷，较有代表性者是美国经济学家凯里，在他那里，猎人和渔夫的比喻所发挥的方法论功能由鲁滨孙方法形象地代替。马克思在构筑自己的政治经济学理论体系时首先批判的就是这种"非历史和反历史"的叙事范式和人格塑造，把鲁滨孙还原到真实历史中，他具有典型 18 世纪的人格，正如马克思所揭露的："我们这位从破船上抢救出表、账簿、墨水和笔的鲁滨孙，马上就作为一个道地的英国人开始记起账来。"自然与人类二分法的现代资产阶级经济学衣钵传承人是诺贝尔经济学奖获得者哈耶克，他将亚当·斯密的"自然自由制度"升级为"自生自发秩序"，继续论证资本主义经济制度的自然而然和天经地义。

② 《资本论》（第 1 卷），人民出版社 1973 年版，第 200 页。

马尔库塞的《历史唯物主义的基础》接续马克思《1844年经济学哲学手稿》中的思想和智慧，继续批判资本主义自然观，探寻人类文明的生态审美范式。

第二节　马克思的"自然观"与西方马克思主义的"自然观"

作为法兰克福学派自然观的奠基性人物施密特在《马克思的自然概念》一书中也反复申言："费尔巴哈的自然作为整体，是抽象、非历史的匀质的基质，而马克思批判的实质就在于把它消融在主体和客体的辩证法之中，自然之所以引起马克思的关切，比什么都重要的是它首先是人类实践的要素。"① 施密特虽然同意卢卡奇"自然是一个社会历史范畴"这一基本立场，但也强调在马克思看来，"自然不仅仅是一个社会的范畴……自然绝不可能完全被消融到对它进行占有的历史过程中去。如果自然是一个社会的范畴，那么，社会同时是一个自然的范畴，这个逆命题也是正确的……自然的社会烙印与自然的独立性构成统一"。这里需要突出强调的是自1932年马克思的《1844年经济学哲学手稿》公开问世后，马克思的"自然概念"一时成为法兰克福学派早期思想家如霍克海默、阿多诺等理解和剖析资本逻辑、指认资本与文明危机之间必然关联的思想武器。然而，囿于局限于自身的视域局限，马克思的自然概念的理论力量被局限在"解释世界"的维度，具体体现在：当霍克海默在对自培根以来"自然的支配"进行透彻反思后，在其晚年总结了自己的核心思想："理性的疾病是，理性诞生于人类控制自然的冲动"，于是，"社会发展的内在逻辑指向一个希望的彻底的幻灭，是心灵的灭绝"，霍克海默在这种不可救药的悲观绝望中走向马克斯·韦伯理性的"铁笼子"。霍克海默开创的这种宿命论和明确的悲观主义将资本经济积累模式和意识形态困境引致的灾难定位于"人类"本身特别是人类理性，不仅为社会理论提出了一个无法解决的困境，也将马克思的自然概念囚禁在空洞的哭诉基调中。随后，在阿多诺的诠释中，自然似乎蕴含着乌托邦式的希望，不过阿多诺却从未将这一承

---

① ［德］施密特：《马克思的自然概念》，商务印书馆1988年版，第20页。

诺与当时日益激化的环境问题联系起来，而环境问题直到他生命的最后才进入战后的公众讨论中。因此，后来当法兰克福学派著名的"社会批判理论"试图从自然问题转向专门关注社会问题时，它显然失去面对和解决问题的能力。当然，还有一个重要原因是阿多诺和霍克海默刻意避免直接参与政治，他们哀叹现代社会经验的衰落，却没有提供政治上的选择，他们对自然的重新理解本质上还是一种晦涩的隐喻和对现实的讽刺。法兰克福学派的自然观最终在施密特的《马克思的自然概念》中得到了集中的表达，并奠定了后期马克思主义在自然和环境问题上的回应基调，如奥康纳①、福斯特。

马克思《1844年经济学哲学手稿》的公开问世对马尔库塞的意义是巨大的，当时的马尔库塞欣喜若狂，他在海德格尔存在主义哲学中找到了"解放的人"终于结束了无家可归的幽灵式存在，在历史唯物主义中找到了安身立命的时空场域。马尔库塞第一时间写了《历史唯物主义的新基础》，这是对马克思的手稿最早的回应之一。区别于其他法兰克福学派成员，马尔库塞致力于为历史唯物主义寻找新基础，塑造了一种对世界的进步体验与全新的生态理念。"新感性"和"自然解放"的概念进入人们的视野，标志着马尔库塞的审美救赎理论的和实践的展开。在一个自由社会中，科学很可能朝着新的方向发展，被单向度化的自然和人将在拒绝和反抗的实践中自我重塑，同时被自由重塑。这种进化将把审美想象力从资本主义压制下释放出来，在新感性和新科技合力展开的生态解放革命其所支持的世界的重建中发挥中心作用。谨记马克思历史唯物主义的警示，马尔库塞力求跨学科的视域融合和与时俱进地拓展历史唯物主义的基础，避免堕入资本的自然意识形态话语体系的陷阱。马尔库塞从未对倒退的或者返祖式的原始自然着迷，他明确反对各种不成熟的自然主义，包括培根的自然主义、卢梭的自然主义和生物中心主义等。通过一条不同的道路来接续马克思的自然理论，关联法兰克福学派跨学科的研究方法对自然的洞察，将其最初的贡献与环境政治联系起来，作为一种"彻底"的理论，最终抓

---

① 奥康纳（James O'Connor）是美国著名的生态学马克思主义学家之一，《资本主义、自然、社会主义》的主编及合作创办人，代表作为《自然的理由——生态学马克思主义研究》（*Natural Causes: Essays in Ecological Marxism*）。20世纪90年代生态马克思主义终于先后出现了以詹姆斯·奥康纳和约翰·贝拉米·福斯特为代表写就的理论成果。

住了"人本身"，完成了"解释世界"与"改造世界"的双重使命。

　　与马克思一样，马尔库塞其实也是在极为广泛的意义即"人的解放和自然的解放"的双重维度来阐发自己的自然观和生态思想。基于马克思《1844 年经济学哲学手稿》中对解放了的人道主义和解放了的自然主义的整体阐述，马尔库塞将马克思的自然概念提升到存在论的维度，并注入了时代的关切，在极权主义对人和自然进行了全面控制的时代呼吁在自由社会中建立一种新的自然体验模式和生态的生存模式，以实现新的科学和技术的解放。他就"想象力"在技术理性和技术基础重建中的作用提出了自己的意识形态批判理论，使科学技术从完全以利润为导向的发展趋势中解放出来，呈现出生态美学的伦理维度，并将生存和社会实践的知识导向从对过程和材料的纯粹定量处理转向生态的维度。马尔库塞的论点在"新感性""新科学""大拒绝"等术语的重新表述下，表明了社会主义下技术的一个相当确定的未来。技术学科和技术将转化不再单一服务于盈利，而且更广泛地参与到同人类和自然需求有关的价值创造时间中。《历史唯物主义的新基础》不仅将马尔库塞的思想完整地关联为一个体系，也将这种思想体系现实关切的整体性视域呈现出来：对资本逻辑和由资本展开的现代文明的反生态本质的揭示与对什么是自然的追问，包括作为人的自然的感性认识、感官、欲望和激情；人的精神器官的探讨和对作为人的无机身体的外部自然的探讨以及二者之间共生关系的探讨，对于自然何以被单向度化及其现实进程的揭示以及如何摆脱单向度化的探索紧密关联。牢记马克思在《1844 年经济学哲学手稿》提出的"历史科学"的警示，马尔库塞揭露了将人与自然从时空中剥离出来的实证科学研究方法隐含的对自然和人的存在的压抑和蔑视、支配和控制，摒弃并超越科学实证主义对人与自然作为"经济事实"分析方法，继承马克思的历史唯物主义对人与自然作为"活生生的现实"展开跨学科研究，因此，跨学科的研究方法本质上不仅是对资本意识形态反生态本质的超越，也是对历史唯物主义对生命整体性和现实性的正视和尊重与呈现，因而，不仅是理解现实的思想理论武器，也架起了从现实到达理想的桥梁。马尔库塞对马克思历史唯物主义的基础和历史科学方法的拓展，为其思想通往解放道路奠定了必要的理论前提。

　　到 20 世纪 70 年代后期，马尔库塞意明确地谈到了生态学，发表了一系列著作，打破了阿多诺自我强加的限制，阐发了一种激进而彻底的自然观。在 1972 年的一次演讲中，他写道：自然"有超越的空间"、美丽的象征、宁静的象征、非压迫秩序的象征。然而，这种性质正在被资本主义所摧毁。资本的力量已经侵涉到作为人类无机身体的自然和作为人的自然的身体和精神领域的每个角落。全面的单向度化、异化就是垄断资本主义的极权主义倾向：在自然界中，个人只能找到自己单向度生活的一个重复和悲剧性的直观呈现；所有逃离、疏离、否定、反叛的危险维度已经被彻底关闭。因此，革命不仅必须解放人类，而且也必须解放自然。重塑自然之美在马尔库塞这里预示着一个自由世界的革命期许。但绝不是要回到"远古时代"或者"前资本主义"，更不会为了逃离培根的极权"自然主义"而堕入卢梭的"自然主义"。对于阿多诺对这种自然憧憬的批判和理解"让人回想起一个没有主宰的世界，一个可能从未存在过的世界"，自然实际上是一个不自由的领域，因此对自然的审美是欺骗性的、是暗示性的误解。马尔库塞也是赞同的。他采取了不同的策略，自然美及其无目的的合目的性表达了生命的繁荣，这是人类与所有生命以不同方式参与并共享的价值。与其他生物不同的是，人类能够想象事物和自身的潜力。用马克思的话来说，他们可以"按照美的法则来形成事物"。马尔库塞用一种类似弗洛伊德的爱欲理论发展了马克思对美的简短提及，将其作为现实的一种客观表征。他认为爱欲冲动是为了保存和促进生命。它不仅仅是一种本能或驱力，而是在与世界的感官接触中起作用，世界展现了它的美，并与爱欲进行客观关联。但这种冲动被单向度的社会压抑，失去了对美的直接感官的接触。

马尔库塞认为，人类可以向自然界中提高生命价值的力量靠拢，突破物化和异化交织操控的单向度化，实现人与自然生命的和谐共存。无论是人类中心主义还是自然中心主义或者生物中心主义都是他要批判和摒弃的资本主义话语分支。他认识到人类的繁荣伤害了许多其他生物，但他相信，在尽可能地有利于生活的同时，人类也为自己的繁荣创造了有利的环境。马尔库塞在论证解放的人的"感性"认识到"存在的……事物的真理，自然界的真理"。这个"真理"是存在的，因为它是经验的，而不是科学的。事实上，经验永远是我们的经验而不是想象的纯理性，意味着它的人类中心主义特征是不可超越的。这种意义上的经验提供了非科学的真理，这个真理不仅是一个理念，而且是"存在的"，体现在经验本身固有的规范性特征中。人们并不像科学理性所理解的那样，把世界看作抽象时空中的无意义秩序。根据马尔库塞的观点，对世界的一种直观的、物化的、基于"使用价值"和"交换价值"的感官判断本质上隐藏着资本的感觉维度。无论是感官所面对的事物，还是感官与事物之间的关系都不是自然的，而是历史的，因而是可变的，这来自马克思的洞见，在马克思对费尔巴哈和樱桃树的批判中，无论是人的感官还是樱桃树都在历史唯物主义的透视下还原为历史的存在模式，亟待解放。在马尔库塞这里，美感或者说审美的存在形式是彻底摆脱了物化的"解放了的人道主义"和摆脱了异化的"解放了的自然主义"和谐共存的、肯定生命的"新感性"。美将与它在感官上的潜能联系起来，而不是作为一种暂时逃避现实的返祖式或乌托邦式的手段。区别于法兰克福学派的其他成员，马尔库塞洞察到理性与资本的纠葛。如麦克莱伦所说："马尔库塞也是唯一没有放弃他早期革命观点的人。"这种没有放弃不仅是一种勇气，也是一种智慧。

　　第二次世界大战后，发展问题突出，环境问题涌现出来。凯恩斯主义影响下的西方经济快速增长，非但没有解决反而加剧了就业、通胀、污染、资源枯竭等全球性生态环境问题。此时，自然问题在法兰克福学派的思想体系中尽管是思考的中心，却由于其对社会主义转型失去了希望和对环境问题的忽视而丧失了现实维度：在阿多诺的诠释中，自然蕴含着乌托邦式的希望，不过阿多诺从未将这一承诺与环境问题联系起来，而环境问题直到他生命的最后才进入战后的公众讨论。后来，当"批判理论"从自然问题转向专门关注社会问题时，它就失去了解决环境问题的能力。马尔库塞对资本主义的批判更为彻底和全面，尤其是在《单向度的人》中。20世纪60年代，环境问题生态问题发展问题成为人们关注的中心，一系列环境叙事批评我们的生活方式和工作方式对环境的有害影响是自我毁灭。自20世纪70年代新左派崩溃以来，马尔库塞从直接的政治策略显然转过身朝向审美选择承诺的"新感性"审美维度。

第三节　马尔库塞自然革命的理论走向与现实指向

　　马尔库塞的生态解放理论接续并发展了黑格尔和马克思的"悖论性贫

困"理论，阐明了资本主义的意识形态和经济积累模式是导致以经济危机和生存危机为特征的全面的生态危机的总根源，指明了资本主义无法解决危机的症结所在，批判并超越了西方马克思主义特别是法兰克福学派的自然理论、动物伦理等生态学思想，汲取了卢卡奇、卢森堡、席勒、海德格尔、弗洛伊德等的思想精华，首次在历史唯物主义的新基础上系统而全面地阐发了"解放了的自然主义"和"解放了的人道主义"相结合的生态马克思主义理论。马尔库塞的生态解放理论超越了环境社会学理论的抽象性，揭示了绿色资本主义话语的理论危害性，对资本主义的"绿色"转型和所谓的"人类世"理论保持着清醒的理论自觉，并寻求和引导马克思主义的生态革命，因而是批判的武器，也是武器的批判。他提出的"新感性""新科学"的生态解放道路，对于全球生态危机如此严重的今天探索现代文明的新道路具有重要的理论和实践意义。1990 年代，战后对生态危机的反思和消除危机的政治和社会实践不仅没有解决危机，反而导致危机的愈演愈烈，导致人们急需一种全面的、整体的、彻底的、可以摆脱资本话语体系的理论和实践体系来理解和解决生态危机。在理论界引发了马尔库塞生态解放思想研究的伟大复兴，对资本主义展开了全面的反思和对现代文明新道路的实践探索。90 年代对马尔库塞的重新重视和复兴不仅仅是因为发展导致的危机愈演愈烈，更是因为学术界对早期关于危机的理解和采取的解决路径的反思，无论是从理论还是实践层面都急需一种全面的、整体的理论马尔库塞的生态解放理论正是在这样的历史语境中出场的。马尔库塞的生态解放理论是对马克思自然观，特别是《1844 年经济学哲学手稿》中的自然观和生态观的继承和发展。

相较于现有的理论和实践框架，马尔库塞的贡献是独特因而不容忽视的。马尔库塞是第一个系统而明确指认资本的本性与生态危机问题之间必然性关联的思想家，延循资本主义制度在不同积累阶段的变化，马尔库塞的自然观阐述的自然与技术的辩证法理论原创性地拓展了马克思的历史唯物主义基础，建构了新的叙事框架和解放的话语结构，并致力于在实践层面探索一条全新的、二维的、有伦理支撑的现代化发展道路。在世界性生态危机如此严重的当下，马尔库塞研究在"末日生存"的维度迎来了"全面复兴"，思想家们试图接续由马尔库塞延续的马克思历史唯物主义智慧，探索一条摆脱由资本逻辑操控的"生态沙漠、社会地狱的生态危机叙事结构"，拒绝成为其同谋，揭露这种理论制造的恐慌将会"赋予资本再次以'人类'的名义代表新技术科学'管理'自然的合法性"。为了洞悉并揭露20世纪60年代的生态危机、环境危机、自然资源枯竭等于资本主义积累模式和意识形态话语的内在勾连，同时也为了揭露资本将会以"生态"为契机重组积累模式和社会控制形式必然会引发新的危机和更深的灾难，马尔库塞在历史唯物主义的新的基础上，基于新的历史语境，以更为彻底的自然概念和生态理论，为对未来的新的想象力、话语空间、实践探索提供理论和现实支撑。

马尔库塞思想的每一部分都包含了他后期思想的预览，因此，他对政治美学的研究最初就是在一个广泛的生态意义上进行的，关注于人和自然的存在意义。在生态危机加剧的当代语境中，接续马克思自然观对资本主义制度反生态本质的历史洞见，拓展历史唯物主义的理论视域，探索彻底摆脱生态危机的解放之路是马尔库塞自然革命和生态解放的理论和实践指向。马尔库塞没有停留在一个建立在操作主义、实证主义、工具主义、暴力和精神奴役基础上的资本世界，没有像他的法兰克福学派同事们那样沉溺在失望的阴霾中无法自拔，而是积极驳斥纯粹事实分析的物化逻辑，寻求探索超越科学中立的可能性，建构历史唯物主义的新话语和叙事结构，以更为激进的环境视角打破了对现实世界的既定和实证的理解力量，基于历史唯物主义基础建构的生态文明思想和现代化新道路的实践探索，他的"新感性""新科学""大拒绝"在"自然与资本""感性与理性""技术与技艺"的辩证法中建构出审美的生态救赎理论，直面"悖论性贫困"造成的生态危机，提供了一条探索富裕社会如何在审美维度和科学技术的辩证维度兑现现代文明幸福自由承诺的可行之路。马尔库塞审美范式的生态解放理论研究的积极意义在于，首先，马尔库塞的自然解放论始终坚守和捍卫马克思的革命道路、革命方法和革命理想，结合资本主义制度的变化，拓宽了历史唯物主义的理论视域，继续揭露资本主义"悖论性贫困"的发展模式与日益严重的生态危机之间的本质性关联，从而拓展了马克思生态自然观对现代社会生活中日益严重的生态环境危机以及人类整体生存处境的回应力度。其次，为透彻理解当今时代日益加剧的生态环境危机以及与其他危机相互交织的内在根源提供了理论支撑。同时，马尔库塞自然革命思想的理论彻底性为我们洞察当下环境保护理论和由其展开的可持续发展和环境保护实践为何堕入困境提供了批判的武器，马尔库塞的自然解放理论通过阐发生态对于革命的重要性和革命对于生态的重要性，为社会主义生态文明建构独立的话语体系提供了理论基础。再次，马尔库塞的自然解放理论直面全球范围内的生态环境的恶化而加深，全球气候峰会上各国的论争博弈、久议不决的时代困境，突破了西方马克思主义的生态学思想，特别是法兰克福学派的生态思想理论批判的不彻底性和指导实践的无效性，揭穿了自 20 世纪 60 年代以来环境社会学话语和可持续发展实践的"非批判"本质，成为能够与当下绿色资本主义生态话语，洞穿"绿色资本主义"本质，展开全新的社会主义生态话语体系。接着，马尔库塞的生态解放理论基于对"人与自然"之间的疏离和分裂的资本主义根源的透彻反思，为我们深入理解当今社会人与自然关系、人类整体生存处境和社会现实，尤其是生态环境危机之内在根源，提供了一个极富穿透力的批判视角——现代性批判视角，为现代文明的持续发展开拓了一条可能的新道路，具有重要的政治意义。最后，马尔库塞的生态解放理论对当下中国探索现代文明的新道路、建构中国生态文明的话语体系和叙事结构、与西方生态文明思想展开对话，并凸显社会主义制度的优越性等对话有重要的启示。马尔库塞在《历史唯物主义的基础》一书中论述道："在这种自由的活动中，人重新生产了'整个自然界'……在人的历史中，我们无论在哪里遇到自然界，自然界就是'人的自然'。""不仅人在历史中生成，而且自然界……就它从属于被超越和被占有的人的对象性的东西而言，也是在历史中生成。"[①] 这种理论通过拓宽了马克思的自然观对生态危机的回应力度，呈现了一种富于"感性实践性和社会历史性"的马克思主义自然观，作为批判的武器和武器的批判建构了"解放了的自然主义"和"解放的人道主义"完美结合的生态社会主义思想体系。因此，对马尔库塞生态文明思想的探索，对于新发展阶段的中国建构社会主义生态文明叙事结构、话语体系具有重要的理论意义，是中国生态文明发展道路与西方世界探索摆脱生态危机，和谐全面可持续发展道路对话的坚实桥梁。

　　生态文明思想是对生态危机和生存危机问题实质上是发展问题的深刻

---

①　上海社会科学院哲学研究所外国哲学研究室：《法兰克福学派论著选辑》（上卷），商务印书馆 1998 年版，第 310、318 页。

关注。第二次世界大战以后，资本主义国家内部及由其主导的经济全球化发展问题日益突出，环境危机、生态危机不断突显，凯恩斯主义影响下的西方经济高速发展和社会财富的大量生产不仅没有解决贫困和危机，反而加剧了就业危机、通货膨胀、资源枯竭、环境污染等全球性生态环境问题。在西方理论学界，面对日益严重的全球生态危机和生存危机，出现了三种不同的理论和实践范式。第一种是绿色资本主义理论和实践范式，该范式支撑的对生态危机的解决方案明确基于资本逻辑，主张通过对自然的深度再资本化来解决生态危机，如"绿色资本主义"。第二种是环境社会学的理论和实践框范式，该范式支撑的对生态危机的理解和解决方案致力于在资本逻辑主导的话语体系和实践方案下，反思当下的发展模式，探索一种修正和改进后的"照常营业"的"可持续发展的方案"。从雷切尔·卡逊《寂静的春天》（1962）开始，随后的《社会进步和发展宣言》（1969）、《增长的极限》（1972），《人类环境宣言》、《只有一个地球》（1972）、《建设一个持续发展的社会》（1981）、《新发展观》（1983），《发展权利宣言》（1986）、《保护地球——可持续生存战略》（1991）等，涌现了保罗·埃利希、加勒特·哈丁、威廉·莱斯、本·阿格尔、约瑟夫·胡贝尔、马丁·耶内克、阿瑟·莫尔、罗伊·莫里森、詹姆斯·洛根、德沃尔、范伯格、汤姆·里根、施瓦茨、拉蒙、布莱克斯通、哈丁、罗尔斯、艾伦、舒马赫、朱文诺、比尔·德沃尔、赫尔曼·达利等一批学者，其中最有代表性的叙事框架是"人类世"的提出。第三种是生态学马克思主义、生态社会主义、马克思的生态学的理论和实践框架。早期该框架支撑的对生态危机的理解和解决方案在不同的角度接续了马克思对资本剥削和奴役本性的批判维度，但由于没有本质性超越资本的话语体系，导致透彻认识只能在理论上的悲观绝望和实践上的默认妥协后，悲壮地走进韦伯的"铁笼"，具有代表性的是法兰克福学派的生态马克思主义理论，特别是霍克海默的生态思想。施密特的自然观在1960年代后期成为西方马克思主义生态学的理论基石，这导致马克思主义在环境问题上要么是反生态的，要么是保持中立的立场。80年代，随着环境危机的加剧，思想家们开始致力于捍卫马克思历史唯物主义的生态学意蕴，提出历史唯物主义存在自然的"空场"、缺乏自然感受性等问题，并力图对历史唯物主义进行重构，从总体上看，该框架支撑的对生态危机的理解和解决方案明确基于马克思对"资本"本性的分析，指认生态危机与资本扩张之间的必然性关联，但囿于自身的视域和现实局限性，并没有明确提出解决生态危机的可行之法。90 年代，马尔库塞思想研究开始复兴，特别是他的生态革命思想。

一 国外关于马尔库塞“自然—生态”解放理论的研究现状

依托于马尔库塞思想研究的进展，国外对马尔库塞自然概念、自然革命、生态思想的研究经历了两个截然不同的阶段：20 世纪 60—90 年代的沉寂期和 90 年代急速的复兴后，而进入 21 世纪的兴盛期。尽管马尔库塞的作品尤其是《爱欲与文明》《单向度的人》较早地关注“人与自然关系”的生态问题，但根据卢克考证①，20 世纪六七十年代环境运动的主要思想代表，如巴瑞·科蒙纳（Barry Commoner，1963，1971，1976）、瑞秋·卡森（Rach lɐCarson，1963）、默里·布克钦（Murray Bookchin，1971）、赫尔曼·戴利（Herman Daly，1973）、大正·布罗德（David Browder，1965）都没有承认受到了马尔库塞的影响；仅在布克钦的《论生态自由》中“嘲笑了马尔库塞实现自然和解的愿景”；新生代的生态思想家的论著中也几乎没有受到马尔库塞影响的迹象。另外，80 年代由斯库曼和凯尔纳在美国出版的两本主要的、长篇的马尔库塞分析著作《想象的证人》② 和《马尔库塞与马克思主义危机》中都没有在其目录中明确地将生态问题与马尔库塞联系起来③，也没有认真去思考或甚至记录马尔库塞对生态学、环境或自然的研究方法，仅偶尔提及。纵观整个七八十年代，仅黑兹尔·亨德森（Hazel Henderson）的《太阳能时代的政治》（1981）④ 和兰登·维纳（Langdon Winner）的 *The Whale and Reactor*：*A Search for Limits in an Age of High Technology*《鲸鱼与反应堆·高科技时代的探索极限》⑤、库拉·梅洛斯（Koula

---

① Timothy W. Luke，“Marcuse and Ecology”，*Marcuse*：*From the New Left to the Next Left*，Lawrence University Press of Kansas，1994，pp. 203 – 204.

② Schoolman M.，*The Imaginary Witness*：*The Critical Theory of Herbert Marcuse*，New York University Press，1984.

③ Kellner D.，*Herbert Marcuse and the Crisis of Marxism*，University of California Press，Los Angeles，1984.

④ Hazel Henderson，*The Politics of The Solar Age*：*Alternatives to Economics*，Doubleday，1981.

⑤ Langdon Winner，*The Whale and the Reactor*：*A Search for Limits in an Age of High Technology*，Chicago：University of Chicago Press，1982，p. 69. Langdon Winner 指出，作为一个生态思想家，马尔库塞“已经开始在法兰克福学派批判理论和替代技术的可能性之间建立一个桥梁”。

Mellos）的 *Perspectives on Ecology*《生态学观点》、布拉姆维尔（Anna Bram-well）的 *Ecology in the 20th Century*《20 世纪的生态学》中部分承认马尔库塞的影响，梅洛斯认为："马尔库塞通过新左派为生态运动提供了重要的理论启示。"① 1989 年唐纳德·爱德华·戴维斯 Donald Edward Davis 在生态哲学领域的文献指南 *Eco-philosophy：A Field Guide to the Literature* 中收录了《单向度的人》，称"其对生态哲学家和环境思想家产生了重要影响"②。总体而言，90 年代之前，马尔库塞的生态思想常因其"太社会主义"或"太人类中心主义"很少被激进生态学家引用并产生较大影响，在马尔库塞思想研究消沉的时期，后现代主义特别是哈贝马斯的批判理论日渐上升，并占据了重要话语权。

1990 至今的全面复兴期。开创性的重要作品是卢克 1994 年出版的《马尔库塞：从新左派到下一个左派》中第四章的马尔库塞与生态学全面地介绍了马尔库塞生态思想的理论价值和当代意义，强调了 90 年代为什么要回到马尔库塞的理论和现实意义③。2012 年埃尔克·西格尔的《马尔库塞的回归》强调了马尔库塞思想的当代价值④。莱茨⑤作为本阶段重要的思想家，他的《生态与革命：〈马尔库塞与当今新世界体系的挑战〉》（2018）和《哲学与批判教育学：反叛与联邦》（2016）将马尔库塞的生态思想引入新世界体系的建构中，结合教育作为新感性劳动的实践探索，建构了一套独特的生态解放的理论和现实战略。史蒂文森（N. Stevenson）的着眼于于当下困扰全球的生态危机，突出强调了马尔库塞的彻底的生态

---

①　Koula Mellos, *Perspectives on Ecology*, Palgrave Macmillan, 1988.

②　Donald Edward Davis, *Ecophilosophy：A Field Guide to the Literature*, Miles&Miles, 1989.

③　Timothy W. Luke, "Marcuse and Ecology", In *Marcuse：From the New Left to the Next Left*, Lawrence University Press of Kansas, 1994, p. 189.

④　Siegel. Elke, "The Returns of Herbert Marcuse", *Escape to Life：German Intellectuals in New York：A Compendium on Exile after* 1933, edited by Eckart Goebel and Sigrid Weigel, Berlin, Boston：De Gruyter, 2 02, pp. 391 –413.

⑤　莱茨是美国 Kansas Community College 哲学和德语名誉教授，21 世纪马尔库塞生态解放思想研究专家之一。主要研究领域：马尔库塞社会批判理论、生态解放理论、教育哲学、针对资本主义制度的生态社会主义替代方案。比较而言，福斯特的新陈代谢理论较为侧重于政治经济学分析，对人的解放及人与自然的相互解放没有着重关注，依旧停留在人类与自然二分法的"人类世"语境中探索变革策略。由于理论倾向和资料限制，国内研究主要集中于福斯特，对莱茨则没有关注，同时，国内学界对同样很重要的奥康纳的生态阶级政治学也没有足够的关注。

理论直面、揭露人类世话语体系，揭露其制造的"生态沙漠、社会地狱"所引发的"无可救药的悲观主义"与资本逻辑之间的内在关联，以及"围绕人类世的恐慌赋予一代表技术科学的等级以'人类'的名义掠夺和重塑'自然'合法身份的阴谋"，具有重要的理论参考价值。① 区别于 20 世纪 60 年代的其他生态反思，马尔库塞看重的并不是经济层面的物质革命，而是文化革命和社会革命，马尔库塞提醒我们：激进的政治应该提供一种完全不同的生活方式，鼓励我们探索"反抗强加的需求和快乐，反抗富裕社会的压抑与疯狂"，在建立在不平等、贫困、剥削和生态破坏基础上的全球体系和消费社会的背景下，这种激进的愿景是必要的。随着研究的进一步拓展，马尔库塞的生态理论研究已经拓展到生命政治或者生物政治领域以及政治美学领域，前者的代表性著作《支配生命的权力：马尔库塞与生命政治》（2014），该文致力于从广义的生态角度，研究马尔库塞的历史唯物主义现象学，突破了"僵死的事实机制"，全面揭示资本主义的反生命的内在本质："资本主义超越了传统经济主义积极体系，实际上是一种充满矛盾的生活方式"②，进一步倡导以自然革命的方式解放人的肉身以及作为人的无机身体的自然，在全新的人与自然关系中获得真实存在。在政治美学领域比较有代表性的是《诠释学视角下的马尔库塞的历史唯物主义》，该文基于历史唯物主义的诠释学视角，提出一种审美范式结合自我革命和社会革命的生态文明，致力于阐述马尔库塞如何将生态与革命相结合，在新的历史语境中，探索实现马克思"解放了的人道主义"和"解放了的自然主义"相结合的现代文明道路。③

国外对马尔库塞自然概念的内在生态逻辑的关注和研究略早其生态革命，最早的研究见于 20 世纪 70 年代罗伯特·马克④（1970）、威廉·莱斯⑤

---

① Stevenson Nick, "Critical theory in the Anthropocene: Marcuse, Marxism and ecology", *European Journal of Social Theory*, Vol. 24, No. 3, 2021, p. 24.

② Silvio Carneiro, *Power Over Life: Herbert Marcuse and Biopolitics* (Ph. D. Thesis), 2014, pp. 7, 8.

③ Óscar Armando Ralda, *Historical Materialism as Hermeneutics in Herbert Marcuse*, Presented at the 2019 North American Society for Philosophical Hermeneutics October 3-October 5 (2019), https://www.academia.edu/40055910/Historical_ Materialism_ as_ Hermeneutics_ in_ Herbert_ Marcuse.

④ Robert W. Mark, *The Meaning of Marcuse*, New York: Ballantine Books, 1970.

⑤ Leiss William, *The Domination of Nature*, New York: George Braziller, Inc. 1972, pp. xii, 242.

（1972）、本·阿格尔[①]（1998）、查尔斯·雷切尔[②]（1978）。到八九十年代进入研究高潮：里查德·梅森斯[③]（1982）、阿尔弗雷德[④]（1993）、卡洛琳·麦茜特[⑤]（1990）、亨利·布兰克[⑥]（1994）、沃格尔[⑦]（1996）、乔治·塞欣斯[⑧]（1996）。20世纪90年代《资本主义自然社会主义》杂志是马尔库塞自然生态思想对现代社会批判研究的重要阵地之一，1992年公开发表了马尔库塞的多部论著。从2000年开始，研究突破了社会批判的维度，从整体视角关注马尔库塞自然观念的内在生态逻辑和生态革命：安德鲁·威廉·比罗[⑨]（2000）和斯库曼的《解放与大拒绝：马尔库塞的自然观》*Liberation and the Great Refusal：Marcuse's Concept of Nature*（2002）、香农·布林卡特和达米安·格伯[⑩]（2016）、马尔科姆·迈尔斯[⑪]（2016）、麦克尔·基德[⑫]（2013）。

综上所述，国外对于马尔库塞自然概念的重新解读及其自然—生态解放理论的关注主要是基于特定的理论和现实关切，随着2000年自然概念

---

① Ben Agger, *Critical Social Theories：An Introduction*, Paradigm Publishers, 1998.

② Charles Rachlis, "Marcuse and the Problem of Happiness", *Canadian Journal of Political Economy*, Vol. 2, No. 1, 1978.

③ Richard Mason, *Herbert Marcuse's Concept of Human Nature*, McMaster University, 1982, B. A. Thesis.

④ Alford, C. Fred, "Reconciliation with Nature？The Frankfurt School, Postmodernism and Melanie Klein", *Theory, Culture & Society*, Vol. 10, No. 2, 1993, pp. 207 – 227.

⑤ Carolyn Merchant, "The Death of Nature：Women, Ecology & the Scientific Revolution", *Harper One*, 1990.

⑥ Henry T. Blanke, "Domination and Utopia：Marcuse's Discourse on Nature, Psyche and Culture", *Capitalism Nature Socialism*, Vol. 5, No. 3, 1994, pp. 99 – 123.

⑦ Steven Vogel, *Against Nature：The Concept of Nature in Critical Theory*, Albany：SUNY series in Social and Political Thought, 1996.

⑧ G. Sessions, "Reinventing Nature, The End of Wilderness？A Response to William Cronon's Uncommon Ground", *The Trumpeter*, Vol. 13, No. 1, 1996, pp. 34 – 38.

⑨ Andrew William Biro, "Denaturalizing Ecological Politics：'Alienation from Nature' from Rousseau to Marcuse", Doctor of Philosophy Thesis, York University, 2000.

⑩ Shannon Brincat, Damian Gerber, "Dialectical tensions：Marcuse, Dunayevskaya and the problems of the age", *Thesis Eleven*, Vol. 134, No. 1, 2016.

⑪ Malcolm Miles, "Eco-aesthetic dimensions：Herbert Marcuse", *Cogent Ates & Humanities*, Vol. 3, No. 1, 2016.

⑫ Michael Kidd, "A Reevaluation of Marcuse's Philosophy of Technology, Doctor of Philosophy Thesis, University of Tasmania, 2013.

的社会性问题进入鼎盛时期，如卡斯特里（2005）①、卡尔·卡塞加德（2021）②，马尔库塞的自然概念研究也进入了兴盛期，如约翰·阿布罗梅特和马克·科布（2004）③、瑞安·冈德森（2014）④、布莱恩特（2018）⑤、麦克尔·苏霍夫（2020）⑥、史帝文森·尼克（2021）⑦、Alexander 斯托纳（2021）⑧ 等。其中，里查德卡恩（2005）⑨ 和两篇学位论文：奥利弗·阿尔伯特·马蒂凯宁的 "Sustaining the One-Dimensional：An Ideology Critique of Agenda 2030 and the SDGs"（2019），Andrew William Biro 的《法自然化的生态政治：从卢梭到法兰克福学派以后的自然异化》"Denaturalizing Ecological Politics：Alienation From Nature From Rousseau to Marcuse"（2000）以全面的视角论述了马尔库塞自然—生态解放理论的当代意义。

二 马尔库塞"自然—生态"革命理论研究意义

马尔库塞生态解放理论研究意义。首先，从历史语境中看，马尔库塞对生态问题的关注和批判主要针对的是发达工业体系如何调整和应对自然资源极限和生态危机，这些调整要么是为了"软化"现代工业的粗糙边缘，要么是依托高科技不计后果地饮鸩止渴，自我维系，避免崩溃。尤其

---

① Noel Castree, *Nature*, London and New York：Routledge, 2005；*Making Sense of Nature* (2014), etc. .

② Carl Cassegard, *Toward a Critical Theory of Nature：Capital, Ecology, and Dialectics*, London：Bloomsbury, 2021.

③ John Abromeit, Mark Cobb, *Herbert Marcuse：A Critical Reader*, New York：Routledge, 2004.

④ Ryan Gunderson, "Nature, Sociology, and the Frankfurt School", Doctor of Philosophy Thesis, Michigan State University, 2014.

⑤ Gareth Bryant, "Nature as Accumulation Strategy？Finance, Nature, and Value in Carbon Markets", *Annuals of the American Association of Geographers*, Vol. 108, No. 3, 2018.

⑥ Michael J. Sukhov, "Herbert Marcuse on Radical Subjectivity and the 'New Activism'", *Radical Philosophy Review*, Vol. 23, No. 2, 2020.

⑦ Stevenson Nick, "Critical theory in the Anthropocene：Marcuse, Marxism and ecology", *European Journal of Social Theory*, Vol. 24, No. 2, 2021.

⑧ Alexander M. Stoner, "Things are Getting Worse on Our Way to Catastrophe：Neoliberal Environmentalism, Repressive Desublimation, and the Autonomous Ecoconsumer", *Critical Sociology*, Vol. 47, No. 3, 2021.

⑨ Richard Kahn, "From Herbert Marcuse to the Earth Liberation Front：Considerations for Revolutionary Ecopedagogy", *Green Theory and Praxis*, Vol. 1, No. 1, 2005.

是马尔库塞发现：先进的工业系统为了解决危机而采取的金融和信用手段以及新的积累模式在被操纵的本能欲望和其所生产的商品之间培育了一种共生关系，不仅保证了自身有能力吸收 1960 年代环境运动和其他思潮的异议和不满，而且还通过将其纳入自己的营销和消费圈套商品化，从而使自身与反主流文化和新左派兼容和匹配。当时的美国社会显示出理想和现实对称的乌托邦场景，宣称是世界上最民主、最富有的社会。那么，在一个充斥着"柏拉图和黑格尔、雪莱和波德莱尔、马克思和弗洛伊德的作品的杂货店里"，压抑在哪里[1]? 马尔库塞的《单向度的人》回应了这个问题：先进的工业社会已然发展出了一种能力，能够有效地化解存在于其结构中的否定，并将个人减少为默认或同谋，其结果是一个不真实的、墨守成规的单向度社会。在这种情况下，个体不能或不愿感知社会中的潜能（即"可能"）或潜在的否定，仅凝固在"是"的肯定层面，导致自由和解放的理想没有了实现的可能性。

马尔库塞的"大拒绝"正是针对这种令人窒息的"是"展开的，在他看来，任何类型的个人和集体的"大拒绝"的存在都是以意识上的彻底改变为前提的，这意味着不同的感知和体验世界的方式（包括内部和外部），马尔库塞将其称为"新感性"——智力和理性的融合。马尔库塞大量借鉴了马克思的《经济学和哲学手稿》中对"同一门科学"和《德意志意识形态》中对"历史科学"的思想，批判了实证主义科学体系、教育体系和认识论仅关注"是"的事实层面，将现实遮蔽的理论本质，这种批判不仅是一种理论任务，也是现实使命，因为要超越单向度的"是"，超越资本逻辑与"是"的勾连对世界的钳制和异化，必须有一种新的历史主体来践行和完成，才能在革命斗争过程中使人与人、人与物、人与自然的关系得到改善。[2] 马尔库塞的新主体将具有一种可以直面现实的马克思意义上的"冷静的目光"[3]，这种目光闪烁着"新感性"，对资本主义的破坏性逻辑的合理性有本能的厌恶和排斥，对资本的逻辑保持高度的警惕和"大拒绝"的立场，同时保护和发展自身和自然。新感性作为感官的解放将使自

---

① Herbert Marcuse, *One-Dimensional Man*, London and New York, 1964.

② Herbert Marcuse, *Counter-Revolution and Revolt*, Boston: Beacon Press, 1972, pp. 63 – 64.

③ 《马尔库塞文集（六卷本）》（第 2 卷），人民出版社 2019 年版，第 35 页。

由成为"感官的需要，生命本能的目标"①，在闪烁着新感性的目光中，人们最终会发现：为了自由与和平，他们最需要的不是导弹、炸弹和凝固汽油弹，不是那些致力于无节制地开发大自然和对付人类的知识、技术和工具②，不是在极致的自我异化和极端贫富分化中虚幻地通过购买来赢得"未来"，更不需要用残缺不全的网络和商业语言来否定社会或自我认知。完成这项理论和现实的解放人物，不是某个阶级的使命，而是每个人的使命，所以他将自己的《单向度的人》献给所有人。所以，马尔库塞的"大拒绝"③ 不是一个心理学或伦理学的问题，而是一个"政治问题……在这个实践中，基本的社会制度被发展、定义、维持和改变"④。70 年代当马尔库塞将社会批判的视角转向生态维度时，生态学方法和生态范式所开启的新世界观正是对古典政治经济学"荒野范式"和人与自然二分法世界观的"大拒绝"。马尔库塞在原则高度上肯定了尊重自然、环境、生态的重要性。

其次，对自然概念的重新解读是马尔库塞在直面 20 世纪六七十年代的生态危机和整体性危机、资本基于"生态"的积累模式重组和转型、"绿色资本主义"意识形态话语重构、马克思主义在环境问题上的失语等复杂的理论和现实问题时所提出的哲学概念，在历史唯物主义的新基础上，基于新的历史语境，以更为彻底的自然观和生态理论探索现代文明新的理论和实践空间。马尔库塞的自然概念与 1960 年代占据马克思主义在环境问题上话语主导地位的施密特的《马克思的自然概念》形成鲜明的区别，是对《1844 年经济学哲学手稿》中概述的哲学人类学和自然观的继承和拓展，马尔库塞认为：人类的"自然"能力包含"音乐之耳"和"形式美之眼"，可以根据自然审美品质进行释放，解放了的感官，结合在其基础上展开的解放了的自然科学，将指导"人类重新占有"自然，与此同时，自然"失去了它异化的存在形式"，不仅表现为有机的和无机的物质，而且表

---

① Herbert Marcuse, *Counter-Revolution and Revolt*, Boston：Beacon Press, 1972, pp. 63 – 64.

② Herbert Marcuse, *Eros and Civilization*, Boston：Beacon Press, 1955, p. xxiv.

③ 关于"大拒绝"作为一个"新的世界观"，和马克思意义上的"冷静的目光"在教育批判中的重要性书中的有专门论述。在《共产党宣言》中，马克思曾说过："一切坚固的东西都烟消云散了，一切神圣的东西都被亵渎了，人们终于不得不冷静地直面他们生活的真实状况和他们之间的相互关系。"

④ Herbert Marcuse, *One-Dimensional Man*, Beacon Press, 1964, p. 250.

现为生命本身的力量。保护自然并不直接等同于保护环境、生物圈或"野外""荒野""湿地""稀有动物"，批判科学和技术不是回归前技术时代，在"新感性"视域下的"新科学"和"新技术""新艺术"在争取解放的普遍斗争中，将自然当作"盟友"，而不是免费存在的或被剥削的资源综合体。因此，"解放自然"意味着利用技术文明的成果，将其从为利润服务的破坏性滥用中解放出来，由于对生命的追求是人与自然共同的本质，最终，自然与人类将会形成一个共同的生命体。马尔库塞生态社会的美好愿景将"开始在社会和政治上占据上风"，对于 21 世纪被全球生态危机困扰的处境，重新反思自然资源危机、生态危机问题提供了重要的启示。

　　整体来看，国外对马尔库塞生态解放理论和自然概念的研究凸显出理论深度和现实关切，并进一步拓展到包含对碳政治、生态资本主义新积累策略和对人的精神器官的控制以及转基因食品、"新能源"、"算法圆形监狱"、"信息时代的教育异化"等诸多方面。但其研究视野依旧有西方中心主义的痕迹，不仅对于中国的马尔库塞研究没有任何关注，而且在阐发马尔库塞生态解放理论对未来道路的探索时也未将中国的生态文明建设纳入视域，甚至对中国的马克思主义生态学理论研究也没有给予应有关注。本部分内容将试图搭建一种对话和交流的生态解放理论，为突破困扰世界的全球生态危机提供沟通的话语平台，具有重要的理论和现实意义。

第四节　自然革命与"教育"
——马尔库塞的教育革命

　　20 世纪五六十年代，与轰轰烈烈的生态环境革命和激进运动相伴随的还有一场深刻的教育革命。与当时单纯反思教育异化的思想家们不同，马尔库塞的教育批判理论承担着其审美的生态生活何以可能的作用：通过传授新科学，培养拥有"新感性"能力的新主体、开辟文明的新道路。教育成为马尔库塞生态革命思想的一条可行的社会救赎和自我救赎相结合、社会革命和自我革命想融合的希望之路。[1]

---

[1]　R. Marasco, "Critical Theory and the Pursuit of a Political Education", *Theory & Event*, 2017, pp. 756 - 768.

一 教育革命中的希望之路

马尔库塞对于柏拉图传统和黑格尔主义所蕴含的理性思想的挚爱并不亚于其对马克思主义革命理论的忠诚，这一点充分体现在他对其理想国——非单向度的世界和理想的居民的描述上，在他的教育观中我们可以体会到他如何一面忠于马克思主义，一面又沉溺于理想国的建构，思考如何通过教育的方式来培养出那些有资格、有能力居住在脱离了单向度新世界中的新人。马尔库塞对教育的批判与他对社会的批判是一致的，在他看来，单向度社会的教育已经彻底政治化，其中有明显的"剩余压抑"，教育可以被用来清除压抑，通达解放。为此，他首先提出要区分虚假意识，并否定它。

马尔库塞认为解放不能仅仅依靠改变制度或寄希望于那些当权者，他说："我强调……解放必须出现在个人身上。"个人仍然是自己解放的担保人和创造者。由此，教育成为马尔库塞革命思想的一条可行的救赎之路，这也是他关于人怎样才能超越单向度的理论延展。[1] 马尔库塞在这里提供了两种方法：第一，激发被淹没的否定性维度；第二，展开"大拒绝革命"。很多学者都论述了否定性维度在马尔库塞思想中的重要性，但是如何才能激发人的否定维度？否定维度究竟是依靠精英从外部激发和灌输的，还是自我形成的？如何才能自己激发否定维度？关于这方面的研究并不是很多。国外对此研究集中于马尔库塞的精神分析理论和相关的教育哲学思想。比如《马尔库塞和阿多诺的精神分析理论中寻找教育见解》[2] 一文就力图阐明赫伯特·马尔库塞的精神分析学在当今教育哲学方面可能具有的潜力。书中指出，精神分析理论提供了用于通过个人需求与社会需求之间的矛盾进行思考的概念工具，精神分析理论以一种为教育哲学提供宝贵资源的方式，阐明了个人发展的心理方面。强调心理领域，平衡心理和政治维度之间的教育，对于成熟人格即公正民主社会的公民的成长和发展至关重要。批判理论将社会结构和自我结构理解为根本上相互联系的两种

---

[1] R. Marasco, "Critical Theory and the Pursuit of a Political Education", *Theory & Event*, 2017, pp. 756 – 768.

[2] Huhtala, Hanna-Maija, "Finding Educational Insights in Psychoanalytic Theory with Marcuse and Adorno", *Journal of Philosophy of Education*, Vol. 50, No. 4, 2016, p. 704.

事物。这种塑造关系的很大一部分与以下事实有关：主体在给定的社会和家庭环境中成长，这为主体在世界上的行为设定了参数。马尔库塞认为，社会需求与主体需求之间的重大矛盾会导致心理结构的不平衡，理性和感性欲望在实现批判方面都扮演着各自的角色，但是，压迫性文明拒绝自然冲动的感性表达。发达资本主义社会的数理逻辑已成为理性的主要形式，渗透到公共和私人生活的大多数领域，体现了对人的本质疏远的文明范式，文化被认为是通过对人类心灵的提炼作用来增加消费主义的一种手段，批判理论与心理分析理论之间的联系源于实现理性的非支配性和批判形式的可能性。从教育和社会形成的角度来看，这是至关重要的。

从教育哲学的角度来看，马尔库塞对精神分析理论的创造性运用似乎很有趣，在精神分析理论的框架内，本质上是非认知的人类自然冲动在理性发展中起着至关重要的作用，马尔库塞对弗洛伊德的"升华"概念的修改将其视为潜在的解放来源，正如他所说，升华的概念暗示了一种非压抑性升华模式。为了理解马尔库塞的升华及其所蕴含的教育价值，需要先从弗洛伊德最初的升华思想说起。对于弗洛伊德来说，升华意味着将本能冲动从最初的自由表达的立场出发加以阻挡，然后加以修正，以确保社会秩序，西方文明不可避免地引起本能的压抑，由于这种压抑，无意识的本我和有意识的自我无法以互补的方式发挥作用；与弗洛伊德完全相反，马尔库塞认为升华是一种解放而不是压制，升华包含实现全面，全面的个人成长的真正可能性，可以满足个人的真正需求，即使在成年人阶段，升华也可以可持续和建设性的方式附加到享乐原则上，这样，就有可能获得社会团结或审美上的满足。在一个以马尔库塞概述的方式从升华中获得解放的社会中，工作以愉快而又不疏远的方式组织起来，根据马尔库塞的说法，对幸福和满足的生活的需求源于生物学。非压迫性文化旨在本能与理性之间的新关系，通过协调本能的自由与秩序来逆转文明的道德观，从压制理性的暴政中解放出来，本能趋向于自由和持久的存在关系，它们产生了新的现实原则。

显然，"通过升华进行解放"在马尔库塞看来是可能的，人类需求中有很大一部分并不是本能的，而是社会的，亦即主体间的，这种需求的异化源于中介的异化，在中介异化的主导下，主体误认了虚假的需求为自己的真实需求，类似于马克思对虚假意识的批判。马尔库塞认为，正是这种认知中介的异化，如语言、文字、数字媒体等构成的各种中介，比如广告、媒介宣传等导致了个人的需求最终指向的异化，比如导致了消费的异化，这些中介在主体形成社会认同和自我认同时已经被强加进入，导致主体无法在现实中获得真正的自由。在马尔库塞看来，理性的审美模式为批判性的并因此解放的理性形式提供了基础，审美理性被认为包含了想象力、创造力和同情心的维度，这些维度使超越明显的"既定"现实成为可能，从而使对现有社会秩序的批判立场成为可能。

不过，如前所述，实现马尔库塞的批判理性的主要障碍是当代社会强加了虚假的甚至是非理性的需求，虚假意识迷惑着主体以误导其对真正需求的判断。我们知道，马克思关于意识形态的社会理论阐明了所谓的主体如何接受了现代社会的剥削和统治阶级的意识形态，在马克思对虚假意识的批判中，有一种极其类似于弗洛伊德"梦的解析"的理论。被虚假意识困住，在马克思看来都是"梦中人"，比如《路易·拿破仑波拿巴的雾月十八日》中所描述的那个"癫狂的、无可选择地设想自己生活在古代法老的时代，不能撇开找金子这种固定观念的英国人"和沉溺于青天大老爷梦，无论如何不能摆脱对拿破仑的追念的法国农民、陷入"议会梦"无法自拔的法国资产阶级。[①]《德意志意识形态》也有一个梦幻般的开篇：被幻想控制，并致力于同重力的幻想作斗争的德国"好汉"。[②] 根据马克思和恩格斯对意识形态的批判，生活在虚假意识中的人是不自知的。如果想要从虚假意识中挣脱，首先需要疏离这种控制，这是辩证法的否定性所提供的。这种疏离不同于异化的疏离，但也是一种以毒攻毒的方法，马尔库塞对马克思的阅读源于他试图勾勒出他对革命主观性的认识，其实，马克思一生所挚爱的新闻事业可以被看作"激发"，引导工人阶级的阶级意识，为工人阶级争取自己的话语体系，从而摆脱资本主义意识形态的虚假意识，重新在新的语言系统中进行自我认同和社会认同。但是，这仅仅是针对阶级意识而言，对于每一个组成这个阶级的个体而言，如何才能完成属于个人的阶级意识，马克思并没有一种明确的理论，这从某种程度上使重要的阶级意识理念成为历史遗留问题。尽管在《历史与阶级意识》中卢卡

---

① 《马尔库塞文集（六卷本）》（第 2 卷），人民出版社 2019 年版，第 473 页。

② ［德］马克思：《德意志意识形态节选本》，人民出版社 2008 年版，第 4 页。

奇试图正面回应这个问题，但是，从现实中的活生生的个人而不是从阶级中的个人角度进行分析确实是马尔库塞的功劳，马尔库塞对马克思虚假意识的"异化"术语的分析，不同于卢卡奇的物化，他选择使用"疏离"和"匮乏"，这是他对黑格尔和海德格尔的继承，并在马克思这里找到了这个词所对应的历史现实，马克思的异化概念是作为批评资本主义社会的压制性和物化结构的一种手段，马尔库塞用其来发现当代资本主义制度新的控制手段，特别是被工具理性主导的教育领域、教育市场化和商业化问题。2017 年奈顿、安德鲁·林登的《超越"病态教育"：生命政治视域下马尔库塞和大学自我管理的一些前景》[①] 一文指出，马尔库塞曾论述并提出了高等教育的文化和政治功能问题，确定了一种疏离统治的教育逻辑，将教育推到了制度的边界之外，并劝告教育者承担改善身心的责任，以捍卫大学的公共使命，教育应该为学生提供一种辩证学习方法，使学生知道如何不把某些思想或情感将自己认同为"我的思想"或"我的情感"，由于这种思想或情感不是"我"或"我的"，而是对象当前正在经历的某种事物，因此对世界的看法变得更加多样。马尔库塞看到，当高等教育给受教育者一个整体地实现其自然维度的机会时，就会出现感性的理性，而且，这将在主体内部兴起的解放将辩证地流向周围的社会，从教育哲学的角度看，马尔库塞对理性的乐观概念似乎很有吸引力，毕竟教育主要与建设未来有关，因此具有希望的方面。

　　马尔库塞的革命主体与高等教育有着复杂的关系。[②] 作为教授他参加了 20 世纪 60 年代的学生运动，认为大学生有潜力革命性存在。此外，他主张通过实践形式授权的大学教育将大学教育扩展到其他批判性思想和行动领域，形成一个三维人。在马尔库塞看来，当下的大学教育已经公司化，而随着崛起公司大学，知识被商品化和消费主义所取代，曾经的批判理论天堂已被资本主义极大地限制了革命的潜力，马尔库塞对学生群体的力量是有坚定信心的，正如学生对他的信仰。在 20 世纪 60 年代，学生随身携带他最著名的《单向度的人》示威和抗议，在此期间，马尔库塞获得

① Knighton, Andrew Lyndon, "Beyond 'Education in Sickness': A Biopolitical Marcuse and Some Prospects for University Self-Administration", *Theory & Event*, Vol. 20, No. 3, 2017, pp. 769 – 787.

② Cunningham J., "Praxis Exiled: Herbert Marcuse and the One-Dimensional University", *Journal of Philosophy of Education*, Vol. 47, No. 4, 2013, pp. 537 – 547.

了史无前例的名望，他参加了这些运动并发表了激进和前卫的演讲，内容大多是对技术的不断扩展介入的悲观态度。像任何真正地受马克思主义启发的理论家一样，马尔库塞也致力于勾勒一个更加美好的未来，无产阶级革命不是由工人，但确实是由成千上万的大学生构成的革命大军。马尔库塞对大学生的信任源于多种原因，其中最重要的原因是他认为学生是理想主义和务实的。实际上，在大学生中的革命潜力似乎不可否认，也许正是这种潜力才是真正传递马尔库塞信仰的渠道，大学生作为革命性的力量会在随后扩展到工业、媒体和政府领域等，他们理性而务实，试图打破单向度社会令人窒息的统治，每个碎片都与马克思主义甚至黑格尔主义一起闪烁着未来幸福的光辉。为了能够为新的理想世界培养出合格的先锋队，马尔库塞发展了他的先锋队批判理论，融合了新马克思主义与其他哲学和心理运动，包括海德格尔和弗洛伊德，更重要的是，马尔库塞的理论也许比法兰克福学派其他任何思想家都涉猎广泛，从而更容易将批判理论转化为实践。《单向度的人》有效地避免了迈向马克思主义的大众化趋势，以便正确地分析先进资本主义的影响力是如何渗透的，马尔库塞将大学生运动理解为一场革命，这并不是为了完全取代工人阶级，但是为了培养革命的先锋队，马尔库塞肯定地认为，在一个革命性的实践中它是必不可少的元素。马尔库塞在意的是否定维度的消失，而不是工人阶级的真实存在与否，在 1968 年在布鲁克林学院的讲座中，马尔库塞认为："通过自身的内在动力，教育将超越课堂，从大学到政治层面，再到道德和本能维度。单向度问题马尔库塞对资本主义制度的批判，可以作为批判资本主义的框架，是有史以来最辩证的理论之一。"马尔库塞从来不满足于对资本主义做出纯粹的负面评论，而是将这些负面问题与资本主义看似积极的方面辩证结合论证，他对科学技术的批判也是非常辩证的：所有进步、生产力的增长都伴随着压迫和生产破坏和社会分裂，异化的劳动使这种致命的辩证法得以通过，所有的发展和进步都包含自己的非理性，任何自由的获得都包含一种新形式的奴役，在资本主义的晚期，他将其描述为"进步与破坏的狂热螺旋式上升"，前进的每一步都伴随着道路的消失，最后，这种戏剧性的游戏被编码吸收到日常生活中，隐瞒着新的操纵和奴役，而正是通过这种欺骗和操纵，单向度得以发生。从信息社会的全面控制角度来理解单向度无疑是最为合适的，马尔库塞的社会批判理论不仅适用于描述向外部扩展的先进资本主义压迫倾向，更适合于对公民社会生活的批判，通过技术、媒体以及统一的价值观标准化，资本主义不需要运用武力或恐怖手段就可以操控一切，无止境的商品以及与之相关的虚假需求随身携带操控的内在秘方使消费者或多或少地与生产者绑定在一起，在这个框架内，马尔库塞接续了海德格尔的批判使命，重新确立了本体论在哲学话语中的地位，指出技术理性已经渗透到社会存在的每一个方面，否定思维变得另类。

资本主义与技术之间的辩证关系由来已久，在马克思的许多讨论中曾被提及，马尔库塞更全面地阐述了这种关系。他对学生革命潜力的信念作为被单向度化的领域之外的反文化理性运动反映了他的教育哲学，既是对教育的承诺，又是对教育的挑战。马尔库塞的教育首先是有政治指向性的，教育有可能成为实现自由的工具，教育可以有效地在这个社会政治进程中进行辩证的引导，教育与知识的关系、教育的构想和传播方式将成为马尔库塞教育思想的切入点，教育必须具有批判性的理论。在《富裕阶层的解放》中，马尔库塞谈到一种"新"的教育观念："无论是理论还是实践，今天的教育不仅仅是讨论，不仅仅是教学和写作……教育的革命潜力应该得到释放。"尽管这种教育模式无疑是激进的，但它仍然可以作为学生运动在大学环境的有效动员。将革命的力量转到教育领域并不奇怪，因为单向度是一个影响社会各个方面的状况，以至于教育与劳动力以及校园文化对消费主义的传导都是随处可见。Peter Seybold 也曾说过，"资本家为了自己的利益寻求塑造大学……为了完成这项任务，必须对大学文化进行商品化，并且资本逻辑必须彻底渗透到大学的行政管理中"。确实，今天的大学生的确陷入了困境，不是自由而是消费文化赋予他们自信，他们也适应并加强了消费文化的侵入，信息商品篡夺了知识的地位，信息技术入侵导致单向度的社会意识通过制度化而标准化，技术与消费主义再次融为一体关系，创造一个批判性思维被掩盖的环境成为知识工厂，反映了主流意识形态的价值观。随处可见的线上教育显然是获得高等教育的途径，但通过辩证法可以看到，在设计时考虑了明确的市场原则，污染了学生的生活，将其作为获取利润的一种手段。在营利性大学中，学生拥有最纯粹形式的公司化教育体系，竞争的要求将迫使许多人将知识视为打包销售的内容，将学生视为消费者，为无缝输出到单向度的文化做好准备，批判教育需要学生抵制这种趋势，特别是那些同时作为消费者和劳工来源加以利用的学生，意识到大学不再是批判的政治实践空间，看清楚单向度的入侵和技术理性、资本公司的和谐伴奏下，其出卖了最初的精神。

在教育哲学批判思想中，马尔库塞明确表达了对主观性、批判性和包容性的分析①，这对成人教育具有重要意义。尽管马尔库塞没有明确提及成人教育，但他的关注点却经常在于成人如何在自我学习中实现自我解放。在《美学之维》《单向度的人》《解放论文》以及《宽容的批判》中，马尔库塞论述了非常多的关于成人教育的理论，比如，"审美教育是成人批判教育实践的有效和至关重要的组成部分，对艺术品的强有力，私人的，疏远的回应是成年学习者的变革时刻"；艺术可以引发"对即时现实的超越，打破了既定社会关系的客观性，为体验开辟了新的维度，有利于叛逆主观性重生"。不过马尔库塞似乎忘记了马克思的建议："教育者本人也是要受教育的。"马克思并不支持这种形式的革命，他深知其中包含着明显的精英主义，可作为教育家的马尔库塞似乎试图重新获得类似于希腊理想形式的东西，那就是他试图重新创建一个二维宇宙。尽管如此，马尔库塞对教育异化的批判对于我们理解和改变教育单向度化有重要理论价值。

马尔库塞曾描述过爱欲解放之后的"非压抑性的文明"，虽然必要的压抑是仍然存在的，但额外的压抑已经消除，一个人仍然需要劳动，但是这样的劳动是一种自由的劳动，是"完全服从于人和自然的自由发展的潜能"，所以是一种人的爱欲充分实现的状态。马克思很早就指出，分析人的本质一定要将其置于社会关系之中才能分析清楚，人的本质就是社会关系的总和，因此，马尔库塞对于人的本质的分析、对于人的解放道路的探索有明显的马克思主义传统痕迹。对于马尔库塞，走一条"告别暴力"的革命道路，是从政治哲学的高度分析革命的理论和革命现实之后得出来的结果，那么何以以及如何告别暴力呢？这种告别暴力的特征和实质又是什么呢？事实上，马尔库塞想通过一场本能的革命来将革命的活力从政治的社会层面引向人的内心层面，通过走一条"告别暴力"的革命路线，为人的最终解放和自由创造条件。马尔库塞在《单向度的人》中说主要是要

① Brookfield S., "Reassessing Subjectivity, Criticality, and Inclusivity: Marcuse's Challenge to Adult Education", *Adult Education Quarterly*, Vol. 52, No. 4, 2002, pp. 265 – 280.

"给无希望者以希望"，这说明他要给人们指出一条实现自由社会、实现人的解放的道路和方法。马尔库塞相信现代资本主义已经造就了革命的"潜在因素"。首先，"商品形式的无所不包使资本主义的根本矛盾极度尖锐化，整个劳动人群现在都和资本主义对立"，高收入的技术人员、专家和专业人员都被纳入资本再生产和资本剥削的客观过程中来，这一现实是一种统一的力量，它把各个相互争斗的阶级结合在一起，实现了马克思所预言的：各个阶级最大限度地被摔入无产阶级的队伍中。其次，应该把现实社会中的一切斗争统结合起来共同形成反对资本主义的、全面的、总体的抗议动，如科技革命、生态运动、妇女解放运动、少数民族运动等，甚至包括在现代语言领域，由于存在着操纵现象，它在传达着既成体制的思想和意识，但是，同样也在语言中可以有解放的潜能。因此，只要抑和控制无所不在，那么反抗和斗争也就可以随处进行。再次，马尔库塞在《论解放》中同既成体制的语言体系的决裂，在今天具有革命的政治的意义，这种决裂不仅把现在的意义领域颠倒过来，而且还发展了一种与现存文化不同的反文化或亚文化。马尔库塞认识到，当嬉皮士的亚文化形成了一种特殊的语言之时，其中包含了很深的反抗意识。他甚至主张活动分子们有计划和有意识地使用"粗话"，因为"粗话"没有被当局认同，他们的采用便破坏了虚假的、空洞的现实语言。总之，对抗压抑社会应该是一场彻头彻尾的社会总动员。最后，现代资本主义社会的革命是一个漫长的事业，不可一蹴而就，人们甚至在很长时间内都看不到任何希望，马尔库塞所做的事只是唤醒人们对于未来美好社会、对人类解放和自由的热情，正如他在《单向度的人》的结尾引用本雅明的说法，"只是为了那些没有希望的人，我们才被赐予希望"。马尔库塞指出："出路主要是靠年轻一代……他们不应该去学着适应，而应该去学习，应该学会失败后重新组织起来和用新感性去发展新的理性，以经得住漫长教育过程的考验，而这正是像伟大的政治行动过渡的前提条件。"马尔库塞认为真正的社会主义革命不是一场政治革命，而是一场本能革命，或者说，本能革命是任何社会革命的前提和基础。以"生物学"代替"阶级意识"就意味着，马尔库塞所期望的历史主体，不再是马克思当初所说的无产阶级，而是"人"，也就是海德格尔所说的一个个具体的人；马尔库塞的"否定"，不是马克思本来意义的社会革命，而是一种对现实的"大拒绝"。

二 国外马尔库塞的教育哲学与生态解放思想研究现状

马尔库塞对发达工业社会教育的批判具有明显的生态趣旨，是其生态批判从理论走向实践的主要内容。新教育是新感性、新科学、新技术的实现，将带来一种全新的人性论，以及人与自然、人与自身，人与他人的新关系，亦是一种新的世界观、认识论和方法论。国外关于马尔库塞教育思想的重要性研究始于 2005 年，当时，马尔库塞的文化工业批判特别是与此相关的教育哲学思想是学界对其生态思想拓展性研究的重要领域之一。2005 年 4 月 15 日，在蒙特利尔举行的教育研究协会会议主题为："马尔库塞对教育的挑战"，收录了克莱邦·皮尔斯的《面向技术批判的教育：马尔库塞与大拒绝》，讨论了技术理性对人类创造力和想象力的影响，并指出"大拒绝"概念在教育技术化进程中的作用；理查德·范赫顿的《马尔库塞、布洛赫和弗莱雷：重振希望的教育学》讨论了马尔库塞审美教育在通往人和自然解放进程中的作用；Richard 卡恩的《马尔库塞与人道主义的梦想》讨论了技术理性的非人本质，以及教育与一种自由的人性形成的内在关联，特别强调了当下生命教育的重要作用；泰米·西尔（Tammy Shel）的《马尔库塞的哲学如何帮助我们理解道德关怀教育的作用》讨论了马尔库塞对技术理性的批判和道德教育问题；泰森·刘易斯（Tyson Lewis）的《马尔库塞与多向度的身体》讨论了在当前的标准化教育体制下，新感性教育和身体教育的重要性；卡尔德隆（Dolores Calderon）的《马尔库塞与认识性的挑战》讨论了马尔库塞对技术理性和欧洲中心主义的批判，强调了"新感性"在新认识论形成进程中对新教育观的影响。随后，一系列相关的研究文章陆续问世，如《自我自治，和解与阿多诺和马尔库塞本能本性的二重性》[①]、《马尔库塞是自治主义者吗?》[②]、Knighton, Andrew Lyndon[③]《超越"疾病教育"：马尔库塞和大学自我管理的一些前

[①] Hedrick T. , "Ego autonomy, reconciliation, and the duality of instinctual nature in Adorno and Marcuse", *Constellations*, Vol. 23, No. 2, 2016, pp. 180 – 191.

[②] Gardiner, M. E. , "An Autonomist Marcuse?" *Rethinking Marxism*, Vol. 30, No. 2, 2018, pp. 232 – 255.

[③] Knighton, Andrew Lyndon, "Beyond 'Education in Sickness': A Biopolitical Marcuse and Some Prospects for University Self-Administration", *Theory & Event*, Vol. 20, No. 3, 2017, pp. 769 – 787.

景》、《赫伯特·马尔库塞和单向度的大学》①、《马尔库塞技术理论研究及其对教育的启示》、《信息时代的批判：马尔库塞对信息世界单向度意识形态批判的全面考察》②、Maboloc《社会转型与在线技术：将赫伯特·马尔库塞置于互联网时代》③、《在马尔库塞和阿多诺的精神分析理论中寻找教育见解》④、Richard《马尔库塞是对的：二十一世纪的一维社会》⑤、《作为教师的马尔库塞》⑥、Pierce⑦《教育的生与死：重新评估马尔库塞在新自由主义时代的教育批判理论》等文章都在不同角度论述了教育在"人的解放"和"自然解放"双重解放进程中的重要作用。必须要强调的是，Chales Reitz 不仅是马尔库塞生态革命思想的研究专家，也是将其拓展到教育批判的重要学者。2013 年，莱茨与安德鲁·拉玛斯、阿诺德·拉法尔（Arnold L. Farr）、凯尔纳共同编辑了马尔库塞的激进哲学评论特别版，包括《马尔库塞在美国作为被流放的教育家》；《马尔库塞与人道主义：掠夺性文化与解放教育》；《马库尔塞与新文化革命》，泰森·路易斯、克莱邦·皮尔斯等共同编著的 *Marcuse's Challenge to Education*（《马尔库塞对教育的挑战》）论文集，专注于讨论马尔库塞的教育思想及其在生态解放中的意义。

三　生态解放视域下马尔库塞教育哲学思想具体内容

马尔库塞的革命主体与高等教育的社会功能有着复杂的关系⑧，贯穿

---

①　Cunningham, Joseph, "Herbert Marcuse and the One-Dimensional University", *Journal of Philosophy of Education*, Vol. 47, No. 4, 2013, pp. 537 – 547.

②　Sylvain K. Cibangu, "Toward a critique of the information age: Herbert Marcuse's contribution to information science's conceptions", *Information Research*, Vol. 18, No. 3, 2013, pp. 1 – 18.

③　Maboloc C. R., "Social Transformation and Online Technology: Situating Herbert Marcuse in the Internet Age", *Techne: Research in Philosophy and Technology*, Vol. 21, No. 1, 2017, pp. 55 – 70.

④　Huhtala, Hanna-Maija, "Finding Educational Insights in Psychoanalytic Theory with Marcuse and Adorno", *Journal of Philosophy of Education*, Vol. 50, No. 4, 2016, pp. 689 – 704.

⑤　Richard C. Box, "Marcuse Was Right: One-Dimensional Society in the Twenty-First Century", *Administrative Theory & Praxis*, Vol. 33, No. 2, pp. 169 – 191.

⑥　James Beverly, "Teacher Marcuse", *Javnost—The Public*, Vol. 13, No. 3, 2006, pp. 17 – 28.

⑦　Pierce C., "Educational Life and Death: Reassessing Marcuse's Critical Theory of Education in the Neoliberal Age", *Radical Philosophy Review*, Vol. 16, No. 2, 2013, pp. 603 – 624.

⑧　Cunningham J., "Praxis Exiled: Herbert Marcuse and the One-Dimensional University", *Journal of Philosophy of Education*, Vol. 47, No. 4, 2013, pp. 537 – 547.

于其思想的始终。作为知识分子、马克思主义者、激进左派思想家、大学教授，马尔库塞积极参加了20世纪60年代的学生运动，认为学生知识分子有潜力革命性存在，主张通将大学教育扩展到其他批判性思想和行动领域，以完成知识分子的政治使命。马尔库塞对学生群体的力量是有坚定信心的，正如学生对他的信仰，他对学生革命潜力的信念作为被单向度化的领域之外的反文化理性运动反映了他的教育哲学，既是对教育的承诺又是对教育的挑战。为了能够为新的理想世界培养出合格的"先锋队"，马尔库塞发展了他的先锋队批判理论，融合了新马克思主义与其他哲学和心理运动，包括海德格尔存在主义和弗洛伊德的精神分析学。当时由于马尔库塞的理论比法兰克福学派其他任何思想家都涉猎广泛，从而更容易将批判思想转化为革命实践。

马尔库塞的社会批判思想不仅适用于描述向外部扩展的先进的资本主义压迫倾向，更适合于对公民社会生活内在控制的批判。马尔库塞警示我们，通过技术、媒体以及统一的价值观标准化，资本主义不需要运用武力或恐怖手段就可以操控一切，技术理性已经渗透到社会存在的每一个角落，特别是教育领域。因此，在《从富裕社会中解放出来》中，马尔库塞明确地提出了一种解放的辩证法，他这样写道："解放的辩证法，不仅是包括理性的解放、也包括心灵和肉体的解放，乃至整个人类存在的解放。这让我想起柏拉图：解放就是不再生活在洞穴里；这让我们想到了黑格尔：要从历史性的进步和自由的角度来理解解放；这还让我们想起了马克思。"随后，马尔库塞给出了"辩证的解放"的明确定义："它的意识是从压抑的、坏的、虚假的系统中解放出来，而且要靠这个系统内部发展起来的力量实现解放，不管它是一个有机系统，一个社会系统，还是一个精神或思想系统。这一点很关键。正是因为这个系统，确切地说正是这个坏的、虚假的系统产生的矛盾，所以才需要解放。"对解放的需要"是一种生物需要、社会需要、政治需要"[1]。马尔库塞强调："今天的质变和解放，必须在进行政治和社会变革的同时也进行有机体的、本能的、生物的变革。"[2] 那么，谁才是践行解放的新主体呢？怎样才能培养出新主体呢？马

---

[1] 《马尔库塞文集（六卷本）》（第3卷），人民出版社2020年版，第114页。
[2] 《马尔库塞文集（六卷本）》（第3卷），人民出版社2020年版，第122页。

尔库塞在这里提到了教育变革的重要性，提到了知识分子阶层——作为新工人阶级——的阶级使命①，论述了教育的政治使命："无论是作为理论，还是作为实践，作为政治实践，今天的教育都不能仅仅是讨论，不能仅仅是教学、学习和写作。除非它超出了课堂，超出了学院、学校、大学，否则它将没有任何力量。由于我们的整个存在已经变成了政治和社会工程的主客体，所以如今的教育必须同时把心灵和肉体，理性和想象力，以及离职的需要和本能的需要考虑进来。"② 因为"教育系统早就是政治性的……大学在令人咋舌的程度上卷入了政府和各种准政府机构的巨额研究经费。这种教育系统是政治性的，因此并不是我们想要把它政治化，我们需要的是一种与现有的政策对立的相反的政策。……现如今，所有的教育都是疗方，即在利用一切可行的手段把人从这个他迟早会变成一个畜生（即使他根本没有注意到）社会中解放出来的意义上的疗方"③。

（一）新主体、大拒绝与审美的生态生存范式

根据马尔库塞，当时的发达工业社会特别是美国的大学教育已经公司化，知识已经逐渐被商品化和消费主义所取代，曾经的批判理论天堂已被资本逻辑吸纳，极大地限制了通往未来的解放潜力。因此，在1968年在布鲁克林学院（Brooklyn College）的讲座中，马尔库塞提出："通过自身的内在动力，教育将超越课堂，从大学到政治层面，再到道德和本能维度，突破单向度。"区别于宣称"知识无国界"的实证主义教育体系，马尔库塞的教育是有政治指向性的，教育有可能成为实现自由的工具，教育也可以有效地在这个社会政治进程中进行辩证的引导，教育与知识的关系、教育的构想和传播方式是马尔库塞教育批判思想的切入点。的确，当时的大学生显然陷入了单向度化的困境，不是自由而是消费文化赋予他们自信，他们也适应并加强了消费文化的侵入。根据马尔库塞的观察，在大学里，信息商品篡夺了知识的地位，信息技术入侵导致单向度的社会意识通过制度化而标准化，技术与消费主义再次融为一体关系，创造一个批判性思维被掩盖的环境，成为"文化工业"控制下"知

---

① 《马尔库塞文集（六卷本）》（第3卷），人民出版社2020年版，第125页。
② 《马尔库塞文集（六卷本）》（第3卷），人民出版社2020年版，第126页。
③ 《马尔库塞文集（六卷本）》（第3卷），人民出版社2020年版，第126—127页。

识工厂"，反映了资本逻辑与消费主义共同的价值观。随处可见的线上教育显然是获得高等教育的途径，这种教育将知识当作商品，在设计时考虑了明确的市场原则，污染了学生的生活，将学生当作客户，将贩卖知识闪盘作为获取利润的手段。在营利性大学中，学生拥有最纯粹形式的公司化教育体系，竞争的要求将迫使许多人将知识视为打包销售的内容，为无缝输出到单向度的文化做好准备。马尔库塞的教育批判号召大学生抵制这种趋势，特别是那些同时作为消费者和劳工来源加以利用的学生，让他们明确意识到大学不再是批判的政治实践空间，看清楚单向度的教育已经在技术理性和资本公司的"同心合作"下，出卖了最初的大学教育精神，这种透彻的批判对高等教育具有重要启示意义。[①] 异化教育所秉承的实证主义知识体系与资本逻辑的内在勾连，内含着对现实的蔑视和无视："生态学、批判哲学和社会学的方法论以系统为分析单位，而不是以个人为分析单位。它着重于经济压迫和剥削的复杂和关键的潜在结构，而这些结构往往被分析师、政策制定者、评论员和教育工作者忽视（有时被积极压制）。"

在随后发表的《论解放》中，马尔库塞提出了彻头彻尾的社会总动员、一种彻底的教育解放策略："与既成体制的语言体系的决裂，对抗压抑社会。"马尔库塞指出："出路主要是靠年轻一代……他们不应该去学着适应，而应该去学习，应该学会失败后重新组织起来和用'新感性'去发展新的理性，以经得住漫长教育过程的考验，而这正是像伟大的政治行动过渡的前提条件。因为下一次革命将是几代人的事业，'资本主义的最后危机'非常可能要延续一个多世纪。"马尔库塞将教育政治化的另一个深层原因是他认为"智力技能和知识能力已经成为政治因素"[②]，在资本主义实证主义知识体系展开的世界观教育中，智力和技能已经被先进的工业系统吸收，因此，思想上的大拒绝是政治上的大拒绝的组成部分，理智上的拒绝意味着不再继续通过实证主义的异化棱镜来观察外部世界。

---

① Brookfield S. , "Reassessing Subjectivity, Criticality, and Inclusivity: Marcuse's Challenge to Adult Education", *Adult Education Quarterly*, Vol. 52, No. 4, 2002, pp. 265 - 280.

② Herbert Marcuse, *Eros and Civilization*, Boston: Beacon Press, 1955, p. xxv.

另外，马尔库塞发现，先进工业体系内的学者，所谓"中立"的学者，在他们对"是"的经验主义热情中，往往混淆了对可能的选择（即"可能是"或"应该"）的感知，丧失了现实感，丧失了对自然和人类生命的真实存在的感知，从而使单向度得以持续存在。例如，使用数学概率和定量分析来计划一场战争，往往会产生一种错误的二分法，在这种二分法中，唯一的选择似乎就是接受或多或少的死亡，而对活生生的生命的感受却变成了对数字的敏感。为此，他呼吁各种类型的学者和专业人士（如科学家、数学家、工程师）拒绝所谓的科学中立性，从根本上拒绝造成"人与自然"相互毁灭的数理逻辑，拒斥实证主义和资本主义内在勾连所依托的数学思维对"可测""可知""可控"的推崇所隐含对世界的异化和区隔。马尔库塞通过揭露"中性"的学者们如何被实证主义的知识规范所束缚，强调要通过自我革命来寻求自我解放。新感性下的新科学本身是一种政治化的大拒绝行为，马尔库塞将这种对不自由的本能拒绝称为"第二天性"（second nature），即拒绝侵略性、暴力和先进工业系统所要求的规则，任何对现状有意义的反对都必须伴随着对先进工业体系的需求（尤其是虚假需求）的本能拒绝。此外，这种对表现原则的本能的反对将引入一套新的价值观，拒斥存在的一切异化，促进个人之间的团结。马尔库塞最独到的见解是：所谓的消费经济和企业资本主义的政治创造了人的第二天性，它把人与商品形式联系在一起，将资本的需求变成人类的"生物"需求（the "biological" dimension）。因此，"大拒绝"需要进入我们的"第二天性"，触及人类存在的现实维度，这在当时的马克思主义理论中几乎没有考虑过的——"生物"维度，或者说是"生命政治"维度。用马尔库塞自己的话说："艺术包含了否定的合理性，在它的高级地位上，它是大拒绝，更是对现实的抗议。"[1] 至此，大拒绝的需要变成了一种生理上的需要，成为一种政治的、道德的、本能的反抗。也就是说，大拒绝将不是一个选择的问题，而是一种本能的抗议，是人与自然新陈代谢的一部分。[2] 简言之，如果我们的"第二天性"——我们的本能——渴望解放，那么"大拒绝"就是这不是选择的问题，而是必须的问题。马尔库塞坚信，"大

---

① Herbert Marcuse, *One-Dimensional Man*, Beacon Press, 1964, p. 63.

② Herbert Marcuse, *An Essay on Liberation*, Beacon Press, 1969, p. 63.

拒绝"可以在审美维度中找到，因为对美的感知（或体验）是"感官上的，而不是概念上的"①，美能唤起人们对"自由王国"的回忆②，真正的艺术描绘的是"人与自然的和谐……秩序就是美，工作就是娱乐"③，个人与外部现实是和谐的（现实原则）。换句话说，美是一种解放的象征，它能够通过我们的智慧和感官——直觉——进入我们的"第二天性"。

马尔库塞并不认为知识分子或者"局外人"可以肩负无产阶级的历史使命，成为新的革命主体，"今天，我们不能将任何特定的阶级或任何特定的群体确定为革命力量"，他更趋向于将知识分看作"革命的催化剂"，因为知识分子对新的超越性和对立价值的独特敏感性认识能够穿透大众传播和灌输的思想和物质面纱，因而有能力担负此重任。但这并不说明马尔库塞会把知识分子看作历史变革的推动者或革命阶级，"作为知识分子的角色是有限的。我们绝不应该屈服于任何幻想"，"……知识分子具有决定性的准备功能，而不是更多……它本身不是革命性的阶级，也不能成为革命性的阶级，但是它可以成为催化剂，激活被压制和操纵的矛盾，使其成为变革的催化剂的政治任务"。基于对知识分子重要性的论述，马尔库塞将新教育看作一种治疗、一种政治理论实践："今天的教育既是理论，又是实践，准确地说是政治实践，不仅是讨论或教学，学习或写作……今天的教育必须涉及思想和身体，理性和想象力，因为我们的整个生存已经政治化，成为社会工程学的主题和对象……教育制度已经政治化了……我们必须直面奴役的灌输，每个人都必须在自己中创造，并在他人中尝试形成一种本能的生活需求……将对在世界范围内传播侵略性和压制性文化的富裕的价值观产生本能和智力上的反感。"④

（二）新科学、新技术与新教育

从教育批判的视角看，马尔库塞对科学技术的批判与他对现代教育的批判是浑然一体的。因为在他看来，以实证主义为内核的现代科学的原理是一种先天的结构，是一系列自我推进的、有效控制世界的概念性工具，

---

① Herbert Marcuse, *Eros and Civilization*, Beacon Press, 1955, p. 176.

② Herbert Marcuse, *Eros and Civilization*, Beacon Press, 1955, p. 174.

③ Herbert Marcuse, *Eros and Civilization*, Beacon Press, 1955, p. 176.

④ Herbert Marcuse, "Liberation from the Affluent Society", David Cooper ed., *The Dialectics of Liberation*, Harmondsworth/Baltimore：Penguin, 1968, pp. 175 - 192.

理论操作主义与实践工具主义相对应。实证主义的机械科学方法、科学逻辑导致了对自然的日益有效的统治，并通过提供纯粹的概念和工具，使"人类"通过支配自然而日益有效地支配自身。科学理论表征的实证理性保持着所谓的"中立"，表面是为实践理性服务，实际上是为资本服务，并从中牟利。这就是为什么马尔库塞认为，今天统治不仅通过技术，而且作为技术而延续和扩展自己，技术为吸收文化所有领域的不断扩大的政治权力提供了极大的合法性。在操作主义和工具目标的双重约束下，科学显示出其本相："技术的解放力量——事物的工具化——变成了解放的桎梏——人类的工具化。"20 世纪 70 年代，当马尔库塞的社会批判思想延伸到生态革命维度时，他强调现代教育所传授的科学技术知识体系已经成为一种反环境的统治体系，自然的支配与人的支配始终联系在一起，以人统治自然为基础的合理化的技术等级与以人统治他人为基础的学科社会等级融合在一起，构成一个"极权主义"的单向度社会。

不过，与他的法兰克福同事对"自然"的"辩证法限制"和对技术的反感不同，马尔库塞看到了改变科学进展方向的可能性。在一种新的生态解放理论中，理性和爱欲合力构建的"新感性"和"新科学"将可能推动科学发展趋近于本质上不同的关于自然、人类的概念，形成一种生态的世界观，在这一时刻，伴随着技术合理化的完成将会逆转现有科学和形而上学的支配关系。最终，技术解放的时刻也将使生存的平静成为可能——一种新的以人与人之间、人与自然之间的关系。马尔库塞有独特的技术与艺术的辩证法来保证解放的可行性。在他看来，对自然的安抚是以对自然的掌握为前提的，一门新的科学需要一种来自艺术的新感觉的指导，那时，艺术不再是既定机器的女仆，而是成为一种摧毁事业和痛苦的技术。[1] 像新自然诗人和哲学家，马尔库塞预计新感性提供的新的世界观、方法论和认识论将重建人类与自然的环境关系，为生态提供了自由。[2]

---

① Herbert Marcuse, *One-Dimensional Man*：*Studies in the Ideology of Advanced Industrial Society*, Boston：Beacon Press, 1964, p. 239.

② Timothy W. Luke, "Marcuse and Ecology", *Marcuse*：*From the New Left to the Next Left*, Lawrence University Press of Kansas, 1994, p. 202.

（三）"新感性"与"安抚自然"策略①

马尔库塞的解放的辩证法独特性在于其是思想和身体方面的双重解放，是整个人类的解放，是人类和自然从压制性的，从不良的、虚假的系统中解放出来，无论是有机系统，还是社会系统，抑或是精神或智力系统。马尔库塞很明白，提出要从一个运作良好、富裕而强大的社会中"解放"遇到最大的问题将是没有足够的群众基础。从客观层面讲：社会控制侵入了个人生存的最深层根源，甚至包括人的无意识，而社会工程科学借力于高科技不断再现压抑的连续性。操纵、灌输、镇压的社会机制，导致大多数反对派力量融入已建立的社会体系，这不仅是意识形态上的整合或者社会融合，由于它恰好发生在强大而丰富的基础上，导致大多数反对派力量已经被纳入既有社会体系。因此，解放需要一种新型的人，这种新的主体具有生物的解放动力，能够打破富裕社会的物质面纱和意识形态面纱。马尔库塞强调"解放必须建立在人类存在的深层维度的开启和激活之上的……对这个新维度的强调并不意味着用心理学代替政治，而是用政治代替心理学"。

马尔库塞提出的"新感性"正是新社会必要的意识形态，是价值体系的整体转换，是政治化的心理学，是新的人类学。新感性本能地拒绝先极权主义社会管理和控制的绩效原则，拒绝既定社会组织和虚伪的清教徒道德所固有的进取心和残酷人性，代表着一种世界观的"质变"，如马尔库塞所说："今天的质变，解放与政治和社会变迁同时涉及人的本能的，生物的变化，致力于实现技术和艺术的融合，工作与娱乐的融合，必要性领域与自由领域的融合，不再受资本主义的获利能力和效率的支配，不再受资本主义社会组织长期存在的稀缺性的支配，意味着一种'审美'的社会现实，社会本身将成为一种艺术品。在新社会中，新感性所蕴涵的力量将指导例如我们的城市和乡村的全面重建；在消除暴力和破坏资本主义工业化之后恢复自然；为隐私，个人自主权，安宁创造内部和外部空间；消除噪音，俘虏听众，加强团结，污染和丑陋……"马尔库塞认为，只有在这样的宇宙中，人才能真正地自由，才能在自由的人之间建立真正的人际关

---

① Timothy W. Luke 在他的著作中明确提出并论证了马尔库塞的"安抚自然理论"（pacifying nature），并论证了马尔库塞的生态美学思想对资本主义反生态本质的揭示对于理解当下全球生态危机的重要启示意义。

系。对一种审美的生存方式的需求和志向从一开始就存在于社会的重建中，而不仅仅是在结束时或在不久的将来。①

马克思在《1844 年经济学哲学手稿》中曾极力批判资本主义私有制条件下人之存在的"绝对贫困化"的问题："人自身存在的内在丰富性却被归结为这种'绝对的贫困'——'为了人并且通过人而对人的本质和人的生命、对象性的人和人作品的感性的占有'仅仅被理解为'直接的、片面的享受或占有'。而把占有这一切直接现实作为手段为之服务的生活，乃是私有制的生活——劳动和资本化。所以，对私有财产的扬弃，是人的一切感觉和特性的彻底解放，并创造'总体之人'——人以一种全面的方式，就是说，作为一个总体的人，占有自己的全面的本质。"② 1932 年马克思尘封已久的《1844 年经济学哲学手稿》公开问世，这部极为特殊的著作引起了思想界的轩然大波，也让对海德格尔失望后的马尔库塞欣喜若狂。马尔库塞在《历史唯物主义的新基础》中，继承并重点强调了马克思的感性概念，认为人的感性作为客观性，本质上是实践的客观化，因为它是实践性的，所以本质上是社会的客观化。在《历史唯物主义的新基础》中，马尔库塞明确指出：马克思自己把他的目的描述为政治经济学的批判，在这一批判中，政治经济学的理念成了关于共产主义革命必要条件的科学。这个革命本身——除了经济动荡之外——意味着整个人类历史和人类存在的定义中的一场革命："共产主义……是人与自然、人与人之间冲突的真正解决，是存在与本质、客观化与自我确认、自由与必然性、个人与物种之间冲突的真正解决。共产主义是已解开的历史之谜，它知道自己就是这个解答。"③ 在这个革命中，"感官"进入了哲学基础中心地位，在马克思的新世界观中成为一个本体论概念，"感官必须是所有科学的基础"，"感觉"在人的本质的定义之内，它是先于任何唯物主义或感觉主义的，只有通过感官，一个真正意义上的对象才会被赋予，而不是通过自我思考。马尔库塞通过对《1844 年经济学哲学手稿》的解读，发现马克思在这里开创了一种通过人自身的感性来理解人对预先确立的客观性的依

---

① Herbert Marcuse, "Liberation from the Affluent Society", David Cooper ed., *The Dialectics of Liberation*, Harmondsworth/Baltimore：Penguin, 1968, pp. 175 – 192.

② 《马克思恩格斯文集》（第 1 卷），人民出版社 2009 年版，第 189 页。

③ 《1844 年经济学哲学手稿》，人民出版社 2000 年版，第 81 页。

赖，通过需求来理解人的存在的认识论范式。马克思试图阐述一种真实的、具体的、人是与世界相统一的客观的、自然的存在，而不是黑格尔的抽象的"存在"，马克思强调"人的感情、激情等"是对存在的本体论的肯定，在人的感官中出现的痛苦和需要，与其说是纯粹的认识问题，不如说是他在疏远的劳动中表现出来的痛苦和需要，是纯粹的经济问题。对此，最为恰当的阐释和隐喻是《德意志意识形态》中马克思关于"溺死的人与对重力的痴迷"①。马尔库塞在对《1844 年经济学哲学手稿》的重新解读中提出自己独特的自然革命理论，强调了马克思对人的"感性"在重构人与自然关系的关键功能："感性具有破坏旧历史的潜能"②。在解放了的人与自然关系中，人类的历史同时也是整个自然的历史，是整个自然的生产和再生产，自然最终不是限制或外在于人类。③ 在这种新型关系中，自然由以前的"私有财产""虚假财产"变为"真正的财产"，服务于人的本质的自由实现。"共产主义是私有财产即人的自我异化的积极的扬弃，因而是通过人并且为了人而对人的本质的真正占有；因此，它是人向自身、也就是向社会的即合乎人性的人的复归，这种复归是完全的复归，是自觉实现并在以往发展的全部财富的范围内实现的复归。"④ 共产主义是感性世界的全面复归，是完成了的自然主义和人道主义的统一，是存在与本质、对象化与自我确证、自由和必然、个体和类之间的斗争的真正解决。马尔库塞将马克思的感性概念和劳动关联起来，理解为超越一切经济意义的人的"生命活动"和人的真正实现："现在，我们必须指出劳动的概念与人作为'自然的'和'感官的'（客观的）存在的定义的内在联系。正是在劳动中，人类的苦难和贫困，以及普遍性和自由，才成为现实。"⑤ 马尔库塞指出："人是直接的自然存在。作为一个自然存在，作为一个有生命的自然存在，他一方面被赋予了生命的自然力量——他是一个活跃的自然存在，这些力量作为倾向和能力存在于他身上，作为本能。另一方面，作为一个自然的、物质的、感官的、客观的存在，他是一个痛苦的、有条

---

① ［德］马克思：《德意志意识形态节选本》，人民出版社 2008 年版，第 16 页。

② Herbert Marcuse, *Counterrevolution and Revolt*, Boston：Beacon Press, 1972, p. 63.

③ Herbert Marcuse, Studies in Critical Philosophy, Boston：Beacon Press, 1973, pp. 24 – 25.

④ 《1844 年经济学哲学手稿》，人民出版社 2000 年版，第 230—231 页。

⑤ Herbert Marcuse, *Studies in Critical Philosophy*, Boston：Beacon Press, 1973, p. 22.

件的、受限制的创造物。因此，物体主要不是感知的对象，而是需求的对象，并且是人类力量、能力和本能的对象。为了能够实现自己，他需要通过他所面对的预先设定的对象来表达自己，他的活动和他的自我肯定存在于将自己移入这种外在性中。"具体来说，在劳动中，人超越了对象的纯粹客观性，使它们成为生活的手段，如马克思所说："劳动的对象是人类物种生活的客观化，因为他不仅在意识中，智力上复制自己，而且在现实中积极地复制自己，因此他在自己创造的世界中思考自己。"至此，"自然不再是与人的本质相脱离的外在的东西，而是属于人的超越的、占有的客观性"。"世界历史"将是"自然为人类的出现"，只有在人的本质作为人与自然统一的整体，经过现实的社会历史的客观化过程，才能够理解人作为"普遍的"和"自由的"物种存在的定义。人类的历史同时也是"整个自然"的过程。他的历史是整个自然的"生产和再生产"，是通过再次超越其当前形式而客观存在的进一步发展。因此，在自然与整个自然的"普遍"关系中，"自然并不是他作为他物所受的限制或他以外的某物，而是他的表达、确认、活动，是自我外化的感官世界向光明开放，向被赋予感官的人开放"。马克思认为人与自然的解放体现在："人以一种全面的方式，就是说，作为一个总体的人，占有自己的全面的本质。人对世界的任何一种人的关系——视觉、听觉、嗅觉、味觉、触觉、思维、直观、情感、愿望、活动、爱，——总之，他的个体的一切器官，正像在形式上是社会的器官的那些器官一样，是通过自己的对象性关系，即通过自己同对象的关系而对对象的占有，对人的现实的占有。"① 但是由于劳动的异化以及与异化劳动作为一体两面而存在的生产资料私有制，人们把外部世界只看作占有和享受的对象，即作为获得各种感官满足的对象。这种贫困化实际上是人的本质中感官满足与众多其他方面的对立、排斥与冲突。然而追求感官满足恰恰是人与动物相同之处，或者说是人的动物性的表现。思维、情感、审美、活动、愿望等才是真正的人性，它们都被人的动物性压制与排斥了。

　　马尔库塞对新感性的论述与他对资本的意识形态话语的反生态本质的揭露是息息相关的，这种独特的视角让他对马克思《1844 年经济学哲学手稿》的解读有了独特的视角，在 1972 年出版的《反革命与反叛》一书中，

---

① 《马克思恩格斯全集》（第 3 卷），人民出版社 2002 年版，第 303 页。

马尔库塞明确提出了自然对于革命的重要意义，强调了将自然当作解放的领域，是马克思《1844 年经济学哲学手稿》的主题："尽管人们一再重新阅读和阐释，却在很大程度上忽视了这一主题。……正是在这里，'自然'找到了自己在革命理论中的位置。"① 在这篇文章中，马尔库塞以敏锐的眼光发现了这部马克思早期作品的重要意义，那就是自然与革命之间的内在关联。共产主义革命"本身标志着——除了经济剧变——人类整个历史中的一场革命及其存在的定义：'这个共产主义……是人与自然之间以及人与人之间冲突的真正解决。'"② 同年，马尔库塞还曾发表了一篇题为"生态与革命"的演讲。在演讲中，马尔库塞提出："为什么要关注生态？因为对地球的侵犯是反革命的一个重要方面。"③ 随后，马尔库塞在"自然与革命"中再次强调了生态问题。相较于 1960 年代轰轰烈烈的环境运动，马尔库塞介入生态问题时已经到了 1970 年代后期，他对生态的关注主要集中于生态对于革命的重要性和革命对于生态的重要性两个维度的结合，从根源上来揭露资本主义的反生态本质："垄断资本主义正在发动对自然的战争，包括人性自然和外部自然。由于日益增强的剥削需求产生了与自然本身的冲突，因为自然是同侵略和毁灭的本能作斗争的生命本能的根源所在。剥削的需求逐渐减少和耗竭了资源。资本主义的生产效率越高，它的破坏就越大。这是资本主义内部矛盾的一个标志。"④ 在另一处，马尔库塞继续说道："商业化的自然、被污染的自然、军事化的自然，不仅在生态的意义上，而且正是在存在的意义上，破坏了人的生存环境。它阻碍了人在环境中的爱欲升华，剥夺了人与自然的统一，使人置身于自然之外并与之对立。"⑤ 马尔库塞告诫我们对自然的控制和剥削，是资本主义对人进行控制和剥削的物质基础。因此，只有使自然摆脱资本主义的盘剥，人自身才能从被奴役的状态中解放出来。马尔库塞将人的解放和社会的变革同自然的解放联系在一起，"自然应该作为反抗剥削社会斗争中的同盟军，因为在剥削社会中，对自然的侵害加剧了对人的侵害。对自然的解放力量

---

① Herbert Marcuse, *Counterrevolution and Revolt*, Boston：Beacon Press, 1972, pp. 63 – 64.
② Herbert Marcuse, *Studies in Critical Philosophy*, Boston：Beacon Press, 1973, p. 5.
③ Herbert Marcuse, *The New Left and the 1960s*, London and New York：Routledge, 2005, p. 173.
④ Herbert Marcuse, *The New Left and the 1960s*, London and New York：Routledge, 2005, p. 174.
⑤ Herbert Marcuse, *Counterrevolution and Revolt*, Boston：Beacon Press, 1972, p. 60.

及其在构建自由社会中的重要作用的发现，成为社会变革的新力量"①。与那种耽于幻想、沉迷于田园牧歌社会的浪漫主义思想形成了鲜明对比，马尔库塞提出了"新科学"的理念，在马尔库塞看来，"科学思想的发展，应当建立在将自然作为生命整体的经验基础之上，这一生命整体有待保护和'开化'，而技术应当将科学应用到生命环境的重建之上"②。

　　马尔库塞的生态革命理论与他倡导的"新科学""新感性""大拒绝"是完全交织在一起的，显示出其思想的稳定性和连续性。"新科学"与"新感性"和"大拒绝"合力支撑着单向度的社会摆脱环境危机，趋向新的生态文明。由于工具操作主义的旧科学是支配自然和人类的一个基本因素，"新科学"的理论和实践与培根的自然主义截然不同，与古典政治经济学的"荒野"也截然不同，它不再与意在支配世界的形而上学世界观保持联系，而是与"人与自然"双重解放的"历史科学"相联系，而"新感性"——审美的、肯定生命的、本质的解放——将发挥至关重要的意识形态作用。最重要的是，这种新的感性基于美学维度，将审美的政治视为对抗侵略和破坏生态的解毒剂。在论述新感性的解放维度时，马尔库塞强调了想象力的力量：这种力量将感性和理性的能力统一起来，变得富有生产力和实践性。从马克思那里继承而来的"历史科学"，或者说新感性科学，基于感官的、感性的审美意识，将会重新定义劳动和休闲、科学和艺术、工作和娱乐乃至人类与自然，最终呈现一个新世界图景。通过将理性和科技从"命令式的"支配中锁链出来，将爱欲提升到死亡本能之上，具有新感性的人类将会调动审美生命力，在追求解放的同时发展自由。

　　可见，马尔库塞在"新感性"的核心，肯定了马克思关于改造社会的观点，扭转资本主义对审美维度的压抑遏制，将审美意识作为一种颠覆性力量重新导入哲学的历史使命，并接续马克思在《1844 年经济学哲学手稿》中的美学政治展开生态革命，颠覆和推翻资本主义侵略性和破坏性积累模式，代之以审美的生存范式。在马尔库塞这里，人类的解放必须包含对自然进行历史性的改造，解放了的自然将融入人类世界，进而表现出人类的历史特质。随着爱欲与技术的融合，将产生一种新的审美认识、审美

---

① Herbert Marcuse, *Counterrevolution and Revolt*, Boston：Beacon Press, 1972, p. 59.

② Herbert Marcuse, *Counterrevolution and Revolt*, Boston：Beacon Press, 1972, p. 61.

范式和审美生存方式、新的生态秩序，马尔库塞对其进行了描绘："一方面，耕地与破坏土壤、从滥伐森林中提取自然资源在本质上是不同的；另一方面，贫穷、疾病和癌症的生长和人类的疾病一样是自然的——减少和消除它们就是解放生命。"①因此，生存的平静成为真正的后现代状态，"在自由之光中理解和掌握盲目力量的结构的程度上，自然不再仅仅是自然"②。咄咄逼人的技术社会不再为支配和剥削自然而斗争，而是变得完全人性化、文明化，在战胜需要的过程中变得平和。马尔库塞的"新感性"之重要意义在于重新定位的西方认识论，并赋予自然环境新的意义。他对马克思历史唯物主义自然观的坚守和捍卫使他比同时代，甚至我们这个时代的大多数环境思想家们有更深的生态敏感性，这种敏感性让他看到了1980年代资本主义基于生态重组的技术手段，在克服稀缺时如何也成了阻止解放的工具，他的安抚自然（pacifying nature）计划既不是荒谬的，也不是不可能的。马尔库塞审美的生态生活大概如此，"有计划地利用资源，以最少的劳动来满足重要的需求，将休闲转化为自由时间，平息生存斗争"③。进一步说，与大多数今天的环境保护主义者或深层生态学家为了保护"荒野"和"稀有动物""野生动物""湿地"而谴责大气污染、批判消费主义，憎恶高科技，提倡建立"生态公园"，投资"生态房地产"，通过"购买拯救地球"的学者们不同，马尔库塞更真诚地面对人类与自然之间的关系。

马尔库塞认为"自然"的重建和解放有赖于"新感性"从根本上转变对自然的态度，因此，他全面挑战凌驾于自然之上的西方传统，试图"恢复自然中促进生命的力量"④，开启人类解放的审美范式："人的解放和自然的解放之间的具体关联，已经清楚地体现在今天生态活动在激进运动中所起的作用上。"⑤ 马尔库塞的自然革命和生态思想之所以能够产生持续的影响，就是因为它源于资本借助于生态转型后的新型"生态资本主义"必

---

① Herbert Marcuse, *One-Dimensional Man*: *Studies in the Ideology of Advanced Industrial Society*, Boston: Beacon Press, 1964, p. 240.

② Herbert Marcuse, *One-Dimensional Man*: *Studies in the Ideology of Advanced Industrial Society*, Boston: Beacon Press, 1964, p. 236.

③ Herbert Marcuse, *One-Dimensional Man*: *Studies in the Ideology of Advanced Industrial Society*, Boston: Beacon Press, 1964, pp. 252 – 253.

④ Herbert Marcuse, *Counterrevolution and Revolt*, Boston: Beacon Press, 1972, p. 60.

⑤ Herbert Marcuse, *Counterrevolution and Revolt*, Boston: Beacon Press, 1972, p. 61.

然要引致的生态危机和更深的灾难，并试图为其提供解决的方案。从生态角度的总体角度来接续马克思的自然观，阐发其自然革命理论是马尔库塞思想后期的主要特征。马尔库塞重新阐发了马克思在《1844年经济学哲学手稿》中的自然观，完成了《历史唯物主义的基础》的写作，他强调："在这种自由的活动中，人重新生产了'整个自然界'……在人的历史中，我们无论在哪里遇到自然界，自然界就是'人的自然'，不仅人在历史中生成，而且自然界……就它从属于被超越和被占有的人的对象性的东西而言，也是在历史中生成。"

另外，在对无产阶级立场的建构中，马克思通过将感性嵌入物质实践，再次凸显出"新感性"的革命性，使审美融贯于唯物史观的科学判断之中，进而走向了改变世界的审美政治。马尔库塞继承并拓展了马克思的"历史科学"①，思想，带着马克思在《共产党宣言》中所提出的那种"冷静的眼光"观察世界，他不再满足于沉思的旁观或麻木的直观，而用一种历史唯物主义的新感性的参与式审美，形成了新的世界观。在《德意志意识形态》中，马克思的审美②回归感性的现实，在破除了私有财产、宗教意识与民族情绪之后，通过透视现实的、具体的人与世界的关系，确立了无产阶级立场、一种"改变世界"的立场，实现了"解释世界"向"改变世界"的转向，也使感觉在实践中"直接成为理论家"。在变化了的历史语境中，马尔库塞强调：无产阶级革命就是一场恢复人的感官特性、恢复世界可感属性的审美革命，无产阶级立场将科学判断和审美判断统一于

---

① 马尔库塞的生态革命阐述了一种承续马克思"历史科学"的生态学方法。生态学是一种与环境历史学家关注的有关对自然的特殊建构，着眼于社会生产方式与生态之间、生产方式与再生产方式之间的变化、紧张和矛盾，标志着人类与非人类本性关系的重大转变。生态学方法所实现的转变反过来支持对新事物的接受，形成新的意识、观念和世界观。自17世纪的科学革命以来，西方主要是通过机械科学的眼镜来观察自然，这一点在培根的自然主义或牛顿物理学中都是显而易见。其中，自然是被动的和可操纵的。物质是死的和惰性的，除非受到外力的作用，否则保持静止或匀速直线运动，变化来自外部，就像机器的运转一样。世界是一个时钟，由人类时钟制造者调节。用生态学的方法来研究历史，通过关注自然环境中生物和非生物之间的能量、物质和信息的交换来挑战机械的传统，自然是一个历史的行动者［生态革命的理论结构］，其非人类的本性不是被动的，而是一个参与历史的积极的综合体，随着时间的推移参与变化，并对人类引起的变化做出反应。详见 Carolyn Merchant，"The Theoretical Structure of Ecological Revolutions"，*Environmental Reviews*，1987，pp. 265 – 274。

② 《马尔库塞文集（六卷本）》（第2卷），人民出版社2019年版，第35页。

自身，"改变世界"由此成为破除资产阶级唯美政治、朝向未来美学发展的新世界观。除了教育领域，马尔库塞的生态思想研究已经延伸到生命政治或生物政治领域①，致力于从广义的生态角度，全面揭示资本主义的反生命的内在本质；拓展到诠释学的视角，致力于阐述马尔库塞如何将生态与革命相结合，在新的历史语境中，探索实现马克思"解放了的人道主义"和"解放了的自然主义"相结合的现代文明道路。

总体上看，马尔库塞一直在"人的解放和自然解放"的高度来理解自然和环境问题。在马克思之前，海德格尔是影响马尔库塞生态解放思想的重要人物。海德格尔曾深刻地揭示过现代社会或者说基于资本展开的现代文明对待自然的态度："从一个时代到另一个时代的变化是在哪里发生的，那就是在对自然在其中展现自身的对置性的经验和规定方面。"因此，如果希望自然摆脱这种命运，就必须彻底超越"对置性"的思维模式，让"自然"本身来言说："自然总是已经自发地在场了。对象化本身始终依赖于在场着的自然。"由此可见，恢复自然的地位，特别就现代社会而言，在一定的意义上要进行"技术的追问"，摆脱技术对自然的"对置性"，意味着要在技术的框架运作之外（即在自然的自身的"历史"中）来"看"自然。与海德格尔决裂后，陷入迷茫的马尔库塞在《1844年经济学哲学手稿》中看到了新的希望道路。马尔库塞在这部著作中看到了一种全新的世界观，并为此欣喜若狂，发表了《历史唯物主义的新基础》。在马尔库塞看来，《1844年经济学哲学手稿》中马克思明确地在"人"与"自然"的存在维度谈论到生态问题。马尔库塞强调了理解马克思自然革命理论的三个层面：首先是跨学科的认识论，马克思这样说："说什么自然有自己的基础，而人类社会则另有基础，是彻底的谎言"，实证主义认识论所蕴含的孤立的、静止的、片面的知识观和历史唯心主义的立场本身与资本的逻辑是同构的。其次是要对"人类"和"自然"的话语进行本质性的批判。最后要警惕资本逻辑基于"生态"问题，以保护自然或者限制人类的名义实现自我转型。马克思强调只有一门科学：历史科学。历史科学是

---

① Carneiro, Silvio Ricardo Gomes, *Power Over Life*: *Herbert Marcuse and Biopolitics*, Doctoral Thesis, 2014, Universidade de São Paulo (USP), Faculdade de Filosofia, Letras e Ciências Humanas (FFLCH/SBD) São Paulo.

一种跨学科的研究方法，也是一种全新的认识论、全新的世界观、价值观，是唯一能够捍卫和坚守历史唯物主义的通道。马尔库塞继承了发展了马克思的自然革命思想，认为人类生活的历史在本质上也是人类的客观世界和"整个自然"的历史，自然不是一个外在的世界，一个人首先要从自己的内在灵性中走出来。马尔库塞高度认同马克思对人与自然关系的理解：人是自然的，自然是他的"表达"，是"他的作品和他的现实"。在人类历史上，无论我们在哪里遇到自然，它都是"人性"，而人本身也总是"人性"，因此，我们可以暂时看到，在何种程度上一致的"人文主义"即"自然主义"。在人与自然统一的基础上，马克思转向了对象化的关键定义，通过对象化，人与客观性的具体关系、人的生产方式被更具体地确定为普遍性和自由。马尔库塞接续马克思的批判，反对政治经济学中的物化，这种物化将一种特定的历史事实转化为刚性的"永恒"法则和所谓的"本质关系"，马克思的历史唯物主义试图将物化和其中的冲突更深地植入人的定义中，将客观存在与感性存在相一致，因此，"感官"作为一个本体论的概念进入哲学基础的中心，在人的本质的定义之内，它是先于任何唯物主义或感觉主义的，只有通过感官，一个真正意义上的对象才会被赋予，而不是通过自我思考，人的感性作为客观性本质上是实践的客观化，因为它是实践性的，所以本质上是社会的客观化。在生态危机的历史语境中，马尔库塞在革命对于生态和生态对于革命的双重重要性层面重新解读和阐发马克思的自然观并不仅是为了阐明一个系统的自然观理论，不满足于在理论层面"解释"和"理解"愈演愈烈的生态危机，不止步于哲学修复和基现状的改良和弥合，而是为了揭示资本积累在人和自然双重维度的反生态本质，并为探寻摆脱思想和现实中引致危机的力量提供理论支持和实践指导。马尔库塞认为资本主义的"创意型破坏"如果继续下去，将威胁到"人类世代的链条"的灭绝。马尔库塞认为要对资本反生态的要高度的警惕，资本主义制度的反生态本质不仅表现在其经济积累模式和自我续命中，也表现在其意识形态话语中。要超越人类对自然破坏这一类叙事将资本逻辑藏在抽象"人类"概念的叙事结构，彻底击垮资本的反生态掠夺进程。马尔库塞强调，我们这个时代的生态革命不仅是为了实现生态可持续性和节约能源，不能沉溺在资本主义绿色粉饰后的消费陷阱中，而要实现一种有伦理支撑的生态生存。

（四）国内马尔库塞生态思想研究现状评析

国内对于马尔库塞生态思想的研究开始于徐家杰（1981）①，在《试论马尔库塞的否定的辩证法》中，他对马尔库塞的生态和环境思想的阐释；1 89 年，李小兵的《审美之维》② 从审美解放的视角关注并阐发了马尔库塞的生态思想和自然理论。同年陈学明的《二十世纪的思想库：马尔库塞的六本书》③ 在随后的马尔库塞研究中发挥着重要的理论奠基和话语基础作用。

到 1990 年代，随着（1）人与自然的关系成为新的学术热点；（2）马尔库塞思想特别是自然—生态思想的继承者本·阿格尔《西方马克思主义概论》④（1991）和莱斯的《自然的控制》⑤（1993）的译著出版；（3）1980 年中期开始马克思生态学或广义的生态马克思主义和生态社会主义的研究汇合……在特定中国历史年代的现实关切和先前研究倾向以及新的研究兴趣合力作用下，马尔库塞的自然—生态思想引发了新的研究转向和研究重心，有一批新的学者从环境社会学、美学、哲学等学科领域直接或间接地加入其中，如陈学明（1991，1995，1996，1998）、郇庆治（1990，1991，1994，1 98）、张一兵（1993）、王雨辰（1993，1998）、莫茜（1993）、张和平（1993，1994）、张凌（1994）、朱士群（1994）、陈振明（1995）、许俊达（1995）、曹淑芹（1995）。到 20 世纪，马尔库塞的生态思想在发展了的理论研究视域和新的中国现实关切下，在不同的研究主题下展开：社会批判、审美生态解放、技术批判、自然生态理论。关注于不同的研究领域：生态马克思主义、生态学马克思主义、马克思主义生态学、马克思主义与生态、马克思自然观研究、生态社会主义、欧洲左翼政党"绿化"研究、"西方绿色左翼政治代言者"、国外生态文化重大理论、文明转型视野下社会生态转型与超越发展、生态马克思中国化、生态帝国主义批判、新生物技术和能源技术与资本本质的关联等，获得了持续的研究兴趣。承续已有研究，基于国内权威译介，学术界对马尔库塞生态思想的研究 20 世纪呈现出高涨态势，从 2 03—2021 年，8 篇学位论文开始专门研究马尔库塞的自然—生态思想，其

① 徐家杰：《试论马尔库塞的否定的辩证法》，《社会科学研究》1981 年第 3 期。
② ［美］马尔库塞：《审美之维》，李小兵译，生活·读书·新知三联书店 1989 年版。
③ 陈学明：《二十世纪的思想库：马尔库塞的六本书》，云南人民出版社 1989 年版。
④ ［加］本·阿格尔：《西方马克思主义概论》，慎之等译，中国人民大学出版社 1991 年版。
⑤ ［加］威廉·莱斯：《自然的控制》，岳长龄、李建华译，重庆出版社 1993 年版。

中有两篇博士论文：步蓬勃[①]（2014）、王丹婷[②]（2020）。2019 年人民出版社出版了步蓬勃的研究专著[③]。特别值得一提的是，《马尔库塞文集（六卷本）》入选 2020 年度人民出版社优秀学术著作，势必为国内马尔库塞自然—生态思想研究提供翔实的理论资料。

　　整体而言，围绕马尔库塞的自然—生态解放理论及其时代价值问题，国内研究具有重理论、多面向的特色。首先，理论研究上，研究者既着眼于马尔库塞自然—生态思想的历史线索与当代诠释，又带着深刻的特色与风格。研究者基于中国的现实关切和已有译介研究阐发马尔库塞自然—生态解放理论，为揭示其理论的多重价值夯实了基础。其次，在实践研究上，研究者由自身学科领域进入马尔库塞自然—生态解放理论的研究，这些与马尔库塞思想的"跨学科性""多重复杂性"交叠，使研究呈现出较为明显的学科差异特征，马尔库塞思想跨学科性在离散性和随机性的解读中无法得到整体呈现。最后，既有的理论和实践研究并没基于历史的考查，在历史性深度、理论透彻性、创新性、时代关切和回应层面存在一定的距离。本书试图综合国内外最新研究成果，突破研究界限，拓宽国外研究的视野，突破国内研究断代史、离散性、随机性和形而上学解读方法的多重桎梏，呈现跨学科性、整体性、持续性、彻底性和时代性相融合的马尔库塞自然—生态解放理论研究，为面对全球危机、探寻中国与西方文明在应对危机时的理论关联，进而为理解、解释、改造世界提供理论和实践的指南。

　　在理论和现实的双重关切下，马尔库塞生态思想在 2000 年后成为国内研究的新热点之一，在不同学科、不同研究主题下展开，成果颇丰，但也明显存在不足之处：首先，由于过度倚重 1980 年代的译著和解读范式，导致研究呈现出离散性和随机的特征，在历史深度与时代关切之间存在一定的距离。其次，已有研究大多从伦理角度解读和诠释，无法呈现基金革命的实践意义。最后，国内已有研究带着深刻的中国时代印记，基于特定历史年代，将马尔库塞的生态自然思想从其整体思想脉络、现实的"时空"和历史语境中抽离后，"想象性地缝合"在莱斯和本·阿格尔的"生

---

① 步蓬勃：《走向幸福：人与自然的双重解放》，博士学位论文，东北师范大学，2014 年。
② 王丹婷：《马尔库塞生态学马克思主义思想研究》，博士学位论文，吉林大学，2020。
③ 步蓬勃：《马尔库塞生态伦理思想的现代性阐释》，人民出版社 2019 年版。

态马克思主义"话语中，导致了马尔库塞思想被"孤立、静止、片面"地解读为各种理论的杂烩，而马尔库塞审美的生态解放理论所特有的历史纵伸被遮盖。马尔库塞在资本主义整体性危机和马克思主义危机的历史困境中力挽狂澜，阐发了一种彻底的审美的生态解放道路。这不仅可以从理论上阐释一种全新的生态解放进路，而且将为中西文明在直面世界生态危机时，提供一种可交流的、共时性的双语表达和对话体系，从而为中国当下的生态文明实践探索世界共识，彰显社会主义制度优越性在实践上的突破提供富有价值的思路与借鉴。

最后，在学科面向和研究视域上，已有研究从现象学、心理学、文学、美学、科技哲学、哲学等各个不同视角来阐发马尔库塞的生态解放理论，在研究主题上包含审美—生态伦理、艺术—生态伦理、科技—生态伦理、政治—生态伦理、自然—生态伦理等，将生态解放理论牢牢限定在伦理的范围内，并在从给定的研究背景下展开研究，导致马尔库塞的思想要么局限于其晚期思想，要么局限于其社会批判理论，要么局限于某些思想家（麦金泰尔、斯库曼、维瓦斯、哈贝马斯）的片面解读，以"法兰克福学派一员""激进左翼思想家"或者他的继承者们如莱斯、本·阿格尔的文本叙事"出场"，无法真正梳理出理论本身所包含的彻底的话语革命、意识形态批判，因而也未能阐明其作为对马克思自然观的坚守、捍卫、创发所具有的当代价值和现实效应。

作为对资本主义社会反生态本质最强有力的批判的思想和行动资源，马克思在对资本主义的内在批判中，深刻地揭示了人类社会同自然、自然界之间的内在关联。面对当今人类生存处境之危局，许多学者积极寻求马克思主义同生态批判和重建的结合点，并进而考察马克思批判思想的生态向度。从国内外研究现状来看，马克思的"物质变换"思想（德语"Stoffwechsel"、英语"metabolism"，汉译"新陈代谢"）是最受青睐的思想资源，国内外很多著名学者都基于其拓展马克思的自然、生态思想，开启马克思思想、马克思主义思想在自然—生态维度的全新视角，体现着深刻的现实关切。我们知道，最早论述马克思自然观的施密特就在其著名的《马克思的自然概念》中从哲学角度分析了"物质变换"在重新构建"自然界与人类社会的相互渗透"这一马克思主义基本主题方面的作用，却并没有展开积极而全面的阐述；高兹的《作为政治学的生态学》曾把"人与自然的物质变换"理论作为政治学和生态学之间有机联系的中介，并基于其构建马克思主义政治生态学；福斯特的《马克思的物质变换断裂理论——环境社会学的古典基础》《马克思的生态学》则在新的历史语境中，拓展"物质变换断裂"这个中心理论概念，构建"马克思的生态学"；伯基特的《马克思和自然：一种红与绿的视角》从政治经济学维度对马克思的生态学展开分析；布哈林的《历史唯物主义理论——马克思主义社会学通俗教材》和日本学者岩佐茂的《环境的思想：环境保护与马克思主义的结合处》，分别从"社会与自然界之间的平衡、失衡及其恢复""人与自然之间的物质变换及其扰乱"两个角度展开阐释。以上解读视角对马克思主义生态学有重要的拓展意义，但是却依旧是坚持着"人类与自然"的二分观念，有深刻的理论局限性。不过，这个独特的解读视角却因广受青睐，在西方思想界并进而在中国国内学者中具有较为广泛的理论影响。比较于这种依旧深陷"人类"与"自然"的二分法视域，试图弥合这种主观制造的裂缝的马克思主义生态学解读范式，马尔库塞激进而彻底的自然革命理论、生态解放理论显然具有更大的理论魅力和现实价值，尤其是马尔库塞对马克思关于"资本主义如何扭曲人类感官、人类身体、精神器官"的关注及其解放理论使他的马克思主义生态理论具有了独特性，这也是齐藤和福斯特所没有的。[①] 在马尔库塞看来，社会主义的生态形

①　约翰·福斯特（John Bellamy Foster）是老牌左翼刊物《每月评论》（*Monthly Review*）主编、俄勒冈大学的社会学教授，主攻马克思主义生态学。近年来出版有与 Brett Clark 合著的《自然的劫掠》（*The Robbery of Nature：Capitalism and the Ecological Rift*）和《自然的回归》（*The Return of Nature：Socialism and Ecology，John Bellamy Foster and Brett Clark，The Robbery of Nature*）。2020 年 7 月，第七届南南可持续发展论坛 7 月 12 日的主论坛上，与清华大学的汪晖教授以"面对全球危机另辟生态社会主义路径"为主题展开讨论，法国左翼思想家阿兰·巴迪欧（Alain Badiou）以笔谈的方式隔空参与。自疫情暴发以来，《每月评论》杂志集中组织了对灾难资本主义的跨学科讨论。福斯特认为当今形势可以类比于马克思评述爱尔兰问题时给出的判断：毁灭或革命（ruin or revolution），唯有重塑社会主义理想才能应对这一生态危机。环境危机带来变革的可能，他认为已经出现了所谓的环境无产阶级（environmental proletariat），恶化的环境已经取代工作条件（working condition），成为人们抗争的主要诉求，如水、食物等，遍布生活和工作的各个环节。对环境无产阶级而言，经济条件和生态条件密不可分。福斯特认为当务之急在于重塑人与自然之间的社会新陈代谢（social metabolism），摈弃对自然的所有权，而代之以对自然的社会使用；强调一种有未来导向的社群需求观，考虑到子孙后代；构建一种基于社群的社会构成，以取代资本主义社会下人与人之间"狗咬狗"的原子化竞争关系。巴迪欧不认为在当代的情况下，我们能看到资本主义的"崩溃"，也许我们面临类似危机，但这些危机是资本主义自身规律的一部分。也许，像往常一样，这种危机带来的结果将不是普遍的共产主义，而是一场战争，当生态斗争与共产主义假设没有建立明显的密切关系时，它们是存在于资本主义主导意识形态之内的今天，许多大的信托组织为他们的商品进行生态宣传。生态信念没有真正的政治独立性。显然，巴迪欧的看法与马尔库塞在1970 年代的判断是一致的。

象要本质性区别于资本主义殖民形象，他将马克思主义生态政治与感性、诗意的和富有想象力的主题联系起来，这是他的生态思想的核心贡献。①马尔库塞的生态思想为一种"自然"的能动的、主动的自我革命和社会革命相结合、"解放了的人道主义"和"解放了的自然主义"相融合的自然解放理论提供了一种审美的全新范式。马尔库塞在实践面向中返回自然意义之争的原初状态，指明新感性、新科学所孕育的新未来，对今天重新反思自然资源危机、生态危机问题具有重要的启示与意义。

马尔库塞认为真正的社会主义革命不是一场政治革命，而是一场本能的革命，或者说，是一场生态革命，本能革命是生态革命的前提和基础，"生物学意义上的生态意识"将是生态革命中的"阶级意识"，革命的形式将是每一个人对现实彻底的内在和外在的自我革命和社会革命相结合的总体革命——"大拒绝"。马尔库塞的"大拒绝"战略是针对发达工业社会的绿色反攻，他已经敏锐地认识到先进工业社会的系统性危险，他主张从根本上反对全球资本主义的掠夺性和掠夺性经济秩序，并以一种革命的方式为生态行动主义开路，马尔库塞这样写道："作为垄断资本主义正在发动一场对抗自然的战争——包括人类本性和外部自然。因为越来越强烈的剥削需求，资本主义的破坏性将越来越大。"②这是黑格尔在《法哲学原理》和马克思在《共产党宣言》中剖析过的资本主义"悖论性贫困"问题的当下表现。马尔库塞的自然革命理论肯定了人类与自然之间相互依存的关系，以及共同参与建设一个环境上值得尊重的未来的需求，指明当下的生态斗争越来越多地与支配资本主义制度的法则发生冲突，包括：资本积累增加的法则、创造足够剩余价值的法则、利润的法则、异化劳动和剥削的必然延续的法则。马尔库塞从自然中解放和自然的解放相结合的"安抚自然"策略所包含的生态逻辑否定了资本主义逻辑，指出资本逻辑的反生态本质，认为地球不能在资本主义的框架下得到拯救，第三世界也不能按照资本主义的模式发展。③

可以说，在马尔库塞生命最后一年的大部分时间里，他都在为地球及

---

① Stevenson Nick, "Critical theory in the Anthropocene: Marcuse, Marxism and ecology", *European Journal of Social Theory*, Vol. 24, No. 5, 2021.

② Herbert Marcuse, *Counter-Revolution and Revolt*, Boston: Beacon Press, 1972, p. 174.

③ Herbert Marcuse, *Counter-Revolution and Revolt*, Boston: Beacon Press, 1972, p. 175.

其人民进行激进的反抗。在《生态学与现代社会的批判》中马尔库塞告诉我们一定要对发达工业社会即所谓的"生态资本主义"有高度的警惕，因为："在先进工业社会的条件下，满足总是与破坏联系在一起的。对自然的支配与对自然的侵犯密不可分。寻找新能源与毒害生命环境密切相关。"① 另外，马尔库塞的《生态与革命》还提到了 1972 年妇女运动和学生反战抗议的复兴及其与生态运动的联合，共同抗议资本主义"对地球的侵犯"。同时，马尔库塞将他的反战批评与他对生态灭绝的批评紧密联系在一起："美国炸弹的目的是阻止北越人民对这片土地进行经济和社会重建"②，他将越南民族解放阵线的斗争视为"生态革命"的一种形式，指证"美国是政治战争制造者和武器制造者的反革命"③。我们已经看到，生态运动如何经常被"绿色资本主义"的观点所吸收和协调，"问题不是对现有社会的净化，而是对其进行替代"④。Reitz 在他 2019 年发表的"Opposing Authoritarian Populism：The Challenge and Necessity of a New World System"再次提出建立新世界体系的必要性："今天，陷入困境的美国全球资本主义体系正在精心策划种族仇恨和反移民替罪羊，作为经济稳定和社会控制的武器。政治进步要求我们继续为种族和性别平等、劳工自由、自然恢复、休闲、富足与和平而战，重新定义了我们对我们的工作、我们的世界、我们不同的生活机会的理解——以及为人类和地球创造更美好未来条件的可行性。"Reitz 综合了马尔库塞和奥尔多·利奥波德（Aldo Leopold）⑤ 思想的关键特征，阐明了 Green Common Wealth 反攻的承诺，作为对威权民粹主义和经济和文化两极分化加剧发展的对策，它提供了一个现实的生态社会主义和人文主义替代方案：一个新的世界绿色联邦生产体系。Reitz 强调，当下的生存需要一种新的、可行的政治和哲学战略，该战略具有新的普遍利益力量，可以反对威权民粹主义，并动员全球变革力量

---

① Herbert Marcuse, "Ecology and the Critique of Modern Society", CNS, Vol. 3, No. 3, 1992.

② Herbert Marcuse, *Counter-Revolution and Revolt*, Boston：Beacon Press, 1972, pp. 173 – 174.

③ Herbert Marcuse, *Counter-Revolution and Revolt*, Boston：Beacon Press, 1972, p. 173.

④ Herbert Marcuse, *Counter-Revolution and Revolt*, Boston：Beacon Press, 1972, p. 175.

⑤ 奥尔多·利奥波德（Aldo Leopold, 1887—1948 年），美国作家、哲学家、博物学家、科学家、生态学家、林务员、环保主义者和环保主义者，威斯康星大学的教授，在现代环境伦理的发展和荒野保护运动中具有影响力。他的自然和野生动物保护伦理对环境运动产生了深远的影响，强调生物多样性和生态学，是野生动物管理科学的创始人。

联盟来收复和重新拥有一个自由和开放的世界。马尔库塞在历史唯物主义的基础上重新阐发马克思的自然革命理论，在变化了的历史时代发掘蕴含于卢卡奇、席勒、海德格尔、弗洛伊德等思想中的理论资源，补充马克思主义，使之在环境运动和对未来道路的开启中占据一席之地。在生态危机加剧的时代语境中，接续马克思自然观对资本主义制度反生态本质的历史洞见，拓展历史唯物主义的理论视域，探索彻底摆脱生态危机的解放之路是马尔库塞自然革命的理论和实践指向。

对马尔库塞的自然革命理论的积极意义，主要表现在以下七个方面：（1）马尔库塞的自然解放论始终坚守马克思的革命道路、革命方法和革命理想，结合资本主义制度的变化，拓宽了历史唯物主义的理论视域，继续揭露资本主义"悖论性贫困"的发展模式与日益严重的生态危机之间的本质性关联，从而拓展了马克思生态自然观对现代社会生活中日益严重的生态环境危机以及人类整体生存处境的回应力度。（2）为透彻理解当今时代生态环境危机日益加剧以及与其他危机相互交织的内在根源提供了理论支撑。（3）马尔库塞自然革命思想的理论彻底性为我们洞察当下环境保护理论和由其展开的可持续发展与环境保护实践为何堕入困境提供了批判的武器。（4）马尔库塞的自然解放理论通过阐发生态对于革命的重要性和革命对于生态的重要性，为社会主义生态文明建构独立的话语体系提供了理论基础。（5）马尔库塞的自然解放理论直面全球范围内的生态环境的恶化而得以加深，直面全球气候峰会上各国的论争博弈、久议不决的时代困境，突破了西方马克思主义的生态学思想，特别是法兰克福学派的生态思想理论批判的不彻底性和指导实践的无效性，揭穿了自1960年代以来环境社会学话语和可持续发展实践的"非批判"本质，成为能够与当下绿色资本主义生态话语真正展开革命对抗的社会主义生态话语体系。（6）马尔库塞的自然解放理论基于对"人与自然"之间的疏离和分裂的资本主义根源的透彻反思，为我们深入理解当今社会人与自然关系，人类整体生存处境和社会现实，尤其是生态环境危机之内在根源，提供了一个极富穿透力的批判视角——现代性批判视角，为现代文明的持续发展开拓了一条可能的新道路，具有重要的政治意义。（7）马尔库塞的生态解放理论对当下中国探索现代文明的新道路、建构中国生态文明的话语体系和叙事结构、与西方生态文明思想展开对话，并凸显社会主义制度的优越性等对话有重要的启示。

生态文明思想是对生态危机和生存危机问题实质上是发展问题的深刻关注。面对日益严重的全球生态危机和生存危机，出现了三种不同的理论和实践范式：第一种是绿色资本主义理论和实践范式。第二种是环境社会学的理论和实践框范式。第三种是马尔库塞的自然革命思想和生态与解放理论。

20 世纪 90 年代，马尔库塞思想研究开始复兴，特别是他的自革命思想和生态与解放理论。马尔库塞是第一个系统而明确指认资本的本性与生态危机问题之间必然性关联的思想家，延循资本主义制度在不同积累阶段的变化，马尔库塞的自然观阐述的自然与技术的辩证法理论原创性地拓展了马克思的历史唯物主义基础，建构了新的叙事框架和解放的话语结构，并致力于在实践层面探索一条全新的、二维的、有伦理支撑的现代化发展道路。在世界性生态危机如此严重的当下，马尔库塞研究在"末日生存"的维度迎来了"全面复兴"，思想家们试图接续由马尔库塞延续的马克思历史唯物主义智慧探索一条摆脱由资本逻辑操控的"生态沙漠，社会地狱的生态危机叙事结构"，拒绝成为其同谋，揭露这种理论制造的恐慌将会"赋予资本再次以'人类'的名义代表新技术科学'管理'自然的合法性"。他提出的"新感性""新科学"的生态解放道路，对于全球生态危机如此严重的今天探索现代文明的新道路具有重要的理论和实践意义。

马尔库塞对资本主义与生态问题之间的关联有高度的警惕："生态学的政治功能容易被'中立化'，被用于美化现存的制度。"[1] 对于从六十年代就开始的资本主义社会中正在开展的生态运动，马尔库塞敏锐地发现了其隐含的危机，马尔库塞强调当时的生态运动的确已经开始试图攻击资本主义的利润领域和环境污染，但是反对污染的斗争容易在资本的逻辑中运行，最后被兼容，尤其是"通过购买来拯救地球"和一些标榜"保护环境""绿色生态"的企业的本质洞察。生态运动的确从某种程度上有助于美化环境，使它更可容忍，但自然的商品化和金融化本质上将会导致最大的灾难。因此，资本主义制度的本质是反生态的："任何资本主义生态都存在无法克服的内在局限。真正的生态应当融入为社会主义政治而积极斗

---

[1]　Herbert Marcuse, *Counterrevolution and Revolt*, Boston：Beacon Press, 1972, p. 61.

争的洪流中，这场斗争必须在生产过程和个人残缺意识的根基上攻击资本主义制度"，"对自然的破坏与资本主义的经济之不可分割达到了什么程度，这是显而易见的"。① 所以，必须有一种彻底的激进的通过毫不妥协的生态斗争："问题不是对现存社会的净化，而是对它的取代。"② 尽管资本主义在技术和舆论层面上也会强调对生态环境的保护，但不会从根本上触及生态破坏的制度原因。

马尔库塞没有停留在一个建立在操作主义、实证主义、工具主义、暴力和精神奴役基础上的资本世界，而是积极寻求探索超越科学中立的可能性，建构历史唯物主义的新话语和叙事结构，以更为激进的环境视角打破了对现实世界的既定和实证的理解力量，驳斥了纯粹事实分析的物化逻辑，基于历史唯物主义基础建构的生态文明思想和现代化新道路的实践探索，他的技术与技艺的辩证法和审美救赎理论提供了一种探索富裕社会如何在审美维度和科学技术的辩证维度兑现现代文明幸福自由承诺的可行之路。因此，对马尔库塞生态文明思想的探索等对于新发展阶段的中国建构社会主义生态文明叙事结构、话语体系具有重要的理论意义，是中国生态文明发展道路与西方世界探索摆脱生态危机，和谐全面可持续发展道路对话的坚实桥梁。

---

① Herbert Marcuse, *Counterrevolution and Revolt*, Boston: Beacon Press, 1972, p. 61.
② Herbert Marcuse, *The New Left and the 1960s*, London and New York: Routledge, 2005, p. 175.

第五章　马尔库塞社会批判
思想的当代意义

清醒的理性自觉可能是人类理性的一种负累，当年自比为牛虻的苏格拉底曾试图用哲学辩证法的力量唤醒沉溺于各种偏见中的雅典，却被雅典人认为是"有毒"的；试图将暴政下的沉溺于肉欲狂欢的叙拉古人唤醒并试图谏言暴君施行仁政的柏拉图，最终失望地将自己的政治抱负转向了书斋。或许沉溺于肉欲、放弃思考更符合人的本性，习惯了洞穴假相并将其当作全部真理而自娱自乐可能会更加轻松。然而，这种纵欲和轻松最终的代价不仅是将人之为人的本质放弃，更是最终堕入暴政的魔爪和集权主义的操控。对于生活在资本主义物欲横流中的现代人而言，从黑格尔到马克思，再到海德格尔、弗洛伊德，最后到这些思想的继承人马尔库塞，哲学一直勇敢地担负着自己的历史使命，试图为苦难的现实世界提供清醒的理性自觉，哲学家们勇敢地面对一个可能没有战友的战场，坚守着自由和理性的人类终极目标。

为何现代文明无法挣脱"悖论性贫困"赘疣？黑格尔曾在他博大精深的哲学体系中做出了最为全面的理论阐释，马克思接续黑格尔的智慧在历史唯物主义的新基础上找到了理解并突破这个制度的方法。然而，对于现实而言，共产主义尚未到来，伦理国家在威廉四世那里不过是一个政治骗局，直到今天，我们依旧在市场和资本的力量依旧强大、亚当·斯密的"荒野—自然"意识形态话语依旧兴盛的时代中，沉溺在"人类世"的话语体系中，一边用购买的方式拯救地球，一边将"人类"看作罪恶的根源，去拯救濒临灭绝的野生动物和湿地。"北极"的想象力在北极熊可爱而憨厚的象征性表情中成为资本主义意识形态话语新的"温情脉脉的面纱"。揭穿当代资本主义统治的本质，激发革命的力量，接续马克思主义的革命事业是马尔库塞社会思想，包括自然革命理论在内的思想使命。今天的世界虽如黑格尔所料，却并不如他所愿。资本之恶在自然作为一个"银行"的新全球积累模式中已经成功将自己"洗绿"，于是，"悖论性贫困"之恶不再清晰地表现为物质的贫困和肉体上的奴役和剥削，而是表现为一种从内而外的操纵和堕入欲望深渊无法自拔的虚假无限。尽管黑格尔和马克思对资本本性的解释、对资本蕴含的力量来源和本质的解释，对必须控制资本之恶的理论的阐释都具重要的理论价值，但是它们必须与时俱进。综合那个时代最为璀璨的时代精神之精华：海德格尔的存在主义、弗洛伊德心理学、席勒的美学等，马尔库塞在更为宽广而深远的视野中补充黑格尔和马克思的理论，寻求控制资本之恶，通往解放的希望。马尔库塞告诉我们，在具备足有的现实基础否定和拒绝资本之恶之前，首先需要对资本的本质有与时俱进的认识，认清当代资本主义变化的具体体现，认清工人阶级的变化，保持一种清醒的理性自觉。今天，我们生活的世界已不是黑格尔和马克思所生活的自由竞争的产业资本主义猖獗的时代，但我们却承受着更深的资本之恶，我们需要马尔库塞的社会批判思想提供理论启示和实践指导。

冷战之后，左派运动和思想日渐衰落，对于马尔库塞的研究热情也趋于消沉。但是1998年是一个特殊的年份，这一年是1968年青年造反运动三十周年，同时也是马尔库塞一百周年诞辰。全世界至少有五个地方召开了对马尔库塞纪念性的会议，在美国的伯克利，纪念马尔库塞的会议被命名为"赫伯特·马尔库塞的遗产"，出版了约翰·阿布罗梅特、马克·科布主编的《马尔库塞评论选集》。学者们以现代社会所遭遇的各种社会问题，比如现代生态伦理、社会危机等结合马尔库塞的思想进行研究，使学界对马尔库塞思想的当代性有了进一步的理解。1998年，由道格拉斯·凯尔纳主编的六卷本《马尔库塞文集》的第一卷《技术、战争与法西斯主义》适时出版，其后，第二卷《走向社会批判理论》、第三卷《新左派与20世纪60年代》、第四卷《艺术与解放》、第五卷《哲学、精神分析与解放》、第六卷《马克思主义、革命与乌托邦》也相继出版，这些手稿都是马尔库塞生前并未发表的资料，对深入理解马尔库塞思想有积极的意义。马尔库塞生活在一个动荡的年代里，但他不断地为更美好的世界而斗争，克服了许多目前流行的各种哲学和社会理论的局限性，他的作品为现时代的理论问题提供了一个可行的出发点，是一笔不朽的遗产。

第一节　马尔库塞社会批判思想对当下
建设美丽中国的启示

在黑格尔、马克思、马尔库塞对"悖论性贫困"的解决方案中，伦理国家的强势介入、无产阶级的彻底革命、以学生知识分子的激进行动为"催化剂"的统一战线联盟是突破"悖论性贫困"诅咒的根本动力。与财富积累共存并大量滋生的贱民、创造了财富的同时也为自己创造了贫困和异化的工人、被平庸之恶窒息的单向度的人是要根除和取代的非理性存在；道德和伦理共识、无产阶级阶级意识的觉醒、否定性思维的形成和新感性的培养是重要的因素。如果我们将这些结合到中国当下来看，或许一个以为人民服务为宗旨、以共产主义为目标的治国方略和以美丽中国为目标的发展理念可以为马尔库塞带来希望的曙光。因为这里有无产阶级的先进意识，有伦理国家所具备的管理和服务，有解放了的新感性的国家发展目标。

具体而言，从政治层面看，我们拥有强有力的中国共产党的领导，拥有完善和成熟的政府体制，能够进行稳妥的宏观调控。在前面的论述中，我们知道，黑格尔对于贫穷问题的批判，在于贫穷使人失去自尊的能力、资格和权利，沦为贱民，黑格尔希望伦理国家能够建立社会正义的共识，并将其视为权利内涵加以保障。如果说黑格尔体系的最大问题在于为资本服务的市民社会自身无法解决贫困，而异质性的伦理国家又不可能在市民社会基础上自发产生，那么，中国共产党的领导则有能力解决这个问题，实现在保有市场和资本的前提下，在伦理国家的领导层面达成社会共识，并在精准扶贫的政策下成功解决那些无法成功加入市场竞争而被疏离的大量贫困人口的物质和尊严问题。

一直以来，中国共产党就非常注重对弱势群体的关注，将民生当作最大的政治，解决贫困人口的民生，将"边缘化"的人口整合，防止各种敌视社会，甚至过激行为和"反叛"的出现。突出表现在举世瞩目的"精准扶贫"，向全世界表明了中国现代化建设的成果将不会在资本的逻辑上展开，并继续制造"悖论性贫困"的灾难；相反，将是财富的积累对于社会平等和共同的美好生活的成全，为世界摆脱"悖论性贫困"提供中国方案。

一　技术发展带来的成果是否可以为全社会的幸福和自由服务？

马尔库塞于对发达工业社会中的技术批判对我国当前的社会发展具有一定的启示意义。首先，从经济和社会角度看，他写《单向度的人》的背景正是资本主义发展的上升时期，那时候的美国经济欣欣向荣，势头一片大好。当前，我国正处于经济发展较快的时期，经济水平发展势头很高，但是贫富悬殊问题、社会公平问题等也如当时的美国一样困扰着中国的社会主义进程。如何在保有资本和市场的前提下，面对财富与贫困悖论性积累问题，如何达成美丽中国梦的价值共识而不是迷失在消费主义陷阱中，这就需要从马尔库塞那里对科学技术、政府职能以及市民社会文化建设问题进行全面的反思。

根据前文所述，技术异化问题和技术理性成为意识形态是马尔库塞社会批判理论最为关注的。因为在后工业社会，科学技术在资本主义社会并没有表现为帮助劳动者减轻劳动苦难，成为获得自由劳动时间的手段，成为资本操纵世界的新工具，也成为资本统治合理性的最大筹码。如今，技术异化让劳动异化成为深刻和隐蔽的苦难，基于马尔库塞对技术异化的揭露，中国发展高科技需要足够的科技伦理和技术警觉。资本主义国家维护的是资本家、大财团的利益，社会主义国家则是人民利益至上。同时，作为当今世界最大的发展中国家，中国具有后发优势和独特的历史文化资源，能够看到发达国家在面对先进技术和资本的过程中遇到的问题，对其合理管控和文化引导。

其次，对文化的管控方面。马尔库塞认为文艺和美学其本质都是一种政治，他著名的政治美学正是对这个思想的表达。对中国的启示是：我们需要在发展经济过程中关注文化和艺术的人民性，因为我们同资本主义国家应对的出发点、原则和途径根本不同，社会主义国家的文化源自人民，因此，一定要坚持党对文艺工作的绝对领导。坚持党对文化工作的领导就是要保障文化能够体现人民性，各级政府必须贯彻制定文化方针，保证文艺作品服务人民的"初心"。文化问题同时也是一个重要的意识形态问题，如果不对文化加以管控，势必造成意识形态领域的混乱和话语权的丧失。

再次，我们也要关注教育的技术异化问题。近年来，如何将科学技术融入教育领域一直是国家非常关注的问题。其实，在教育界和社会各界如火如荼地将科技引入教育，利用新媒体等为教育服务的同时，我们也必须注意科技背后的意识形态和科技本身操纵而不是服务的特征，在广泛开展媒介素养教育的同时，也要让教育者和受教育者们对科技有一个清楚的认识，而不是单方面地将科技看作中立的工具。

另外，当代中国，具有中国特色的社会主义建设取得了巨大的成就，然而，一定程度上的重物质轻精神、重经济建设轻文化建设等现象仍然是社会主义建设实践中存在的问题，有的问题甚至达到了比较严重的程度。马尔库塞社会批判理论对"悖论性贫困"的剖析也恰恰是我们长时期着力于经济建设而忽略的因素。事实上，如果片面强调对于物质的追求而忽视精神上的追求，这不利于人的全面发展，也不能从总体上促进社会的进步。改革开放以来，我国社会物质欲求和精神追求相分裂，社会文明不断向物质靠拢，精神文明出现滞后发展。而人的发展是全面的发展，在满足人的物质需求的同时，不能忽略人的精神需求，要促进物质文明、精神文明协调平衡发展。所以，在我国现阶段的价值观的建构上，要特别重视人的价值，反对用物质欲求的膨胀挤压人的精神空间，避免使人沦为机器。当下轰轰烈烈开展的"四新"教育正是对异化教育的辩证否定。

复次，我们还需要关注乌托邦问题，因为这个时代的我们依旧需要梦想才能形成民族凝聚力。1967年，马尔库塞在柏林作了一场题为"乌托邦的终结"的演讲，他认为由于今天任何的具体世界形式、人类生活形式以及任何的技术和自然环境的转变都是可能的，我们既有能力使这个世界上天堂，又有能力使这个世界入地狱，这意味着"乌托邦的终结"。在马尔库塞看来，乌托邦在以前是"空想"和"幻想"的代名词，但是现在情况不同了，乌托邦已经不再是一种被嘲笑的对象，因为人类的能力已经达到了使任何自然或技术环境都很容易发生变化的地步，对任何事情来说，尽管作为一种特别的思想范畴的乌托邦主义已经失去其存在的理由，但是人的各种最不切实际的丰富梦幻能够变成现实，乌托邦能够变成现实，所以它便终结了。马尔库塞说"乌托邦是一个历史的概念"，乌托邦所涉及的会变革方案在一定的社会环境下往往是被认为不可能的，但是历史的发展却为其提供了可能的现实基础。当一种革命的方案的实现受到各种反对势力和反对潮流的阻碍，而这些反对势力和反对潮流能够并且只在革命进程中加以克服，革命的社会力量也只有在变革过程中才会形成。"对人类历史和人类环境来说，新的可能性不再被认为是旧的历史和环境的延续，更能被认为存在于与旧的历史和环境相一致的历史统一体中。"准确地说，它们是以历史统一体的中断为先决条件，以自由社会和非自由社会的质的差异为先决条件，如马尔库塞所说，"革命必须是一场感性革命，它将伴随着社会物质和精神的重建，创造新的审美环境"，这对中国当下建立"美丽中国"有重要的理论启示。

进而，马尔库塞的"大拒绝"是对平庸之恶泛滥且习以为常的单向度社会中，人们所采取的极端而破坏性的反抗的总结，特别是知识分子的反抗问题，这一点也是我们需要关注的，他提出的"大拒绝"是一种与现存制度不合作的态度，从根本上来说具有更多的政治意味，是对体制压迫、镇压与不公正的一种全方位的否定态度。马尔库塞在谈论乌托邦的时候，并没有像布洛赫那样只是谈及"乌托邦"的希望，而是更多地结合自己的理论在实践中去找寻这种乌托邦实现的可能性、客观性，并详细进行分析。在他看来，今天的资本主义固有矛盾比以前更加剧烈，一方面是前所未有的生产力发展和社会财富增长；而另一方面却又是科技商品的破坏性和压抑性的应用，二者之间的矛盾比以往任何时候都要尖锐。马尔库塞的"乌托邦"是基于否定性理论，针对当下社会对于乌托邦意识的曲解和淡忘而提出的。在现实的社会之中，操作性的原则使人们的一切希望都被扼杀，所以重提乌托邦的希望就是重申对于现有社会反抗的希望，实现乌托邦行为就是革命的行为。没有人可以证明现有的社会统治一直会进行下去，在这种矛盾状态下，思想必须是更加否定和更加乌托邦化才能对抗现有的状况，马尔库塞的理论魅力在于它给了那些生活在不自由世界的人提供了精神解放的希望，其乌托邦设想继承了马克思主义哲学传统，要求现实生活中的人们关注当下、关注未来，不仅要有实践行动，而且要有奋斗目标的精神品质，他基于否定性视角而对现实问题的审视与批判，基于审美理想而提出的"乌托邦"设想，无论对于处于全球化资本主义时代的发达国家，还是对于当代中国，都不仅提供了一种终极关怀，而且成为今天坚持马克思主义哲学基本理论的人们应当具备的思考底线和启示意义。

最后，马尔库塞的自然革命和生态解放思想对于今天建设"美丽中国"，在生态危机的世界局势中为全世界摆脱资本的想象力，探索真正解决生态危机的可行之法具有重要的理论价值。20世纪末期，作为自由时间增长之前提的必要劳动时间缩短，受到了消费陷阱的挑战，原本作为自由王国之前提的人的有限理性需求堕入了虚假无限陷阱。我们看到的不是自由王国的接近，而只能是一副令人沮丧的消费社会图景。在这种前提下，马克思主义政治哲学该如何应对挑战？在马克思的革命理论的局限性之处，马尔库塞的政治哲学出现了，它结合了那个时代最先进的理论成果，在新的时代语境中接力马克思的否定力。马尔库塞的"新感性""新主体""新需求"和哲学辩证法——作为批判武器和革命的武器批判探寻和保护那种积极的否定力量，在物欲狂欢的时代势必会为马克思主义这种清醒的理性自觉找到立足之地。

二　大学评价范式的技术理性倾向和数据陷阱问题

在资本主义高度发达的国家，异化的高等教育呈现出一片单向度的图景。在 20 世纪的 60 年代，马尔库塞发现，大学教育已经被完全被定义为一种可以进行国际进出口贸易的服务性商品，并创造了一个全球性高等教育服务市场。大学评价范式不可避免地出现以技术理性为主导，表现为以数据为基础的教育评价，技术化促使了大学评价范式对可测性、可控性、可知性的拜物教倾向，表现为大学评价范式的单向度转变，即通过对教育质量精确性、明晰度与标准化地测量，以及数据加权统计方法的技术理性范式来衡量大学的办学质量水平。

马尔库塞最早确立了技术理性概念，认为它是指围绕着技术实践所形成的一种把握世界的思维方式和行为准则，强调科学和技术作为实现眼前利益的手段的实用性，追求操作过程的客观性、精确性和最大功效性，是一种衍生于实证主义哲学的实践认识论。[①]　随着数据技术化不断渗透到大学评价体系，教育评价制度规范逐步由自然属性的技术形态向以组织技术控制为目标的技术理性形态发展，促成了技术理性最终成为大学评价范式的文化方式和意识形态[②]，更为严重的是，以技术理性为核心的大学评价范式已经获得国际高等教育领域的重要话语权，并演变成大学治理体系走向技术化、专业化的重要形式。对于大多数人而言，以技术理性为工具的大学评价本身就是对大学存在价值的确认，也为世界各国高等教育改革与

---

① ［美］马尔库塞：《工业社会与新左派》，任立译，商务印书馆 1982 年版，第 82 页。

② 曹志峰：《超越技术理性 回归大学之道——世界一流大学评价问题与反思》，《研究生教育研究》2018 年第 5 期。

发展提供了不断超越自我的参考依据和发展目标。

三 信息时代单向度化的问题

信息时代的到来及其带来的负面影响使得马尔库塞社会批判思想的技术批判理论成为当下学术研究的焦点。[①] 尤其是对于高等教育界普遍存在的技术单向度化，在受到技术理性冲击之下，马尔库塞对技术操纵和控制的批判思想对其显得尤为重要。正如我们创造它们一样，新的社交媒体技术已经塑造了我们社会的各个方面，并成为我们的生活。马尔库塞发现，"人类"对于自己的创造物已经完全失控了。他的技术批判正是为了揭示信息时代的非理性，为整个令人窒息的世界提供清醒的理性自觉，使人们成为自己命运的思考者和创造者，而不是新信息技术和互动中介的最佳消费者。对于在信息时代及其吹捧的巨大进步中，马尔库塞的反思成为支持人类通过技术实现自由的重要资源。

当然，信息时代并不是一个新事物，可以说，每个时代都是一个信息时代。然而，第二次世界大战和第三次科技革命促成的不是信息的广泛利用，而是信息对人类的操纵和控制，正如《头号玩家》中的"绿洲"所隐喻的那样[②]。实际上，信息资本主义的崛起让我们进入了一个技术控制的

---

① Cibangu S. K. , "Toward a Critique of the Information Age： Herbert Marcuse's Contribution to Information Science's Conceptions", *Information Research an International Electronic Journal*, No. 18, 2013, p. 3.

② 《头号玩家》（*Ready Player One*）由史蒂文·斯皮尔伯格（Steven Allan Spielberg）执导，2018 年 3 月 30 日在中国大陆上映。该片根据恩斯特·克莱恩同名小说改编。故事中有造世主（holiday，隐喻让人们休闲和停下来玩耍）和与其相对的 Jobs（隐喻乔布斯，他是使人类工作进入加速主义的象征）。故事中 IOI 公司拥有对虚拟世界——绿洲（OASIS）——的私人占有，是资本逻辑和游戏之间很重要的界面，最后玩家去对抗它不是为了将其作为私有财产争夺过来，而是为了"共享"，实现财富对自由的成全。正如马尔库塞的技术辩证法乐观主义所宣称的："当下的灾难并不是技术的本身，而是技术进步要实现的到底是财富的私有还是社会的共享。"故事中的绿洲系统是个中介，是真实的物理感性世界和抽象虚拟世界的"门槛状态"和中介环节，是真实的人的存在和虚拟角色之间的换器（translater）和换算机制。游戏世界和真实世界不是直接联系起来的，而是通过这个绿洲中介的转换而实现的。绿洲将感性世界中的一切存在经过算法变成一个数字性身份，即变成"可以被统一标准识别和衡量的虚拟存在"。就像我们使用的智能手机和电子产品，它架构了所有东西的存在形式，让现实以其认可的形式在绿洲界面上交流。绿洲实际上建立了数字时代的形而上学，是感性现实世界和虚拟世界之间进行等量交换的一个机制，自由地在两个世界之间进行转换。绿洲平台作为一个虚拟现实的平台是一种单向度的异化存在状态、一种深度的异化，构成了今天人与人之间的交往、新型人际关系。马克思曾说"人的本质就其现实性而言，是一切社会关系的总和"，那么，今天虚拟现实已经可以改变人的本质。在虚拟世界、在绿洲中结成的人与人的关系，不是意识形态层面的虚假关系，而是一种有效的人与人之间的本质性关系，可以直接等同并作用于现实，从而再次重构现实（reality）。在这个意义上说，虚拟现实其实是鲍德里亚所说的"超真实"，意味着比真实还要真实。

新世界，而这个世界更形象地具有单向度世界的全部特征。纵观人类文明，几千年来，技术从未企图取代人类独有的理性思维能力，并将人类从自己的居住地"圈走"，将他们变成"移民"，而是被注入并装饰了人的生活世界。今天，它终于做到了！在信息资本主义的世界里，信息穷人被各种信息垃圾包围，并为无法甄别信息的真伪而缴纳"智商税"。马尔库塞对技术及其所内涵的数理逻辑的批判都是针对技术作为中介异化展开的，其中，海德格尔和胡塞尔技术社会批判的印记依稀可见。根据胡塞尔和海德格尔，技术合理性在日常生活中泛滥成灾，人类生活现在已经变得只能通过施加技术命令、规则，建构他们的思想和行为。于是，在技术理性的"座架"下，人类及其行为和思想成为可知、可测、可控的单向度的因素，因为这些命令规定了思考和行为的方式或维度。另外，根据弗洛伊德，在"本我""自我"和"超我"的人格结构中，"超我"已经不再是个人价值维度的体现，而是实现技术内部控制的"中介"和"途径"，是技术时代人们灾难性宿命的"原罪"。比较而言，马尔库塞对技术的批判是对海德格尔和弗洛伊德的超越性综合，今天我们生活在信息的领地中，作为移民"租住"在其中，信息世界有自己的规则，其中充斥着工具理性、行为主义和操作主义。信息并不是物，不是一种抽象的非物质、不是中立的工具，而是一种异化的控制中介、一种社会关系。信息世界中，有信息穷人和富人，新的通讯和信息手段承载着技术理性的工具主义概念，几乎遍布整个思想领域，包括交通和通信设施的改进、相关培训的扩展、知识的普遍传播等。所有这些因素似乎表明：工具理性权利的普及在技术进步的旗帜下人类的理性丧失了应有的批判维度，成为被工具理性控制的傀儡。马尔库塞强调新的信息技术及其所开出的社会是无情的，其特点就在于将人看作物。对科技理性的批判使得马尔库塞的思想在信息时代显得尤为重要。

（一）马尔库塞对信息世界行为主义和操作主义的批判

信息世界中的我们极其类似于马尔库塞所刻画的那个单向度的人：虚假的平等、自由的表象后掩藏着不平等和奴役的体验。当大量的信息垃圾倒向穷人，当穷人因其贫困而观看广告弥漫的信息时，他们其实在不知不觉中已经将自己卖给了广告商和生产商。生活在信息社会，我们不难发现，信息社会实际上是基于收费的隶属关系的等级社会，凡是有价值的信息需要有资格成为会员，并只有在支付费用后才能使用。免费的承诺被证明具有欺骗性，自由和开放一词并不总是信息世界所表象的那样自由或开放，恰如免费网站并不意味着免费的社会生活。马尔库塞对行为主义的揭露依旧具有重要的启示意义。我们知道，信息行为研究是行为科学的一部分，行为主义意味着机械的、可预测的和可控制的。与此同时，行为主义和技术理性导致信息世界的市场化趋势，将人和人的活动看作形而上学的（孤立、片面的、静止的）片段，个人是作为被分析后的客体而存在的，因而无法保证其能够享有自由；因为关于人的感官和情境仅仅是说明性的，遵循的是实证主义原则（凡是可测的、可知的、可控的就是理性的），因此，从某种意义上说，现实只是被接受为一种既定的事实。这种被操纵和奴役一直因其表面的"自由""平等"而从未被批评，并被认为是理所当然的。当人在操纵机器时，其实是机器通过指令在操纵人的理性和判断，遵守指令是获得预期结果的唯一途径，没有自治的余地。最终，不加批判地采用和沉浸在信息时代必然毁掉了人类的自由。为此，马尔库塞建议在信息资本主义世界中一定要培养否定思维，形成独立的判断能力，具有相应的信息素养。否定思维的力量是辩证思想的动力，用以分析现实世界，而不是承认和肯定事实世界。

的确，随着新的信息技术的出现，新数字设备塑造并成为我们的生活。① 现代工业创造的生命系统是最高的系统之一，方便而高效，工具理性和数理逻辑所代表的工具理性控制信息的生产和消费，并通过冰冷的规则执行统治命令，确保系统效率、便捷性和连贯性的机制。效率的概念要求某种人无条件服从机器及其行为特征。信息技术几乎取代上帝，成为全能、全知的无处不在的存在，因此信息技术及其用途，不是受到批评，而是被神化，顶礼膜拜。马尔库塞指出："诸多力量的合谋带来了批判思想的无能。其中最重要的是工业设备的增长和生活的各个方面的全面控制。"与此同时，信息的普遍性可能会掩盖或支持非批判性思维，隐私问题是个人信息安全的噩梦。随着互联网的兴起，现在"世界信息状况比以往任何时候都更有利于泄漏者……信息是流动的：可无限复制，无摩擦移动，从

---

① 关于技术社会与资本逻辑的内在勾连，参见侯晓丽《基于〈资本论〉"商品拜物教"视角对"信息"本质的思考》，《〈资本论〉研究》2021 年第 00 期。

根本上来说是可泄漏的"。马尔库塞提出了一种不同的隐私政策，其中自由是最主要的思想。这里的"内部自由"的想法有其现实所指，它指定了其中的私人空间，在其中一个人可能会成为并保持"自己"。今天，这个私人空间已被入侵，被技术现实削弱了隐私权是内在自由的环境，而不仅仅是系统的可用性，个体自由很容易被现代社会的技术大规模吸收和取代。这是马尔库塞给我们的警示：技术进步携带者资本的逻辑，必然引致更深的异化。不过，马尔库塞不是一个反技术的思想家，他认为技术所支撑的信息社会包含着自由和解放，需要激发其中的否定性方能达成。

（二）虚假的选择自由

对于马尔库塞，自由选择的标准永远不可能是绝对的，但也不是绝对相对的。正如主人的自由选举不会废除主人或奴隶。"自由选择在各种各样的商品和服务中并不表示自由……个人无法控制地叠加需求不表示自由，选择自由不一定意味着自由，总之，人类不能自由，只要他们不能自由他们日常生活的领导者。"实际上，在当代社会最发达的地区，将社会需求移植融入个人需求是如此有效，以至于他们之间的差异似乎纯粹是理论上的。那么，能否真正区分大众传播媒介与手段信息和娱乐，以及作为操纵和灌输的媒介？这里，我们再次面临最令人头疼的问题之一：先进工业文明的非理性，如果没有人类的全面认识，需求的想法就失去了意义。在很多时候，我们的需求仅仅是我们应该审慎对待的信息系统的需求，但是自由所意味着的并不仅仅是一个对象，而是一个人存在的主体不屈服于数字设备和论坛的外部条件，或者说，关注人类需求和以用户为中心的信息手段并不是人类需要的实际实现。马尔库塞告诉我们，自由的局限性已经导致了操作主义。因此，我们需要重新看待网络时代，看待信息技术的应用及其作用，重新认识我们与信息技术的关系。操作主义的关键在于人类行为的整体性随着新的技术出现发展而减少，为了使任何信息技术都能运行，一系列任务和步骤是必不可少的流程，任务执行得越好，技术就越安全和充分。技术的效率不仅变得重要，而且也规范了我们的行为，这些运营限制或效率标准会侵蚀并减少人类自由的空间。

在《单向度的人》中，马尔库塞告诉我们，操作主义的另一个词是功能主义。为了确保产品的效率，人类必须执行某些必不可少的行为。从某种意义上说，人类的行为与某些特定的功能相对应，这并不是说人类不能选择他们喜欢的任务和行为，但是产品的效率是单向度的行为和思考，以使产品和商品可以在最佳状态下运行。我们不难发现，理性的操作主义或功能化甚至影响我们使用的语言。一种功能和操作性的语言，倾向于根据事物的功能来识别事物，于是现实——身份和自由失去了原有的力量。另外，马尔库塞谈到了单向度的现实——行为或思考方式：人与人之间的关系越来越多地由机器过程来中介，需求的生理学已导致信息科学最大程度地降低了推理和批判能力，人类的存在沦为信息技术的事实和它们改进的功能，互联网将我们这些所有曾经是这个坚实大地上的居民像是圈地运动一样抽离我们的世界，它将自己的世界遍布其中，而我们则像是移民一样生活在自己的故乡，服从它的逻辑统治，自由被它的各种规则夺走，我们貌似实现了自己的自由，实际上却承受着最深的奴役。

信息时代正在建立一个收费社会，信息时代分为收费型、隶属型和账户型。马尔库塞阐述了"设备"一词。费用很简单地出于技术目的即维护、升级、安全性、交互作用等而施加，而不是出于人类自由的实现。这些费用使教育更加昂贵，普通人无法获得，信息时代只会为实现人类成就增加更多的障碍，加深信息世界中的悖论性贫困问题。信息时代的自由已经成为点击和使用信息技术的纯粹自由。或者进一步说，没有自我规则和启发，自由，实际上是各种自由，失去了它的本质和目标，变成了纯粹的操纵或工具化。

传播技术的发展使媒体正进入智能化时代，智能技术已经成为新闻传播领域主要的传播方式和手段。在智能技术和个人选择的双重效应下，人们不再关心真相而只在意立场，事实查证让位于情绪表达，人们内心的批判性、否定性和超越性的向度在技术的控制下被压榨殆尽，网络时代在某种程度上促成了"单向度人"的生产和复制性再生。[①] 根据马尔库塞，在看似自由的环境中还隐藏着技术理性的操纵，加剧了人们思想的单向度，促成单向度人的再生，这恰恰印证了马尔库塞所说的"科学技术作为意识形态剥夺了人的否定性和批判理性，使人丧失了自由选择需求的能力"，带来的是思想的枯竭、认知固化，个体被围困在"信息茧房"中，创造出来的却是更多没有创造性和批判性的麻木不仁的人。在虚拟技术越来越逼

① 张怡斐：《对网络时代"单向度人"的反思》，《视听》2019 年第 2 期。

近现实的今天，我们应该反思人们是否能分清虚拟和现实的边界，尝试学会驾驭技术而不是被技术所控的思辨思维。

第二节　马尔库塞在我们的时代

纵观历史，"西方文明"在某种程度上是通过政治经济学的"荒野—自然"意识形态话语体系来建构自己的文明价值观的。这就是为什么当黑格尔第一次望向莱茵河彼岸的现代文明时，就一把抓住"政治经济学"展开批判，并确认古典政治经济学而不是哲学、政治学是现代文明的意识形态话语总根基。政治经济学作为理论和实践，是通过西方对经济富裕以及财富积累最终会带来自由的拓展，兑现幸福安宁的自我理想化而产生的。这种理想化使西方文明自以为从此会与其他被认为贫穷、落后和野蛮的人彻底分离。亚当·斯密解释了人类恶意的持续存在对现代市场社会所承诺的成就是必要的。我们可能会对此建议感到恐惧。从某种程度上说，对自由和幸福的向往让人们宽容了资本之恶，误以为恶的冲创力被理解为通往理想之地的必要代价。对于生活在后工业社会的美国的马尔库塞，他目睹了科学技术催生了生产力的高度发达和财富的迅速积累，福利制度消灭了赤贫的劳苦大众，社会呈现出一派盛世繁华的天堂假象。那时候，一些试图透过现象看本质的思想家们由于抵挡不住现象的诱惑，终于被假象迷住，用对真理的激情抓住了假象，看到了"历史的终结"。马尔库塞在意的不是抽象的人们，也不是资本经济版图中的消费者，而是现实中的每个人，他知道，这些人并没有感到幸福和自由，无处不在的广告激发和诱导着人性中的欲望，使其挣扎在"匮乏"和"焦虑"的两端，惶惶不可终日。对资本主义制度无法摆脱的依附性和寄生性让人们一面忍耐着"平庸之恶"，一面诅咒着陷入虚假无限后的绝望。马尔库塞的社会批判思想正是从此出发，在《单向度的人》中，他用马克思主义批判武器揭示了富裕社会背后的资本之恶，揭示了富裕和财富的堆积与自由和幸福的生活之间并没有必然关联。资本通知世界的方式已经不是经济剥削和政治压迫，而是操纵和控制，因此，重新审视富裕社会、重新理解资本之恶、重新探索可以控制"悖论性贫困"的方法是当务之急。

　　麦克莱伦曾说过，马尔库塞是唯一没有放弃他早期革命观点的人。①的确如此，与他的法兰克福同事们不同，马尔库塞始终没有忘记黑格尔和马克思所提出的"悖论性贫困"难题，他在变化了的历史语境中继续展开探索，将理解后工业资本主义制度的思想与反对各式各样的极权主义（法西斯主义、斯大林主义、单向度的后工业社会）结合起来，形成了自己的思想体系，最终使法兰克福学派的社会批判理论在英语世界乃至全世界名声大噪。由此可以说，法兰克福学派对当代资本主义社会在政治、经济、文化诸领域的批判，在很大程度上，是通过马尔库塞的社会批判理论与革命实践才广为人知的。

　　总体来看，马尔库塞的思想有两个阶段：德国语境中的早期思想阶段，这个阶段的著作是用德语写作完成的；美国语境中的中、后期思想阶段，这个阶段的著作是用英文写作的，也是马尔库塞的成名作集中的时期。早期的马尔库塞主要从黑格尔—卢卡奇—席勒—卢森堡—马克思—海德格尔思想构成的哲学基础来批判和揭露资本主义的罪恶，剖析"悖论性贫困"的历史根源和专制主义制度。加入法兰克福学派后，马尔库塞开始形成和发展自己独特的社会批判思想，综合前期的思想成果，基于"二战"后资本主义的变化，综合弗洛伊德本能理论和元心理学构成的人类学基础探寻革命主体和解放道路，发表了大量的著作。早期，在黑格尔这里，马尔库塞找到了资本之恶，即"悖论性贫困"的历史根源，在海德格尔的影响下，马尔库塞获得一种新观察分析资本主义"悖论性贫困"问题的视域和理解异化问题和人的问题的基本思路，包括对科学技术、实证主义、工具理性的剖析和对生存个体的分析。卢卡奇的《历史与阶级意识》也为马尔库塞提供了一个问题框架和唯物主义的词汇，马克思的《1844年经济学哲学手稿》则提供了一个新的基础、视角、立场、初心和使命。马尔库塞并没有一般地探讨资本主义社会人的近况，而是考查具体的资本主义制度具体如何造成"悖论性贫困"问题，其中包含了异化和人的问题。同卢卡奇的抽象革命理论和阶级意识相比，马尔库塞的"新感性"和"审美的生存范式"似乎更关注现实中的个体的生存境况。革命的主体在马尔库塞看来

_____

　　①　［英］戴维·麦克莱伦：《马克思以后的马克思主义》，余其铨等译，中国社会科学出版社1986年版，第351页。

不能出自对阶级的理论推论，而应出自对活生生的个体的实存境况的分析："哲学运思的意义，虽然不能靠个别个人去完成，但它的完满，只能经由每一个个别个人，因而，以每个个别个人的生存作为它的基础。在每个个别个人的实存中，哲学的具体性，决不能委托给一个抽象的主体即'单一'的东西，因为，这就意味着把决定性的责任委托给某种专断的普遍性。"马尔库塞相信在平淡、乏味、沉沦、虚假的"在世"活动的深处，个体自然在"操心"，在"领悟"在"决断"，这就是政治激进行为——改造社会的潜能。这种潜能在海德格尔那里是被给予的，被动的"虚无"，因为海德格尔不理解劳动，也就无法理解人的本质在黑格尔那里是创造性的逻辑构思，在马克思那里则是主动的。《单向度的人》标志着马尔库塞思想开始由理论批判转向实践探索，从批判的武器开始面向武器的批判，由对抽象批判极权主义的剖析转向解放实践的探寻。这种探寻本质上与他对马克思革命主体空白的填充是同一个进程。美学不仅是马尔库塞思想的起点，也是其晚年思想的核心，贯穿于其思想的始终，是寻求解放的广义的政治学，正如他自己说的，"从一开始，政治斗争的必要性就是我这本著述的前提"。马尔库塞后期对心理学、美学和艺术的研究都是在寻找那些指导人类行为的内在基础——人的本能结构及其功能，20世纪60年代之后的著述基本都是以美学和艺术解放为中心的。马尔库塞在《论解放》中将对弗洛伊德的研讨视为"社会主义的生物学基础"，在其中作为生命本能的爱欲和作为死亡和攻击性本能的死欲，在弗洛伊德看来是最基本的本能冲动，也是马尔库塞人类学的基本范畴，人的本能的解放之路就是一条通往审美的道路。因为美学在西方称为感性学，所以审美的解放就是感性解放。马尔库塞认为："自由应该在感性解放中而不是在理性中去寻找……拯救文明也就是要废除文明强加于感性的那些压抑控制。""新感性"不仅是一种新的世界观、人生观和价值观，也是一种新的人与自身、人与他人、人与自然的全新的关系，是单向度世界的解放的唯一途径。

基于上述，马尔库塞的思想体系是全面而丰富的，经历了从对罗莎·卢森堡、席勒政治美学、卢卡奇开创的西方马克思主义传统、海德格尔存在主义、马克思的异化劳动理论和弗洛伊德心理学等思想资源的汲取过程。他早年师从海德格尔，深知人的自由和解放不是仅仅表现为物质丰裕和科学技术的进步，而更主要地表现为人的精神生存状态及其本质等更深层次的方面。从马克思早期著作特别是《1844年经济学哲学手稿》中，他领悟到经济层面的解放并不等于感性的幸福，受马克思这一思想的启发，他做出了一系列切近当代发达工业社会现实的预见。马尔库塞能够并且善于把马克思的思想同当时西方出现的一些新的具有极大影响的思想结合起来，剖析和批判"二战"后发达西方资本主义社会出现的新问题，从而成为继马克思之后，当代西方资本主义社会杰出的思想批判者。他涉猎广泛，却不是一个追求完整理论体系的学院派思想家，甚至称不上哲学家，但他的思想却涉足了哲学、政治、经济、艺术等领域，触及许多当代人想到却并没有深入思考的问题。因此，当我们在阅读马尔库塞的著作文章时，总会有一种类似当年马克思抨击普鲁士专制压制思想言论时突然迸发的激愤，一种类似于尼采喊出"上帝死了"的口号时，瞬间释放的精神冲动。

如今，虽然人类社会的历史已经迈进21世纪，但是当我们无论从技术发展对人类社会的政治影响，还是从生命政治的抽象角度去审视政治本身，我们都不难发现马尔库塞理论的价值。而中国学界对于马尔库塞的研究，虽然汗牛充栋，但能够脱离某个学科的视角，系统而全面审视和梳理马尔库塞的理论却仍然显得不够。而劳动异化，财富与贫困并存悖论，资本抽象依旧在按照自己的面貌改变世界等问题，依然是21世纪人类面临的重要的且必须认真对待和着力解决的问题，与马尔库塞当年所揭示的西方发达资本主义社会的问题，在某种程度上有着相似性，对于今日中国的社会文明、精神文明、政治文明、生态文明的建设将是有益的借鉴，这也是本书研究的价值所在。同时，本书会进而指出，中国社会主义制度有其独有的优势，在保有市场和资本的今天，如果能够驾驭资本、控制资本，将技术的应用与人类的幸福和富裕关联起来，利用市场发展生产力的同时成全社会自由，那么黑格尔所寄希望将会的伦理国家变成现实，马克思的双重解放将有望实现，马尔库塞的审美生存将指日可待。我们如果想要与时俱进地理解资本主义制度，理解"绿色资本主义""金融资本主义""福利资本主义""碳政治""气候政治"，理解资本和市场为何依旧活跃，理解资本如何自我续命，我们需要与马尔库塞"合作"，需要他为我们提供的清醒的理性自觉。尤其是今天，科学技术已经不再是劳动者的辅助手段，而是直接参与劳动，支配和控制劳动的空间和时间，为资本主义的统治合理性卖命。平庸之恶泛滥，如何在这个柏拉图所厌恶的"猪的城邦"中寻找希望，正是马尔库塞致力于要完成的历史使命，这是他对自己钟爱一生的马克思主义的承诺。

马尔库塞的社会批判思想延续了马克思异化理论和黑格尔的哲学洞见，跟随资本之恶在不同历史语境中的变化，汲取包括西方马克思主义、存在主义等思想精神之精华，对资本主义制度不可摆脱的"悖论性贫困"，即"财富积累和贫困共存"展开全方位的批判反思，具有深远的历史影响。主要体现在以下三个方面：

第一，开启了一个全新的马克思主义批判视域。马尔库塞揭示了"二战"后形成的后工业社会是一个富裕社会，却不是一个自由社会，而是一个新的极权主义社会，充斥着极端的自我异化和极度的贫富分化。对新极权主义的分析必须具有全球性视野，而不能仅仅关注发达资本主义国家本身。

第二，延续了两条如何控制"悖论性贫困"的理论径路：改良性建构与革命性重构。首先，关于改良性建构。在如何控制"悖论性贫困"问题上，黑格尔提供了一条改良性的道路：福利国家理论和伦理国家理论。马克思提供了一条拒绝和解的彻底根除之法：无产阶级革命。黑格尔警示资本家不要只顾埋头赚钱，需要关注"悖论性贫困"的积累，关心那些处于不利地位的贱民，否则将会背离自由和平等的许诺，在他的政治哲学中暗示"现代市民社会不能实现自己的普遍人类自由原则和尊严，因为它系统地将整个市民社会托付给市场"，当人被抛入市场，他们的命运将会堕入任意性、流动性、偶然性、孤立性的无限虚无状态，那些丧失了资源、能力、途径、运气、选择权利的人们将沦为贱民。贱民的存在是"悖论性贫困"的标识、是自由的赘疣，他们的数量会随着财富积累激增。关于消除贱民的方法，黑格尔警示基于公民社会自身的福利制度是无法消除贱民的，反而会加剧贫困，彻底背离自由。为了说明这一点，黑格尔在《法哲学原理》中，将各种福利方法一一列出并指出其局限性，论证了为何扬弃和超越传统福利制度的伦理国家是唯一解决之法。马尔库塞的单向度的人正是黑格尔"贱民"的升级版，单向度的人所表现出的对资本主义制度极大的寄生性、依附性、奴性、惰性、非反思性和平庸之恶都是与自由精神相悖的。单向度的富裕社会所表现出的无限制纵容资本之恶，纵容并制造、诱导人性的欲望，通过对人的欲望的恶意操纵和控制来实行统治的行径，也完全背离了自由。马尔库塞对单向度的人和单向度的社会的反思、延续黑格尔对福利国家背后资本之恶的揭示，为当代思想家们剖析财富的伦理向度，从资源、能力、机会、运气方面反思传统福利制度局限性，对"什么是福利"的反思，对"需要原则"和"应得原则"的反思，对传统福利制度的反思和超越和重新建构发展与自由、财富与幸福具有重要的启示意义，具有代表性的思想家有科亨①、德沃金②、格斯特、罗尔斯③、戴维·米勒④、阿玛蒂亚·森⑤等，特别是阿玛蒂亚·森对贫困、自由与发展的论述具有十分重要的理论价值⑥。

区别于黑格尔，马克思对"悖论性贫困"的关注重点并不是那些无法通过劳动融入社会的寄生虫——贱民群体（马克思将这个群体称作流氓无产阶级），而是那些参与到劳动中的工人阶级。工人阶级在黑格尔那里虽然也是"悖论性贫困"的受难者，但是黑格尔认为他们可以通过"承认斗争"最终在伦理国家中获得自由，马克思并不认同这一点。在马克思看来，劳动作为被抛入流动性、偶然性、任意性和孤立性的人们唯一通往自由的通道已经被异化，因此，参与劳动的工人根本就不可能通过劳动获得自由，反而会丧失自由的全部。闪耀着罪恶之光的科学技术的发展带来的也不会是劳动的解放、自由劳动时间的增加，是自由的全面丧失和全面的异化，在《1844年经济学哲学手稿》中，马克思在哲学的高度反思了经济的伦理维度，说明了全面异化的资本主义制度将会彻底偏离自由，这恰恰是马尔库塞所揭示的后工业社会所表现出的真实形象。马克思强有力地提出了无产阶级暴力革命为自由和幸福开拓新的道路，在整个西方马克思主义传统中，马尔库塞是唯一坚持了马克思革命立场，将哲学从理论引入实践的人。马尔库塞的"新感性"和"大拒绝"包含着激进性、革命性和

---

① ［英］科恩：《为什么不要社会主义》，段忠桥译，人民出版社2011年版，第4页。

② ［美］德沃金：《至上的美德：平等的理论与实践》，冯克利译，江苏人民出版社2012年版。

③ ［美］约翰·罗尔斯：《正义论》，何怀宏等译，中国社会科学出版社2009年版。

④ ［英］米勒：《社会正义原则》，应奇译，江苏人民出版社2005年版。

⑤ ［印度］阿马蒂亚·森：《以自由看待发展》，任赜等译，中国人民大学出版社2012年版。

⑥ 姚明霞：《从福利主义到非福利主义——阿罗不可能性定理之后福利经济学的重大转折》，《政治经济学评论》2004年第1期。

彻底性。区别于巴迪欧的"事件位""先将来时主体"、朗西埃的"无分之分"、齐泽克的"贫民窟"、哈特和奈格里的"诸众"、高兹的"新主体"等，马尔库塞的新主体、"新感性"、审美新世界有重要的理论价值和政治指导意义。

第三，引出了六个重要的时代问题。其一，对科学技术在富裕社会统治合理性建构方面、意识形态方面和社会操控层面的功能的深度反思。受马尔库塞影响，哈贝马斯发表了《技术和作为意识形态的科学》，阐述了科技意识形态是西方主客二元对立思维方式与工业资本追求利润最大化的产物，是国家合法性危机的补偿程序。其二，对富裕社会精神贫困和道德贫困及其社会危害性的重视。与马尔库塞同时代的经济学家加尔布雷思在《富裕社会》里提出一个重要问题：对于整个人类社会来说，经济发展是必需的，那么谁来关注那些在财富斗争世界里的失败者？对此，马尔库塞给出了自己的解答。其三，对消费主义的批判和反思。马尔库塞揭示了后工业社会随着越来越多的国家和地区摆脱了物质匮乏的困境，消费主义不仅成为资本家俘获大批消费者的制胜法宝，而且借助于舆论宣传和理论鼓噪，一跃成为影响现代社会和制度的重要价值观，进而又转化成现代大众定义自己和看待周围世界的基本方式。马尔库塞对消费主义的意识形态性质的揭示和对其如何将"资本之恶"深化如日常生活的分析具有重要的启示意义。鲍德里亚在《消费社会》中对消费社会的批判显然受到马尔库塞的启发。① 其四，马尔库塞的自然革命思想对今天生态危机困扰的世界理解和走出困境具有重要的指导意义。今天，当我们用购买的方式拯救地球时，我们是否应该基于马尔库塞的社会批判思想认真自我反思呢？其五，对于教育特别是高等教育单向度化的重视，包括评判标准和教育宗旨方面。对马尔库塞来说，建构一个解放了的社会不仅要求拒绝在资本主义的生产方式、意识形态话语、思维方式和想象力形式，还要推翻与之相伴共生的支配性的制度、语言和文化，还要求创造一种在生物层面拒绝晚期资本主义这个"病态社会"的"新人类"。其六，马尔库塞革命思想对生命政治的启示。马尔库塞对革命的理解表明，要在资本主义的生产模式之外

---

① 陈文斌：《重回马克思：反驳鲍德里亚对消费社会的解读》，《兰州大学学报》（社会科学版）2018 年第 3 期。

创造一种使人的生命从这一本体从中涌现出来的社会条件。生活在今天，我们随处可见的是：生物技术和生物科学行业基本上已经改变了人类的本质，也改变了动物的本质，还改变了资本流通中那些可以被买卖和交易的东西的本质。21世纪某些最强大的经济部门一直都在通过新的控制和规训形式，包括在基因层面上监控生命、改造生命的生物学基础。在动物和人的细胞材料已经成为交换市场上的商品的时代，马尔库塞关于以不同于构成"生物资本主义"社会——新的控制生命的技术正在迅速扩张——的价值为基础的"新人类"的建议显然具有极为重要的意义。

今天，劳动异化，财富与贫困并存悖论、资本与现代形而上学实现了深度的内在勾连和共谋，按照自己的面貌改变世界，似乎成为人类的宿命。从17世纪一直延续到21世纪的现代之问——"资本主义向何处去？""人类向何处去？"——一直是马克思主义思想家们不得不面对的历史难题，尤其在"后基因"时代，马尔库塞拒绝现代形而上学从生物学意义上进一步整合人类和自然界所做的筹划，值得重新思考和认真对待。进一步说，他提出的"大拒绝"不仅要拒绝一切现代形而上学的支配，包括话语支配和支配性的技术操控，也要拒绝成为"生命资本"，批判资本主义生产模式向生命的基因维度的推进。针对现有的支配和控制体系，马尔库塞设想了用解放了的感性和解放了的理性相结合而形成的"新感性"，本能地拒绝晚期资本主义造就的病态社会世界观、价值观。由此，马尔库塞对马克思主义理论与实践的重塑将重点放在了"生命本身"最终是如何在遭受野蛮管制的社会中被置身险境的。在资本主义生产模式（得到了诸如基因工程与药物等有前途的生物科学行业的鼓舞）不断占有越来越多的生命形态，而且以惊人的速度将其转变为商品的"生命资本"形态的时代，马尔库塞的思想研究必然显得尤为重要。

早在20世纪60年代，马尔库塞就曾对美国的霸权主义和肆意挑起战争并从中牟利的反革命本质进行过深刻的揭露。马尔库塞在论及越南战争时就曾经明确揭露过美国官方惯用的攻击性话语，将其称作是"奥威尔式的语言"①。马尔库塞曾对"美国在越南的政策的内在逻辑"进行了详细的剖析和阐释，并进而对美国政府的极权主义和攻击性做出了最为经典的

---

① 《马尔库塞文集（六卷本）》（第3卷）人民出版社2020年版，第54页。

描述，他这样说道："庞大的军事机构的存在是美国经济的一个不可分割的、刺激性的因素……以野蛮化为基础发动的反对'共产主义'的战争由现行状况的内在逻辑变成了支持反动的军事专政的战争。"① 根据马尔库塞对美国的观察，"这个曾经是世界上所有解放力量的希望的国家已经变成了世界上所有反革命力量的希望……，美国已经成了压抑和反动的先头部队"②。20 世纪 70 年代，马尔库塞从更广阔的全球视角再次对当时的世界资本主义体系进行了观察和分析，揭露了美国极权主义的症候③，在他看来，这种极权主义尽管与当时的法西斯主义不同，却总是在不经意间显露出法西斯主义的邪恶阴影。1971 年，在伯克利的演讲中，马尔库塞明确说道：美国虽然"不是法西斯主义的政府，但是某些可能的前提条件却正在形成。……如果有必要，其他组织可以执行这项工作，甚至可能更加有效。我无须去告诉你们在我看来到底是哪些组织"④。在 1972 发表的《反革命与反叛》中，马尔库塞对包括美国在内的西方世界的攻击性和反动本质进行了明确的阐释："西方世界已经进入了一个新的发展阶段：现如今，保卫资本主义制度意味着需要国内外的反革命组织"⑤，"美国是政治战争制造者和武器制造者的反革命"⑥，"反革命的堡垒就是美国。在国外，则是得到美国支持的军事专政、警察国家、反动政府，正是它们维持了现状，保护了美国的利益，镇压了叛乱，压制了民族解放运动，利用美国的军队以充党世界警察并遏制了共产主义，毁灭了那些胆敢抗拒资本主义超级大国意志的国家"⑦。"反革命组织不仅要防止社会主义革命，甚至还要防止微小的姗姗来迟的社会进步"，"为了强行推行它的制度和秩序，以便保护它的既得利益，反革命组织采取了纳粹政权的恐怖政策即残忍的迫

---

① 《美国在越南的政策的内在逻辑》是 1966 年 3 月 25 日，马尔库塞在加利福尼亚大学洛杉矶分校举行的宣讲会上的一段经过编辑的谈话内容。参见 "The Inner Logic of American Policy in Vietnam", Teach-Ins, USA: Reports, Opinions, Documents, edited by Louis Menashe and Ronald Radosh, New York: Praeger, 1967, pp. 65 – 67.

② 《马尔库塞文集（六卷本）》（第 3 卷），人民出版社 2020 年版，第 57 页。

③ Herbert Marcuse, Counter-Revolution and Revolt, Boston, Beacon Press, 1972, 24 – 29

④ 《马尔库塞文集（六卷本）》（第 3 卷），人民出版社 2020 年版，第 40 页.

⑤ Herbert Marcuse, *Counter-Revolution and Revolt*, Boston: Beacon Press, 1972, p. 1.

⑥ Herbert Marcuse, *Counter-Revolution and Revolt*, Boston: Beacon Press, 1972, p. 1.

⑦ 《马尔库塞文集（六卷本）》（第 3 卷），人民出版社 2020 年版，第 39 页。

害，酷刑、甚至是种族灭绝"。① 2019 年莱茨再次提出建立新世界体系的必要性："今天，陷入困境的美国全球资本主义体系正在精心策划种族仇恨和反移民替罪羊，作为经济稳定和社会控制的武器。"②

当然，马尔库塞的社会批判思想也有其局限性，或多或少地透露西方中心主义的阴影，他对中国是否真的关注过已经不得而知，或许正如凯尔纳在为陆俊所著《马尔库塞》一书所写的序言"马尔库塞的遗产"中所说："赫伯特·马尔库塞寻求对西方资本主义的各种解放的替代，他特别愿意对西方社会和文化的文明有所贡献，但他却没有考虑中国的各种条件。我们接近新的世纪时，马尔库塞的著作仍然具有针对性，因为他所考虑的主题对当代的理论和政治学仍然具有重要性，真切希望这些未发表的手稿和像陆俊写的这些新书将在年轻一代中激起对马尔库塞著作新的兴趣，……但愿陆俊关于马尔库塞的著作将有助于马尔库塞在中国及其他地方的复兴……如果看到马尔库塞的思想在中国及其他非西方社会成为一种生气勃勃的力量，这将很有趣的。"③

"我们不想教条式地预料未来，而只是希望在批判旧世界中发现新世界。"这是马克思在 1843 年给卢格的一封信中发出的誓言，也是坚守和捍卫马克思主义道路的马尔库塞社会批判思想的宗旨。尽管对后工业社会的极权主义及其所造成的深度异化和全面危机有深刻的洞悉，但他却绝不是一个悲观主义者，也从未将希望寄托于虚无缥缈的抽象反思，从不憧憬文明的返祖，而是积极在现实中寻找解放和希望的可能维度，在"技术与技艺""自然与资本""技术与资本""理性与资本""感性与理性""技术与艺术"的辩证运动进程中，探索并激发革命的可能性、可行性。凯尔纳曾这样评价马尔库塞："马尔库塞从未放弃他的革命主张和信念，终其一生都在捍卫马克思主义理论和自由社会主义，他对人类以及人类和自然、社会的关系的思考对现代的批判理论和政治学依然提供着重要的方法和动

---

① Herbert Marcuse, *Counter-Revolution and Revolt*, Boston: Beacon Press, 1972, p. 1.

② Reitz C. , *Opposing Authoritarian Populism: The Challenge and Necessity of a New World System*, in Chapter 6, Critical Theory and Authoritarian Populism, edited by Jeremiah Morelock, University of Westminster Press, 2018.

③ 道格拉斯·凯尔勒:《马尔库塞的遗产》，陆俊译，《北京科技大学学报》（社会科学版）1999 年第 1 期。

力。"今天，马尔库塞社会批判思想研究仍然具有重要性，因为它提供了理解操纵和解放的辩证的哲学视角，提供了分析当代社会有力的方法和框架，提供了一种解放的前景，这种前景比经典马克思主义、批判理论的其他版本以及流行的各种后现代理论的版本的前景要更丰富。马尔库塞社会批判思想对现今更好地理解逐渐演变的极权主义支配体系与全球生态危机的内在关系有重要的理论意义。

马尔库塞研究或许能够在中国迎来新的研究高潮，不仅是因为他的社会批判思想所蕴涵的"新感性""新科学""新艺术"对于中国当下政治、经济和社会制度、文化建设将会有重要的理论和指导意义，更是因为在如今保有市场和资本的前提下，如何驾驭和控制资本、如何在突破"悖论性贫困"的同时实现人的解放和自然解放，建设一个和谐而繁荣的美丽中国，建构人类文明新形态的新话语体系，急切需要一种坚守马克思主义道路，对生态资本主义时代资本与现代形而上学如何实现深度"共谋"有清醒的理性洞察和本质性超越的思想参考和实践借鉴。

参考文献

一　中文参考文献

《资本论》（第 1 卷），人民出版社 1973 年版。

马克思：《1844 年经济学哲学手稿》，人民出版社 2000 年版。

马克思：《德意志意识形态节选本》，人民出版社 2008 年版。

马克思恩格斯：《德意志意识形态》，人民出版社 1961 年版。

马克思恩格斯：《马克思恩格斯全集》（第 3 卷），中共中央马克思恩格斯列宁斯大林编译局编译，人民出版社 2002 年版。

马克思恩格斯：《马克思恩格斯全集》（第 44 卷），中共中央马克思恩格斯列宁斯大林编译局编译，人民出版社 2001 年版。

马克思恩格斯：《马克思恩格斯全集》（第 46 卷，上），中共中央马克思恩格斯列宁斯大林编译局编译，人民出版社 2003 年版。

马克思恩格斯：《马克思恩格斯文集》（第 1 卷），中共中央马克思恩格斯列宁斯大林编译局编译，人民出版社 2009 年版。

马克思恩格斯：《马克思恩格斯文集》（第 2 卷），中共中央马克思恩格斯列宁斯大林编译局编译，人民出版社 2009 年版。

马克思恩格斯：《马克思恩格斯选集》（第 1 卷），中共中央马克思恩格斯列宁斯大林编译局编译，人民出版社 1995 年版。

包傲日格乐、卢艳芹：《卡尔·马克思博士学位论文的生态观探析》，《沈阳农业大学学报》（社会科学版）2020 年第 4 期。

步蓬勃：《马尔库塞生态伦理思想的现代性阐释》，人民出版社 2019 年版。

步蓬勃、韩秋红：《马尔库塞"自然主体"的伦理重建》，《道德与文明》2014 年第 2 期。

曹志峰：《超越技术理性 回归大学之道——世界一流大学评价问题与反

思》，《研究生教育研究》2018 年第 5 期。

陈安杰：《马克思关于调查研究的开篇之作——重温〈摩泽尔记者的辩护〉》，《支部建设》2020 年第 17 期。

陈文斌：《重回马克思：反驳鲍德里亚对消费社会的解读》，《兰州大学学报》（社会科学版）2018 年第 3 期。

陈学明：《二十世纪的思想库：马尔库塞的六本书》，云南人民出版社1989 年版。

陈学明：《弗洛伊德的马克思主义》，辽宁人民出版社 1989 年版。

陈学明：《马尔库塞对现代西方社会"物质丰富、精神痛苦"现象的批判》，《社会科学战线》1987 年第 4 期。

陈学明：《马孤哲的新马克思主义》，森大图书有限公司 1991 年版。

陈振明等：《西方马克思主义的社会政治理论》，中国人民大学出版社1997 年版。

程巍：《否定性思维：马尔库塞思想研究》，北京大学出版社 2001 年版。

道格拉斯·凯尔勒：《马尔库塞的遗产》，陆俊译，《北京科技大学学报》（社会科学版）1999 年第 1 期。

丁国旗：《马尔库塞美学思想研究》，社会科学文献出版社 2011 年版。PH

段怀清：《离开这里，这就是我的目的"—卡夫卡的文学写作》，《社会科学论坛》（学术评论卷）2007 年第 3 期。

段伟，郑忆石：《马尔库塞政治意识形态批判及其启示》，《浙江工商大学学报》2016 年第 6 期。

范晓丽：《马尔库塞批判的理性与新感性思想研究》，人民出版社 2007年版。

方锡良：《马克思自然观研究——从现代性批判的视角看》，博士学位论文，复旦大学，2011 年。

费迪耶等：《晚期海德格尔的三天讨论班纪要》，丁耘译，《哲学译丛》2001 年第 3 期。

复旦大学哲学系现代西方哲学研究室：《西方学者论〈1844 年经济学哲学手稿〉》，复旦大学出版社 1983 年版。

傅永军：《法兰克福学派的现代性理论》，社会科学文献出版社 2007 年版。

古尔德等：《现代政治思想：关于领域、价值和趋向的问题》，杨淮生译，商务印书馆 1985 年版。

H. 韦伯尔、张伯霖：《工业社会中无产阶级的革命性在衰退吗？——译 A. 埃马奴尔、F. 鲍恩、M. A. 布尔涅、H. 马尔库塞的"工人阶级蜕化论"》，《哲学译丛》1979 年第 4 期。

贺庆生等：《论我国城市贫困治理的现实困境与路径选择》，《学习与实践》2015 年第 12 期。

侯晓丽：《基于〈资本论〉"商品拜物教"视角对"信息"本质的思考》，《〈资本论〉研究》2021 年第 00 期。

胡塞尔：《欧洲科学的危机和超验现象学》，张庆熊译，上海译文出版社 2005 年版。

黄玮杰：《剩余压抑与剩余快感——一种精神分析的马克思主义视角》，《东岳论丛》2020 年第 11 期。

季陶达：《资产阶级庸俗政治经济学选辑》，商务印书馆 1963 年版。

江天骥等：《法兰克福学派——批判的社会理论》，上海人民出版社 1981 年版。

克劳斯，燕宏远：《法兰克福学派评介》，《哲学译丛》1978 年第 6 期。

李隽婕：《浅谈媒介化生存时代下的单向度思维》，《艺术科技》2016 年第 7 期。

李世涛：《知识分子立场》，时代文艺出版社 2002 年版。

李永虎：《马尔库塞的乌托邦思想研究》，光明日报出版社 2015 年版。

李忠尚：《第三条道路——马尔库塞和哈贝马斯的社会批判理论研究》，学苑出版社 1994 年版。

刘合波：《富裕社会中的贫困：加尔布雷思的政治经济思想研究》，《哲学研究》2013 年第 9 期。

刘小枫：《诗化哲学》，山东文艺出版社 1986 年版。

刘小枫：《现代人及其敌人》，华夏出版社 2005 年版。

刘秀萍：《思辨哲学与"巴黎的秘密"——〈神圣家族〉解读》，《山东社会科学》2018 年第 4 期。

刘永谋：《技术专家阶层的崛起：加尔布雷思的技术治理理论》，《自然辩证法通讯》2019 年第 7 期。

鲁克俭：《国外马克思学研究的热点问题》，中央编译出版社 2006 年版。

陆俊：《马尔库塞》，湖南教育出版社 1999 年版。

马拥军：《需要体系生产与制度结构创新的中国经济学——来自加尔布雷思的启示》，《江苏行政学院学报》2015 年第 2 期。

佩里·安德森：《西方马克思主义探讨》，高铦，等译，人民出版社 1981 年版。

彭兰：《更好的新闻业，还是更坏的新闻业？——人工智能时代传媒业的新挑战》，《中国出版》2017 年第 24 期。

彭赟：《萨特的"匮乏史观"及其同唯物史观的根本冲突》，《马克思主义研究》1998 年第 5 期。

漆思、于翔：《理性与资本：马克思现代性批判本质之辨》，《社会科学战线》2016 年第 7 期。

任劭婷：《从黑格尔"贱民"到马克思"无产阶级"的逻辑变革——现代自由的困境与出路》，《哲学动态》2017 年第 3 期。

任毅：《资本主义悖论性贫困：马克思的批判与扬弃》，《湖北社会科学》2020 年第 1 期。

上海社会科学院哲学研究所外国哲学研究室：《法兰克福学派论著选辑》（上卷），商务印书馆 1998 年版。

孙士聪：《三个"西马"理论家的中国面孔——本雅明、阿多诺、马尔库塞在 1980 年代》，《汉语言文学研究》2014 年第 4 期。

唐巴特尔：《黑格尔法哲学中的贫困问题》，《内蒙古师范大学学报》（哲学社会科学版）2009 年第 1 期。

王安琪：《网络社会如何放大人的单向度——以马尔库塞技术批判理论为视角的考察》，《国际新闻界》2011 年第 6 期。

王丹婷：《马尔库塞生态学马克思主义思想研究》，博士学位论文，吉林大学，2020。

王峰明：《悖论性贫困：无产阶级贫困的实质与根源》，《马克思主义研究》2016 年第 6 期。

王庆丰：《资本的界限——现代社会的合理性边界》，《求是学刊》2016 年第 1 期。

王守昌：《当代西方资产阶级哲学人物评介（四）——法兰克福学派及其重要代表马尔库塞》，《湘潭大学学报》（哲学社会科学版）1980 年第

2 期。

王淑霞：《科学技术对人的负面影响的评析及启示——读〈单向度的人〉》，《湖南工业职业技术学院学报》2011 年第 1 期。

温洋：《美国六十年代的"新左派"运动》，《美国研究》1988 年第 3 期。

吴国盛：《自然的发现》，《北京大学学报》（哲学社会科学版）2008 年第 2 期。

吴国盛：《自然概念今昔谈》，自然辩证法研究 1995 年第 10 期。

吴晓明：《论马克思对现代性的双重批判》，《学术月刊》2006 年第 2 期。

夏少光：《消除现代社会的苦恼与超越黑格尔——对马克思贫困理论的一种解读》，《马克思主义研究》2018 年第 11 期。

谢玉亮：《马尔库塞乌托邦思想的现代性阐释》，中国社会科学出版社 2014 年版。

徐博：《马尔库塞否定性思想研究》，社会科学文献出版社 2011 年版。

徐崇温：《"五月风暴"后的"西方马克思主义"》（续一），《哲学动态》1988 年第 8 期。

徐崇温：《"五月风暴"后的"西方马克思主义"》（续二），《哲学动态》1988 年第 9 期。

徐崇温：《"五月风暴"后的"西方马克思主义"》，《哲学动态》1988 年第 7 期。

徐崇温：《法兰克福学派述评》，生活·读书·新知三联书店 1980 年版。

徐崇温：《西方马克思主义》，天津人民出版社 1982 年版。

徐崇温：《西方马克思主义关于发达资本主义社会中异化的理论》，《江西社会科学》1982 年第 1 期。

徐家杰：《试论马尔库塞的否定的辩证法》，《社会科学研究》1981 年第 3 期。

薛民：《马尔库塞的"爱欲解放论"述评》，《复旦学报》（社会科学版）1988 年第 5 期。

薛民：《马尔库塞思想述评》，《探索与争鸣》1988 年第 4 期。

薛民：《马尔库塞研究》（续一），《哲学动态》1988 年第 3 期。

薛民：《马尔库塞研究》（续一），《哲学动态》1988 年第 4 期。

薛民：《马尔库塞研究》，《哲学动态》1988 年第 2 期。

薛民：《评马尔库塞对黑格尔主义与马克思主义相互关系的研究》，《复旦学报》（社会科学版）1990 年第 1 期。

燕宏远：《法兰克福学派的重要代表人物马尔库塞》，《哲学译丛》1979 年第 6 期。

姚明霞：《从福利主义到非福利主义——阿罗不可能性定理之后福利经济学的重大转折》，《政治经济学评论》2004 年第 1 期。

张士引：《富裕社会中贫困的消除：加尔布雷思的探究及启示》，《北方论丛》2015 年第 5 期。

张士引：《新型贫困：加尔布雷思的探究及其启示》，《当代经济研究》2016 年第 3 期。

张一兵、蒙木桂：《神会马克思》，中国人民大学出版社 2004 年版。

张怡斐：《对网络时代"单向度人"的反思》，《视听》2019 年第 2 期。

张玉能：《席勒的审美人类学思想》，广西师范大学出版社 2005 年版。

赵越胜：《马尔库塞的〈一维的人〉》（上），《国内哲学动态》1983 年第 4 期。

赵越胜：《马尔库塞的〈一维的人〉》（下），《国内哲学动态》1983 年第 5 期。

郑春生：《马尔库塞与六十年代美国学生运动》，博士学位论文，华东师范大学，2008 年。

郑春生：《拯救与批判——马尔库塞与六十年代美国学生运动》，上海三联书店 2009 年版。

［德］阿多尔诺：《否定的辩证法》，张峰译，重庆出版社 1993 年版。

［德］黑格尔：《法哲学原理》，邓安庆译，人民出版社 2017 年版。

［德］黑格尔：《精神现象学（上卷）》，商务印书馆 1980 年版。

［德］黑格尔：《自然哲学》，梁志学等译，商务印书馆 1980 年版。

［德］霍克海默：《批判理论》，李小兵译，重庆出版社 1989 年版。

［德］霍耐特：《不确定性之痛：黑格尔法哲学的再现实化》，王晓升译，华东师范大学出版社 2016 年版。

［德］卡尔·雅斯贝尔斯：《什么是教育》，邹进译，生活·读书·新知三联书店 1991 年版。

［德］马丁·海德格尔：《存在与时间》，陈嘉映等译，生活·读书·新知

三联书店 2000 年版。

［德］施密特：《马克思的自然概念》，欧力同、吴仲昉译，商务印书馆
1988 年版。

［德］席勒：《审美教育书简》，张玉能译，译林出版社 2009 年版。PH

［德］雅斯贝斯：《时代的精神状况》，王德峰译，上海译文出版社 2013 年
版。

［法］笛卡尔：《哲学原理》，关文运译，商务印书馆 1959 年版。

［法］梅洛·庞蒂：《辩证法的历险》，杨大春等译，上海译文出版社 2009
年版。

［法］萨特：《萨特哲学论文集》，潘培庆等译，安徽文艺出版社 1998
年版。

［加］本·阿格尔：《西方马克思主义概论》，慎之等译，中国人民大学出
版社 1991 年版。

［加］威廉·莱斯：《自然的控制》，岳长龄、李建华译，重庆出版社 1993
年版。

［加拿大］安德鲁·芬博格：《海德格尔和马尔库塞：历史的灾难与救
赎》，文成伟译，上海社会科学院出版社 2010 年版。

［美］艾伦·伍德：《黑格尔的伦理思想》，黄涛译，知识产权出版社 2016
年版。

［美］伯曼：《一切坚固的东西都烟消云散了——现代性体验》，徐大建等
译，商务印书馆 2003 年版。

［美］大卫·哈维：《资本社会的 17 个矛盾》，许瑞宋译，中信出版社
2016 年版。

［美］德沃金：《至上的美德：平等的理论与实践》，冯克利译，江苏人民
出版社 2012 年版。

［美］福山：《历史的终结及最后之人》，黄胜强译，中国社会科学出版社
2003 年版。

［美］赫伯特·马尔库塞：《爱欲与文明》，上海译文出版社 2005 年版。

［美］赫伯特·马尔库塞：《单向度的人——发达工业社会意识形态研究》，
刘继译，上海世纪出版集团 2008 年版。

［美］赫伯特·马尔库塞：《单向度的人》，刘继译，上海译文出版社 2006

年版。

［美］赫伯特·马尔库塞：《理性和革命——黑格尔和社会理论的兴起》，重庆出版社 1993 年版。

［美］赫伯特·马尔库塞：《马尔库塞文集（六卷本）》（第 1 卷），人民出版社 2019 年版。

［美］赫伯特·马尔库塞：《马尔库塞文集（六卷本）》（第 2 卷），人民出版社 2019 年版。

［美］赫伯特·马尔库塞：《马尔库塞文集（六卷本）》（第 3 卷），人民出版社 2020 年版。

［美］赫伯特·马尔库塞：《马尔库塞文集（六卷本）》（第 4 卷），人民出版社 2020 年版。

［美］赫伯特·马尔库塞：《马尔库塞文集（六卷本）》（第 5 卷），人民出版社 2020 年版。

［美］赫伯特·马尔库塞：《马尔库塞文集（六卷本）》（第 6 卷），人民出版社 2020 年版。

［美］赫伯特·马尔库塞：《审美之维》，李小兵译，广西师范大学出版社 2001 年版。

［美］赫伯特·马尔库塞：《现代文明与人的困境》，李小兵译，上海三联书店 1989 年版。

［美］赫伯特·马尔库塞：《走向社会批判理论》，高海青等译，人民出版社 2019 年版。

［美］赫伯特·马尔库塞等：《工业社会与新左派》，任立译，商务印书馆 1982 年版。

［美］吉布森－格雷汉姆：《资产阶级的终结》，社会科学文献出版社 2002 年版。

［美］理查德·沃林：《海德格尔的弟子》，张国清等译，江苏教育出版社 2005 年版。

［美］罗尔斯：《正义论》，何怀宏等译，中国社会科学出版社 2009 年版。

［美］罗尔斯：《作为公平的正义》，姚大志译，上海三联书店 2003 年版。

［美］马丁·杰伊：《法兰克福学派史》，单世联译，广东人民出版社 1996 年版。

［美］马克·里拉，邓晓倩、王笑红译，《当知识分子遇到政治》，新星出版社 2010 年第 1 版。

［美］史蒂芬·博杜安：《世界历史上的贫困》，杜鹃译，商务印书馆 2015年版。

［匈］卢卡奇：《历史与阶级意识》，杜章智等译，商务印书馆 1999 年版。

［印度］阿马蒂亚·森：《以自由看待发展》，任赜等译，中国人民大学出版社 2002 年版。

［英］阿拉斯代尔·麦金泰尔：《马尔库塞》，邵一诞译，中国社会科学出版社 1989 年版。

［英］戴维·麦克莱伦：《马克思以后的马克思主义》，余其铨等译，中国社会科学出版社 1986 年版。

［英］科恩：《为什么不要社会主义》，段忠桥译，人民出版社 2011 年版。

［英］麦克伦泰：《"青年造反哲学"的创始人——马尔库塞》，詹合英译，湖南人民出版社 1988 年版。

［英］米勒：《社会正义原则》，应奇译，江苏人民出版社 2005 年版。

［英］米勒：《社会正义原则》，应奇译，江苏人民出版社 2008 年版。

［英］约翰·亨利·纽曼：《大学的理想》，徐辉等译，浙江教育出版社 2001 年版。

二　外文参考文献

Abromeit, John, *Max Horkheimer and the Foundations of the Frankfurt School*, Cambridge University Press, 2011.

Abromeit, John, "Left Heideggerianism or Phenomenological Marxism？" *Reconsidering Herbert Marcuse's*.

Alex Koutsogiannis, "Political Positivism and Political Existentialism, Revisiting Herbert Marcuse", *Berlin Journal of Critical Theory*, Vol. 3, No. 3, 2019.

Alexander M. Stoner, "Things are Getting Worse on Our Way to Catastrophe：Neoliberal Environmentalism, Repressive Desublimation, and the Autonomous Ecoconsumer", *Critical Sociology*, Vol. 47, No. 3, 2020.

Anderson J. H. , "Hegel's Implicit View on How to Solve the Problem of Poverty：The Responsible Consumer and the Return of the Ethical to Civil Society",

SUNY, 2001.

Andrew William Biro, "Denaturalizing Ecological Politics: 'Alienation from Nature' from Rousseau to Marcuse", Doctor of Philosophy Thesis, York University, 2000.

Angela Y. Davis, "Marcuse's Legacies", *Herbert Marcuse: A Critical Reader*, 1st Edition, 2004.

Barry Katz, *Herbert Marcuse, Art of Liberation*, London and New York: Verso, 1982.

Ben Agger, *Critical Social Theories: An Introduction*, Paradigm Publishers, 1998.

Ben Agger, *Western Marxism an introduction*, California Goodyear publishing company, Inc. , 1979.

Brookfield S. , "Reassessing Subjectivity, Criticality, and Inclusivity: Marcuse's Challenge to Adult Education", *Adult Education Quarterly*, Vol. 52, No. 4, 2002.

Brown W, *In the Ruins of Neoliberalism: The Rise of Antidemocratic Politics in the West*, New York: Columbia University Press, 2019.

Butler C. , "The Coming World Welfare State Which Hegel Could Not See", *Hegel & Global Justice*, January 2012.

Carl Cassegard, *Toward a Critical Theory of Nature: Capital, Ecology, and Dialectics*, London: Bloomsbury, 2021.

Carolyn Merchant, "The Death of Nature: Women, Ecology & the Scientific Revolution", *Harper One*, 1990.

Carolyn Merchant, "The Theoretical Structure of Ecological Revolutions", *Environmental Reviews*, 1987.

Charles Rachlis, "Marcuse and the Problem of Happiness", *Canadian Journal of Political Economy*, Vol. 2, No. 1, 1978.

Charles Reitz, *Ecology and Revolution: Herbert Marcuse and the Challenge of a New World System Today*, New York: Routledge, 2018.

Cibangu S. K. , "Toward a Critique of the Information Age: Herbert Marcuse's Contribution to Information Science's Conceptions", Information Research: An International Electronic Journal, Vol. 18, No. 3, 2013.

Collected Papers of Herbert Marcuse, Vol. 3, *The New Left and the 1960s*, edited by Douglas Kellner, chapter XII.

Cunningham J. , "Praxis Exiled: Herbert Marcuse and the One-Dimensional U-
niversity", *Journal of Philosophy of Education*, Vol. 47, No. 4, 2013.

Cutts J. , "Herbert Marcuse and 'False Needs' in advance", *Social Theory and
Practice*, Vol. 45, No. 3, 2019.

Danowski, D. and De Castro, E. V. , *The Ends of the World*, Cambridge: Pol-
ity Press, 2017.

David Cooper ed. , "Liberation from the Affluent Society", *The Dialectics of Lib-
eration*, Harmondsworth Baltimore: Penguin, 1968.

Der Spiegel, Interview with Herbert Marcuse Revolution out of Disgust, July
1968, https: //ro. uow. edu. au/alr/vol1/iss22/6.

Donald Edward Davis, *Ecophilosophy: A Field Guide to the Literature*, Miles &
Miles, 1989.

Douglas Kellner (ed.), "From Ontology to Technology", in*Philosophy*, *Psycho-
analysis and Emancipation*, London and New York: Routledge Press, 1961.

Douglas Kellner, *Critical Theory*, *Marxism and Modernity*, Baltimore: The
Johns Hopkins University Press, 1989.

Douglas Kellner, *Herbert Marcuse and the Crisis of Marxism* (*Berkeley and Los
Angeles*, University of California Press, 1984.

D. Harvey, "The body as an accumulation strategy Environment and Planning",
Society and Space, Vol. 16, No. 4, 1998.

D. MacGregor, "The Communist Ideal in Hegel and Marx", *Communist Ideal in
Hegel & Marx* (HIA Book Collection), 1984.

Edward P. Morgan, *What Really Happened to the 1960s: How Mass Media Cul-
ture Failed American Democracy*, Univ Press of Kansas, 2011.

Erich Fromm, *The Human Implications of Instinctivistic "Radicalism": A Reply
to Herbert Marcuse*, New York: Dissent, 1955.

Fraser I. , "Speculations on Poverty in Hegel's Philosophy of Right", *The Euro-
pean Legacy*, Vol. 1, No. 7, 1996.

Freud, Sigmund, *Civilization and its Discontents*, translated from German by
James Strachey, New York and London: W. W. Norton & Company, 1930.

Friedrich Wilhelm Nietzsche, *The Use and Abuse of History*, The Bobbs-Merrill Company, Inc. , Indianapolis, New York, 1957.

Gardiner, M. E. , "An Autonomist Marcuse?" *Rethinking Marxism*, Vol. 30, No. 2, 2018.

Gareth Bryant, "Nature as Accumulation Strategy? Finance, Nature, and Value in Carbon Markets", *Annuals of the American Association of Geographers*, Vol. 108, No. 3, 2018.

Garland C. , "Negating That Which Negates Us: Marcuse, Critical Theory, and the New Politics of Refusal", Lamas A. , Wolfson T. and Funke P. , eds. , *The Great Refusal: Herbert Marcuse and Contemporary Social Movements*, Philadelphia: Temple University Press, 2017.

G. Sessions, "Reinventing Nature, The End of Wilderness? A Response to William Cronon's Uncommon Ground", *The Trumpeter*, Vol. 13, No. 1, 1996.

Harold Marcuse, *Herbert's Hippopotamus: A Story about Revolution in Paradise*, June, 2005,

Hazel Henderson, *The Politics of The Solar Age: Alternatives to Economics*, Doubleday, 1981.

Hedrick T. , "Ego autonomy, reconciliation, and the duality of instinctual nature in Adorno and Marcuse", *Constellations*, Vol. 23, No. 2, 2016.

Henry T. Blanke, "Domination and Utopia: Marcuse's Discourse on Nature, Psyche and Culture", *Capitalism Nature Socialism*, Vol. 5, No. 3, 1994.

Herbert Marcuse, *An Essay on Liberation*, Boston: Beacon Press, 1969.

Herbert Marcuse, *Counterrevolution and Revolt*, Boston: Beacon Press, 1972.

Herbert Marcuse, Douglas Kellner, "From Ontology to Technology", *Philosophy, Psychoanalysis and Emancipation*, London and New York: Routledge Press, 1960.

Herbert Marcuse, *Eros and Civilization*, Beacon Press, 1955.

Herbert Marcuse, *Hegel's Ontology and the Theory of Historicity*, Seyla Benhabib (trans.), Cambridge and London: The MIT Press, 1932.

Herbert Marcuse, *Hegel's Ontology and the Theory of Historicity*, translated by Seyla Benhabib, MIT Press, Cambridge, Massachusetts, London, England, 1987.

Herbert Marcuse, *Heideggerian Marxism.* edited by R. Wolin and J. Abromeit, Lincoln: University of Nebraska Press, 2005.

Herbert Marcuse, *Herbert Marcuse. Towards a Critical Theory of Society*, London&New York: Routledge, 2001.

Herbert Marcuse, *Negations*, Boston: Beacon Press, 1968.

Herbert Marcuse, *Negations: Essays in Critical Theory*, Allen Lane: Penguin Press, 1968.

Herbert Marcuse, *One-Dimensional Man: Studies in the Ideology of Advanced Industrial Society*, Boston: Beacon Press, 1964.

Herbert Marcuse, *Progress and Fredud's Theory of the Instinct*, Five Lectures, Bsoton: Beacon Press, 1970.

Herbert Marcuse, *Reason and Revolution: Hegel and the Rise of Social Theory*, New Jersey and London: Humanities Books, 1999.

Herbert Marcuse, *Soviet Marxism: A Critical Analysis*, New York: Vintage Books, 1958.

Herbert Marcuse, *Studies in Critical Philosophy*, Boston: Beacon Press, 1973.

Herbert Marcuse, *The New Left and the 1960s*, London and New York: Routledge, 2005.

Herbert Marcuse, "A Study on Authority", *Studies in Critical Philosophy*, Boston: Beacon Press, 1973.

Herbert Marcuse, "Ecology and Revolution: A symposium", *Liberation*, 1972.

Herbert Marcuse, "Ecology and the Critique of Modern Society", *Capitalism, Nature, Socialism*, Vol. 3, No. 3, 2009.

Herbert Marcuse, "Liberation from the Affluent Society", David Cooper ed., *The Dialectics of Liberation*, Harmondsworth/Baltimore: Penguin, 1968.

Herbert Marcuse, "Philosophy and Critical Theory", *Negations: Essays in Critical Theory*, translated by Jeremy Shapiro, Boston: Beacon Press, 1968.

Herbert Marcuse, "Some Social Implications of Modern Technology," in Technology, War and Fascism, Herbert Marcuse, *Liberation, Domination, and the Great Refusal*, Patrick Thomas O'Brien, Lehigh University, 2013.

Herbert Marcuse, "Some Social Implications of Modern Technology", in*Technol-*

ogy, *War and Fascism*, London and New York: Routledge Press, 1941.

Herbert Marcuse, "The Foundations of Historical Materialism", *Studies in Critical Philosophy*, Boston: Beacon Press, 1973.

Herbert Marcuse. *The Aesthetic Dimension: Toward a Critique of Marxist Aesthetics*, Boston: Beacon Press, 1979.

HerbertMarcuse, *Eros and Civilization: A Philosophical Inquiry into Freud*, Boston: Beacon Press, 1955.

http://www. marcuse. org/herbert/soundvideo/herbhippo. htm.

https://www. academia. edu/40055910/Historical_ Materialism_ as_ Hermeneutics_ in_ Herbert_ Marcuse.

Huhtala, Hanna-Maija, "Finding Educational Insights in Psychoanalytic Theory with Marcuse and Adorno", *Journal of Philosophy of Education*, Vol. 50, No. 4, 2016.

James A Gould and Willis Truitt, *Political Ideologies*, New York: Macmillan, 1973.

James Beverly, "Teacher Marcuse", *Javnost—The Public*, Vol. 13, No. 3, 2006.

Jeffry V. Ocay, "Technology, Technological Domination, and the Great Refusal: Marcuse's Critique of the Advanced Industrial Society", *Kritike*, Vol. 4, No. 1, June 2010.

Joel Anderson, "Hegel's Iimplicit View on How to Solve the Problem of Poverty: The Responsible Consumer and the Return of the Ethical to Civil Society", Washington University in St. Louis, 2001. Published in Robert Williams, *Beyond Liberalism and Communitarianism: Essays on Hegel's "Philosophy of Right"*, Albany, NY: SUNY, 2001.

John Abromeit and W. Mark Cobb, *Herbert Marcuse: A Critical Reader*, New York: Routledge, 2004.

John Bellamy Foster and Brett Clark, "Marx's Ecology and the Left", *Monthly Review*, Vol. 68, No. 2, 2016.

John E. Toews, "Heidegger's Children: Hannah Arendt, Karl Loewith, Hans Jonas, and Herbert Marcuse Richard Wolin", *Central European History*, Vol. 36, No. 2, 2003, p. 302; Richard Wolin, *Heidegger's Children: Hannah Arendt, Karl Loewith, Hans Jonas, and Herbert Marcuse*, Princeton:

Princeton University Press, 2001.

Johnson, D. P. , "Critical Theory: Social System Requirements Versus Human Needs", *Contemporary Sociological Theory*, Springer, 2008.

Kellner D. , Collected Papers of Herbert Marcuse, Art and Liberation, Volume 4, London & New York: Routledge, 2006.

Kellner D. , *Herbert Marcuse and the Crisis of Marxism*, Los Angeles: University of California Press, 1984.

Kellner D. , "The Unknown Marcuse: New Archival Discoveries", Kellner D. , *Technology, War and Fascism: Collected Papers of Herbert Marcuse*, Vol. 1, London & New York: Routledge, 1998.

Kellner, *Douglas Herbert Marcuse and the Crisis of Marxism*, London and Berkeley: Macmillan and University of California Press, 1984.

Kellner, Douglas, *Marcuse and the Crisis of Marxism*, London: Macmillan, 1984. [91] Reason and Revolution, Fifty Years Later", *Sociological Theory*, Vol. 11, No. 3, 1993.

Knighton, Andrew Lyndon, "Beyond 'Education in Sickness': A Biopolitical Marcuse and Some Prospects for University Self-Administration", *Theory & Event*, Vol. 20, No. 3, 2017.

Koula Mellos, *Perspectives on Ecology*, Palgrave Macmillan, 1988.

Kołakowski, L, *Main Currents of Marxism: Its Origin, Growth, and Dissolution*, Vol. 3, Oxford: Clarendon Press, 1978.

Langdon Winner, *The Whale and the Reactor: A Search for Limits in an Age of High Technology*, Chicago: University of Chicago Press, 1982.

Leiss William, *The Domination of Nature*, New York: George Braziller, Inc. 1972.

Leslie, Esther, "Introduction to Adorno-Marcuse Correspondence on the German Student Movement", *New Left Review*, No. 233, January/February 1999.

Luke, T, *Capitalism, Democracy and Ecology: Departing from Marx*, Urbana and Chicago: University of Illinois Press, 1999.

Maboloc C. R. , "Social Transformation and Online Technology: Situating Herbert Marcuse in the Internet Age", *Techne: Research in Philosophy and Technology*, Vol. 21, No. 1, 2017.

MacGregor David, *The Communist Ideal in Hegel and Marx*, University of Toronto Press, 1984.

MacIntyre A, *Marcuse*, Great Britain: Fontana/Collins, 1970.

Malcolm Miles, "Eco-aesthetic dimensions: Herbert Marcuse", *Cogent Ates & Humanities*, Vol. 3, No. 1, 2016.

Martin Jay, "The Meta Politics of Utopianism", *Dissident*, Vol. 4, 1970.

Max Horkheimer, *Critical and Traditional Theory*, Critical Theory, New York: Continuum, 1972.

Merchant C., "The Theoretical Structure of Ecological Revolutions", *Environmental Review*, Vol. 11, No. 4, 1987.

Michael J. Sukhov, "Herbert Marcuse on Radical Subjectivity and the 'New Activism'", *Radical Philosophy Review*, Vol. 23, No. 2, 2020.

Michael Kidd, "A Reevaluation of Marcuse's Philosophy of Technology", Doctor of Philosophy Thesis, University of Tasmania, 2013.

Miles, M, *Herbert Marcuse: An Aesthetics of Liberation*, New York: Pluto Press, 2012.

Neil Smith, "Nature as Accumulation Strategy", *Socialist Register*, No. 43, 2007.

Noel Castree, *Nature*, London and New York: Routledge, 2005.

Patrick Thomas O'Brien, *Herbert Marcuse: Liberation, Domination, and the Great Refusal*, Lehigh University, 2013.

Peter G. Stillman, "Scarcity, Sufficiency, and Abundance: Hegel and Marx on Material Needs and Satisfactions", *International Political Science Review*, Vol. 4, No. 3, 1983.

Pierce C., "Educational Life and Death: Reassessing Marcuse's Critical Theory of Education in the Neoliberal Age", *Radical Philosophy Review*, Vol. 16, No. 2, 2013.

Reitz C., *Opposing Authoritarian Populism: The Challenge and Necessity of a New World System*, in Chapter 6, Critical Theory and Authoritarian Populism, edited by Jeremiah Morelock, University of Westminster Press, 2018.

Richard C. Box, "Marcuse Was Right: One-Dimensional Society in the Twenty-First Century", *Administrative Theory & Praxis*, Vol. 33, No. 2.

Richard Kahn, "From Herbert Marcuse to the Earth Liberation Front: Consider-ations for Revolutionary Ecopedagogy", *Green Theory and Praxis*, Vol. 1, No. 1, 2005.

Richard Mason, *Herbert Marcuse's Concept of Human Nature*, McMaster Univer-sity, 1982, B. A. Thesis.

Richard Wolin (ed.), *The Heidegger Controversy: A Critical Reader*, New York: Columbia University Press, 1991.

Robert Fatton Jr, "Hegel and the Riddle of Poverty: The Limits of Bourgeois Po-litical Economy", *History of Political Economy*, Duke University Press, Vol. 18, No. 4, 1986.

Robert Kirsch, Sarah Surak, *Marcuse in the Twenty-First Century: Radical Poli-tics, Critical Theory, and Revolutionary Praxis*, Routledge, 2019.

Robert Perey, *Ecological Imaginaries: Organising Sustainability*, Sydney: Uni-versity of Technology, June 2013.

Robert W. Mark, *The Meaning of Marcuse*, New York: Ballantine Books, 1970.

Ross Fitzgerald, "Human Needs and Politics: The Ideas of Christian Bay and Herbert Marcuse Political Psychology", *Plenum Publishing Corporation*, Vol. 6, No. 1, 1985.

Ryan Gunderson, "Nature, Sociology, and the Frankfurt School", Doctor of Philosophy Thesis, Michigan State University, 2014.

R. Marasco, "Critical Theory and the Pursuit of a Political Education", *Theory & Event*, 2017.

Schlottmann, Chris, *Liberation and the Great Refusal: Marcuse's Concept of Na-ture*, Thesis (B. A.), 2002, Bi-College (Haverford and Bryn Mawr Colle-ges), Dept of German and German Studies.

Schoolman, M, *The Imaginary Witness: The Critical Theory of Herbert Marcuse*, New York University Press, 1980.

Shannon Brincat, Damian Gerber, "Dialectical tensions: Marcuse, Dunayevskaya and the problems of the age", *Thesis Eleven*, Vol. 134, No. 1, 2016.

Siegel, Elke, "The Returns of Herbert Marcuse", *Escape to Life: German In-tellectuals in New York: A Compendium on Exile after 1933*, edited by Eckart

Goebel and Sigrid Weigel, Berlin, Boston: De Gruyter, 2012.

Silvio Carneiro, *Power Over Life: Herbert Marcuse and Biopolitics* (Ph. D. Thesis), 2014.

Steven Vogel, *Against Nature: The Concept of Nature in Critical Theory*, Albany: SUNY series in Social and Political Thought, 1996.

Stevenson Nick, "Critical theory in the Anthropocene: Marcuse, Marxism and ecology", *European Journal of Social Theory*, Vol. 24, No. 5, 2021.

Sylvain K. Cibangu, "Toward a critique of the information age: Herbert Marcuse's contribution to information science's conceptions", *Information Research*, Vol. 18, No. 3, 2013.

Thompson A. K. , "The Work of Violence in the Age of Repressive Desublimation", Lamas A. , Wolfson T. and Funke P. , eds. , *The Great Refusal: Herbert Marcuse and Contemporary Social Movements*, Philadelphia: Temple University Press, 2017.

Timothy J. Luke, *The Flight into Inwardness*, London and Toronto: Susquehanna University Press, 1985.

Timothy W. Luke, "Marcuse and Ecology", *Marcuse: From the New Left to the Next Left*, Lawrence University Press of Kansas, 1994.

Timothy W. Luke, "Marcuse and Ecology. " *Marcuse: From the New Left to the Next Left*, Lawrence University Press of Kansas, 1994.

Tom Bourne, "Herbert Marcuse: Grandfather of the New Left," in: Change: The Magazine of Higher Learning 11: 6 (Sept 1979) .

Vieta M, "Inklings of the Great Refusal: Echoes of Marcuse's Post-technological Rationality Today", Lamas A. , Wolfson T. and Funke P. , eds. , *The Great Refusal: Herbert Marcuse and Contemporary Social Movements*, Philadelphia: Temple University Press, 2017.

Vieweg K. , "The End of Capitalism and its Future: Hegel as Founder of the Concept of a Welfare State", *Filozofijai Drustvo*, Vol. 28, No. 3, 2017.

Vivas, E, *Contra Marcuse*, New Rochelle: Arlington House, 1971.

Višić Maroje, "Renaissance of Herbert Marcuse: A study on present interest in Marcuse's interdisciplinary critical theory", *Interdisciplinary Description of*

Complex Systems, Vol. 17, No. 3 – B, 2019.

William Leiss, *The Domination of Nature*, NY: Braziller, 1972.

Wolin, Richard. , *Heidegger's Children: Hannah Arendt, Karl Lüwith, Hans Jonas, and Herbert Marcuse*, Princeton and Oxford: Princeton University Press, 2001.

"Freedom and Freud's Theory of Instincts", Herbert Marcuse, *Five Lectures: Psychoanalysis, Politics, and Utopia*, Translations by Jeremy J. Shapiro and Shierry M. Weber, London: Allen Lane The Penguin Press, 1970, Chapter 1.

"Postscript 1968", Robert Paul Wolff, *A critique of pure tolerance*, Beacon Press, 1969.

"Repressive Tolerance", with R. P. Wolff and Barrington Moore, Robert Paul Wolff, *A Critique of Pure Tolerance*, Boston: Beacon Press, 1997.

"The Inner Logic of American Policy in Vietnam," in Teach-Ins, USA: Reports, Opinions, Documents, edited by Louis Menashe and Ronald Radosh, New York: Praeger, 1967.

"The Problem of Social Change in the Technological Society" in Douglas Kellner, Herbert Marcuse. *Towards a Critical Theory of Society*, London and New York: Routledge Press, 2001.

Óscar Armando Ralda, *Historical Materialism as Hermeneutics in Herbert Marcuse*, Presented at the 2019 North American Society for Philosophical Hermeneutics October 3-October 5 (2019) .

后　记

　　19 世纪 30 年代，黑格尔带着强烈的德国问题意识望向机械喧嚣、"浓烟滚滚"的莱茵河彼岸，思考着德国现代化的历史进程如何才能摆脱"悖论性贫困"的诅咒；二十年后，作为这位伟大思想家的学生，年轻的马克思投身于新闻报刊战场，用批判的武器和武器的批判继续探寻着积贫积弱的德国在势不可挡的现代化进程中的可能出路，思考着当时的世界在"资本和现代形而上学"共谋的现代化进程中该何去何从。经历了两次世界大战的血雨腥风，一百年后，马尔库塞接续、积极补充和拓展黑格尔和马克思的智慧力量，剖析资本的本质，回应如何摆脱经济危机和生态危机交织的极权主义操控下"悖论性贫困"的"升级版"——单向度，探索人与自然全面解放的审美的社会主义生存范式的重要性、必要性、可能性和可行性。黑格尔"深邃的哲学洞察力"、马克思独有的"切中现实的睿智"、马尔库塞思想中独特的"清醒的理性自觉"、连同那个时代知识分子们共有的"胸中有天下，心底有苍生"的博大情怀，恰似一记幽远的钟声，感动、激励、敦促我思考着作为知识分子的社会责任和政治使命。依然记得四年前和李刚老师讨论选题时的初心，那时，李老师给我讲了关于"如何驾驭和控制资本"、"社会主义如何利用技术造福人民"、"科学技术与自然的辩证法"、"技术与资本共谋的理论和现实"、"景观社会问题"、"绿色资本主义"、"镜城如何突围"等各种问题。在关于选题意义和研究价值的讨论中，李老师也是带着强烈的中国问题意识，试图通过对马尔库塞社会批判思想的研究寻求一种理解和解决中国现实问题的理论资源。这种感受让我常常想起泰戈尔的《生命的泉流》："就是这股生命的泉流，昼夜在我血管中奔流，也奔流于世界，依节奏而起舞"。

　　顿笔之际，已是深夜，四年多的写作历程中，恩师渊博的知识、严谨的治学态度和强烈的现实关切让我理解了思想的力量和知识分子如何心怀"国之大者"，敢于面对真问题。哲学作为一种精神、一种思维方法、一种生命态度、一种人生智慧，可以让一个人在物欲横流的消费主义世界中不会迷失、惶恐、沉沦、盲从。德国诗人海涅曾经说过："不要轻视观念的影响力，教授在沉静的研究中所培育出来的哲学概念可能摧毁一个文明。"要为自己的信念有效工作，仍然有赖于更多的学习，由术至学、从技到艺，为学为人都既要用脑，也要用心。千言万语，汇聚内心的尽是无尽的感恩！

再次感谢恩师！感谢石磊老师、李金勇老师的指导和为本书的写作、修改、出版提出的宝贵建议和资金支持；感谢美国伊利诺伊大学厄巴纳香槟分校（UIUC）的 Linda 导师，Luke 老师对本书资料搜集和文献翻译提供的帮助和支持，尽管只有一年的访学经历，但您们留给我的将是终身的宝贵财富！

感谢老公和可爱的女儿！真诚地感谢你们让我有了一个温暖的小家庭，感受到生命的重量。看到小乐宝那张可爱的脸，我真的能感觉到幸福的全部内涵。

感谢所有帮助过我的老师和同学们，是您们的言传身教、关怀备至，使我有了一颗善良勇敢的心，也使我能够稳步向前、不断进步。若要问我最大的心愿，那当然是希望所有我爱的，爱我的人们能够所思所念皆如所愿！学术的路很长，很艰难，专著中所讲的问题在中国还将继续下去，我的研究也会继续延伸下去。

本书的顺利出版，获得了石磊教授负责的马克思主义理论学科成果建设项目（2040522002）和李金勇教授负责的 2019 年度教育部高校示范马克思主义学院和优秀教学科研团队建设项目（19JDSZK028）的合力资助。在此，一并向帮助并支持我撰写和出版本书的资助单位和个人表示由衷的感谢！

最后，特别感谢中国社会科学出版社刘亚楠编辑对本书出版给予的鼎力支持！

侯晓丽

2022 年 6 月

于西安电子科技大学